新型城镇化与教育发展丛书
NEW-TYPE URBANIZATION and EDUCATION DEVELOPMENT

主编：谈松华
副主编：张双鼓 江 波 杨子健

职业教育促进产城人融合发展

Promoting the Integral Development of INDUSTRY-CITY-HUMAN by Vocational Education

王 建 著

同濟大學出版社
TONGJI UNIVERSITY PRESS

内容提要

本书基于新型城镇化背景下产城人融合发展产生的多元技能需求，重点从供给侧角度探究职业教育改革的路径、政策和制度保障，提出在构建以教促产兴城的产城教互动新机制中，对职业教育布局、层次、专业结构及其人才培养模式、治理机制和投入体制进行战略性调整的思路与对策，明确职业教育在注重需求端、用人端拉动作用的同时，也要关注供给端、培养端的推动作用，供给侧和需求侧两个方面协调互动，助推新型城镇化健康发展。

本书适合从事城镇规划的专业人员、教育行政和学校管理领导者及所有关心职业教育改革发展的读者阅读。

图书在版编目(CIP)数据

职业教育促进产城人融合发展 / 王建著. —上海：同济大学出版社，2018. 8

ISBN 978-7-5608-8084-6

Ⅰ. ①职… Ⅱ. ①王… Ⅲ. ①职业教育—关系—城市化—研究—中国 Ⅳ. ①G719. 2 ②F299. 21

中国版本图书馆 CIP 数据核字(2018)第 184876 号

职业教育促进产城人融合发展

王 建 著

责任编辑 熊磊丽　　助理编辑 翁 晗　　责任校对 徐春莲　　封面设计 唐思雯

出版发行 同济大学出版社　　www.tongjipress.com.cn

(上海市四平路 1239 号 邮编：200092 电话：021-65985622)

经　销 全国各地新华书店

排　版 南京新翰博图文制作有限公司

印　刷 上海安兴汇东纸业有限公司

开　本 787 mm×1 092 mm 1/16

印　张 22. 75

字　数 455 000

版　次 2018 年 8 月第 1 版　　2018 年 8 月第 1 次印刷

书　号 ISBN 978-7-5608-8084-6

定　价 88. 00 元

新型城镇化与教育发展丛书

编辑委员会

序

深化职业教育供给侧改革，助推新型城镇化健康发展

从2013年开始，中国教育发展战略学会和国经基金合作进行了“新型城镇化进程中的教育发展与人才培养”课题研究。在著名教育学家郝克明教授、闵维方教授和著名经济学家厉以宁教授、郑新立教授的关心和指导下，先期进行了“新型城镇化与基础教育布局调整”课题研究，研究成果作为“新型城镇化与教育发展”丛书的第一批报告已出版，成为我国在这一领域首批比较系统的研究成果，为新型城镇化与教育发展关系研究做了初步探索。接着，课题组又与教育部教育发展研究中心、教育部职业教育中心研究所、北京大学、同济大学、华中师范大学等高校和研究机构及部分地方教育行政部门合作，继续进行“新型城镇化技能需求与职业教育供给侧结构性改革”课题研究，通过文献研究、实地调研、案例研究和专题研讨，对我国若干有代表性的地区在新型城镇化推进过程中，由产业结构、技术结构和空间布局结构变化所产生的人力资源技能结构与质量需求的变化进行了有重点的调查分析，同时对职业教育的技能供给现状进行多层次、多侧面研判，从地域结构、院校结构、专业结构、技能结构及其产业集群与专业集群、产业园区与职校园区及至职教城建设等诸多维度，进行文献梳理和案例剖析，对新型城镇化背景下的职业教育供给所面临的新情况、新矛盾、新挑战进行了较为系统的分析评估，进而提出了推进职业教育结构性改革的思路框架和对策建议。本书是这些研究成果的结集，目的在于提出相关问题、引起多方面的关注和讨论，以期更好地发挥职业教育在推进新型城镇化建设中的积极作用。

新型城镇化的基本特征是以人为本、“四化同步”、产城互动，核心是人的城镇化，使农村富余劳动力向城镇和非农产业转移，把促进有能力在城镇稳定就业和生活的常住人口有序实现市民化作为首要任务。习近平总书记在十九大报告中指出，“以城市群为主体构建大中小城市和小城镇协调发展的城镇格局，加快农业转移人口市民化。”李克强总理在2018年政府工作报告中提出：“新型城镇化的核心在人，要加强精细化服务、人性化管理，使人人都有公平发展机会，让居民生活得方便、舒心。”教育促进人的城镇化，是促进人的全面发展和社会公平正义的基本途径，特别是职业教育作为与经济社会联系最直接、最密切的教育类型，兼具教育属性和经济属性，作为培养劳动力专业技能

的人力资本投资形式，通过提升转移人口素质和就业技能，改善城镇人口结构、产业结构和就业结构，直接影响着城镇化质量。城镇化与职业教育发生关系的基本逻辑是：基于城镇化发展带来的经济增长、产业结构、空间布局以及城乡收入差距的变化，引起就业市场人才需求数量、结构及其技能需求的变化，这必然与原有的技能人才供给模式产生矛盾；通过职业教育布局、层次、专业结构和人才培养模式、治理机制和投入体制等供给侧的改革，平衡城镇化进程中人才和技能供给与需求的结构性矛盾，助力新型城镇化健康发展。

随着我国工业化进程整体进入中后期阶段，信息技术快速发展及广泛应用，推动信息化和工业化深度融合，城镇化作为载体和平台，承载工业化和信息化发展空间，带动农业现代化加快发展，实现城镇化的途径从传统城镇化的“工业化路径”转向新型城镇化的“多元化路径”，不同的城市可以结合自身禀赋特色和区域功能定位发展第三产业或第一产业，包括商业、交通、物流、旅游、文化创意、设施农业等多种产业要素推动城市化发展。在全球经济、技术、组织、社会等一系列结构变化的背景下，产业发展和区域经济通过分工专业化形成的产业集群，在区域经济发展中发挥着越来越重要的作用，由其带来的人口快速流入与长期集聚推动城镇发展和功能完善。产业集群作为众多企业和机构在空间地理上的集中，有一个产生、成长、成熟和衰落的过程，只有持续不断地升级，集群的竞争力才能得以维持和延续。产业集聚和人才集聚是相互关联的，产业集群在其发展的不同阶段需要吸纳的不同个体人力资本，包括各种层次和类型的技术技能人才、研发人员和企业家，而由不同个体人力资本所形成的整个组织的人力资本反过来影响集群的发展，产业集群内人力资本的竞争、合作、互动关系影响和推动着产业集群的发展和转型升级。技术技能型人力资本拥有丰厚的专业知识和操作技能，因而更能在学科交叉和产业融合的基础上找到创新的灵感，从而促进企业对新技术的应用、新产品的开发和产品质量的提高，技术技能人力资本是企业乃至整个集群生产和发展的基础。然而，促进技能型人力资本形成与积累的形式或途径是多方面的，主要的投资途径包括职业教育、在职培训与“干中学”。职业教育以培养应用型、技能型人才为己任，同时具有形成一般人力资本和专业人力资本的功能。基于产业集聚对技能型工人的大量需求和劳动力市场中的技能错配，不仅需要大力发展职业教育，更重要的是根据产业集群人才需求的特点、各城市优势产业和产业结构升级的需要来进行职业教育专业集群的建设，增强专业集群和产业集群的吻合度。

职业教育能够在产城人融合系统中为经济繁荣、社会和个体发展作出积极贡献，但只有在技能开发、需求匹配及其使用整合在一起时，即与产业发展和市场需求契合、与社会公共服务相协调、与国家治理制度相适应时，才能使职业教育的技能供给作用和影响最大化。应该说，我国职业教育发展面临的问题，供给和需求两侧都有，但矛盾的主要方面在供给侧，职业院校的布局结构与新型城镇化战略不相匹配，专业结构与产业结构不相适应，院校办学水平与培养质量难以满足人的城镇化发展要求，集中反映了当前职业教育资源配置中的结构性过剩与错位问题。因此，深化职业教育改革需要从供给侧发力，以结构性调整和管理改革为突破口，通过对职业教育的布局结构、专业结构、形态结构、体制结构等进行战略性调整，基于产城教融合发展的原则科学规划职业教育体系布局结构，用改革的办法推进职教资源要素的合理配置和高效利用，去除供给约束，释放潜力、增强活力，为满足区域经济社会发展需要和个体个性发展需要，提供高质量、高效率的精准供给，提高供给结构对需求结构的适应性和匹配度。

合理的职业教育体系布局结构是职业教育供给性结构性改革的重要基础，要基于产城教融合发展的原则进行科学规划。在科学规划职业教育布局结构时，新增职业院校主要向中小城市布局，引导职业教育资源逐步向产业和人口集聚的新建城市、城市新区和各类产业集聚区集中，更加贴近服务的企业和社区。科学规划职业教育优势专业集群和集团化发展，建立紧密对接产业链、创新链、人才链的学科专业体系，推动区域内职业院校科学定位，使每一所职业院校集中力量办好当地经济社会发展需要的特色优势专业群，形成一批支持产业转型升级、对区域发展有重大支撑作用的技术技能人才培养专业集群，同步规划覆盖全产业链的职业教育集团。发挥企业重要办学主体作用，推进产教融合、校企合作、工学结合的人才培养模式，推进职业学校和企业联盟、与行业联合、同园区联结，加强产教融合实训环境、平台、载体和师资队伍建设，促进人才培养供给侧和产业需求侧对接、结构要素全方位融合。加快人才培养结构调整，形成定位清晰、科学合理的职业教育层次结构，构建从中职、高职高专、应用型本科以至专业学位研究生教育各层次纵向衔接的现代职业教育体系，满足各层次技术技能人才的教育需求，服务一线劳动者的继续学习和职业成长。

职业教育发展涉及教育、经济、规划、财政、劳动、人事等多领域、多部门，需要加强统筹协调，明确职责，通力合作，基于跨界合作治理原则重构职业教育发展保障制度。以深化产教融合为主线，按照“管办评”分离原则，建立政府、行业、企业、学校和社会各方面共同参与的职业教育治理机制。加快政府职能转变，在国家层面建立对职业教育进行统筹协调的管理机构，综合运用法律法规、政策规划、公共财政、信息服务、督导监测等政策工具，保障基础设施建设、生均拨款或政府购买服务的财政资金投入。完善政府、行业、企业、个人、社会共同参与的多元投资机制，鼓励社会力量参与职业教育办学、管理和评价，发挥行业组织人才需求预测、用人单位职业能力评价作用，建设市场化、专业化、开放共享的产教融合信息服务平台。推进现代学校制度建设，扩大职业院校在专业设置和学制调整、人事管理、教师评聘、资金使用等方面的自主权，发挥职业院校主体能动性，促进供需对接、流程再造和有效供给。加快全民学习、终身学习的学习型社会建设，统筹职业教育和普通教育、继续教育发展，着力建立基于国家资历框架下的学分银行制度，发展工学交替、双元制、学徒制、半工半读、远程教育等各种灵活学习方式的职业教育，探索普通学校、职业院校和行业企业开展课程和学分互认转换，畅通人才成长通道，为学生多样化选择、多路径成才搭建“立交桥”。

谈松华
国家教育咨询委员会委员
中国教育发展战略学会顾问
新型城镇化进程中的教育战略与人才培养课题组组长

目录

第一章

新型城镇化战略与职业教育发展需求

城镇化的直观表现是人口和经济社会活动在特定相对狭小地域范围内的集中和积聚，本质上是一个国家(地区)走向现代化过程中同步发生的多维结构变化中的一维，深刻地体现为人们社会分工体系和生产生活方式的根本变革。尽管教育本身也是社会分工体系中的一个组成部分，但这个部分在整个社会分工发展演化中占有极为重要的地位。尤其是职业教育作为教育体系中与经济社会发展联系最为直接和密切的教育类型，通过人才培养、知识传播、技能传承对社会劳动力再生产起到维持、结构调整的作用，从而促使劳动者融入新的社会分工体系或引领社会分工变革的方向。城镇化促进社会分工，增强了对职业教育的根本需求。

第一节　新型城镇化战略内涵与特征

城市是人类高度集聚的地区，因人而生，因人而繁荣，因人而衰落。城市的发展应该以人为本，推进新型城镇化就是要以人为核心，以质量为关键，以改革为动力，使其真正成为人们的安居之处、乐业之地。“新型城镇化不是简单的城市人口比例增加和规模扩张，而是强调在产业支撑、人居环境、社会保障、生活方式等方面实现由‘乡’到‘城’的转变。”[1]让新型城镇化之路走好走顺，兴城首先要兴业，有产业支撑才能有就业，特别是要发挥好服务业这一最大就业容纳器的作用，做到新型工业化、信息化、新型城镇化和农业现代化融合发展，实现产城相融、互促共进，为新型城镇化注入不竭的动力。[2]

一、改革开放以来城镇化现状与问题

改革开放以来，我国经历了世界历史上规模最大、速度最快的城镇化进程。1978—2012 年，城镇常住人口从 1.7 亿增长到 7.1 亿，年均增长 1 588 万人，累计转移农业人口 2.6 亿人，城镇化率从 17.9%提高到 52.6%。城镇化的聚集效应日益显现，全国地级及以上城市占全国 6.7%的国土面积和 29.5%的人口，创造了 62%的国内生产总值和 61.9%的社会消费需求。[3]以京津冀、长三角、珠三角为代表的三大城市群，更是以 2.8%的国土面积集聚了 18%的人口，创造了 36%的国内生产总值。[4]城镇化的快速推进，吸纳了大量农村劳动力转移就业，推动国民经济持续快速发展。然而，我国在城镇化发展取得显著成就的同时，也出现了质量不高和结构失衡的问题，面临“产”“城”“人”分裂发展的境遇。不少地方热衷圈地造城，城镇化进程与产业发展不同步，产业集聚与人口集聚不同步，城镇化滞后于工业化，人口城镇化滞后于土地城镇化。2000—2011 年，全国城镇建成区面积增长 76.4%，远高于同期城镇人口 50.5%的增长速度，土地城镇化是人口城镇化速度的 1.51 倍。[5]在一些中小城市，集聚产业和人口不足，生活服务不配套，出现了“有城无产”“有产无城”等现象，特别是在一些行政主导建设的新城新区，

更是出现了“空城”“睡城”“鬼城”“工业孤岛”等形形色色的产城人分离现象(专栏 1.1)。

专栏 1.1

鄂尔多斯康巴什新区:典型的“鬼城”样本

鄂尔多斯是坐落在内蒙古西南部的一座地级市,总面积 8.7 万平方公里,总人口 200 多万。该地富含煤炭、天然气、稀土等自然资源,探明储量分别约占全国总储量的 1/6、1/3、1/2。自 2001 年被国务院批准为地级市建制以来,经济得到快速发展,GDP 从 2001 年的 171.8 亿元增加到 2011 年的 3 218.5 亿元,人均 GDP 自 2011 年起连续多年排名全国第一。2004 年,鄂尔多斯启动建设康巴什新区,距老市区东胜区 25 公里,规划建设面积 32 平方公里,安置人口 100 万人。土地开发快于产业人口集聚和人口流入,入驻企业少,产城互动效果不佳,商店、医院、学校等设施不配套,缺乏人气。到 2014 年,新区人口不足 8 万人,炒房者在当地大量购房后不入住,有的小区入住率不到 10%,入住率不足反过来又进一步限制了服务业的发展。2008 年,美国《时代周刊》刊登文章《康巴什:一座空城》;2012 年英国 BBC 指出,“康巴什:中国最大的鬼城”。康巴什新区成为典型的“鬼城”样本,产业发展与城市建设、人口聚居不同步,未能实现产城人融合发展。

资料来源:冯奎. 中国新城新区发展报告:2016[M]. 北京:企业管理出版社,2016:205-211.

在城镇内部,二元结构问题突出。农村劳动力向非农部门转移速度快,但农业转移人口的市民化步伐慢,主要表现为户籍人口城镇化率不高。2017 年,我国户籍人口城镇化率达到 42.35%,与常住人口城镇化率的差距缩小到 16.17%(图 1.1)。大量农业转

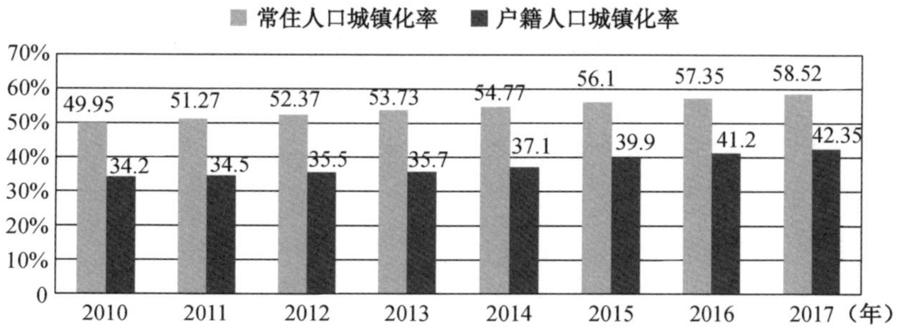

图 1.1　2010—2017 年中国城镇化率变化

资料来源:1. 何立峰. 国家新型城镇化报告(2016)[M]. 北京:中国计划出版社,2017:57.
2. 国家统计局. 2017 年国民经济和社会发展统计公报[EB/OL]. [2018-2-28]. http://www.stats.gov.cn/tjsj/zxfb/201802/t20180228_1585631.html.

移人口在户籍身份上尚未被城市接纳，处于“半市民化”状态，无法与城镇居民平等共享公共教育、就业、医疗、养老、保障性住房等基本公共服务；在城市拆迁改造过程中，出现失地又失业的群体，城市贫困问题逐步显现，城市包容性发展面临挑战，必须转变城镇化发展模式。

二、新型城镇化战略内涵

2012 年，党的十八大报告提出走中国特色新型城镇化道路，强调“科学规划城市群规模和布局，增强中小城市和小城镇产业发展、公共服务、吸纳就业、人口集聚功能”。[6] 2013 年，党的十八届三中全会提出要完善城镇化健康发展的体制机制，“坚持走中国特色新型城镇化道路，推进以人为核心的城镇化，推动大中小城市和小城镇协调发展、产业和城镇融合发展，促进城镇化和新农村建设协调推进”。[7] 2014 年，中共中央、国务院印发的《国家新型城镇化规划（2014—2020）》明确提出，要全面提高城镇化质量，加快转变城镇化发展方式，以人的城镇化为核心，有序推进农业转移人口市民化；以城市群为主体形态，推动大中小城市和小城镇协调发展；以综合承载能力为支撑，提升城市可持续发展水平；以体制机制创新为保障，通过改革释放城镇化发展潜力，走以人为本、四化同步、优化布局、生态文明、文化传承的中国特色新型城镇化道路。[4] 2016 年，十二届全国人大第四次会议通过《国民经济和社会发展第十三个五年规划纲要》，提出推进新型城镇化，“坚持以人的城镇化为核心、以城市群为主体形态、以城市综合承载能力为支撑、以体制机制创新为保障，加快新型城镇化步伐，提高社会主义新农村建设水平，努力缩小城乡发展差距，推进城乡发展一体化”。[8] 党的十九大报告提出：“以城市群为主体构建大中小城市和小城镇协调发展的城镇格局，加快农业转移人口市民化。”[9] 新型城镇化与传统的“土地城镇化”不同，核心在于人的城镇化，在经济、生态、形态和社会等城镇功能方面体现出全方位、多维度和系统性的优化和升级。

第一，新型城镇化是与新型工业化、信息化、农业现代化同步发展的城镇化。其中，工业化处于主导地位，是发展的动力；农业现代化是重要基础，是发展的根基；信息化具有后发优势，为发展注入新的活力；城镇化是载体和平台，承载工业化和信息化发展空间，带动农业现代化加快发展，发挥着不可替代的融合作用。推进新型城镇化，要充分发挥工业化的动力作用、农业现代化的基础作用和信息化的引领作用，实现“四化”有机融合、同步发展。推动信息化和新型工业化深度融合、工业化和城镇化良性互动、城镇化和农业现代化相互协调，促进城镇发展与产业支撑、就业转移和人口集聚相统一，促进城乡要素平等交换和公共资源均衡配置，形成以工促农、以城带乡、工农互惠、城乡一体的新型工农、城乡关系。

第二，新型城镇化是人口、经济、资源和环境相协调的城镇化。新型城镇化按照“资源节约和环境友好”的要求，把生态文明理念和原则全面融入城镇化过程，依托城镇的资源和环境承载能力聚集产业和人口，走集约、智能、绿色、低碳的新型城镇化道路，保护和改善生态环境，推动城市与自然、人与城市环境和谐相处，建设生态城市。

第三，新型城镇化是大中小城市与小城镇协调发展的城镇化。根据资源环境承载能力构建科学合理的城镇化宏观布局，发展集聚效率高、辐射作用大、城镇体系优、功能互补强的城市群，增强中心城市辐射带动功能，加快发展中小城市，重点发展小城镇，促进大中小城市和小城镇协调发展。强化城市间专业化分工协作，推动特大城市和大城市形成以服务经济为主的产业结构，增强中小城市产业承接能力，构建大中小城市和小城镇特色鲜明、优势互补的产业发展格局。

第四，新型城镇化是人口集聚、市民化和公共服务供给协调发展的城镇化。城镇化带来的创新要素和产业集聚提升了城镇的经济实力，进一步完善城镇功能，提高公共服务水平和生态环境质量。合理引导人口流动，有序推进农业转移人口市民化，稳步推进城镇基本公共服务常住人口全覆盖，并通过深化户籍制度改革，赋予外来落户人口完全的市民权利。

三、新型城镇化战略基点

城市作为人类主要聚集地和经济活动中心，是人类文明史演化的结果。汉语中“城市”是指由城墙围护起来的居民区和集市，它精确地概括了城市的两大基本功能，即经过一定规划形成的有防卫边界的居民聚集区和由产业分工支撑的市场。[10]传统城市功能是“城”和“市”的低水平叠加。然而，自工业革命以来，城市的经济功能获得前所未有的发展，世界经济活动突出地表现为产业在区域上的集聚，城市成为产业成长的平台和网络。随着经济和产业结构演进、空间集聚和辐射形成城镇体系，并最终演化为城市群或都市带。20世纪下半叶以来，伴随着以制造业为主的经济向以服务业为基础的知识型经济转型，城市空间格局和功能变得更加复杂和分化，城市内部以及大城市和小城镇、城乡之间的功能分化和发展水平差异日趋明显和扩大。在城市，人际间的交往既是生产也是消费，通过产业整合创造出高附加值的经济和就业机会，吸引劳动力、商人和居民大规模迁入，由此涉及的公共利益和公共产品的提供、分配和保障问题，通常由政府管理部门和社会组织承担公共责任、提供服务以改善环境。追根溯源，城市由人口聚集而成，城市创造产业分工、专业化分工扩展城市，而人的工作和生活要求决定了城市必须同时提供就业和居住功能，形成面向就业和生活人群的配套服务设施。推进以人为核心的新型城镇化，关键是促进城镇发展与产业支撑、就业转移和人口集聚相统一，不仅要求促进产、城、人形成匹配关系，更重要的是促进相互融入，互为依托、互相渗透，形成产城人融合发展系统。

第二节　助推新型城镇化需要加快职业教育改革发展

技术进步、全球化和产业结构变化正在将更多的乡村人口引向城市地区，这一变革过程对劳动力的人力资本水平提出更高要求。职业教育作为一种重要的人力资本投资形式，能够赋予个人劳动力市场就业所需的技术技能和专业特长，通过促进农民工市民化和社会公义直接影响着城镇化质量。接受过职业教育的高技能劳动力在城市集聚，不仅自身具有更高的劳动生产率，而且会产生可观的人力资本外部性，提高其他居民的劳动生产率，进而促进城市工资平均水平的提高，城市人口持续增加，进一步促进城市化水平的提高。高技能劳动力是城市发展的引擎。[11]

一、技术变革、经济全球化促进城市转型发展

工业革命以来，技术进步已成为现代经济增长的核心驱动力，技术的变革作用成为决定工业化进程和城市结构的关键因素。有学者指出，人类历史上已发生了四次由技术进步引发的工业革命：第一次工业革命是由珍妮纺纱机、蒸汽机的发明驱动；流水线作业和电力的使用引发了第二次工业革命；半导体、计算机、互联网的发明和应用催生了第三次工业革命；而第四次工业革命由人工智能、机器人、物联网、自动驾驶汽车、3D打印等技术推动引发。正在发生的第四次工业革命，不仅正在使人类社会经历生产与服务智能化，也在使人类的生活信息化及智能化。[12]新的工业革命不仅会带来新的工作、新的产业和新产业地区，并将对城市发展产生巨大影响，为城市化进程与特征提供形态和指引。[13]

城镇化水平与工业化阶段和产业结构、就业结构变化之间存在密切的互动关系。西蒙·库兹涅茨(Simon Kuznets)最早提出产业结构变动与城镇化之间的关系，由于工业和服务业只有在城市中才能获得规模经济，随着经济发展，主导产业由农业向制造业和服务业转变，这种结构变动需要劳动力、资本投资和居住地点向城市转移，由此带动城镇化进程。[14]诺瑟姆(Ray M. Northam)提出了城市化S形曲线，以城市人口占总人口比重的城市化率表征不同的城市化发展阶段。根据诺瑟姆曲线，城市化过程主要有三个阶段：城市化率在25%以下是城市化初级阶段，农业占国民经济绝大比重且人口分散分布，而城市人口只占很小的比重；城市化的加速阶段特征是城市人口从25%增长到50%乃至70%，经济社会活动高度集中，第二、三产业增速超过农业且占GDP比重越来越高，制造业、贸易和服务业的劳动力数量也持续快速增长；在成熟阶段，城市人口比重超过70%，但仍有乡村居民从事农业生产和非农产业来满足城市居民的需求，当城市化水平达到80%时增长就变得很缓慢(图1.2)。以美国为例，1860—1920年，城市化率由

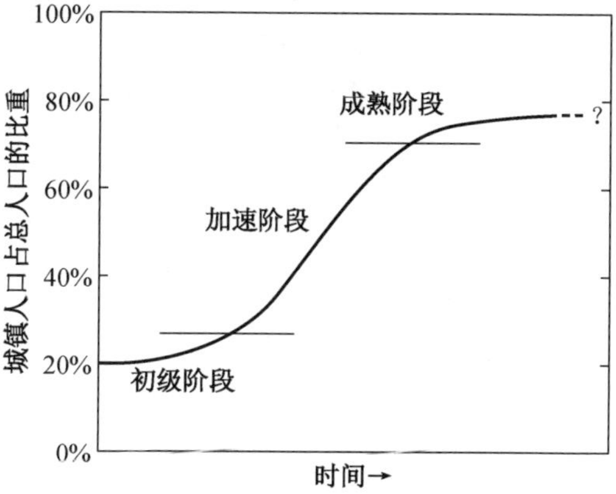

图 1.2　城市化曲线及其阶段划分

资料来源：陈明星，叶超，周义. 城市化速度曲线及其政策启示——对诺瑟姆曲线的讨论与发展[J]. 地理研究，2011(8).

19.8%升至51.2%，处于城市化加速阶段。早期的美国城市主要集中在东北部，蒸汽机的发明和以蒸汽为动力的火车对美国西部开发和制造业、采矿业发展具有决定性的意义，工业和服务业比重分别由16.2%和43%提高至32%和47%。1920—1960年，随着有轨电车和汽车时代的到来，美国城市化进入中后期阶段，工商业向城市中心集中，城市化率由51.2%升至70%。在这一阶段，工业就业比重基本维持不变，而服务业比重则由39%升至59%，服务业就业比重达到并超过产业比重。1960年以后，进入城市化后期阶段，城市化率缓慢提高，至2000年达到80%，美国经济逐步完成由工业经济向服务经济的转变，商业服务业、信息服务业、金融租赁业、文化教育卫生等现代服务业逐步替代制造业和贸易、住宿餐饮等传统服务业，成为美国经济发展的主导产业，服务业成为最大的就业部门（表1.1）。根据美国劳工统计局预测，2012—2022年，美国经济需要增加1 560万个工作岗位，其中那些要求员工拥有高中以上学历但低于四年制大学学历的“中等技能”类型的工作将占很高比例（表1.2）。这些岗位需要的职业技能，基本上可以通过职业技术教育和在职培训获得。

表 1.1　美国1860—2010年美国城市化率与产业、就业结构的变动

年份	城市化率	生产结构			就业结构		
		农业	工业	服务业	农业	工业	服务业
1860	19.8%	40.8%	16.2%	43%	57%	18%	24.9%
1900	39.6%	29%	25.4%	45.6%	37%	30%	33%
1920	51.2%	21%	32%	47%	27%	34%	39%
1960	69.9%	4%	38%	58%	7%	34%	59%
1980	73.7%	3%	34%	64%	4%	31%	66%
1990	75.3%	2%	28%	70%	3%	26%	71%
2000	79.1%	1%	23%	75%	3%	23%	74%

续　表

年份	城市化率	生产结构			就业结构		
		农业	工业	服务业	农业	工业	服务业
2010	82.1%	1%	20%	79%	2%	17%	81%
城市化加速期（1860—1920）	31.4%	−19.8%	15.8%	4%	−30%	16%	14.1%
城市化中后期（1920—1960）	18.7%	−17%	6%	11%	−20%	0%	20%
城市化后期（1960—2000）	9.2%	−3%	−15%	17%	−4%	−11%	15%

资料来源：国务院发展研究中心. 中国新型城镇化：道路、模式和政策[M]. 北京：中国发展出版社，2014：490.

表 1.2　　21 世纪美国中等技能职业岗位增长预测(2012—2022 年)

行业	职业	就业(2012 年，每 1 000 人)	预测(2022 年，每 1 000 人)	增长百分比预测	平均工资(2012 年，美元)
健康保健	牙科保健员	192.8	256.9	33.3%	70 210
	牙科和眼科实验室技术员				
	医疗器械技师	82.9	88.5	7.0%	33 070
	诊断医学超声检查师	58.8	85.9	7.0%	65 810
	物理技师	71.4	100.7	46.0%	52 160
	助理作业治疗师	8.4	11.4	41.0%	26 850
建筑	木工	901.2	1 119.4	24.4%	39 940
	砌砖工	71.0	96.2	35.5%	46 440
	绝缘材料工	28.9	42.4	46.7%	39 170
制造	部线技师	249.4	267.7	7.0%	58 210
	机械师	476.2	510.0	7.0%	40 910
	电工	583.5	697.2	20.0%	49 810
	机电技术员	17.3	18.0	4.0%	51 820
公共服务	消防员	307.0	327.3	7.0%	45 250
	警察	780.0	821.4	5.0%	56 980

资料来源：杰弗里・A. 康托. 美国 21 世纪学徒制——培养一流劳动力的奥秘[M]. 孙玉直，译. 北京：中国劳动社会保障出版社，2016：23-24.

现代城市也是技术和经济组织变革的产物。交通、通信技术的发展，生产、分配和交换环节跨国发展趋势促进了经济行动的全球化。尤其是跨国公司在全球范围内通过复杂的内外网络结合形成全球生产体系，促成新的国际城市的层级化和不同种类功能在不同城市集聚及劳动力的地区分工。一些评论者将近年来生产体系的变化总结为预示着从福特主义向后福特主义的转型。福特主义作为一种工作方式和工业组织是与工厂体系相联系的。它是20世纪早期由亨利·福特(Henry Ford)在底特律进行汽车大规模生产而发展起来的，通过将所有工作尽可能简化用流水线进行整合，管理者承担对脑力劳动和体力劳动进行清晰划分的规划和组织工作，组装线上相对简单的工作主要由接受有限培训的移民劳动力来从事，大批量生产方式得以发展。20世纪70年代中期以来，伴随不断扩大的市场和技术变革兴起的所谓“后”福特主义生产体系，其主要特点是以信息、知识、创新为基础的“柔性专业化”，它不仅包含了工厂为响应不同市场条件而调整产品级别与种类的能力，而且包括了工作实践、产业组织及社会结构整体上的改变(表1.3)。后福特制生产组织方式以满足个性化需求为目的，以信息和通信技术为基础，员工管理也由福特制生产时期的垂直分化管理模式进阶为扁平式网络化管理模式，尤其是对劳动力的灵活利用，并要求劳动者具有多种技能或者拥有按需要与否被雇用和解雇的能力。有分析认为，柔性化批量生产模式之所以在美国发展状况不佳，与该国没有发展形成独立的职业教育体系有密切的关系(专栏1.2)。

表1.3　福特式体制和后福特式体制的差异

项目	福特式体制	后福特式体制
劳动过程	• 不熟练以及半熟练劳动者 • 单一工作任务 • 工作具体化 • 有限的训练	• 掌握多种技能的劳动者 • 多样工作任务 • 工作细分 • 广泛的工作训练
劳动关系	• 总工会及产业工人工会 • 泰勒主义科学管理 • 中央集权的国家支付交易	• 无工会、“企业联盟”及“杜绝罢工”的措施 • “人际关系”管理 • 分散的地方企业交易
产业组织	• 大型企业的垂直一体化	• 准垂直一体化，亦即转包、逆中心化、战略联盟、小商业的增长
技术	• 单个产品的生产	• 柔性生产系统、计算机辅助设计和制造(CAD/CAM)、信息技术、机器人

续 表

项目	福特式体制	后福特式体制
组织原则	• 标准化产品的批量生产 • 规模经济、资源导向 • 大量储备缓冲 • 产品组装后再进行质量检测 • 产品储备中有劣质产品 • 主要通过控制工资来减少成本	• 小批量生产 • 范围经济、市场导向 • 小库存、即时递送系统 • 产品生产过程中进行质量检测 • 劣质产品一经发现立即销毁 • 通过革新提高竞争力
消费方式	• 消费商品的大量生产 • 标准化、统一化	• 细分市场 • 变化多端
区位特性	• 劳动空间差异产生分散的制造业工厂 • 地区性功能专业化 • 产品成分包含世界范围的资源 • 产业大都市的增长	• 柔性产业区位形成产业地理集聚 • 多功能集聚 • 产品成分从空间上接近的、半整合的工厂中获得 • 乡村边缘地区的新产业空间的增长
国家角色	• 凯恩斯福利国家 • 经济需求管理 • 提供公共服务 • 保障“社会报酬”	• 劳动福利国家 • 促进革新和竞争 • 私有化、解除管制 • 提倡自立
问题	• 通货膨胀 • 市场饱和 • 产品质量差 • 不变性 • 疏远劳动力 • 增长的工资与衰退的生产率增长之间的分歧 • 政府财政危机	• 高失业率 • 劳动力市场的二元性 • 社会极化、排斥及联合的社会张力 • 经济不安定下呈现的消费者信心的不稳定性 • 市场易变性

资料来源：保罗·诺克斯，史蒂文·平奇. 城市社会地理学导论[M]. 柴彦威，张景秋，等，译. 北京：商务印书馆，2009：35.

专栏 1.2

美国职业教育体系/技能形成机制对后福特主义发展模式的影响

德国不来梅大学研究员克劳斯·鲁思(Klaus Ruth)认为柔性化批量生产模式之所以在美国发展状况不佳，与该国没有发展形成独立的职业教育体系有密切的关系。回顾美国的大批量生产模式(福特主义或泰勒模式)的发展过程，就会发现它们是在一种高度分工和专门化基础上的半技能或无技能生产方式。在美国，依附在学院中的职业教育体系并没有为批量生产的核心行业输送人才，而只是为其他行业培养人才，例如机床行业。其他国家如德国没有选择相同的道路，也没有如此过分依靠半技能或无技能劳动者。因此，美国没有发展起一种全国性的职业教育体系，而在德国和其他一些欧洲国家，却逐步形成了独立的职业教育体系并得到了繁荣和发展。这种不断调整完善的职业教育体系，又通过提供足量受过良好培训的劳动力，对新的生产模式（如柔性化的批量生产模式）提供了强大的支持。

资料来源：菲利克斯·劳耐尔，等. 国际职业教育科学研究手册（上）[G]. 北京：北京师范大学出版社，2014：358.

在后福特主义体制中，信息技术革命催生了一个围绕资金、管理和信息组织起来的全球生产网络，这种新型跨国生产体系是一个企业赖以进行研发活动、产品设计、采购、加工、分销及各种支援性活动的关系网络。曼纽尔·卡斯特尔（Manuel Castells）认为信息经济对空间产生的影响造成了四种主要类型生产商的不平等分布：高价值生产商、高产量生产商、原材料生产商和冗余生产商。一般来说，高价值的生产集中在发达国家的"命令与控制"中心，大规模生产迅速被分散在成本较低的发展中国家，原材料的生产在很大程度上是依靠地理条件提供机会，最有可能成为生产冗余的是不能参与全球竞争的外围经济和部门。[15]在全球化供应链中，不同的生产程序在靠近原材料产地、市场或者有廉价或熟练劳动力的地方择址，随着制造业分工越来越细，每个国家愈来愈成为一个产品中间站。早期的国际分工是以核心国家生产和输出制造业商品，边缘国家输出原材料为基础的，这是第一次制造业劳动分工或第一次全球转移。由于制造业和服务业之间日益增长的共生关系，随着信息与通信技术的发展，企业日益采用包括将分布于世界各地的服务技能结合起来的各种商务模式，服务业被出口，服务工作从发达经济体迁往低成本地区，这种新贸易形式既包括低附加值的呼叫中心类型工作，也包括高附加值服务，如法律、会计、设计、商务分析以及证券分析等。境外服务的发展代表了一种新型国际劳动分工，被称为第二次全球转移。过去设立于发展中国家或欠发达国家的分支工厂仅仅承担由发达世界设计或者为发达世界设计的产品的装配，而现在许多这类分支企业为潜力之外的顾客处理数据或者和千里之外的顾客进行交流。有研究表明，美国有四分之一的工作都已经被外包至海外或在未来可能被外包至海外，这些工作通常是业务处理类型的工作，既包括那些可以被分解为程序性任务的工作，也包括那些需要高技能和判断力可靠地完成并可以远程监督的工作。[16]印度、中国、菲律宾和南非是在业务流程外包领域领先的国家（专栏 1.3）。新的专业技术空间分配地理是由境外地点服务者的教育水平和语言能力所决定的，这种地点也可能是，但也不一定是低成本地点，相对优势是受过良好教育、有专业技术的劳动力，特别重要的是有语言技能，语言和文化在这次全球转移中扮演着比其在制造业劳动国际分工的发展历程中重要得多的角色。[17]在新的全球化供应链中，一些地区或国家形成专业化的特殊经济类型，发展成为分布更广的专业化劳动分工。这种劳动空间分工也可以在服务业或制造业企业内部发生，跨国公司建立了一体化价值链，以一地（如伦敦、纽约这样的大城市）为总部，以另一地为研究开发中心，再以另一地区（边缘地区，如南威尔士）或国家（如中国）为生产制造中心，而销售和服务中心则遍布全球，在全球范围内补充其技能蓄水池。新技术、全球化和结构变革扩大了发展中国家崛起的机遇，与制造业和服务业的国际价值链连在一起，也可以在高技能生产领域创造就业岗位，能够从手工技能密集的直线型发展道路转向使用高阶认知技能和社会技能的发展道路。[18]从开罗的智能商业园到加纳的基于信息技术的服务业中心，印度的班加罗尔和钦奈已经崛起为世界研发中心。

专栏 1.3

菲律宾的业务流程外包行业和工作：技术变革带来的机会和挑战

在过去的十年中，信息通信技术（IT）和业务流程外包（BPO）行业始终是推动菲律宾经济增长和增加就业的重要引擎，其年均增长率达到 24%，并且其在全球海外服务外包市场的份额从 2006 年的 5%上升到 2013 年的 11%，直接就业人数从 1999 年近乎零增长到 2014 年 8 月的一百万名全职员工，占到该国总体就业数量的近 2.3%。该行业中的语音板块（主要是呼叫中心）发展稳健，占到该行业总营收的 64%。医疗信息管理领域的营收也在 2012—2013 年间增长了 52%，而知识处理外包领域增长了 18%。

在这些领域中，收入和技能要求有所差异。特定行业的工作比那些通用行业的工作（如人力资源业务处理）需要更高的技能，2012 年该行业人均年收入为 8 849 美元，其中平均报酬最高的是软件开发 17 383 美元，联络中心为 8 301 美元，其他业务流程外包领域的平均报酬为 7 687 美元。高技能收入的职位，大多数是以下领域与研发相关的工作：知识处理外包（如市场研究和医学文书）、信息技术外包（如软件和应用维护）、工程服务（如工程设计和数字地图绘制）以及创意业务（如艺术创作、游戏测试和支持），都是非常规知识以及人际任务密集的工作，其中大多数在非语音外包服务领域（如后台金融、会计或人力资源），但也包括语音业务处理领域的很多职位（如客户服务和技术支持）。

数字技术的进步和国际竞争的加剧，使人们逐渐向高附加值和非常规工作转移。在菲律宾的信息技术—业务流程外包行业中，85%的营业收入来自常规知识任务密集型的工作，而这些工作更容易受到自动化的影响。较低的工资水平会推迟该过程，但不太可能阻止其最终发生。随着全球复杂服务市场的逐渐增长，提供大量高价值非语音服务能够提升该行业的可持续性。这种转变需要行业、学界和政府的共同努力，系统地提升信息技术—业务流程外包行业的生态系统，比如提升电信基础设施，以及在非语音服务培训和技能开发方面引导行业和政府之间的合作。

资料来源：世界银行．2016年世界发展报告：数字红利[M]．胡光宇，等，译．北京：清华大学出版社，2017．

在经济全球化、新技术革命的背景下，我国奉行互利共赢的开放战略，不断拓展对外开放的广度和深度，提升了我国的综合国力、国际竞争力和国际影响力。目前我国经济总量居世界第二位，是第一大出口国、第二大进口国、第二大吸收外资国、第三大对外投资国、第一大外汇储备国。2015年，我国吸收外商直接投资和对外直接投资金额分别达到1 356亿美元和1 276亿美元，分别占世界总额的7.69%和8.66%；2016年，我国人均国民生产总值达到8 123美元，进出口总额分别达到15 874亿美元和20 982亿美元，分别占世界总额的9.78%和13.15%，外汇储备达到30 105亿美元。[19]利用日益完备的基础设施、强大的产业配套能力以及不断增强的企业创新能力，我国跃居全球第一大制成品出口国，发展成为“世界工厂”，尤其是在经济较为发达的长三角和珠三角等沿海城市，制造业技术集约化程度相当明显，很多跨国企业把在中国投资研发视为现实的选项，设在上海、北京、成都或其他地方的研发中心不仅为中国市场进行本地化创新，而且开始为全世界开发全球化产品。然而，伴随着我国迈入中等收入国家行列，劳动力、土地等各类要素成本进入集中上升期，能源资源和生态环境约束强化，低成本制造的传统优势被削弱，劳动密集型产业特别是低端制造业环节加速向低收入国家转移。国际金融危机冲击和深层次影响在相当长时期依然存在，贸易保护主义风潮正在袭来，发达国家“再工业化”政策吸引一些中高端制造业回流，但服务外包和服务投资正成为国际经贸合作新热点。新能源、云计算、3D打印、基因诊断与修复等新技术革命取得新突破，基于信息物理系统的智能装备、智能工厂等智能制造引领制造方式变革，为我国制造业转型升级、提升在全球价值链中的地位带来了机遇。

当前我国经济发展进入新常态，由高速增长阶段转向高质量发展阶段，正处在转变发展方式、优化经济结构、转换增长动力的攻关期。跨越关口，必须加快建设现代化经济体系，加快建设实体经济、科技创新、现代金融、人力资源协同发展的产业体系。以供给侧结构性改革为主线，加快传统产业转型升级，推动战略性新兴产业、先进制造业健康发展，促使服务业特别是现代服务业发展壮大，合理布局和建设基础设施和基础产业成为经济结构调整的重要任务。制造业是国民经济的主体，2015年国务院印发《中国制造2025》，提出以加快新一代信息技术与制造业深度融合为主线，以推进智能制造为主攻方向，瞄准新一代信息技术、高端装备、新材料、生物医药等战略重点领域，从成本优势向以人才、资本、技术、服务、品牌为核心的综合竞争优势转变，建设制造强国，实现中国制造向中国创造转变。加快制造与服务的协同发展，大力发展与制造业紧密相关的生产性服务业，推动商业模式创新和业态创新，促进生产型制造向服务型制造转变。在推进生产性服务业加快发展的同时，围绕人民群众的迫切需要，继续大力发展生活性服务业。国务院《关于加快生产性服务业促进产业结构调整升级的指导意见》提出，现阶段我国生产性服务业重点发展研发设计、第三方物流、融资租赁、信息技术服务、节能环保服务、检验检测认证、电子商务、商务咨询、服务外包、售后服务、人力资源服务和品牌建设。国务院办公厅《关于加快发展生活性服务业促进消费结构升级的指导意见》强调，今后一个时期，重点发展居民和家庭、健康、养老、旅游、体育、文化、法律、批发零售、住宿餐饮、教育培训等贴近服务人民群众生活、需求潜力大、带动作用强的生活性服务领域，推动生活性服务业便利化、精细化、品质化发展。同时，我国服务业开放程度低，竞争力弱，2015年中国服务贸易出口总额为2 865.40亿美元，进口为4 688.96亿美元，逆差为1 823.56亿美元，而同年美国服务贸易顺差为2 622.11亿美元。[20]发展和壮大服务业需要进一步深化改革、扩大开放。党的十八届三中全会通过的《中共中央关于全面深化改革若干重大问题的决定》提出，构建开放型经济新体制，明确推进金融、教育、文化、医疗等服务业领域有序开放，放开育幼养老、建筑设计、会计审计、商贸物流、电子商务等服务业领域外资准入限制，进一步放开一般制造业。

工业化与信息化的深度融合，生产性服务业与生活性服务业并举并重，对教育和人才的需求都发生了深刻的变化，不仅要求大量素质高、技术精湛的专业技术人才、经营管理人才、技能人才，而且要求广大的生产操作人员和服务人员成为“技能型”甚至是“多种技能复合型”和“知识技能型”的新型员工。作为《中国制造2025》重要配套文件的《制造业人才发展规划指南》提出，到2020年，要形成与制造业发展需求相适应的人力资源建设格局，制造业从业人员平均受教育年限达到11年以上，制造业从业人员中受过高等教育的比例将从目前的13.4%提升到22%，高技能人才占技能劳动者的比例达到28%左右，研发人员占从业人员比例达到6%以上。根据预测，制造业十大重点领域将面临很大的人才缺口（表1.4）。目前我国各地尤其是东南沿海地区，连续多年出现“技工荒”现象，为此需要加大专业技术人才、经营管理人才和技能人才的培养力度，完善从研发、转化、生产到管理的多层次多类型人才培养体系。同时，教育服务业作为现代服务业的重要组成部分，市场规模巨大且持续增长，正成为新的经济增长点，实现教育服务业优先发展，对优化产业结构、促进就业和改善民生、加强人力资源建设、打造城市品牌以及实现地区可持续发展都有重要作用。发达地区尤其是大城市正在进行的产业结构升级、城市空间的“腾笼换鸟”，只有通过合理的教育结构调整实现人力资源结构的优化，才可能有效地推进城市转型发展，实现可持续增长、高质量的发展。

表 1.4　《中国制造 2025》制造业十大重点领域人才需求预测

序号	十大重点领域	2015 年	2020 年		2025 年	
		人才总量（万人）	人才总量预测（万人）	人才缺口预测（万人）	人才总量预测（万人）	人才缺口预测（万人）
1	新一代信息技术产业	1 050	1 800	750	2 000	950
2	高档数控机床和机器人	450	750	300	900	450
3	航空航天装备	49.1	68.9	19.8	96.6	47.5
4	海洋工程装备及高技术船舶	102.2	118.6	16.4	128.8	26.6
5	先进轨道交通装备	32.4	38.4	6	43	10.6
6	节能与新能源汽车	17	85	68	120	103
7	电力装备	822	1 233	411	1 731	909
8	农机装备	28.3	45.2	16.9	72.3	44
9	新材料	600	900	300	1 000	400
10	生物医药及高性能医疗器械	55	80	25	100	45

资料来源：教育部，人力资源社会保障部，工业和信息化部. 关于印发《制造业人才发展规划指南》的通知（教职成〔2016〕9 号）[EB/OL]. http://www.miit.gov.cn/n1146295/n1652858/n1652930/n3757016/c5500114/content.html.

二、集聚化、专业化发展支持城市产业升级

当今世界经济的一个突出特征是，经济在空间上的分布是不均匀的，全球生产主要集中在城市区域，占全球土地面积 1.5%的区域囊括了世界一半的生产活动。纽约、伦敦、巴黎、东京等国际大都市相对于其所在的经济体，城市人口总量巨大，人口密度高，就业结构与产业结构基本一致，服务业不仅是国际大都市经济发展的主导产业，而且是其就业岗位的主要来源和创造者（表 1.5）。这些城市的人口结构及其规模与经济发展过程有着密切的关系，产业结构及其布局会根据要素相对价格变化不断调整，呈现出制造业产出比重明显下降和服务业产出比重不断增加的趋势。如果将以服务于生产和商业的服务业定义为高端服务业，主要服务于人的服务业定义为低端服务业，那么高端服务业虽然产值比重高，但相对就业机会少，而低端服务业产业比重虽然比较低，却和更

多的就业相联系。在大都市空间内部，产业布局呈现出最初向城市中心靠拢，然后向城市外围重新布局的演化态势。根据埃伦·斯科特（Allen J. Scott）提出的生产周期选择理论，城市中心被比作孵化器，在企业的早期阶段，企业发展依赖城市核心区的熟练技术劳动力和其他企业集群；随着时间推移，企业会变得更加自立且有能力到其他低成本的边缘地带重新布局；最后在远离城市中心的小城镇建立起分支企业，从而因低廉的成本和更加便利的交通而获利，[21]进而形成以大城市为核心的城市圈/都市经济圈。

表 1.5　　典型国际大都市人口、产业和就业结构

城市	人口规模（万人）	占全国比重	人口密度（人/km²）	中心城市人口密度（人/km²）	人均GDP（美元/人）	产值结构			就业结构		
						建筑业	制造业	服务业	建筑业	制造业	服务业
纽约（2010年）	1 937.8	6.28%	401	26 430	55 996（2009）	3.15%	5.4%	91.2%	3.57%	5.34%	91.2%
伦敦（2007年）	755.69	12.4%	4 807	9 397	66 413	4.0%	5.5%	89.7%	—	—	—
巴黎（2009年）	1 174.6	18.2%	978	20 648	66 324	4.0%	8.2%	87.2%	4.8%	9.7%	85.0%
东京（2009年）	1 298.9	10.2%	5 896	—	65 371	4.66%	8.67%	84.9%	4.81%	11.7%	82.6%

资料来源：都阳，屈小博. 城市产业发展、就业需求与人口流动：中国与国际经验[J]. 现代城市研究，2013(3)：26-32.

工业和服务业快速发展的部门之所以位于城市地区，关键原因在于企业可以充分利用由邻近其他相同或类似产品生产者和邻近各类产品和服务的生产商所产生的规模经济和集聚经济效应。亚当·斯密（Adam Smith）的《国富论》就曾记录了生产饰针的劳动分工优势。由于制造业和商业同时需要工人和顾客，当市场容量增加的时候，会促进劳动力的分工更为细化，劳动力彼此之间的联系更为紧密，不同技能的人在生产过程中位于不同的岗位，相互分工，从而产生互补性。米切尔·韦伯（Michael John Webber）定义了三种特殊的集聚经济：首先是规模化而导致的成本节约，如商业的增加给其他企业提供了服务；其次是信息业，如通信因企业相邻而得以增强；第三是社会固定资本或社会基础设施，包括铁路、高速公路、学校、购物中心以及银行。所有这些都降低了包括

相关服务在内的生产成本。[21]纽约市的服装区即时尚中心就受益于集聚经济(专栏1.4)。集聚经济不仅依赖规模(大城市或大产业),而且依赖城市互动。阿尔弗雷德·马歇尔(Alfred Marshall)指出,投入品的分享、劳动力市场群聚以及知识的溢出是导致集聚的三个根本原因。世界银行经济学家将这三个方面的规模经济机制总结为共享、配置和学习。共享包括有很多供共同使用的、排他的、不可分割的、拥挤的设施,能够拓宽投入生产要素市场,为生产者利用生产的内部规模经济创造条件(随着规模的增加,平均成本降低),投入生产资料的共享允许供应者根据购买者的需求提供高度专业化的商品和服务。配置是指在更大的市场范围内,各种生产要素可以更好地匹配以适应雇主的特别要求,扩大可资利用的技能范围并优化其配置。企业可以选择所需要的投入和特殊技能,劳动力找到更合适雇主的可能性更高,随着工人专业化技能的提高,生产商可在大城市更容易地找到特殊技能人才。学习是指加速知识溢出,允许工人和企业家互相学习,知识、信息和技术密集型产业大多集中于城市,尤其是大都市地区。[22]彼得·丹尼斯(Peter Daniels)等人认为集群互依性包括交易性和非交易性两种关系。交易性相依关系是由于有正式贸易关系的供应商、合作伙伴以及客户并存的企业构建,与这些企业的接近降低了交通、通信、信息交流以及搜索潜在客户的成本。非交易性互依是指在地理上共存的好处并不明显,如涌现一群专业化工人,或者当地诸如行业协会、商会、政府机构及有特色和功能的大学。[17]城镇集聚了大规模的熟练劳动力和专业化中间投入资料生产供应商,从而优化了雇主—雇工和购买者—销售者的配置,促进在同一行业或密切联系行业内工作的人之间面对面知识的交流。随着通信技术的发展,特别是拥有了通过因特网处理事务的高效率之后,企业选址相邻以分享面对面交流优势的必要性似乎已不存在,恰恰相反,新的通信技术促进了集聚的发展,而且电子计算机、半导体和药品等高科技产业的地区集中更为突出,服务业的集中程度高于制造业,有证据显示了知识产业的地区集中性。信息通信技术与世界最发达的城市特别相关,基础电子产品、多媒体集聚非常显著,一般会在发达城市安家,如纽约、旧金山和伦敦,或者落脚于较新(但已建立)的高技术飞地,如硅谷或洛杉矶的航空航天港,这类集群已经成为全球空间经济的一个组成部分(专栏1.5)。新产品的创始很有可能会在多种创新背景中兴起,具有独特之处、独特活力、特别能力,尤其是服务质量高的地方,对于产品的制造业的吸引力比以往更大。[23]城市体系呈现为一些典型模式:大城市倾向于以服务业为主导,多元发展,创新、发明、培育新公司,不断将成熟的产业驱逐出去;中等规模的城市倾向于成熟产业而非新产业的专业化;小城市倾向于发展专业化产业,制造产品并接受和重新安置多元化城市驱逐出来的产业。城市体系常常由几个大型的多元化城市和许多更为专业化的小城市组成。[22]

专栏 1.4

纽约市服装区的集群现象

纽约市服装区向北被第四十大街包围，向南是第三十四大街，向东是第五大道，向西是第九大道。曼哈顿 75%的服装产业集中在这种四方格或六方格区域中，2/3 的商业与时尚有关，主要是服装生产和承包。当然，也包括零售商、面料供应商以及时尚设计学校，它们互相依赖，彼此提供服务。埃伦·斯科特发现，洛杉矶、巴黎、伦敦和米兰的时尚街区也呈现出类似的相互作用的商业集聚。

资料来源：理查德·P. 格林，詹姆斯·B. 皮克. 城市地理学[M]. 北京：商务印书馆，2011：416-417.

专栏 1.5

全球经济中集群的类型

世界经济中的集群是多样化的，至少有七大类型，它们在全球体系中起着不同的作用。

（1）劳动密集型行业生产集群。这一类型常见于服装行业，在这些行业中，其企业生产层层分包，且常常利用移民劳动力和家庭雇工。其实例可见于巴黎、纽约和洛杉矶的服装生产区。

（2）设计密集型产业集群。这一类型指从事特定商品或服务高品质生产的中小型企业高度密集的地区。其实例包括意大利的著名城镇和地区。

（3）高科技创新集群。这类集群多为创新型中小规模企业以及高技术劳动力市场的基地，其行业多为电脑软件和生物技术。其实例有美国的硅谷和英国的剑桥。

（4）弹性生产的中心辐射集群。在这类集群中，一家大型企业或大型企业的小规模群体从众多本地供应商中购买元配件，生产面向该集群外市场的产品。其实例有美国西雅图的波音以及日本丰田市的丰田。

（5）生产卫星集群。这类集群代表所有权在他处的生产设施集群。其范围包括相对基础的装配行为和相对更为发达的具有研究能力的企业。其实例可见于发展中国家的出口加工型地区。

（6）商业服务集群。商业服务行为包括金融服务、广告、法律、会计，多集中于重要城市，诸如纽约、伦敦和东京及其腹地。

（7）政府依托型集群。一些集群的形成是因为位于诸如大学、国防工业研究机构、监狱或者政府机构所在地。其实例包括因政府研究的投入而发展起来的集群，如美国科罗拉多州的斯普林斯和韩国的大田；大学附近的集群，如英国的牛津和剑桥。

事实上，许多集群是上述类型的混合物，例如洛杉矶之类的世界性城市，也许包含多种类型的集群。

资料来源：彼得·丹尼斯等. 人文地理导论：21 世纪的议题[M]. 邹劲风，顾露雯，译. 南京：南京大学出版社，2014：510-511.

城镇化和正在发展中的特大城市的角色有力地证明了空间集聚的效果，在发达国家，集群经济的足迹比比皆是，通常都拥有大量全球竞争优势的产业集群。在英国，苏格兰科技园区的电子工业，剑桥工业园区的基础研究，奥克斯弗夏尔的赛车设计和制造，威尔士的光电子业，伦敦与剑桥之间的高保真音响器材以及伦敦的金融、珠宝古董、娱乐、商业服务业等都是目前闻名于世的企业集群。德国 53 个制造业有 383 个地区产业集群，这些集群培育了数不胜数的只生产单一专业产品的中小企业。美国的高技术产业集群有航空发动机产业集群（主要集中在康涅狄格、俄亥俄、亚利桑那、马萨诸塞、纽约等州）、信息技术集群和通信设备集群（主要集中在加利福尼亚、德克萨斯、华盛顿、马萨诸塞、纽约等几个州）、生物制药集群（主要集中在波士顿、旧金山、圣地亚哥、北卡罗来纳州三角研究地带、西雅图、纽约、费城、华盛顿、巴尔的摩九大都市区）等。[24]产业集群也是发展中国家中制造业和服务业发展最明显的特征之一。墨西哥与美国边界的出口加工区产业创建于 20 世纪 60 年代，大部分原件从美国或其他发达国家运至墨西哥，由墨西哥低成本的劳动力完成组装后将成品运回美国市场，这些产品包括冰箱、电池、飞机配件、汽车配件及许多传统产品如纺织品和家具等，到 2003 年有 110 万产业工人在出口加工区工作。出口加工区的迅速增长刺激了墨西哥边界城市及其配套服务业的发展。[21]印度的班加罗尔信息产业集群是世界第五大信息科技中心，软件产业年产值达到 100 多亿美元，集中了数以 10 万计的软件工程设计人员，软件业的快速发展推动了印度工业化进程中的结构调整和产业升级。[24]

改革开放以来，伴随经济全球化和市场经济发展，传统产业和新型产业在我国沿海地区集聚，尤其是在珠三角和长三角地区，以国际贸易为导向，以园区经济为载体，通过参与国际分工承接产业转移以及本地企业公司的创新创业活动分别形成了一批外向型和内源型的产业集群，包括各种形式的出口加工区、经济技术开发区、产业园、专业化产业区、中小企业及集群、专业镇或块状经济等。产业集群的发展已成为经济增长的主体，集聚地因此而成为以特色产业为特征的中小城市，走上了专业化道路。如以专业镇集群为特色的广东省为例，2015 年全省经认定的专业镇达到 399 个，实现地区生产总值 2.77 万亿元，专业镇辖区内 GDP 占全省 GDP 的比重达到 38%，工农业总产值超千亿元的专业镇达 9 个，超百亿元的专业镇达 141 个，形成了电子信息、家电家具、纺织服装、装备制造等一批立足广东、影响全国的产业集群基地，[25]带动当地实现就地城镇化。产业在集聚的过程中，带来大量生产要素向城镇集聚，积累了更多的高技能劳动力资源，企业能够很容易获得生产所需的物质资本和劳动力，降低了社会成本；技术和知识溢出效应促进产业结构提档升级，通过专业化分工，产业链条中各个企业都实行专业化生产，从而推动了城镇化发展和提高了整个产业集群的生产效率。众多国家和地区的发展经验表明，产业集聚层次和水平较高的地区，城镇化综合水平也非常高，而且城市人口规模与劳动生产率存在显著的正相关关系，且这种相关性在高人力资本城市中尤为明显。刘望辉、张奋勤、刘习平选取全国 31 个省（自治区、直辖市）2003—2011 年的数据建立模型，检验了产业集聚与新型城镇化之间的协整关系。他们以区位商指标为基础构建产业集聚指数（UI），以复合指标法从人口城镇化、经济城镇化、空间城镇化以及生活质量的城镇化四个维度设定城镇化的综合指数（URB），通过构建误差纠正模型分析产业集聚和城镇化之间具体的因果关系方向。结果显示，在长期内，产业集聚是促进城镇化发展的重要因素，并且可以通过误差纠正机制，保持产业集聚对城镇化间的长期协整关系，东部地区存在从城镇化到产业集聚水平提升的单向因果关系，而中部和西部地区存在产业集聚与城镇化之间的双向互动因果关系；从短期来看，无论是东部、中部还是西部地区，产业集聚和城镇化之间都存在双向互动因果关系。当然，不同区域，产业集聚促进城镇化综合水平提高的作用是不一样的，这说明不同的城镇在产业选择和产业集聚的方式上应该有所区别。东部大城市要适度控制人口的规模，大力发展先进制造业、高端服务业；中小城市坚持工业和服务业并举，发挥产业集聚优势，走“专精特深”的道路；小城镇要紧密依托农村市场促进产业集聚，合理转移农村劳动力。[26]周玉龙、孙久文利用2005—2011年我国地级及以上城市的面板数据，研究了城市人口集聚对第二产业、第三产业以及非农产业劳动生产率的作用。结果表明，人口集聚对非农产业劳动生产率的影响呈倒U形，在人口规模小于982万人时，人口集聚有利于非农产业劳动生产率提高，之后会抑制其发展，而我国目前阶段城市市辖区平均常住人口为168.53万人，因此人口集聚仍然处于促进劳动生产率发展的阶段(图1.3)[27]。当然，具体到特定城市的发展要结合其产业结构特点，如果其支柱产业为第二产业，则需要增加重视人口集聚带来的负面效应；如果为第三产业，则应该加大力度吸引人口集聚，享受更多的集聚经济的好处。

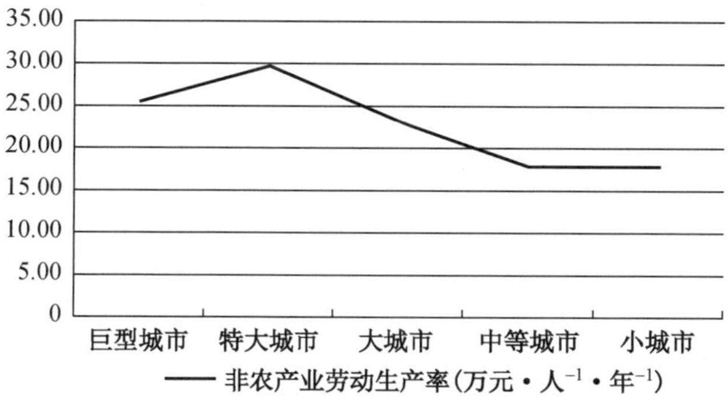

图1.3　非农产业劳动生产率与城市规模的关系

注：巨型城市：人口1 000万人以上；特大城市：300万～1 000万人；大城市：100万～300万人；中等城市：50万～100万人；小城市：50万人以下。

资料来源：周玉龙，孙久文. 产业发展从人口集聚中受益了吗？——基于2005—2011年城市面板数据的实证研究[J]. 中国经济问题，2015(2)：74-85.

集聚经济是生产率增长的源泉和城镇发展的支撑，不同产业和不同规模的城市之间，集聚化带来的规模经济也有所不同，小城市往往注重成熟产业，而大城市则注重高技术产业和服务业，地理集聚在高技术、高技能需求的产业更为显著。《中国制造 2025》明确提出："优化产业空间布局，培育一批具有核心竞争力的产业集群和企业群体，走提质增效的发展道路。""依托制造业集聚区，建设一批生产性服务业公共服务平台。鼓励东部地区企业加快制造业服务化转型，建立生产服务基地。支持中西部地区发展具有特色和竞争力的生产性服务业，加快产业转移承接地服务配套设施和能力建设，实现制造业和服务业协同发展。"国务院印发的《关于加快发展生产性服务业促进产业结构调整升级的指导意见》提出："适应中国特色新型工业化、信息化、城镇化、农业现代化发展趋势，深入实施区域发展总体战略和主体功能区战略，因地制宜引导生产性服务业在中心城市、制造业集中区域、现代农业产业基地以及有条件的城镇等区域集聚，实现规模效益和特色发展。"《国家新型城镇化规划纲要（2014—2020 年）》指出，城镇化是加快产业结构转型升级的重要抓手，产业结构转型升级是转变经济发展方式的战略任务，城镇化带来的创新要素集聚和知识传播扩散，有利于增强创新活力，驱动传统产业升级和新兴产业发展，加快发展服务业是产业结构优化升级的主攻方向。强调优化城镇化空间布局和城镇规模结构，在《全国主体功能区规划》确定的城镇化地区，按照统筹规划、合理布局、分工协作、以大带小的原则，发展集聚效率高、辐射作用大、城镇体系优、功能互补强的城市群，使之成为支撑全国经济增长、促进区域协调发展、参与国际竞争合作的重要平台。构建以陆桥通道、沿长江通道为两条横轴，以沿海、京哈京广、包昆通道为三条纵轴，以轴线上城市群和节点城市为依托、其他城镇化地区为重要组成部分，大中小城市和小城镇协调发展的"两横三纵"城镇化战略格局。产业功能升级、产业空间转移、产城融合发展等为新型城镇化建设提供有力的产业支撑。

近年来，国际金融危机导致国际贸易环境发生剧烈变化，国内原材料、劳动力、土地等要素成本上升，特别是由于企业员工素质普遍不高，严重缺乏熟练工人、专业技术人员、高级技术工人以及高素质的管理人才，被锁定在全球价值链低端的出口贸易型产业集群产品的国际竞争力丧失，劳动密集型产业集群转型升级迫在眉睫，同时以知识、技术以及资本密集型为特征的高端制造业和高端服务业发展，对劳动者的人力资本要求也越来越高。根据迈克尔·波特（Michael E. Porter）竞争优势理论的钻石模型，集群行为需要体现在集群企业、供应商、金融机构、政府、教育和研究机构的工作网络中，并重点强调了技能型劳动者的重要作用，将其称为与资本和基础设施同等重要的"条件因素"，认为其与需求条件、战略条件和空间条件同等重要。在这一钻石模式中，政府能够事先对所有的条件进行积极的干预，从而提高一个行业（或国家）的竞争力，特别是在那些已经建立了职业教育体系的国家中，具有前瞻性的政策能够保证持续提供接受过良好教育的技能型人才，从而提高产业集群的创新能力，并最终增加国家的竞争优势。[27]职业教育在促进本地化人才培养、工艺产品创新、技能形成和隐性知识转移中发挥着重要作用。

三、流动性和包容性促进城乡和谐社会建设

由经济力量驱动的劳动力转移有利于经济增长和就业增长，人口流动本身就能促进地区收入趋同，以实现社会目标为目的的支出再分配和包容性就业还能够缩小空间和城乡差距，促进城乡之间以及城市内部居民的社会融合。早期关于劳动力移民的理论将发展中国家划分为乡村的传统农业领域和聚集在城市地区的现代制造业领域，如阿瑟·刘易斯(Arthur Lewis)的二元经济结构论认为，因收入差异农业部门会有大量劳动力涌入工业部门，人口流动会促使农村收入和城市收入趋向一致，城乡差别慢慢消失，城市化得以完成。但刘易斯的经典移民模型假定经济增长由外因决定，增长率恒定不变，每一个移民都将减少就业机会，加剧城市失业问题并提高拥挤成本。20 世纪 80 年代中期的一些经济学家则重新设定经典模型对待技术进步的方式，从移民中看到了启动增长集聚发动机的人力资本的源泉。如罗伯特·卢卡斯(Robert E. Lucas)假设了一个劳动力从使用土地密集型技术的传统领域向人力资本密集型现代领域的转移，增长的潜力无限。城市是新移民积累现代生产技术所要求的技能的地方，因人力资本集聚等外部效应的存在，城市可以推动并维护经济的增长。受经典观点左右的政策制定者将会限制劳动力流动，尤其会限制从农村向城镇的移民。而承认人力资本外部效应的政策制定者则主张移民，尤其是技能工人的移民和集聚，[22]并实行包容性的城市政策，移民同样尽可能地获得社会福利，既能够满足城镇劳动力需求又能防范城市社会风险和冲突。许多国家的证据显示，就一国先进地区和落后地区收入和生活水平而言，在经历初期的分化之后，国内移民的影响与预期趋同同步进行。19 世纪中期，法国巴黎城市地区和农村的工资差距巨大，随着劳动力涌入城市，这一差距缩小，19 世纪下半期各省间的工资差距大幅度缩小。[22]在美国，有力的证据表明，从农村到城市的人口迁移具有净积极效应。在 1967 年的美国，年满 14 岁的城市居民中，每 5 人就有 1 人是由农村地区迁徙而来的，并享受当地的福利，这样的迁徙带来了短期的财政成本，但从长远来看，迁徙而来的人口向系统中付出的比从系统中拿走的要多，尽管在迁入城市的头 5 年，他们的收入比较低，但随后迅速增长。[28]在印度，既往对劳动力流动的限制，除了地理距离、文化和语言的巨大隔阂，印度曾采纳了两种形式的政策遏制国内移民：一是增加农村就业机会，如实行国家农村就业保障规划，力图遏制潜力农村地区的移动；二是地方政府对移民持敌对态度，在许多情况下，福利政策和社会服务为常住人口设计，这在社会服务、住房补贴、食品配给和其他公共设施等贫穷工作人员至关重要的地方针对性补贴中表现最为突出，这些政策遏制可能保持了印度城市的低效小规模，却付出了背弃增长的代价。[22]

源自集聚的规模和溢出回报，尤其是人力资本相关溢出的报酬递增，从农村向城市人口的移民成为促进经济增长和福利趋同的及时加速器。在任一地理层次，移民都是人们收获教育技能回报的途径，移民众多的选择机会刺激人们加大对人力资本投资的力度，尽管许多受教育程度较低或没有受过教育的临时性、季节性移民也在国内移民，但受教育程度较高的人口移民的可能性更大。教育强化了人们对远方劳务市场机会的意识，强化了他们融入不同社会经济环境的能力，受教育程度较高的人往往拥有更多的工作机会以及更广的地理可达范围。根据美国 2001 年人口普查数据，高中教育程度以下的县际迁移者中接近 75%的是因为住房和家庭原因而搬迁，而只有 18%是由于工作相关原因进行迁移。相比之下，对拥有大学学历/职业教育的迁移者来说，几乎一半的迁移者是因为工作相关的原因而迁移（图 1.4）。有关巴西的研究表明，1960—2000 年间，随着巴西从农业经济向制造业经济的转变，从落后东北部地区前往南部和东南部繁荣地区的移民增加了，至少受过初等教育的东北部人口移民的频率超过教育水平较低的人口，教育的差距是构成东北部和东南部地区收入差距的一多半原因。如果东北部当地人口教育水平和东南部地区人口旗鼓相当，东北部地区的平均收入将增加一半以上，从占巴西国家平均水平的 62%增至 93%。[22] 2011 年 3 月 12 日出版的英国《经济学人》杂志发表的《地区差距：差距经济学》一文提出，对于英国日益扩大的地区差距，关键不是要补贴，而是要实施两项政策措施：使人口自由流动，加上提高欠发达地区人口的受教育水平。[29]

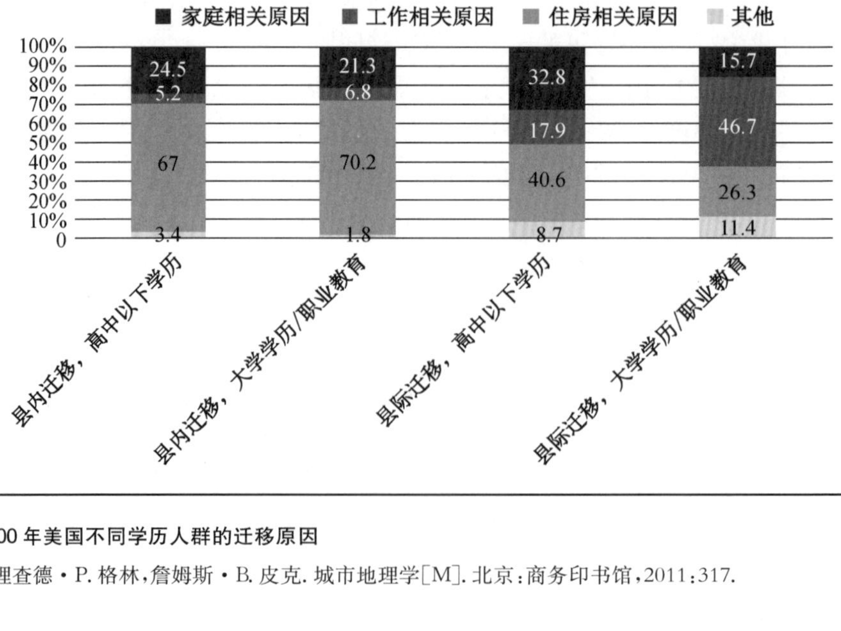

图 1.4　2000 年美国不同学历人群的迁移原因

资料来源：理查德・P. 格林，詹姆斯・B. 皮克. 城市地理学[M]. 北京：商务印书馆，2011：317.

改革开放以来，我国城镇化速度和规模空前，从人口的空间转移中获得了巨大的经济增长红利，约有 6 亿人从农村地区转移到城市地区。较大规模的城市吸引了更多的劳动力转移，并逐渐分化出了农民工阶层 2.87 亿人左右(表 1.6)，第二产业一直都是农民工的第一大就业领域(表 1.7)。然而，这些农民工的整体素质明显偏低，受教育水平仍以初中文化程度为主，大多数人没有接受过任何形式的技能培训(表 1.8，图 1.5)。在存在与户籍制度相伴随的社会分割制度背景下，劳动力的自由流动还受到一定限制，不仅城乡分割的二元体制还没有解决，城乡之间的收入差距日益未见根本缓解，在长期持续扩大后有微弱下降(图 1.6)；城市内部又出现了新的二元结构，表现为进城务工的农民工不能平等地享受提供给城镇居民的公共服务，从而造成与户籍身份差异有关的福利(实际收入)差距，不同户籍身份的人的教育回报也存在差距，城乡住房财富和资产收入的不平等问题更为严峻，抑制了城市中等收入群体规模的扩大，同时能力约束、制度约束叠加使他们很难深层次融入现代城市生活。有研究发现，在城市外来人口比例比较高的社区，居民对居住条件、安全、信任、健康及子女成长环境等方面的评价明显更低。[31]这一群体收入比较低，更不快乐，更不信任，并且相对集中聚居，这将给城市的社会和谐带来巨大的隐患。

表 1.6　　1994—2017 年我国城镇化率与农民工人数

年份	城镇化率	农民工人数(万人)	年份	城镇化率	农民工人数(万人)
1994	28.51%	12 297	2006	44.34%	15 529
1995	29.04%	13 386	2007	45.89%	16 196
1996	30.48%	14 266	2008	46.99%	22 542
1997	31.91%	14 198	2009	48.34%	22 978
1998	33.35%	13 844	2010	49.95%	24 233
1999	34.78%	13 214	2011	51.27%	25 278
2000	36.22%	12 891	2012	52.57%	26 261
2001	37.66%	12 572	2013	53.73%	26 894
2002	39.09%	12 090	2014	54.77%	27 395
2003	40.53%	12 247	2015	56.1%	27 747
2004	41.76%	13 455	2016	57.35%	28 171
2005	42.99%	14 524	2017	58.52%	28 652

资料来源：国家统计局. 中国统计年鉴[M]. 全国农民工监测调查报告[R]. http://data.stats.gov.cn.

表 1.7　　2008—2017 年农民工就业领域

行业	2008 年	2009 年	2010 年	2011 年	2012 年	2013 年	2014 年	2015 年	2016 年	2017 年
制造业	37.2%	36.1%	36.7%	36.0%	35.7%	31.4%	31.3%	31.1%	30.5%	29.9
建筑业	13.8%	15.2%	16.1%	17.7%	18.4%	22.2%	22.3%	21.1%	19.7%	18.9%
交通运输、仓储、邮政业	6.4%	6.8%	6.9%	6.6%	6.6%	6.3%	6.5%	6.4%	6.4%	6.6%
批发零售业	9.0%	10%	10%	10.1%	9.8%	11.3%	11.4%	11.9%	12.3%	12.3%
住宿和餐饮业	5.5%	6.0%	6.0%	5.3%	5.2%	5.9%	6.0%	5.8%	5.9%	6.2%
居民服务、修理和其他服务业	12.2%	12.7%	12.7%	12.2%	12.2%	10.6%	10.2%	10.6%	11.1%	11.3%

资料来源：国家统计局. 农民工监测调查报告[EB/OL]. http://www.stats.gov.cn/tjsj/zxfb/.

表 1.8　　农民工文化程度构成

教育程度	合计		外出农民工		本地农民工	
	2011 年	2017 年	2011 年	2017 年	2011 年	2017 年
未上学	1.5%	1.0%	0.9%	0.7%	2.1%	1.1%
小学	14.4%	13.0%	10.7%	9.7%	18.4%	16.0%
初中	61.1%	58.6%	62.9%	58.8%	59.0%	58.5%
高中	17.7%	17.1%	18.5%	17.3%	17.1%	16.8%
大专及以上	5.3%	10.3%	7.0%	13.5%	3.4%	7.4%

资料来源：国家统计局. 农民工监测调查报告(2011,2017)[EB/OL]. http://www.stats.gov.cn/tjsj/zxfb/.

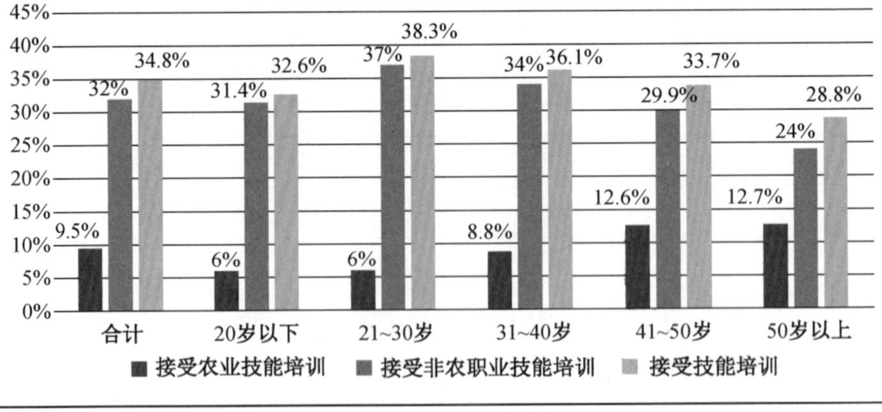

图 1.5　2014 年接受过技能培训的农民工比例

资料来源：国家统计局. 2014 年农民工监测调查报告[EB/OL]. http://www.stats.gov.cn/tjsj/zxfb/201504/t20150429_797821.html.

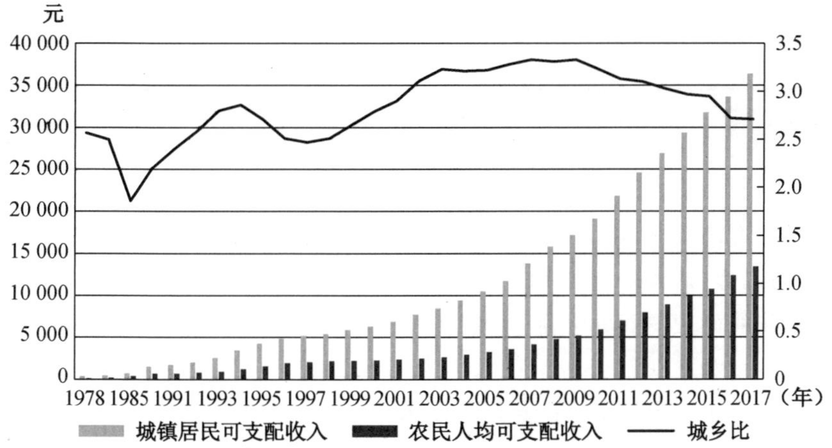

图 1.6　1978—2017 年城乡居民可支配收入比

资料来源：国家统计局. 中国统计年鉴(2017)[EB/OL]. http://www.stats.gov.cn/tjsj/ndsj/2017/indexch.htm.

加快以人为核心的城镇化进程，农业人口将持续向城镇非农产业转移和集中，推进农业转移人口市民化，是提高城镇化质量的中心任务。改革开放以来，我国城镇化进程中户籍人口的城镇化率一直低于常住人口城镇化，到 2012 年，常住人口城镇化率达到 52.6%，而户籍人口城镇化率只有 35.3%，两者相差 17.3 个百分点。[4]根据国务院发展研究中心测算，2011 年农业剩余劳动力存量为 1.057 亿人左右，2012—2022 年，农村地区累积形成的农业剩余劳动力将达到 1.428 亿人。[28]《国家新型城镇化规划纲要(2014—2020 年)》提出，2020 年常住人口城镇化率达到 60%左右，户籍人口城镇化率达到 45%左右，户籍人口城镇化率与常住人口城镇化率差距缩小 2 个百分点左右，努力实现 1 亿左右农业转移人口和其他常住人口在城镇落户。同时提出以人的城镇化为核心，合理引导人口流动，有序推进农业转移人口市民化，稳步推进城镇基本公共服务常住人口全覆盖，不断提高人口素质，促进人的全面发展和社会公平正义，使全体居民共享现代化建设成果。[4]根据国际经验，成功的城镇化一般有四大基本特征：一是要推动农村富余劳动力转移，推动城镇人口比重不断提高；二是要推动产业结构不断优化调整，实现第二、三产业的大发展并不断向城镇集聚；三是要推动城市文明不断发展并向农村渗透和传播；四是要推动国民整体素质不断提升，提高居民收入水平。[32]职业教育具有专业针对性强、实用性高、覆盖面广的特点，具有满足多方面要求的潜力(专栏 1.6)，紧密贴近新型城镇化对提高全民素质、培养大量应用型技能人才、加强农村劳动力转移培训和促进农民工市民化的内在要求，是加快以人为核心的城镇化进程的助推器，并直接影响着城镇化质量，促进新型城镇化走上更加高效、包容和可持续的发展道路。

专栏 1.6

职业教育的广泛收益

职业教育具有满足多方面目标要求的潜力，包括产生即时见效的成果，例如获得职业资格与技能；能力、认知和社会心理等方面的发展；社会及专业化团队的融入和信息的获取。技术技能的获取往往是职业教育体系的正规目标和评价标准，职业教育能够带来的收益仅非增加就业机会和提高收入及劳动生产率，而学习带来的更广泛的收益则可能在人的一生中慢慢显露，可能需要很长时间，这些成果具有更广泛的个人、社会和政治意义，除对教育本身以外，还对经济、公共福利和公共服务有重要意义。

汤姆·舒勒(Tom Schuller, 2004)等人用基于资本的模式研究学习的即时成果和广泛收益，将通过职业教育获得的资源用资本的形式表现出来，并分为人力资本、社会资本和认同感资本三种，这三类资本都可能通过职业教育而在个体一生中得到加强、维系或浓缩(具体参见下图：资本和学习的收益)。

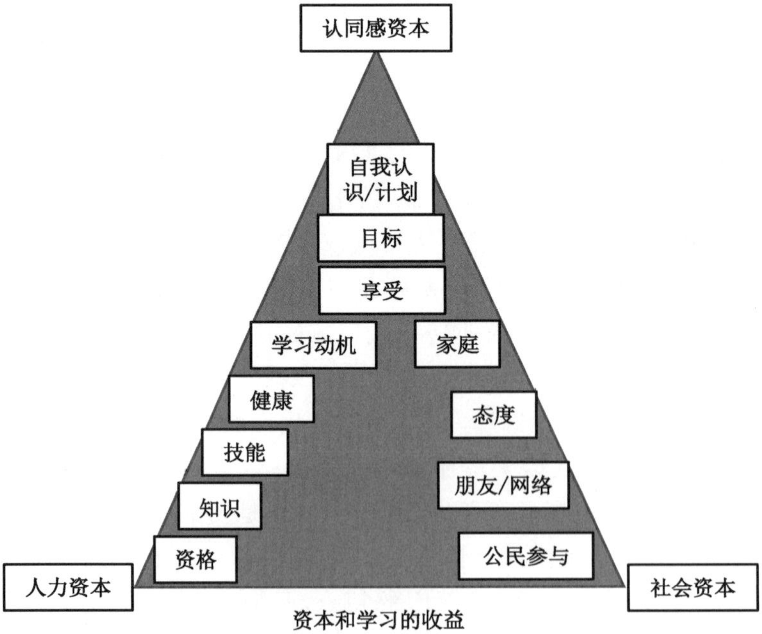

资本和学习的收益

人力资本。关于教育所产生的劳动生产率和工资回报的经济学研究，在微观层面上表现为，教育积累了人力资本，从而提高了劳动市场中工人的生产能力，而增加了的生产能力反过来又导致受教育水平较高和技能较高的工人工资的大幅增长。企业受教育水平较高的员工会带动其他一起工作的员工，从而提高劳动生产率，并推动技术创新。在宏观层面上表现为，国民平均受教育水平的提高会带来相应的社会收益，同时也导致经济竞争力增强和GDP增速的提高。

认同感资本。认同感资本与个人、家庭和社会福利相关，代表了社会心理技能相关的种种态度，其本质多为认知性的，而且对于人明智地做出影响其生活的各种决策十分必要。个体的自我认识、自我效能、耐心和适应力（灵活性）是认同感资本的重要内容。职业教育能够提升受训者的自尊、自信心、社会技能、社交能力和学习动力及使其清楚未来事业的发展方向和前景。职业教育对社会整体带来的效益，包括低犯罪率、改善了年轻人和社会的交流能力等。

社会资本。社会资本有黏合式、跨越式和连接式三种形式。黏合式社会资本围绕具有共同身份特征的群体形成，往往能增强这一社会群体的信心和共性；跨越式社会资本指横向社会网络，它超越了同质实体的范畴，在不同种族、文化和社会背景的人群之间建立起一种交叉网络；连接式社会资本的特征是将个体与具有权力和权威的机构连接起来，在社会层级结构中是一种纵向网络。社会资本是受教育影响的核心资源之一，普通教育和职业教育能为个体提供获取社会资本的机会，也能改变个体已经具有的社会资本类型。社会经济地位和受教育水平较低的个体比较容易获得黏合式社会资本，这使得他们能够运用自己的社会网络进行自我保护；而经济社会地位较高的个体则比较容易获得跨越式和连接式社会资本，能够利用更多生产性资源。罗伯特·普特南(Robert D·Putnam)认为，教育和学习对社会资本的形成具有重要作用。在小学教育阶段，如果不同社会经济背景的学生能被纳入公共教育体系，那么学习就能提高社会凝聚力，并增强公民意识。从个体层面看，教育通过帮助个体进入社会网络而使个体受益，但同时也可能使个体陷入黏合式网络的各种冲突中，教育对社会资本的影响往往通过同龄群体实现。教育和职业培训会直接或间接地影响个体融入同龄群体，即学校或成人学习环境中各种社会互动和网络的性质及范围，会对个体产生直接的影响，又通过对就业的作用对个体产生间接影响。由于共同的受教育经历而形成的同龄群体，会影响行为规范和价值观的形成，并带来直接的网络收益。

有关职业教育广泛收益的实证研究比较鲜见。澳大利亚的一项研究为职业教育的广泛收益提供了证据。2000年，“澳洲地区性研究与学习中心”通过对职业教育的实施方和参与方（包括培训机构、雇主、社区组织代表和学员）进行实质性的实证研究之后证实：通过参与职业培训项目，可以获得所有三种类型的社会资本，特别是有助于技能的形成、自信的提高、社会网络的建立和工作动力的增强。在社会资本方面，通过参与职业教育项目，可以促进个体与社区其他成员间的互动，增强互信，更能意识到其他社区成员的存在，并给予对方关怀。

资料来源：菲利克斯·劳耐尔，鲁珀特·麦克林. 国际职业教育科学研究手册[M]. 赵志群，等，译. 北京：北京师范大学出版社，2014：345-351.

参考文献

[1] 李克强. 破解城市二元结构难题 走新型城镇化道路[EB/OL]. 中央政府门户网站，http://www.gov.cn/ldhd/2012-09/26/content_2233133.htm.

[2] 李克强：让新型城镇化路子走好走顺[EB/OL]. 新华网，http://news.xinhuanet.com/politics/2013-09/07/c_117272834_2.htm.

[3] 国务院发展研究中心. 中国新型城镇化：道路、模式和政策[M]. 北京：中国发展出版社，2014.

[4] 国家新型城镇化规划（2014—2020 年）[EB/OL]. 2014-03-16. http://www.gov.cn/zhengce/2014-03/16/content_2640075.htm.

[5] 何立峰. 国家新型城镇化报告（2016）[M]. 北京：中国计划出版社，2017.

[6] 胡锦涛. 坚定不移沿着中国特色社会主义道路前进 为全面建成小康社会而奋斗——在中国共产党第十八次全国代表大会上的报告[EB/OL]. 2012-11-08. http://www.xj.xinhuanet.com/2012-11/19/c_113722546_4.htm.

[7] 本书编写组.《中共中央关于全面深化改革若干重大问题的决定》辅导读本[M]. 北京：人民出版社，2013.

[8] 中华人民共和国国民经济和社会发展第十三个五年规划纲要[EB/OL]. http://sh.xinhuanet.com/2016-03/18/c_135200400_8.htm.

[9] 本书编写组. 党的十九大报告学习辅导百问[M]. 北京：党建读物出版社，2017.

[10] 吴建伟，毛蔚瀛. 大规划：城市与产业[M]. 上海：同济大学出版社，2011.

[11] 陆铭. 空间的力量：地理、政治与城市发展[M]. 2 版. 上海：格致出版社，上海人民出版社，2017.

[12] 王元丰. 第四次工业革命就是“工业 4.0”吗？[EB/OL]. FT 中文网，http://www.ftchinese.com/story/001071986? full=y.

[13] 理查德·P. 格林，詹姆斯·B. 皮克. 城市地理学[M]. 中国地理学会城市地理专业委员会，译. 北京：商务印书馆，2011.

[14] Simon Kuznets. Modern Economic Growth：Rate，Structure，and Spread [M]. Yale University Press，1966.

[15] 艾伦·哈丁，泰尔加·布劳克兰德. 城市理论——对 21 世纪权力、城市和城市主义的批判性介绍[M]. 北京：社会科学文献出版社，2017.

[16] Blinder，Alan and Alan Krueger. 2013. Alternative Measures of Offshorability：A survey Approach[J]. Journal of Labor Economics，31(2)：S97-128.

[17] 彼得·丹尼斯，等. 人文地理导论：21 世纪的议题[M]. 邹劲风，顾露雯，译. 南京：南京大学出版社，2014.

[18] 世界银行. 2013 年世界银行发展报告：就业[M]. 胡光宇，赵冰译. 北京：清华大学出版社，2013.

[19] 国家统计局. 中国统计年鉴（2017）[EB/OL]. http://www.stats.gov.cn/tjsj/ndsj/2017/indexch.htm.

[20] World Bank. Data，http://data.worldbank.org.cn/indicator? tab=all.

[21] 理查德·P. 格林，詹姆斯·B. 皮克. 城市地理学[M]. 中国地理学会城市地理专业委员会，译. 北京：商务印书

馆，2011.
[22] 世界银行. 2009 年世界发展报告：重塑世界经济地理[M]. 胡光宇，等，译. 北京：清华大学出版社，2009.
[23] 彼得・霍尔. 文明中的城市(第三册)[M]. 王志章，等，译. 北京：商务印书馆，2016.
[24] 路晓燕，黎文靖，顾乃华. 美欧集群经济发展的新阶段[M]. 广州：广东科技出版社，2008.
[25] 庞彩霞. 广东省加强专业镇协同创新交流合作[N]. 经济日报，2016-6-16.
[26] 刘望辉，张奋勤，刘习平. 产业集聚与新型城镇化的关系的实证研究[J]. 统计与决策，2015(24)：140-143.
[27] 费利克斯・劳耐尔，鲁珀特・麦克林. 国际职业教育科学研究手册[M]. 赵志群，译. 北京：北京师范大学出版社，2014：357.
[28] 国务院发展研究中心，世界银行. 中国推进高效、包容、可持续的城镇化[M]. 北京：中国发展出版社，2014.
[39] 陆铭. 大国大城——当代中国统一、发展与平衡[M]. 上海：上海人民出版社，2016：143.
[30] 陈钊，陆铭，陈静敏. 户籍与居住区分割：城市公共管理的新挑战[J]. 复旦大学学报，2012(5)：77-86.
[31] 张榕明. 加快发展现代职业教育 助推新型城镇化建设[J]. 职业技术教育，2014(25)：5-7.

第二章

职业教育体系与发展模式

职业教育通常被定义为年轻人或成年人为进入职场所做的技能准备，其教育过程具有技术和实践的特性。尽管不同文化对职业教育有不同的限定，但如果将其与人力资源开发和社会发展联系起来，可以看到它所起到的重要作用。它是关于社会劳动发展的教育，包括培育、提高和再生产具有专门素质的劳动者，使潜在的劳动者在进入不同职业和技能场所时能够具有一技之长；职业教育还事关阶级和性别划分，它是一种过滤器，可以准许或阻碍特定团体进入专门职业或行业、获得特定的社会地位。[1]在不同国家多样的政治经济制度体系中，特别是随着全球化知识经济发展，传统职业已经开始让位于那些要求有更高、更多技能或专业资格的服务性活动，高智能、高技能、知识型的岗位越来越多，职业教育的重要作用更加凸显。同时在“终身教育”和“学习型社会”发展环境下，职业教育正在发生深刻的变革，与整个教育体系有机融合，并融入新的能力元素和学习方法，为发展高附加值、知识密集型产业奠定人力资源基础。

第一节　国际视阈下的职业教育发展

职业教育因其特定内容或目的的不同而有不同的定义，要对世界范围内职业教育体系进行全面概述十分困难，因为通常是由各国按照各自对职业教育的定义及其教育结构决定的，而且是在不同文化传统基础上形成的。由于各国职业教育分级分类方式不同，在一个国家被称为“职业教育”的学习过程，在另一个国家可能是“高等教育”的一部分，而在第三个国家根本就不存在。此外，职业教育不仅仅是一种教育类型，在许多国家也是经济、就业和社会保障等福利国家制度的组成部分。在经济全球化和社会、政治深刻变革的大背景下，各国职业教育发展直接受到国际职业教育变革趋势的影响。

一、职业教育概念界定及其范围

在国际组织的文献中，职业教育的全称为“技术与职业教育和培训”(TVET)，联合国教科文组织(UNESCO)的新定义是：“一个综合的术语，指教育过程中——在普通教育之外——涉及技术和相关科学的学习的方面，以及与经济和社会生活各部分的职位相关的社会实践技能、态度、理解和知识的获取。”[2]在国际教育标准分类(ISCED，2011年版)中，根据课程定向从2级初中教育开始，逐渐延伸到3级高中教育和5级短期高等教育区分为普通和职业两个类别。职业教育系指：“使学习者获取某种职业或行业或数种职业或行业特定的知识、技艺和能力的教育。职业教育有基于工作的成分(即实习)，成功完成这样的课程将得到由有关国家当局和/或劳务市场承认的与就业有关的职业资格证书。”普通教育则系指：“为发展学习者的普通知识、技艺和能力以及读写和计算技能而设计的教育课程，通常为参加者进入《国际教育标准分类法》同级或更高级阶段的教育课程做准备，并为终身学习奠定基础。这些课程通常是在学校或学院开设的。普通教育包括那些为参加者进入职业教育课程做准备的教育课程，但是这些教育课程既不为参加者从事某一特定的职业或行业或某类职业或行业做准备，也不直接授予与劳务市场相关的资格证书。”[3]尽管职业教育和普通教育在培养目标和课程定向上有着很大差异，但由于参与者和目标的多样性，在一些国家职业教育体系与普通教育系统从内容和外在形式上都有混合、相交的地方。职业教育与“职业培训”不同，后者是指企业中进行的在岗培训，并暗示着体力劳动和“简单”的职业行为，在一些国家这种培训也包含在“职业教育”中。至于“技术教育”是否属于职业教育，文化背景起着决定性的作用。在多数国家中，高中教育分为“普通教育”“技术教育”和“职业教育”，技术教育通常更注重“理论”，涵盖的职业包括如实验技术员、会计和商业管理方面的专业人士。

职业教育的社会地位是由其在整个教育体系和劳动力市场中的角色共同决定的，深深扎根于不同国家的生产模式、劳动力市场、劳资关系和社会分层体系。在一些国家，职业教育受到高度重视，它为从事工作比较复杂、难度大的受教育者提供优惠的待遇和丰富的就业机会；而在另一些国家，通常与受教育者从事工作比较简单、难度小、工作报酬低和就业机会少相连。职业教育质量的高低，使得职业资格证书对雇主的意义也可能会因国家而异。在一些国家，职业资格证书证明了持证者在一些领域从事复杂工作的能力；而在另一些国家，职业资格证书只表明持证者在校学习成绩不佳，只具备了某些特定工作中的基本技能。[4]为此在国际比较过程中，不能忽略不同国家的文化、社会、政治、历史和经济框架条件，以及对职业教育有重要影响的社会价值观等背景性因素。

二、职业教育与工业化、城市互动关系发展简史

虽然今天的职业生活与教育是从古代演化而来的，但古人并无现代意义上的“职业教育”。古代社会的职业分化和流动十分有限，尽管有官吏、教师、僧侣、农民、手工业者、商人等差别，但这些职业多数是世袭或半世袭的，这种职业教育主要有两种形式：一是直接满足官场需要的官学，另一种是零星散布于民间的学徒制。[5]学徒制培训起源于中世纪的行会，在城镇内部的分层中，行会主要代表着独立的手工艺人之间的自由联合，按照合同在家庭作坊中由师傅向学徒传授匠艺。19 世纪中叶开始，随着西方各国工业革命的普遍展开，各国政府开始重视职业技术教育，在国家力量的参与下，现代职业技术教育制度逐渐建立起来。

英国率先进行工业革命，但英国政府对职业技术教育的参与最为迟缓，直到 20 世纪初，学徒制仍是英国技术教育的主要形式。18 世纪 80 年代，曼彻斯特是英国第一次工业革命的典范城市，有着精密工程的传统以及专注而实际的非国教文化，作为先进的

机器制造中心，于1783年建立的艺术和科学新学校，实质上是所“技工学校”，包括一个展览厅和一间实验室，主要教授自然哲学的实际应用，如有关机械的知识，强调教授对象是那些动手能力比思维能力强的人。[6]曼彻斯特在19世纪前半叶达到顶点的纺织工业，到20世纪初就受到来自印度和中国廉价货品的冲击，在创新过程中没有能够找到生产旧产品的新方法或从旧传统中生产出全新的产品，在竞争中被超越取代并在工业界被遗忘。

19世纪80年代，德国将创新过程第一次融入大型公司有组织的研究实验室，特别重视科技教育对国家工业的决定作用，同时重视工匠和学徒制的重要性，成功地超越了工业先驱英国。自19世纪以来，学徒制不仅局限于最初的手工业和商业，而是几乎扩展到所有经济部门，公司与技术性和商业性的职业学校相互合作，作为职业教育培训体系基础的双元制雏形开始形成。1908年将义务职业教育覆盖全德绝大部分的年轻人，1911年德国技术学校委员会要求所有会员企业承诺把在训学徒工人数保持在全厂职工数的10%～15%之间。[7]第二次世界大战后，以业余职业学校和工作场所培训结合起来的双元制学徒制培训，被普遍认为是国际上先进的学徒制培训典范，20世纪60年代，德国有超过600种的行业可以实施双元制培训。1850—1939年，柏林拥有世界高技术工业化中心的桂冠，而且是“各种质量产品”的中心。作为世界电力工业的中心——电力之都，1925年拥有德国37%的电报和电话系统的工人、超过66%的电台广播业的从业人员和44%其他通信产业的雇员。柏林不仅拥有手工艺和使用熟练工匠的传统，还系统化地发展科技教育。除了采矿学院（1778年）、柏林建筑学院（1799年）和腓特烈—威廉大学（柏林大学，1810年）外，在1821年建立的柏林技术研究所发展为柏林技术学院。到1920年为止，柏林拥有世界上最高效的技术教育体系。[6]柏林三个主要的电力和机械工程企业路德维希罗伊股份有限公司、西门子和德国通用电气公司，每个企业都是各自领域的先锋，包括工厂职业学校、培训班和系统化培训在首都发展起来，正规的培训机构以及与之形成的法律法规在社会层面上日益完善，工业从手工业培训模式分离出来转化为大型企业盛行的现代培训。[8]由于德国在第二次世界大战战败以及随后的分裂，柏林开始衰败，失去了在工业上的霸主地位。

19世纪后期，美国和德国开始争夺当时世界科技和经济方面的领导权而展开竞争。在贝尔实验室和通用电气实验室的创造力引领下，美国的电子工程开始崭露头角，但此时最重要的创新之处在于工业的组织管理，主要体现在大市场大规模生产的汽车产业。美国的科技发展比欧洲落后十年，最先进的汽车制造工艺全部来自欧洲，底特律没有发明汽车，但创造了大众市场以及汽车的大批量生产，在1905年成为美国汽车制造工业的中心，代表了世界经济史上的一种新模式即集中装配—流水线生产方式，主要依靠削减成本的标准化设计、半自动化机床取得竞争优势，企业员工分化为专注产品开发和工程管理的少数专家经理和具有可替代性的负责生产的低技能劳动者，许多工作技能可在数月甚至几周内学会，导致了企业对熟练工人需要的降低和对半熟练劳动力需要的增加。1913 年，福特汽车公司仅有 26%的工人技术娴熟，每人每年生产 12 辆汽车，而欧洲（英国莫里斯）直到 1934 年才达到这种水平，通常，2/3 的欧洲汽车制造工人是技术娴熟的，追求完善技术的工程师们占工业主导地位。[6]但是，底特律在 20 世纪后半叶开始的非工业化过程中经历了惨痛的衰落，成为美国历史上第一座人口数量从百万级跌落至几十万级的城市，从 1950 年的 185 万下降至 2010 年的 71.4 万人，人口受教育水平处于美国最低水平之列，2008 年低于高中文凭的人口比例（25%以上）大大高于美国整体平均水平（15%），研究生学历人口所占比例（4.3%）不足美国平均水平（10.2%）的一半。[9]而在美国同时兴起的与工业革命同样重要的信息革命中，知识成为新的生产要素，产品轻便且非常有价值，劳动则是一个更有影响力的变量，核心是受过良好教育、技能娴熟的科学家和技术人员。工业转移到基础研究和开发的中心，尤其是大学和主要研究机构。这样的研究高度集中在大都市，主要的高科技聚集区从大学独立出来，分布在波士顿的 128 号公路、加利福尼亚的硅谷等地区。1950 年，旧金山湾南端的整个圣塔克拉拉谷仍然是尚未开发的果园，不过有几家无线电企业，母公司都是东海岸的企业，据估计总共有几百名机械师和工程师。然而，从 20 世纪 60 年代和 70 年代早期的半导体和集成电路，70 年代的个人计算机，到 80 年代的先进芯片及新型硬件与软件的迅速发展，硅谷已从最初的半导体制造中心成长为电脑周边产业集群，发展起高度网络化、相互依赖、竞争并合作的工业企业模型，在 1940 年 20 万人的基础上从一个农业社区变成了全美发展速度最快的城市群。硅谷作为一种新型的“动力型城市”，是一座创造力的活火山，不断带来新的理念、技术、产品和商业模式，[10]源泉在于 1891 年创立于帕洛阿尔托的斯坦福大学生。自从帕洛阿尔托在 1894 年成为自治市后，斯坦福大学的教授就成为公众事务中的关键人物，开启了大学与周边社区和产业的紧密合作关系。1946 年成立的斯坦福研究园，标志着斯坦福校企合作的最高成就，并发展成为世界上第一个科学园区，集中了一批高水平的科学家和工程师，集基础研究、生产工艺改进、新产品开发应用及旧产品改进换代多重功用于一体，先后孵化出了将近 6 000 家创新企业，其中很多公司的核心技术和商业计划都是斯坦福大学学生在校期间开发和制订的，集聚于大学周边附近的企业员工有机会参与大学组织的夜校或半日制项目或进修到更高的学位，同时社区学院和职业学校开设工程培训课程。如谷歌公司位于山景城的总部园区有一个特别的培训项目，可供选择的课程有好几百种，从新的编程语言，到情商培养和冥想方法，无所不包，此外，公司还资助员工的学位进修和职业培训。[10]硅谷作为全球创新之都，知识经济时代创新型城市的成功典范，是天使投资人、风险资本家、创业者、教育家、科学家、工程师和设计师的聚集地。在美国，由于职业教育长期在国家技能战略和教育改革政策中处于边缘化位置，福特主义大量生产体制和20世纪后半期高技术产业发展相结合，社会出现了高技能、高收入领域和低技能、低收入领域两极分化的现象。

日本在1868年明治维新后促进现代工业飞速发展，电气产业在其整个历史中主要关注产品创新和工艺创新两个方面。早期主要依靠与其他国家发达企业的授权许可模仿学习，有步骤地投入研究，就地微调为大规模的商业生产，在20世纪60年代或70年代已同其他国家的同类公司展开竞争，并于20世纪80年代开始在许多方面领先，制造工业从能源密集型转变为知识主导型，从电气制造转为电子制造。日本技术学习曲线的快速提升与日本独特的公司管理结构有一定的关系，早在20世纪20年代，为了克服合格劳工短缺困境，大公司开始采用包括公司职业分类、在职培训、内部晋升以及年功序列制薪酬构建企业内部劳动力市场，这些制度在第二次世界大战之后确立下来并广泛实践，长期有保障的就业模式，鼓励大公司把研究者和技师在研究和制造部门之间进行交换，有利于促进行业间的交流和团队协作，系统化的学习使得大公司以"变形虫式"的方式进入新技术领域。大学在日本保持科技及组织水平领先所需要的训练有素的高级劳动力的输送上扮演着相当重要的角色，而且关注的重点在普通教育领域，企业通过内部的在职培训解决特定技能的培养问题，毕业学校是企业选拔人才的重要标准，名牌大学是进入理想职场的前提条件。基于终身雇佣和年功序列的特定技能培养只是日本大企业部门的特征，中小企业则没有余力进行企业内部的技能培训。因此，中小企业希望员工能在参加工作之前而非之后具备相关技能，这种需求在一定程度上推动了职业高中、政府的职业培训中心和私营职业培训的发展。日本早在两次世界大战期间跻身于世界电子产品的主要制造商，自1960年起逐步成为世界电子工业的领导者，东京南部和神奈川县成为全球最大的创新高科技工业区，涉及光通讯装备、空间仪器以及电脑这些产业的公司有60%～70%都位于这个地区；在信息产业中，全日本70%的研究者、60%的系统工程师以及59%的程序设计师都集中于此。[6]日本九大电子公司的其中三个，NEC、富士通和东芝主导着整个地区电子电器产业的发展。大公司企业总部通常设在东京，产品研发和原型生产与东京的研发和信息职能紧密相连，这个地区有便利招聘员工的众多大学环绕、浓郁的科学文化氛围及与其他由政府建造或合作建成的实验室交流，零件工厂建在城市的周边，并依靠中小型工厂提供精密部件。大公司同很多小公司形成一个高度网络化的结构，大公司逐渐加强对高端技术的研究，大多在完全控股的下属公司工厂进行生产活动，并有计划地鼓励中小企业在大规模企业难以进入的利基市场获取高水平的技术和技能，这个网络范围刚好跨过多摩川。东京湾地区及其附近的神奈川县，包括东京、横滨和川崎等大城市，成为世界上规模最宏伟的城市群。

从18世纪80年代到20世纪80年代的200年间，发达工业化国家如英国、德国、美国和日本基于生产技术范式变化、经济发展类型和阶段以及国家制度性特征，形成了各自独具特色的职业教育与培训模式，在国际上产生了较大的影响。表 2.1 概括了德国、美国和日本的教育培训体制及其制度环境的特征。

表 2.1　德国、美国和日本教育培训体制及环境

主要特征	德国	美国	日本
教育和培训体制	• 一般教育和学徒制职业培训 • 学校和职场之间的自然联结	• 低水平的一般教育 • 低水平的职业教育 • 高水平的高等教育	• 很强的一般教育和企业特定的职业培训
国家一市场关系	• 社会共识模型 • 利益相关者资本主义模型 • 以信用市场为中心 • 长期投资模式 • 多样化的高质量生产	• 自由资本主义市场模型 • 股东资本主义模型 • 资本市场中心 • 追求短期利润 • 尖端产业和服务产业的创新	• 干预主义国家 • 利益相关者资本主义模型 • 以信用市场为中心 • 长期投资模式 • 多样化的高品质大量化生产
就业市场的结构	• 很强的专业类(职业群)劳动力市场 • 教育培训和雇主之间很强的联结	• 灵活的劳动力市场 • 雇佣不稳定	• 很强的内部劳动力市场 • 终身雇佣
社会特征	• 高水平的社会包容性 • 所得分配的相对公平性	• 高技能和低技能共存 • 技能和所得分配的两极化 • 强调个人选择	• 高水平的社会包容性 • 所得分配的相对公平性 • 中小企业部门等感受相对的不平等

资料来源：河连燮. 制度分析[M]. 李秀峰，柴宝勇，译. 北京：中国人民大学出版社，2014：153.

三、国际职业教育发展模式与趋势

从国际视野看，对普通教育的需求增长正成为高中和高等教育发展的主要动力，但职业教育体系的重要性并未消失，这种状况不仅存在于发达国家，在许多发展中国家更是如此。许多国家普遍将职业教育分为初次职业教育和继续职业教育。初次职业教育通常由国家管理，大多由国家资助，可以通过职业教育与培训机构或各种形式的学徒制获得。欧盟委员会将初始职业教育阶段工作本位的学习模式划分为三种：一是学徒制或工学交替计划，最基本的是企业提供的培训与职业教育与培训学校或其他教育与培训机构提供的培训结合起来。二是基于学校的职业教育与培训模式，包括企业实习或岗位培训期。三是通过学校完成的工作本位学习，是通过在学校建立实验室、车间、厨

房、饭店、模拟企业、仿真或实体企业项目等进行的职业教育与培训。[11]广义上的继续职业教育是就业后的，有的在本质上是非正规的，或高度正规的，或者两者的结合。

1. 中高等普通教育和职业教育的发展

在许多国家，高中毕业证书渐渐成为进入劳动力市场和谋取有职业前景的好工作的最低标准。2010 年，经合组织和欧盟成员国年龄 25～34 岁的成年人中分别有 82%和 83%完成了高中教育，比 55～64 岁年龄组分别提高了 20 和 19 个百分点。在加拿大、芬兰、瑞典、美国和韩国，25～34 岁年龄组拥有高中及以上学历的人口已超过 90%，而中等收入国家的墨西哥，同龄组年轻人进入劳动力市场时完成高中教育的比例仅在 50%上下（图 2.1）。

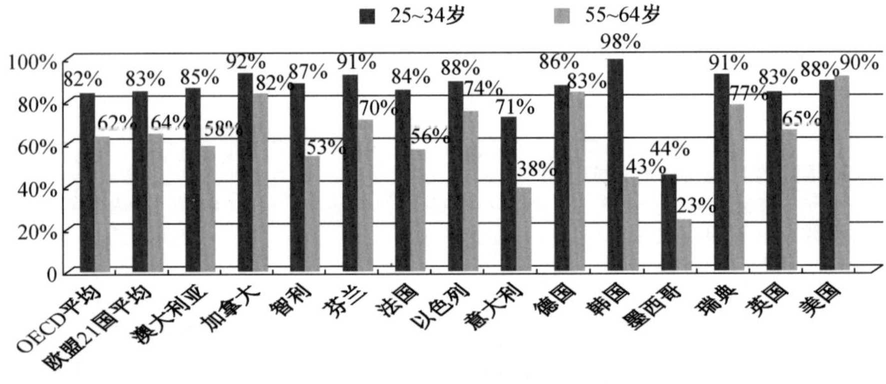

图 2.1　部分国家高中及以上学历人口的比例 2010 年

资料来源：经济合作与发展组织. 教育概览 2012——OECD 指标[M]. 中国教科院组，译. 北京：教育科学出版社，2012：11.

普通教育的普及提高了职业教育水准，更多参与职业教育的年轻人拥有初中教育基础，大部分发达国家都普及了高中阶段教育，并已逐渐淘汰初中阶段的职业教育。而在智利、墨西哥和巴西等中等收入国家，初中阶段的职业教育还在继续发展。在许多国家，高中教育的方向是为高等教育提供准备，但 OECD 和欧盟成员国参加各种形式的职业教育学生所占的比例分别达到 46.1%和 52.8%。在欧洲大陆国家，大部分学生参与学徒制项目，工学结合形式为主；而在以学校为基础的职业教育模式中，职业教育日渐萎缩，可能正在转向短期高等教育（副学士学位），如英国、日本、韩国、美国、加拿大；存在中等后非高等教育的国家，绝大部分定向为职业教育课程（表 2.2）。

表 2.2　中等教育阶段入学率及技术与职业教育参与比例

国家或地区	初中（ISCED 2）毛入学率（2012 年）[a]	高中（ISCED 3）毛入学率（2012 年）[a]	从小学进入普通中等教育的比例（2012 年）[a]	高中阶段职业教育课程的比例（2009 年）[b]	高中阶段职业教育工学结合的比例（2009 年）[b]	中等后非高等教育职业教育课程的比例（2009 年）[b]
澳大利亚	111%	182%	—	47.5%	—	100.0%
加拿大	100%	105%	—	5.6%	—	—
智利	98%	—	91%	33.2%	—	—
芬兰	99%	116%	—	69.7%	30.2%	100.0%
法国	107%	113%	—	44.3%	25.1%	61.6%
以色列	103%	100%	—	38.2%	3.9%	11.2%
意大利	106%	97%	—	60.0%	—	100.0%
德国	100%	104%	—	51.5%	45.5%	61.6%
日本	101%	103%	—	23.5%	—	—
韩国	100%	95%	—	23.7%	—	—
墨西哥	109%	62%	96%	9.2%	—	—
瑞典	110%	87%	—	56.1%	—	84.3%
英国	106%	88%	—	32.1%	—	—
美国	98%	89%	—	—	—	100.0%
巴西	—	—	91%	12.7%	—	—
俄罗斯	94%	—	98%	48.6%	—	100.0%

资料来源：1. UNESCO. EFA Global Monitoring Report (2015)—Education for All 2000—2015: Achievements and Challenges[M]. Paris, France.
2. 经济合作与发展组织. 教育概览 2012——OECD 指标[M]. 中国教科院组，译. 北京：教育科学出版社，2012:359-360.

随着高中教育普及，高等教育呈现出前所未有的迅猛发展趋势，OECD 国家 25～34 岁年龄组具有高等教育学历人口的平均比例达到 38%，比 55～64 岁年龄组提高了 15 个百分点，其中韩国最为突出，对应年龄组的比例提高了 52 个百分点。发达国家高等教育已进入普及化阶段（毛入学率超过 50%），加拿大、日本和英国高等教育毛入学率超过 100%，但在智利、韩国、日本、英国、俄罗斯等国家青年人接受 B 类高等教育的比例较大，即侧重于职业技能教育；在澳大利亚、英国和美国大部分是通过非全日制形式接受 B 类高等教育的（表 2.3）。

表 2.3　　高等教育入学、课程及学习方式

国家或地区	25～34 岁完成高等教育的学历人口比例（2010 年）	55～64 岁完成高等教育的学历人口比例（2010 年）	高等教育毛入学率（2014 年）[a]	5B 高等教育净入学率（2010 年）[b]	5B 高等教育全日制学习比例（2010 年）
OECD 平均	38%	23%	—	17%	71.4%
欧盟 21 国平均	35%	20%	—	15%	74.9%
澳大利亚	44%	30%	87%	—	47.3%
加拿大	56%	42%	110%	—	76.0%
智利	38%	19%	87%	58%	—
芬兰	39%	30%	89%	—	100.0%
法国	43%	18%	64%	—	—
以色列	44%	45%	66%	29%	100.0%
意大利	21%	11%	63%	—	100.0%
德国	26%	25%	65%	21%	87.4%
日本	57%	29%	102%	27%	97.0%
韩国	65%	13%	95%	36%	—
墨西哥	22%	12%	30%	3%	100.0%
瑞典	42%	27%	62%	12%	90.0%
英国	46%	30%	128%	26%	26.4%
美国	42%	41%	98%	—	48.2%
巴西	12%	9%	46%	—	—
俄罗斯	55%	44%	79%	29%	67.7%

注：a. 高等教育（ISCED 5 和 6）入学率是指不论年龄大小，高等教育（ISCED 5 和 6）在校生总数占中学之后 5 年学龄人口总数的百分比。

b. 特定年龄的净入学率是用该类高等教育该年龄段初次新生的数量除以同龄人口总数得到的。

资料来源：1. 经济合作与发展组织. 教育概览 2012——OECD 指标[M]. 中国教科院组，译. 北京：教育科学出版社，2012：12.

2. 世界银行. 世界银行发展指标[EB/OL]. http://wdi.worldbank.org/table/2.11.

2. 普通教育与职业教育的衔接

普通高中教育作为年轻人通往大学的必经之路，在许多国家备受推崇，而职业教育被视为成绩不佳或高考失利学生的后备方案，尤其是随着高等教育扩张，高中教育向“学术漂移”，大学毕业生人数剧增，他们大多只学习理论，没接受过任何培训，企业开始抱怨技能合格的员工匮乏，为此很多国家采取种种手段提高职业教育的地位。

方法一是扩大职业教育的学术内容以适应教育或培训的其他形式。大多以学校为主的职业教育培训如美国、加拿大，某些行业的职业培训已上升到学士学位层次即高等教育的职业化。美国的中学后生涯教育包括在资格证书、副学士学位和学士学位层次上进行的与生涯相关的中等后教育课程。[12]加拿大不再用 TVET 这一术语，取而代之的是使用高级就业技能，并把相关机构称为提供高级就业技能、应用型教育、社区应用研究的院校系统，是中学后系统中的重要组成部分，满足所有不同岗位对高技能专业人员的需要。[13]

方法二是建立不同层次的职业教育轨迹，或以较低层次如高中层次为起点继续升入高等教育。中等职业教育资格在直接进入劳动力市场方面丧失其原有价值，越来越多的学生选择进入高等教育。如在德国，中学阶段提供主体中学、实科中学、文法中学三种教育路径，主体中学与普通中学毕业证书关联，实科中学与中间中学毕业证书关联，文法中学与高等教育入学资格关联。1970 年以来在大学之外建立的高等专业学院，学制比大学短一些，入学要求接受过职业培训，学习内容更强调应用性。大约从 2000 年开始，这类学校更名为应用科技大学，建立了包括学士和硕士在内的学位结构，其中大部分硕士项目重点强调应用性。[14]近年来，获得高等教育入学资格的中学毕业生既可以选择申请进入大学，也可以进入双元制职业教育系统，催生了一种新的双元制课程形式：学生一方面与企业签订实习合同，一方面以非全日制学生的身份在高校注册，进行实践技能以及学术课程的学习，通常由应用科技大学提供，主要关注工业、科学、工程和医疗专业，毕业生有的同时获得职业培训证书和大学本科学历。

方法三是重新激发或改造学徒制度。一种情况是在学徒制度比较完善的德国、奥地利、丹麦等国家，对培训职业的确定不再仅限于传统的少数职业，而是开发更多职业，对具有良好理论背景工人的需求日益增加，以模仿为基础的老式手工业模式无法持续，理论学习比例在增加，一些行业还可以在培训中心上课。另一种情况是在实行以学校为基础的职业教育模式的国家，如澳大利亚、英国、加拿大和美国，尝试重新设计或改造学徒制度。英国早在 1995 年开展现代学徒制计划，2009 年发布《学徒制、儿童、技能和学习法案》，详细制定了《英国学徒制规范》，设立了一系列最短 12 个月的学徒制培训计划，以此改善培训的关联性。[11]

3. 初始职业教育与继续职业教育之间的衔接

初始职业教育的分类法不适用于继续职业教育，继续职业教育有不同的模式：在职和非在职的培训，正式和非正式的培训，由国家、公司、工会、组织或个人提供资金发起或提供的培训，认可的或未经认可的培训。它受到初始职业教育的有效性和性质、法律法规、集体协议、企业和社会传统等因素的强烈影响，同样也与经济结构和企业的规模、架构及所处行业领域等因素有关。[15]在 OECD 国家，2007 年，40%以上的成年人在特定的一年内参与了正规和/或非正规教育。[16]2012 年，欧盟制定了欧洲资格框架，将职业教育与终身学习联系起来，基于学业结果认定实现职业资格的互认和透明，要求成员国将本国的国家资格水平与欧洲标准联系起来，并描述其在知识、技能及能力等学习结果方面的具体资格。[17]法国在 2002 年引入对以前实践学习的认证制度，主要关注那些年轻的失业者和那些正接受继续职业教育与培训的人。在 2006 年申请数量增加到 6 万人，其中有 3 万人获得了完整的资格证书。对先前学习进行认证，有助于降低在初期教育阶段获得正式资格证书的需求，加强初始培训和继续培训之间的衔接。[4]

4. 与劳动力市场的衔接

职业教育是否有吸引力，基础在于其与劳动力市场的衔接如何、薪酬高低、有无就业前景，而这一切又与社会合作伙伴关系的衔接联系在一起。在学徒制体系发展相对成熟的国家，雇主必须按照特定的职业向学徒提供相应的培训，如在德国的企业中，学徒工所占的比例达到 5.3%，[11]社会伙伴负责学徒培训质量，职业高中毕业的人的平均就业率比普通高中毕业的人的就业率高 13 个百分点，拥有职业教育学历和普通教育学历人的失业率相近。大多数国家的高等教育收入回报相当高，在重视一般技能的国家，如美国、法国和韩国，具有大学和研究生学历尤其是名牌大学毕业生会获得更多的收入，而在重视特定技能的国家，如澳大利亚、德国和日本，由于企业主要依赖的是企业或产业所需的特定技能，仅靠大学或研究生学历是不够的，依赖特定技能情况下的所得分配显得更加公平，德国和日本以高水平的社会包容性和所得分配的相对公平性为特征，而美国的基本特征是高技能和低技能、高收入和低收入共存，即技能和所得分配两极化（表 2.4）。

表 2.4　　25～64 岁就业与收入状况

国家或地区	最高学历为高中及中等后非高等教育就业率（2010 年）		最高学历为高中及中等后非高等教育失业率（2010 年）		有就业收入人口的相对收入（2010 年或最新可得年份，高中和中等后非高等教育＝100）			
	职业教育	普通教育	职业教育	普通教育	高中以下教育	中等后非高等教育	B 类高等教育	A 类高等教育及研究生课程
OECD 平均	75.5%	70.7%	7.7%	7.8%	—	—	—	—
澳大利亚	84.9%	75.3%	3.1%	4.1%	88%	100%	131%	163%
加拿大	77.9%	72.2%	7.3%	7.7%	67%	107%	123%	200%

续　表

国家或地区	最高学历为高中及中等后非高等教育就业率(2010 年)		最高学历为高中及中等后非高等教育失业率(2010 年)		有就业收入人口的相对收入(2010 年或最新可得年份,高中和中等后非高等教育=100)			
	职业教育	普通教育	职业教育	普通教育	高中以下教育	中等后非高等教育	B 类高等教育	A 类高等教育及研究生课程
法国	73.9%	75.6%	7.2%	7.2%	68%	—	108%	252%
意大利	75.1%	64.4%	5.8%	6.8%	76%	—	—	212%
德国	77.2%	59.8%	6.9%	8.3%	100%	105%	118%	177%
日本	—	—	—	—	71%	—	126%	157%
韩国	72.2%	69.0%	3.5%	3.4%	70%	—	141%	222%
英国	—	—	—	—	73%	—	138%	159%
美国	—	—	—	—	68%	—	102%	199%

资料来源:经济合作与发展组织. 教育概览 2012—OECD 指标[M]. 中国教科院组,译. 北京:教育科学出版社,2012:136,148-150.

第二节　我国新型城镇化视阈下的职业教育发展

我国正在大力推进的新型城镇化建设,是以人为核心的城镇化,其目的是提高城镇的人口和产业集聚规模,转变农村的经济和社会结构,实现农业社会向工业社会的转型。职业教育在新型城镇的产业发展和社会结构形成进程中发挥着重要作用,并基于城镇化背景对职业教育的布局、层次、专业结构和培养模式提出了调整的新要求。

一、我国职业教育发展政策沿革

现代职业教育源于较早发生工业革命的欧美国家,是适应机器大生产对劳动力的新需求而产生的教育类型。我国机器工业起步于 19 世纪六七十年代的洋务运动,比西方晚了近一个世纪,而且发展十分缓慢,差不多在经历将近一个世纪之后的 1949 年,我国工业化率才达到 12.5%,城市化率只有 10.64%,职业发展环境十分恶劣,全国仅有中等职业学校 654 所,学生 77 095 人。[18]新中国成立以后,在计划经济体制下实施重工业优先发展战略,引进苏联教育体制,逐步建立起以中等专业教育为主体的职业教育体系,中等专业教育和技工教育加快发展。1965 年年底,全国中等专业学校、技工学校、农业中学、职业中学各类职业教育在校生合计 142.3 万人,占高中阶段在校生总数的 52.1%。[19]但由于我国工业化与城镇化并未同步发展,城镇化长期处于停滞状态,在"文革”期间还历经了衰退。我国工业化率从1952年的18%提高到1978年的44%，但城镇化率却从1960年的19.7%下降到1978年的17.9%，[20]工业化与城镇化、城市与农村分离，城市无法提供足够的工作岗位来吸纳新城市居民的涌入，并限制农村人口向城市的流动，导致职业教育发展动力不足，停滞不前，乃至遭到严重破坏。1976年中等专业学校、技工学校、农业中学、职业中学各类职业教育在校生数占高中阶段在校生总数的1.16%，[21]中等教育结构单一化，不利于广大青年的劳动就业，中等教育结构改革势在必行。

1978年党的十一届三中全会之后，伴随着党和国家以经济建设为中心工作重点的转移，拨乱反正后经济社会重建急需大量一线应用型人才；城镇化进程重启，乡镇企业发展吸纳大量农村劳动力，城乡流动限制开始松动，放宽了农村居民到集镇落户的政策，推动了小城镇的发展。特别是在恢复高考后，普通高中生除了少数升入大学外，每年有数百万人需要就业，但他们缺乏任何专业知识和技能，这对现代化建设和社会稳定极为不利。1980年，国务院批转教育部、国家劳动总局《关于中等教育结构改革的报告》，要求各地“普通教育与职业、技术教育并举”，“将部分普通高中改办为职业（技术）学校、职业中学、农业中学”。[22]1985年，《中共中央关于教育体制改革的决定》提出：“我国广大青少年一般应从中学阶段开始分流：初中毕业生一部分升入普通高中，一部分接受高中阶段的职业技术教育；高中毕业生一部分升入普通大学，一部分接受高等职业技术教育。在小学毕业后接受过初中阶段的职业技术教育的，可以就业，也可以升学。凡是没有升入普通高中、普通大学和职业技术学校的学生，可以经过短期职业技术培训，然后就业。要充分挖掘现有中等专业学校和技工学校的潜力，扩大招生，并且有计划地将一批普通高中改为职业高中，或者增设职业班，加上新办的这类学校，力争在5年左右，使大多数地区的各类高中阶段的职业技术学校招生数相当于普通高中的招生数，扭转目前中等教育结构不合理的状况。”同时强调：“中等职业技术教育要同经济和社会发展的需要密切结合起来，在城市要适应提高企业的技术、管理水平和发展第三产业的需要，在农村要适应调整产业结构和农民劳动致富的需要。”[23]首次提出了我国中等教育分流时期、结构合理化标准和办学模式，对中等教育结构改革具有十分重要的政策导向作用。

20世纪90年代，向市场经济转型为导向的改革为加快工业化和城镇化注入了强大动力。建立社会主义市场经济体制，确立了城市在市场经济中的中心地位，面向全球市场开放带来的投资、贸易和新技术，使沿海省份拥有能够接入国际海运线路的城市成为首批提高工业化水平和专业化程度的地区，迫切需要受过良好职业技术教育的中初级技术人员、管理人员、技工和其他受过良好职业培训的城乡劳动者，劳动力在更加宽松的环境下实现大规模的跨区迁移。1993年中共中央、国务院颁布《中国教育改革和发展规划纲要》，提出到2000年，全国基本普及九年义务教育（包括初中阶段的职业技术教育）；高中阶段职业技术学校在校学生人数有较大幅度的增加，未升学的初中和高中毕业生普遍接受不同年限的职业技术培训，使城乡新增劳动力上岗前都能得到必需的职业技术训练。“发展职业技术教育要与当地经济发展的需要相适应。基本普及九年义务教育的地区，应以发展初中后职业技术教育为重点；尚未普及九年义务教育的地区，对不能升入初中的小学毕业生应实行职业技术培训；各地要积极发展多样化的高中后教育，对未升入高等学校的普通高中毕业生进行职业技术培训。普通中学也要分别不同情况，适当开设职业技术教育课程。”[24]由此可见，实施高中阶段的职业技术教育主要有三种形式：即渗透在普通高中里的相关教育、中等技术学校专门进行的职业技术教育和在毕业后进行的职业技术培训。要求中心城市的行业和每个县，都应当办好一、两所示范性骨干学校或培训中心，同大量形式多样的短期培训相结合，形成职业技术教育的网络。1996年《中华人民共和国职业教育法》正式颁布施行，为职业教育改革和发展提供了法律保障，并为制定地方性职业教育法规和规章提供了法律依据。20世纪90年代末，随着人才需求结构重心高移和启动高等教育大众化进程，引发大力发展高等职业教育的需要。1999年，中共中央、国务院《关于深化改革全面推进素质教育的决定》提出要大力发展高等职业教育，培养一大批具有必要的理论知识和较强实践能力，生产、建设、管理、服务第一线和农村急需的专门人才。发展的基本策略是将现有的职业大学、独立设置的成人高校和部分高等专科学校，通过改革、改组和改制逐步调整为职业技术学院（或职业学院），支持本科高等学校举办或与企业合作举办职业技术学院（或职业学院），经教育部批准极少数国家级重点中等专业学校升格为职业技术学院（或职业学院），形成“多道车”共同举办高职的繁荣局面。

进入21世纪，随着中国加入WTO，不断扩大的全球经济需求拉动我国经济高速增长，制造业和基础设施投资重塑中国经济地理，劳动力向生产率迅速提高的制造业和服务业转移，向经济活动与国际市场联系紧密的大城市集中，职业教育在高素质技术技能人才供给和在民生、公平、和谐等社会整合方面显现出巨大效应与作用。2002年和2005年，国务院相继下发《关于大力推进职业教育改革与发展的决定》和《关于大力发展职业教育的决定》，提出把职业教育作为经济社会发展的重要基础和教育工作的战略重点。2005年《决定》对招生规模提出明确要求：“到2010年，中等职业教育招生规模达到800万人，与普通高中招生规模大体相当；高等职业教育招生规模占高等教育招生规模的一半以上。”职业教育基础能力建设得到加强，国家重点扶持建设1 000个县级职教中心，使其成为人力资源开发、农村劳动力转移培训、技术培训与推广、扶贫开发和普及高中阶段教育的重要基地。重点建设高水平的培养高素质技能型人才的1 000所示范性中等职业学校和100所示范性高等职业院校，2010年以前原则上中等职业学校不升格为高等职业院校或并入高等学校，专科层次的职业院校不升格为本科院校。

2008年国际金融危机之后，我国经济发展面临出口受阻、资源短缺、成本上升、人口红利消失、环境污染、产能过剩等诸多挑战，传统的经济发展模式难以为继，传统的粗放的土地城镇化发展模式，造成产城融合不紧密，产业集聚与人口集聚不同步，农业转移人口市民化进程滞后，城镇公共服务供给能力不足，城镇内部出现新的二元矛盾，给经济社会发展带来诸多风险隐患。为顺利实现到2020年全面建成小康社会的奋斗目标，党的十八大报告提出要转变发展方式，实施新型工业化、信息化、城镇化、农业现代化同步发展战略。国家"十三五"规划(2016—2020年)提出贯彻落实"创新、协调、绿色、开放、共享"新发展理念，实施创新驱动发展"中国制造2025""互联网+"大众创业万众创新、"一带一路"倡议等，加快产业转型升级步伐，迫切需要加快应用技术人才培养，推动形成科学合理的教育结构和人力资源结构。2010年中共中央、国务院印发的《国家中长期教育改革和发展规划纲要(2010—2020年)》提出发展职业教育是推动经济发展、促进就业、改善民生、解决"三农"问题的重要途径，必须摆在更加突出的位置，提出合理确定普通高中和中等职业学校招生比例，今后一个时期总体保持普通高中和中等职业学校招生规模大体相当，统筹中等职业教育与高等职业教育发展。2014年，国务院印发《关于加快发展现代职业教育的决定》，提出要牢固确立职业教育在国家人才培养体系中的重要位置，以服务发展为宗旨，以促进就业为导向，适应技术进步和生产方式变革以及社会公共服务的需要，培养数以亿计的高素质劳动者和技术技能人才。到2020年，形成适应发展需求、产教深度融合、中职高职衔接、职业教育与普通教育相互沟通，体现终身教育理念，具有中国特色、世界水平的现代职业教育体系。职业教育发展进入构建现代职业教育体系的新阶段，统筹发展各级各类职业教育，引导一批普通本科高等学校向应用技术类型高等学校转型，加强职业教育与普通教育沟通，积极发展继续教育，打通从中职、专科、本科到研究生的上升通道，为学生多样化选择、多路径成才搭建"立交桥"。在职业教育层次变得更加丰富的同时，使职业教育培养人的目标将发生重大变化，全面培养应用型技术技能人才。

二、我国职业教育体系

根据我国《职业教育法》(1996)，"职业教育"是一个广义的大概念，包括职业学校教育与职业培训，其中职业学校教育分为初等、中等、高等职业学校教育，与国际上普遍使用的"技术和职业教育与培训"这一综合名词同义。随着改革开放以来的恢复、改革和发展，我国已建立和形成了包括初等职业教育、中等职业教育、高等职业教育和职业培训为主体的职业教育体系(图2.2)。

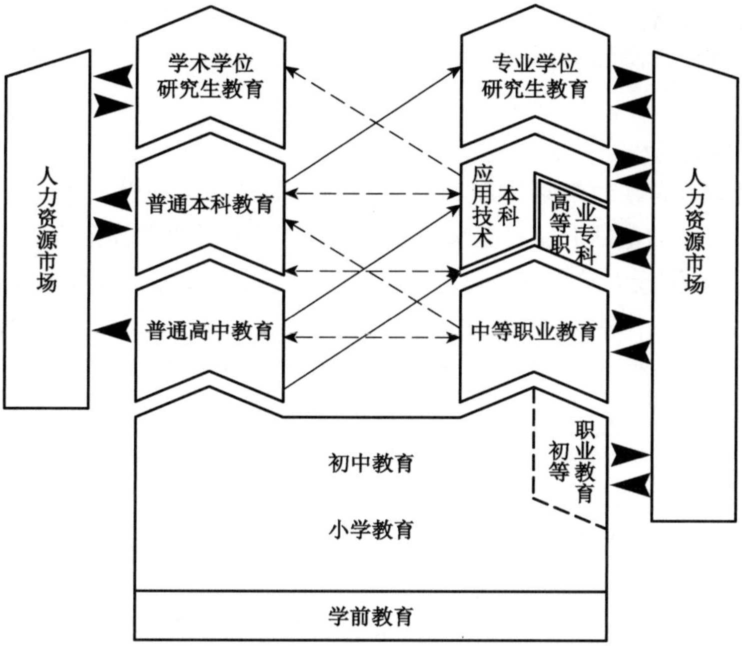

图 2.2　我国现行教育体系

资料来源：教育部、国家发展改革委，等. 现代职业教育体系建设规划（2014—2020 年）（教发〔2014〕6 号）. 2014-6-16.

1. 初等职业教育

初等职业教育是在初级中学阶段开展的职业教育，纳入九年制义务教育体系，招生对象是小学毕业生或相当于小学文化程度的人员，学制三年或四年，主要讲授初中文化课和有关专业的生产劳动与职业技术课程，培养学生有一技之长。目前这类学校主要设在欠发达的农村地区和边远山区。2016 年，全国独立设置的职业初中只有 16 所，在校生 3 734 人。[25]大部分已转型为基础的或入门的职业培训。

2. 中等职业教育

中等职业教育是在高中阶段进行的职业教育，也包括一部分高中后职业培训。通过中等专业学校、技工学校、职业高中、成人中等专业学校、职业教育中心，为初高中毕业生开展基础性的知识、技术和技能教育，基本学制以三年制为主，这类学校在讲授高中文化知识的同时，根据职业岗位的要求有针对性地实施职业知识教育和技能培训，培养技能型人才和高素质劳动者。近年来，各类中等学校通过布局调整和资源整合开始走向融合，并在名称上统一规范为“中等职业技术学校”。2016 年，全国共有各类中等职业学校 10 893 所，招生 593. 34 万人，在校学生 1 599. 01 万人，分别占高中阶段招生和在校生总数的 42. 5%和 40. 3%。[25]

3. 高等职业教育

高等职业教育是在改革原有的高等专科学校、职业大学和成人高校，以及整合优质中等专业学校资源的基础上发展起来的，主要通过高等职业学校招收普通高中和中等职业学校毕业生，讲授大学文化知识和专业知识，进行专业能力和职业技能训练，学制两年或三年，培养高技能人才，特别强调培养应用型、工艺型、复合型的高技能人才。2016 年，全国共有高职(专科)院校 1 359 所，招生 343. 21 万人，在校生 1 082. 89 万人，分别占普通本专科招生和在校生总数的 45. 85%和 40. 17%。[26]

4. 应用型本科教育

2015 年，教育部、国家发展改革委、财政部印发《关于引导部分地方普通本科高校向应用型转变的指导意见》，确定一批有条件、有意愿的试点高校率先探索应用型(含应用技术大学、学院)发展模式，重点培养高技术应用人才和复合型、创新型技术技能人才。鼓励有条件的学校向应用技术大学(学院)方向转型发展，支持普通高等学校设立二级应用技术学院，允许示范性高职院校部分专业经批准后通过合作办学、联合培养等方式培养本科阶段技术技能人才。本科阶段职业教育招收在实际工作中表现突出的技术技能人才、优秀的中高职学校毕业生和具有技术技能潜力的普通高中、综合高中毕业生。应用技术类型高等学校是高等教育体系的重要组成部分，与其他普通本科学校具有平等地位。到 2016 年底，全国有约 200 所高校在进行转型试点。[27]

5. 职业培训

职业培训是为提高劳动者技术业务和职业技能水平开展的一种教育活动，包括从业前培训、转业培训、学徒培训、在岗培训、转岗培训及其他职业性培训，可以根据实际情况分为初级、中级、高级职业培训，主要实施机构有成人技术培训学校、各级各类职业学校和就业训练中心等。

三、新型城镇化视角下职业教育发展存在的问题

职业教育作为人力资源开发体系的重要组成部分，改革开放以来取得长足发展，培养了数以亿计的高素质劳动者和技术技能人才，为经济发展、促进就业和改善民生做出了不可替代的贡献。但是，在我国转方式、调结构、促升级和惠民生的新形势下，尤其是

推进新型城镇化进程中，空间形态、产业布局和结构、人口分布和就业都将发生巨大变化，职业教育还不能适应经济社会发展的需要，存在一些亟待解决的突出问题。

1. 职业院校布局结构与新型城镇化规划城镇格局不匹配

新型城镇化将根据资源环境承载能力构建科学合理的城镇格局，与区域经济发展和产业布局紧密衔接，城市群、大中小城市和小城镇协调发展，各类不同城镇的功能定位与发展重点不同，在城镇化建设中必须构建和培育与城镇发展格局相应的教育体系，科学规划职业教育，使院校布局更加贴近所服务的产业和社区。一些区域中心城市和大型产业集聚地区急需扩充职教资源，并扩大其服务区域和范围。从我国职业院校布局现状看，高职院校分布具有明显的城市聚集现象，尤其是中心城市，一般会成为各省高职院校的主要集中地，非中心城市高等教育资源相对匮乏。2015 年，我国有高职院校 1 334 所（除四个直辖市外共 1 216 所），位于省会城市和计划单列市的高职院校数为 592 所，占高职院校总数的 48. 7%（图 2. 3）。中等职业学校绝大多数在县城办学，不少未能将服务网络延伸到社区、村庄。当前职业院校布局与新型城镇化发展规划存在一定的偏差。

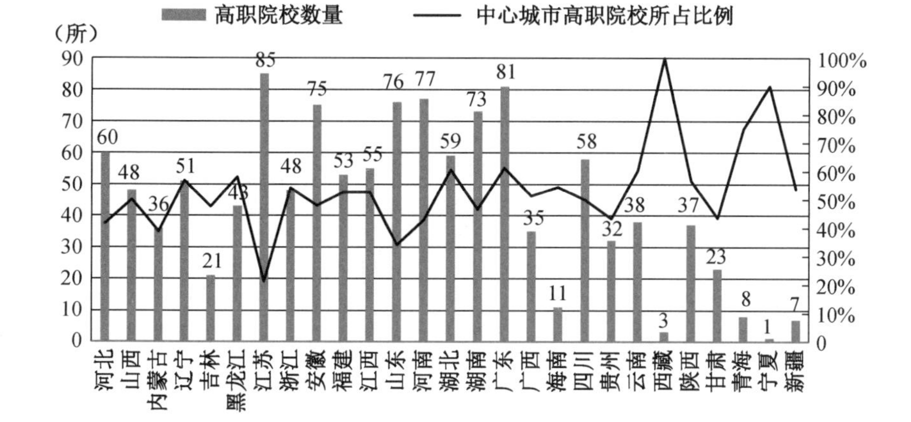

图 2.3　2015 年部分省域高职院校数量及中心城市所占比例

注：中心城市指各省、自治区省会城市及大连、青岛、宁波、厦门、深圳五个计划单列市，其中，北京、上海、天津、重庆四个直辖市未纳入统计范围。

资料来源：李小娃. 我国高职院校区域布局结构特点及改进策略[J]. 职业技术教育，2016(1)：18-23.

2. 职业教育层次和专业结构与城镇化经济结构调整对人力资源的需求不适应

产业是新型城镇化的支撑，就业是人口城镇化的路径，产业结构的变化包含着就业结构的变化。伴随城镇化经济增长和发展方式的转变，产业结构升级始终处于动态变化中，并带来就业结构调整和职业分布的改变，新型城镇建设的特色产业结构、生产力水平层次和劳动力构成的类型会直接影响到职业教育的层次和专业设置。目前，我国结构性失业压力比总量性失业压力更大，劳动力市场对技能人才和熟练劳动力的需求一直处于短缺状态，突出表现在：全国范围内的“技工荒”问题突出，技术工人、专业技术人员、高级技术人员的供给不能满足经济发展需求而形成缺口，职业能力和职业意识欠缺成为大学生“毕业难就业”问题的主要原因。2014 年在 2.74 亿农民工中（包括 1.68 亿外出务工者），高达 65.2%的人没有接受过任何形式的培训。[28]

表 2.5　　2015 年部分城市劳动力市场技能资格需求

季度	用人单位通过公共就业服务机构招聘各类人员（万人）	进入劳动力市场的求职人数（万人）	明确对劳动力技术等级提出要求的比例	明确对劳动力专业技术职称提出要求的比例	岗位空缺与求职人数比例		
					高级工程师	高级技师	技师
第一季度（100个城市）	525	469	33.3%	19.3%	2.25%	1.93%	2.11%
第二季度（101个城市）	560	528	34.7%	21.3%	1.81%	1.94%	2.0%
第三季度（101个城市）	505	462	35.2%	21.3%	—	1.9%	2.04%
第四季度(87个城市)	439	400	35.8%	22%	1.99%	1.89%	1.9%

资料来源：中国人力资源市场信息监测中心. 对部分城市公共就业服务机构劳动力市场供求分析[EB/OL]. http://www.lm.gov.cn/DataAnalysis/node_1522.htm.

教育是连接人口变化和劳动力市场需求的重要通道，职业教育是当前和未来劳动力市场所需技术技能人才的“生产车间”，能够改善人力资本构成，提高城镇化的质量。长期以来，由于生源分流、收入分配和社会价值观念导致职业教育与普通教育的地位存在差异，个人和家庭的升学决策倾向于普通高中和普通高等教育，这在一定程度上减弱了社会对发展职业教育的重视程度。大多数职业院校的专业设置、人才培养结构和培养模式同产业发展实际、生产和创新实践脱节，办学封闭化倾向突出，出现了就业难、招生难并存的现象，有的则通过向“学术漂移”和开通学生升学空间增加职业教育吸引力，但带来了“学历学位至上”的后果，职业教育学历和资格在直接进入劳动力方面丧失其原有价值，难以满足新型城镇化的发展需求（专栏 2.1）。

专栏 2.1

城镇化进程中的中国"技能鸿沟"

麦肯锡全球研究院发布的报告《全球劳动力报告:35 亿的就业、薪资和技能》指出了影响全球劳动力需求的发展趋势,指出纵观中国,雇主需求与劳动力市场供应之间可能出现越来越大的鸿沟。

自 20 世纪 50 年代和 60 年代以来,中国一直关注城乡劳动者的教育,而且加快了相关的行动。从 1990 年至 2010 年,中国劳动力中具有中学学历的比例从约 50%上升到 60%;具有大学学历的比例从约 2%上升到约 8%。中国每年的大学毕业生人数增加了五倍多,从 2000 年的 100 万增加到 2009 年的 530 万人。

未来中国劳动力的增长速度可能减半,从目前每年 0.9%的增长下降到 2030 年到约 0.5%的增长,反映出老龄化和出生率下降的影响。由于老龄化,中国的劳动力参与率可能下降。到 2030 年,中国 55 岁以上的人口数量可能达到总人口的 43%,高于现在的 26%。未来 20 年里,受过大学教育的劳动者人数预计将增加 9 600 万,高于过去 20 年净增长的 5 200 万毕业生人数。

随着中国制造业沿着价值链逐步升级,低工资、劳动密集型的工作将被机器所取代,而对高技能工人的需求量将增长。随着中国逐步迈向富裕国家,制造业的就业将出现巨大下降。由于中国工厂的雇用人数下降,加之农业就业的萎缩,更多的就业岗位将出现在服务部门。预计未来 10 年,中、高技能密集型的服务业(不包括建筑业)在所有非农就业岗位中所占比例将达到三分之二。

由于上述变化,我们预计,在中国受过大学教育的劳动者的短缺将出现在 2020 年。中国的雇主们将需要约 2300 万高技能工人,而这一经济体可能无法供应,尽管未来 10 年增加的大学毕业生人数可能达到约 5 000 万。我们的动态假定,中国 50%的合格高中学生将继续入读大学。预计 2 300 万大学毕业的劳动者的部分短缺,可能由最近增长的中学入学率和毕业率以及给成人教育提供更多机会等来填补。

资料来源:Richard Dobbs, Anu Madgavkar. 2014. 全球在行动:亚洲技能与工作的匹配[J]. 教育展望(中文版), 2014(2).

3. 职业教育发展的多重体制分割与新型城镇化发展的集聚效应和城乡一体化要求不协同

新型城镇化是以城乡统筹、城乡一体、产城互动、增长集约、资源节约、生态宜居、和谐发展为基本特征的城镇化,需要建立健全与城镇化健康发展相适应的财税、行政管理和公共服务等制度。我国职业教育在发展过程中面临着城乡之间、地区之间和部门之间的多重体制分割。在城乡二元结构下的教育体制下，职业教育发展战略以城市为中心，农村职业教育资源缺乏，未能有效地对农村人口的技能培养形成吸引和拉动作用。地区之间由于财政和户籍制度的影响，条块分割和地方统筹的职业教育优先考虑本地生源，对外来人口及外地学生没有开放职业教育体系，特别是中等职业教育体系，跨区域流动的劳动力难以及时在新地点获得有效的培训。职业教育管理和提供的职权和责任分散于不同的政府部门及其附属机构，而行业协会参与管理的能力不强，整个管理系统存在某种程度的无序状态，由行业引导的、以能力为基础的职业标准和资格认证体系缺乏阻碍了职业教育质量的提升。

参考文献

[1] 琳达·克拉克，克里斯托弗·温奇. 职业教育、国际策略、发展与制度[M]. 翟海魂，译. 北京：外语教学与研究出版社，2011.

[2] Philip Hughes. 为什么人人可接受 TVET 对达到全民教育是必需的[J]. 教育展望(中文版)，2005(4). 上海：华东师范大学出版社，2007：12.

[3] UNESDOS. International Standard Classification of Education，2011[EB/OL]. [2013-03-25]. http://unesdoc. unesdoc. org/images/0021/002191/219109e. pdf. (2011-09-05)

[4] 格哈德·博什，吉恩·查尔斯特. 全球职业教育概览[M]. 北京：北京师范大学出版社，2016.

[5] 石伟平. 比较职业技术教育[M]. 上海：华东师范大学出版社，2001.

[6] 彼得·霍尔. 文明中的城市[M]. 王志章，等，译. 北京：商务印书馆，2016.

[7] 凯瑟琳·西伦. 制度是如何演化的——德国、英国、美国和日本的技能政治经济学[M]. 王星，译. 上海：上海人民出版社，2010.

[8] 琳达·克拉克，克里斯托弗·温奇. 职业教育、国际策略、发展与制度[G]. 翟海魂，译. 北京：外语教学与研究出版社，2011.

[9] 吴军，特里·N. 克拉克. 文化动力——一种城市发展新思维[M]. 北京：人民出版社，2016.

[10] 黛博拉·佩里·皮肖内. 这里改变世界——硅谷成功创新之谜[M]. 罗成，译. 北京：中信出版社，2013.

[11] 欧洲学徒联盟组织. 欧洲现代学徒制[M]. 孙玉直，译. 北京：中国社会劳动保障出版社，2016.

[12] 美国国家教育统计中心. 现代美国生涯与技术教育纵览——1990—2005 年数据分析报告[M]. 和震，高山艳，等，译. 郑州：河南科学技术出版社，2013.

[13] Paul Brennan. 提升职业教育的品质和形象：促进包容性与可持续发展的低层次培训还是助推器？[J]. 教育展望(中文版)，2014(2).

[14] 乌尔里希·泰希勒. 迈向教育高度发达的社会——国际比较视野下的高等教育体系[M]. 肖念，王绽蕊，译. 北京：科学出版社，2014.

[15] 杰克·基廷，等. 变革的影响——九国职业教育与培训体系比较研究[M]. 杨蕊竹，译. 北京：首都经济贸易大学出版社，2016.

[16] 经济合作与发展组织. 教育概览 2012——OECD 指标[M]. 中国教科院组，译. 北京：教育科学出版社，2012.

[17] 王燕. G20 成员教育政策改革趋势[M]. 北京：教育科学出版社，2015.

[18] 杨金土. 职业教育兴衰与新旧教育思想更替——百年职业教育回顾[J]. 职教论坛,2004,24(4):4-8.
[19]《中国教育年鉴》编辑部. 中国教育年鉴(1949—1981)[M]. 北京:人民教育出版社. 1984.
[20] 国务院发展研究中心课题组. 中国新型城镇化——道路、模式和政策[M]. 北京:中国发展出版社,2014.
[21] 中国教育年鉴编辑部. 中国教育年鉴(1949—1981)[M]. 北京:人民教育出版社. 1984.
[22] 国家教委政策法规司. 十一届三中全会以来重要教育文献选编[M]. 北京:教育科学出版社,1992.
[23] 中国教育年鉴编辑部. 中国教育年鉴(1982—1984)[M]. 北京:人民教育出版社,1986.
[24] 中共中央,国务院. 中国教育改革和发展纲要[EB/OL]. http://www. moe. edu. cn/jyb_sjzl/moe_177/tnull_2484. html.
[25] 教育部. 教育统计数据[EB/OL]. http://www. moe. gov. cn/s78/A03/moe_560/jytjsj_2016/2016_qg/201708/t20170823_311668. html.
[26] 教育部. 教育统计数据[EB/OL]. http://www. moe. gov. cn/s78/A03/moe_560/jytjsj_2015/2015_qg/201610/t20161011_284371. html.
[27] 国务院新闻办公室网站. 加快调整人才培养结构 解决人才供需矛盾[EB/OL]. http://www. scio. gov. cn/32344/32345/33969/35761/zy35765/Document/1538220/1538220. htm.
[28] 国家统计局. 2014 年全国农民工监测调查报告[EB/OL]. http://www. stats. gov. cn/tjsj/zxfb/201504/t20150429_797821. html.

第三章

新型城镇化发展的多元路径与技能战略

新型城镇化的战略基点是形成产城人融合发展系统，综观各地城市的形成，在不同的发展阶段，城市生长与竞争的优势能力有所不同，城镇化实现的途径是多元的，通常是根据城市发展的自身特征与需求，借助多种途径，结合多种要素推动城市化的发展。[1]产业作为城镇化发展的重要支撑，主导产业选择及其转型升级必须依托于人才资源的有效供应，而且拥有不同现实基础与发展需求的城市化区域需要根据人才资源结构与产业结构的匹配关系，合理进行就业引导和人才培养，以保证产业发展获得足够的人才推动力。

第一节　产城人融合作用机理

产业、城市、人口之间存在相互依存、相互促进的关系，没有产业的城镇化，是土地的城镇化，城市发展就会失去动力；没有城市功能配套的园区只是空城，园区发展就难以实现转型升级。产业决定就业，就业决定居民，居民安居决定园区的可持续发展。以产业为引领，以城市为载体，以人为核心，实现产城人融合有机互动，以产促城，以城兴产，促进人口集聚和城市功能完善，可以从根本上解决"有产无城""有城无产""有城无人"等产城割裂的畸形城镇化问题。

一、产城人融合发展模型

"产城融合"发展理念是针对我国工业化和城镇化进程中出现的产业功能与城市功能分离的现象提出来的。改革开放以来，我国工业化和城市化一直保持高速发展，全国各地兴起的出口加工区、开发区、产业园区、高新区等产业型新区，作为招商引资的主要窗口和空间载体，经济功能突出，单一的产业开发导致城市生活配套不足和城市综合功能发展滞后而沦为"工业孤岛"，制约了产业园区的可持续发展；后来出现的新城、新区等诸多新型城市空间，又缺乏必要的产业支撑成为"空城""睡城"，职住分离、潮汐式交通增加了社会成本，造成居民生活质量的严重下降，严重影响了城市健康发展。产城人融合发展日益成为学术界和各级政府关注的重点。

在现有文献中，"产城融合"最早由张道刚提出来的，认为产业是城市发展的基础，城市是产业发展的载体，城市与产业是相伴而生、共同发展，城市与产业"双向融合"的实质就是"平衡"两字，产业活了，人的需求就活了，城市的内在活力也就激发起来，城市形态也就有了"魂"；反过来讲，城市功能的完善、品位的提高也会为发展产业提供条件，增强竞争力。[2]为此，产城融合的关键是要把产业园区精心打造成城镇社区，以体现通过城市功能建设促进产业区发展。侯汉坡、李海波等人提出了"产城人融合"概念模型，被认为是"产城融合"的升级版。产业、城市与人作为产城人融合模型的三个基本要素，城市是一切功能和要素的载体，在城市系统发展运行过程中，产业和人口是城市一切经济社会活动的动因，产业聚集实现城市经济能力提升，人口人才聚集提高城市人气和活力。与此同时，产业需要人才作为支撑，城市人口又需要产业解决就业和收入，产业与人口的匹配能够为城市运行减轻压力，而产业对城市功能和城市设施的需求以及人口对城市配套和城市服务的需求，对城市作为产业与人口的物理空间载体提出更高的要求。在一种理想状态下，当城市公共资源满足产业和人口的发展需要，当产业规模适应城市规模和人口规模，当人口能够在相对有限的城市资源承载能力下自由流动并服务于产业发展时，产城人三者就进入了真正融合的阶段。[3]

从复杂系统的角度来理解城市，可以将产业、人口、城市称为城市自组织大系统，在该系统下，城市具有对城市资源、人口、空间进行自组织自调节能力。城市自组织系统下包含两个互动的次级自组织系统，一是城市自组织动力系统，由产业和人口两者构成；二是城市自组织承载系统，由城市基础设施和公共服务组成。其中，城市基础设施包含城市运行所必备的生产性基础设施、社会性基础设施和制度保障机构；公共服务是城市公共部门向城市公众提供的公共产品和服务，包括城市居民的教育、医疗、社会保障和公共管理等（图 3.1，图 3.2）。

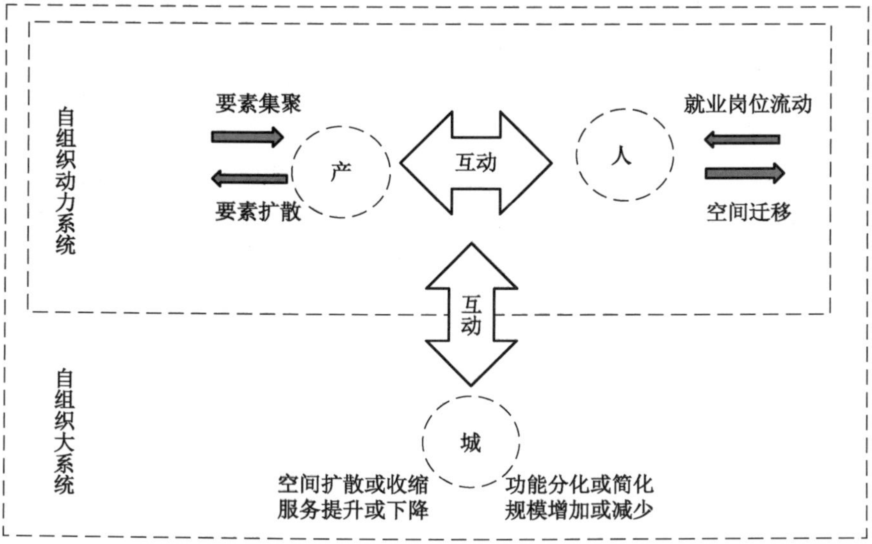

图 3.1　产城人互动关系

资料来源：侯汉坡，李海波，吴倩茜. 产城人融合——新型城镇化建设中核心难题的系统思考[M]. 北京：中国城市出版社，2014：90.

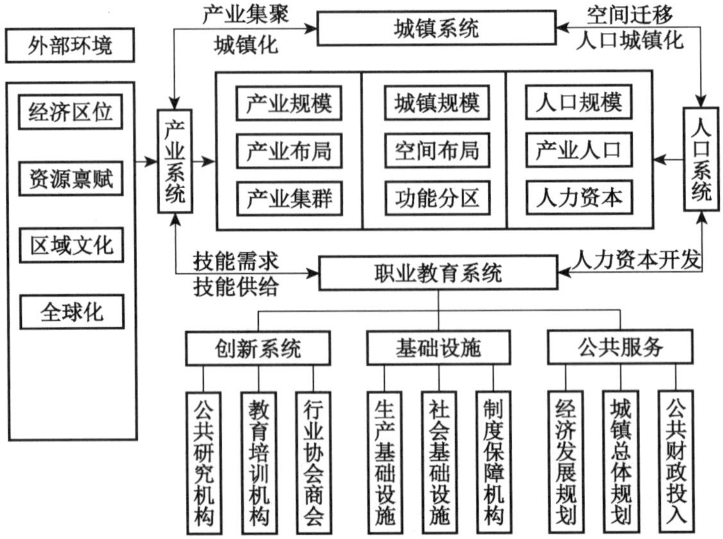

图 3.2　产城人融合发展系统

产业在城市中的集聚与扩散，以及人口通过空间迁移和行业流动，为城市发展提供基本的动力。产业要素的集聚和扩散推动城市产业链的变化，进而带动就业规模和结构的变化。从这一点看，产业的演变历程可以勾勒出城市系统发展的基本轮廓，产业结构一般沿着劳动密集型—资本密集型—技术密集型的路径升级，劳动力在各产业之间的变化趋势是，第一产业逐步减少，第二、第三产业逐步增加，但当工业化达到一定程度之后，制造业服务化将成为推动产业持续增长的重要驱动力，第三产业对劳动力的吸附能力增强。在现代经济条件下，产业发展与城市资源禀赋紧密相关，不同行业产业对处于发展阶段不同的城市的意义和影响迥异。在工业时代，陆地资源型城市以矿产采掘行业和与矿产相关的重工业为基本动力产业；在海洋型城市，造船工业以及贸易是基本动力产业；在人口密集的城市，劳动密集型加工业成为基本动力产业。在后工业经济时代，对于大型城市而言，城区的基本动力产业是服务业，包括为生产性服务业，如金融、媒体、广告、咨询、法律等，也包括生活性服务业，如教育、娱乐、餐饮、旅游等。而工业则在大型城市郊区以及中小城市扮演主要角色。

城市承载系统的变迁表现在城市空间的扩展或收缩、城市功能的分化或简化、城市公共服务的提升或下降，以及城市规模的增加或减小。城市承载系统的变迁取决于动力系统。城市产业的结构、类型、分工程度影响到对基础设施需求的变化，只有当城市分工、产业结构、人口结构出现多样化趋势时，才会对城市基础设施和公共服务提出更高的分化和细化要求。此外，城市系统还受制于自然、空间、土地、建筑、传统行为习惯等因素，会出现路径依赖现象，无论好的积累、坏的因素都会持续在后来的城市发展中找到影响的痕迹，甚至会锁定在原有路径而出现衰败。

人是产业发展和城市存在的核心要素，城市的兴起和发展源于人的聚集，城市的衰落和消失也是因为人的迁离。人口增长来源于两个方面：人口的自然增长和机械增长。人口流动是城镇化的另一个基本驱动力，人口流动的重要意义不仅在于提供劳动力，而在于随着人口迁移流动带来的知识和技能的汇聚扩散，后者对于产业变迁至关重要。城市的本质是更好地满足人的需求，而且要在人的聚集的地理范围内满足人不同层次的需求。在中国制度背景下，城市人口既包括户籍人口，也包括常住非户籍人口，城市的基础设施和公共服务应为城市所有人服务。

产、城、人三种要素同时具备并不必然意味着产城人的融合，需要三者在空间、结构、功能以及运作上存在相对合理的匹配。一是空间整合，空间结构是载体，产城人融合将产业的不同空间需求与城市的不同功能区作为彼此联系的网络空间单元，综合安排产业、科技研发、商业服务和居住用地，构建起产业复合、服务配套、职住平衡和生态宜居的空间组织方式，形成产业发展区、商业服务区、生活居住区等多组团布局、空间结构紧凑、功能高度混合的空间形态。二是结构匹配，产业结构是动力，产城人融合的核心是促进居住与就业的融合，即居住人群和就业人群结构的匹配。产业结构决定就业结构，就业结构直接影响居民收入水平，不同的收入水平使得消费结构具有明显的层次性，并导致社会社会服务需求的差异化，进而反过来促进产业结构的调整与优化，只有产业结构、就业结构、消费结构相互匹配，才能促进真正的产城人融合发展。三是功能融合。以产业、居住和服务平衡为核心，强化产业园区功能分区与用地的兼容性，明确片区功能，引导大分区、小聚集及适度混合的空间的有机生长。根据主导产业依存度确立土地利用分配与主导空间布局模式，随着产业结构从“劳动密集型—资本密集型—技术密集型”路径升级，考虑适度混合用地，生产空间与生活空间的联系更加密切。劳动密集型产业的就业人员较密集，产业链上下游延伸较长，相关联功能的集聚区相对较大，在空间上可以与城市住宅、服务中心、生态景观等适当融合，产业工人居住社区可以深入产业区内部；资本密集型产业对城市生活产生交通、噪声和环境等影响，同时现代化程度较高，就业人员密度较低，通常生产用地集中成片，与居住、服务设施用地等在空间上适当分隔，避免相互干扰；技术密集型产业的就业人员较密集，用地相对集约，可以与城市住宅、服务中心和生态景观等穿插融合；现代服务业的发展则更加需要紧密结合生活空间，产业与城市功能的融合有助于产业升级，有助于催生创新型产业的发展（表3.1）。

表 3.1　　产业类型、就业人群结构与城市功能空间供给复合网络

产业类型	产业门类	产业空间特点	就业人群	城市空间要素需求		
				交通	居住	休憩
劳动密集型产业	电子信息、服饰加工、食品制造等	用地空间相对灵活	以普通技工为主，收入较低	生产、生活性交通并重	分散居住，靠近厂房	超市、公园、健身、影院和餐饮
资本密集型产业	装备制造、机械等	用地规模大，空间较完整	多元化	以对外交通、生产性交通为主	集中住宅、位于厂区内	小卖部、游园
技术密集型产业	研发创新型企业、高技术企业	用地空间较灵活	以高级技术人员、高素质人群为主，收入较高	以生活性交通为主	高端住宅、个性化、讲究环境品质	购物中心、会所、酒店、文化博览、体育休闲、会展中心

资料来源：向乔玉，吕斌. 产城融合背景下产业园区模块空间建设体系规划引导[J]. 规划师，2014(6)：17-24.

二、产城人融合的区域类型

产业和城市的关系，本质上是产业关联在地域上的配置和分布状况，城市规模发展和形态可以划分为小城市、中型城市、大城市、城市群、都市带等层级；[4]产业和城镇融合发展在空间上有老城区、新城区和农村小城镇等类型。不同城市区域的融合模式存在着较大差异，城市在区位和产业的联系，集中体现在人口流向和产业布局之间的动态变化上。

1. 城市规模形态与产业布局

城市化的第一种形态是小城市的形成和增长，商业和行政中心都分布于中心地带，居民人数从数万到数十万不等，此时人口的流向是朝中心区移动，此类城市主要接纳的是来自本地区的农村和乡镇人口，小城市的主导产业可以是工业、资源密集型产业或商业。

城市化的第二种形态是中型城市，除了繁华的市中心外，商务区的雏形显现，人口可以从五十万到逾百万。此时人口继续向中心城区移居，中心城区的人口密度还在提高，主导产业可以与小城市相同，也可能是工商业并重。我国新型城镇化规划把加快发展中小城市作为优化城镇规模结构的主攻方向，加强产业和公共服务资源布局调整，鼓励引导产业项目在资源环境承载力强、发展潜力大的中小城市和县城布局，依托优势资源发展特色产业，加强市政基础设施和公共服务设施建设，教育、医疗等公共资源配置要向中小城市和县城倾斜，引导高等学校和职业院校在中小城市布局、优质教育和医疗

机构在中小城市设立分支机构，增强集聚要素的吸引力。

城市化第三种形态是大城市，甚至延伸、联结周边地区初步形成大都市圈。发达国家中此类城市人口规模在百万以上，人口密度高的发展中国家可以达 100 万～500 万。在此阶段上的社会经济特征是中央商务区确立，服务业取代制造业成为主导产业，整个中心城区和制造业衰落，信息产业、创意产业和休闲娱乐文化产业为特征的新经济带动产业结构调整，城市开始重新规划。除了科技密集型产业和都市型工业，传统制造业多已搬离大都市内圈。中产阶级成为郊区化的主力，在此推动下若干城市副中心和新城区业已形成，服务业和都市型企业集聚或入驻园区。这样的城市已经具备部分或完全的国家范围内的影响力，产业分工已经深入国际市场。为增强大城市的辐射带动功能，大城市要加快产业转型升级，延伸面向腹地的产业和服务链，形成带动区域发展的增长节点。

城市化的第四种形态是大都市影响下形成的城市群或城市圈，既可能是大都市进一步向周边城市辐射的结果，也可以是若干地理上毗邻的几个大中型城市因交通网络的改善、城区扩大后地理上发生融合的结果。此时的人口规模继续膨胀，城市圈内人口数量（含大都市联系区内的乡镇和中小城市人口）超过 500 万，甚至达到千万以上。在大都市圈内出现了若干个分散性的中心城区，各有其独立的功能，但通过高速交通网络连接起来。此时的中心城区的主导产业是高附加值的服务业，如金融、通讯、娱乐等，由它们带动的产业种类多样，价值链完整程度高，产业园区规模随之扩大，区域性的金融中心和大型国家级专业性市场形成。

城市群的顶级形态是世界级的几个大都市带，雄踞世界城市体系和分工体系的中枢位置，成为国际人才、资本、国际商品交易市场、信息和财富的中心。大都市具备全球竞争力的贸易部门、创新生态系统以及高技能劳动者是生产力、就业以及收入增长的源泉（专栏 3.1）。

专栏 3.1

全球 123 个大都市区的 7 种类型

2016 年，美国布鲁金斯学会发布研究报告《重新定义全球城市：全球大都市经济的七种类型》，选取了 123 个大型大都市区，绝大多数的经济体量超过 1 000 亿美元，平均人口为 760 万，占全球 13%的人口创造出全球近 1/3 的经济产出。该研究以贸易集群、创新、人才、基础设施、治理五大竞争力要素作为分析的视角，将这些大型大都市区分为 7 类，分别为全球巨型枢纽、亚洲支柱城市、新兴门户城市、中国制造中心、知识中心、美国中等都市、国际中等都市，其中有部分类别是以国家、区域作为划分特征，但大部分仍以经济结构的特点作为分类标准。

（1）全球巨型枢纽：主要以伦敦、洛杉矶、纽约、大阪—神户、巴黎、东京6个巨型且繁荣的全球性枢纽，集聚大量企业总部，成为全球最大发达经济体的指挥和控制中心。这些城市的平均居民规模为1 940万人，平均经济产值超过1万亿美元，人均名义GDP为58 000美元，就业者人均116 000美元。此类大都市区的经济结构呈现出高度服务业化的特点，其商业服务业与金融产值平均占城市总增加值的41%，20%的福布斯财富2 000强企业总部集中在这些城市。

（2）亚洲支柱城市：主要指北京、香港、莫斯科、首尔—仁川、上海与新加坡6个亚太、俄罗斯地区的大规模商业、金融节点城市，是国际投资的主要目的地，进而拉动了基础设施与劳动力技能等方面的本土投资。2009—2015年，亚洲支柱城市吸引的国外直接投资高居7类都市之首，达到459.7亿美元。城市平均人口规模达到1 610万，平均经济产值为6 680亿美元。

（3）新兴门户城市：安卡拉、开普敦、重庆、德里、广州、约翰内斯堡等28个新兴经济体主要国家的大型商业与交通枢纽点。1/3的新兴门户城市为所在国家的首都。2009—2015年，这些城市的国外直接投资规模达到580亿美元，其人均投资量为7类城市中的首位。

（4）中国制造中心：东莞、佛山、福州、无锡、温州、郑州等22个中国的二、三线城市，其发展依赖外向型制造业与国际经济往来。城市的平均人口规模为800万，平均经济产值为2 050亿美元，对制造业有着巨大的依赖，制造业约占经济产值的40%，而商业、金融与专业服务业发展相对滞后，仅占12%，其他类型城市这一比例达到32%。2015年，人均名义GDP为12 000美元。

（5）知识中心：费城、旧金山、西雅图、苏黎世等19个中等规模，具备高层次知识创新力的创新中心，这些城市往往具备高技能劳动者与高水平研究型大学。平均人口规模偏小，为420万人，而平均经济产值达到2 830亿美元，人均名义GDP和就业者人均GDP分别为69 000美元和136 000美元。知识中心在科教方面具有强大的优势，其41%的15岁以上人口拥有本科以上学位。全球100所最具实力的大学中，有20所位于这19座城市中。2008—2012年，这些城市以占全球1%的人口贡献了全球16%的专利，信息技术和生命科学方面的比例更高，分别达到22%和19%。

（6）美国中等都市：菲尼克斯、底特律、克利夫兰、迈阿密等16个中等规模的大都市区，平均人口规模为300万，平均经济产值为1 490亿美元，人均名义GDP为52 000美元。一方面，在美国中等都市区的经济结构中，非贸易性产业为主导产业，其健康、房地产、教育与公共服务等地方性服务产业的经济地位较高，占产值的28%和就业的42%。但另一方面，这些城市在出口导向的产业领域也有一定的专精方向，如夏洛特、底特律与菲尼克斯分别是美国发动机与动力装备、汽车、半导体领域的出口冠军。同时，美国中等都市区在研究型大学方面仍然拥有优势，其在科学类期刊发表的数量在 7 类城市中排名第 3，1/3 的就业年龄人口拥有高等教育学历。

(7) 国际中等都市：布鲁塞尔、鹿特丹、阿姆斯特丹、慕尼黑、悉尼、多伦多等 26 个欧洲、澳大利亚和加拿大的中等规模城市，平均人口规模为 480 万，平均经济产值为 2 340 亿美元，人均名义 GDP 为 49 000 美元。此类城市是最具多样性的大都市经济体。法兰克福、悉尼、多伦多等城市主要发挥商业与金融服务功能，而斯图加特、米兰、巴塞罗那则在制造业增加值方面表现突出。大部分此类城市具有多样性的贸易相关行业，在知识性服务业、先进制造业方面具备优势。同时，这些城市具有全球人群与资本流量的承载能力，城市总人口的 22% 为国外出生，这一比例高居 7 类城市之首。

城市的全球性发展具有多种模式和路径。分别来自发达国家和崛起中亚洲区域的两类巨型全球性中心城市，扮演了全球金融与投资领域的双重支柱角色，这二者得到一批商业、教育与交通枢纽城市的有力支撑，后者成为面向大国与中等收入国家的门户。中国令人瞩目的全球性崛起，则反映在一批二线、三线城市制造业与外向型经济的发展。一部分美国与欧洲的中等规模城市区域在推动技术进步方面表现突出，这些城市集聚了国际顶级的研究型大学以及专利研发型企业。分别位于美国以及英联邦、欧洲、日本的经济进取型大都市区，以良好的受教育人口、制造业与商业服务业的专精体系、高校与机场等基础性设施为依托，着力面向全球发展，城市地位在很大程度上取决于其在国际生产与交换体系中的功能。

资料来源：屠启宇. 国际城市蓝皮书　国际城市发展报告(2018)[M]. 北京：社会科学文献出版社，2018：54-58.

我国新型城镇化规划提出在《全国主体功能区规划》确定的城镇化地区，按照统筹规划、合理布局、分工协作、以大带小的原则，发展集聚效率高、辐射作用大、城镇体系优、功能互补强的城市群，使之成为支撑全国经济增长、促进区域协调发展、参与国际竞争合作的重要平台。建设京津冀、长三角、珠三角世界级城市群，提升山东半岛、海峡西岸城市群开放竞争水平，培育中西部地区城市群，发展壮大东北地区、中原地区、长江中游、成渝地区、关中平原城市群，规划引导北部湾、山西中部、呼包鄂榆、黔中、滇中、兰州—西宁、宁夏沿黄、天山北坡城市群发展，形成更多支撑区域发展的增长极。这些都市区在向全球城市发展和产业转型升级过程中，应关注全球城市制造业与服务业有机融合发展的趋势，在先进制造业、专业服务业的培育和建设方面，应更多进行引导和规划，着力提升经济结构和产业结构的多样性，具备良好连接性的基础设施、高效的公共服务和治理体系、高技能的劳动者对于发展将起到重要的支撑作用。

2. 城市内部空间与产业布局

具体到一个城市内部，大致包括城市中心区、新城新区、农村小城镇。城市中心区是城市功能最为活跃和集中的地区，产城融合度相对较高，在长期的历史积累下具有相对发达的城市文化、社区关系、经济联系网络，而其发展过程中的主要问题是大规模衰败的棚户区、重化工业与居民区，安全距离不达标，公共基础设施建设相对滞后，人口密集与交通拥挤造成企业物流成本高等。老城区发展方向是改造，实行产业升级和城市功能升级并举，调整产业空间布局，在适当的条件下，将位于城市中心区的工业搬迁至郊区或其他地区，提高城市中心区第三产业比重，使老城区成为商业中心、服务业中心和居民区。推动特大城市中心城区部分功能向卫星城疏散，强化大中城市中心城区高端服务、现代商贸、信息中介、创意创新等功能。完善中心城区功能组合，统筹规划地上地下空间开发，推动商业、办公、居住、生态空间与交通站点的合理布局和综合利用开发。老城区人口基数较大，既有城市原住居民，又有日益增长的外来人口，城市人口阶层、文化差异明显，通过促进人口结构转型，如从事制造业的低技术工人向从事新兴产业的高素质人才转变，尤其是加大力度吸引高素质人力资本，催生产业集聚效应，从而提升城市创新能力和创造更多的就业机会，最终推动城市更新与发展（专栏 3.2）。

专栏 3.2

创意产业集聚与城市更新：以上海为例

创意产业作为未来知识经济社会的产业方向，已成为上海城市发展的重要动力。到 2013 年年底，上海文化创意产业从业人员约 130 万人，实现增加值 2 500 亿元，占全市 GDP 的比重为 11.5%，87 个创意产业集聚区形成“一轴（延安路城市发展轴）、两河（黄浦江和苏州河文化创意产业集聚带）、多圈（区域文化创意产业集聚地）”的空间布局，主要有 4 类主导产业：设计策划类、艺术创作和展示类、技术创新和服务外包类、时尚和休闲服务类，文化创意产业已经成为上海国民经济的重要支柱产业。

上海的创意产业园区大都藏身于中心城区的老厂房、老仓库和历史建筑中，常常利用具有一定历史文化特色的老厂房和老住宅为载体聚集发展，形成集聚区，不仅为创意产业的发展提供了成长空间，还通过园区的建立及创意产业对经济的带动促进了城市更新，使老建筑老街区改头换面，重新融入城市生活中来。一种是依托高等院校的智力优势整合资源，对老厂房进行统一改造。典型的如同济大学周边的建筑园区、东华大学附近的时尚园区、上海交通大学周围的软件园区等。另一种是推进园区与街区、社区融合。一些知名的创意产业园区正利用集聚效应所形成的辐射功能，逐渐向街区和社区发展转型。最典型的如田子坊，将创意产业与商业、旅游业、文化等有机结合，为消费者提供了休闲环境，探索出了城市旧区改造的新模式。

资料来源：李晟晖. 上海文化创意产业园区如何再创新[N]. 中国文化报，2014-10-18.

新城新区是指为了政治、经济、社会、生态、文化等多方面需要，经由主动规划与投资建设而成的相对独立的城市空间单元，包括但不限于国家新区、经济技术开发区、高新技术产业开发区、保税区、出口加工区、物流园区、工业园区、自贸区、大学科技园以及产业新城、高铁新城、智慧新城、生态低碳新城、科教新城、行政新城、临港新城、空港新城等。据不完全统计，截至 2016 年 5 月，全国县及县以上的新城新区数量总共超过 3 500 多个。其中国家级新区 17 个；各类国家级经济技术开发区、高新区、保税区、边境经济合作区、出口加工区、旅游度假区等约 500 个；各类省级产业园区 1 600 多个；较大规模的市级产业园 1 000 个；县以下的各类产业园上万计。[5] 在新城新区体系中，技术层次和发展阶段不一，其中经济技术开发区、高新技术产业园区和各类产业园区等作为区域经济增长极和新兴产业的孕育地做出了突出贡献，少数领先的已进入创新导向阶段（表 3.2）。在市场选择和政府战略的双重选择下，新城新区与城市可能形成四种类型的关系：街区型、边缘型、近郊型、远郊型（表 3.3）。街区型通常属于内城区的内涵式再利用，包括各种科技园区、都市型工业园区、中央商务区、生产性服务园区、消费性服务园区等；而边缘型、近郊型、远郊型等表现为城市的外延型开发，从而形成新的城市空间结构，引导和均衡城市的人口和就业。在我国快速城镇化过程中，新城新区面临规划上不切实际，定位上同质化、功能上不配套等突出问题，大规模造城，造成土地资源闲置与浪费现象严重，各种产业园区因为缺乏产业与人气处于极度失控状态。

表 3.2　**新城新区发展阶段及模式特征**

发展阶段	发展模式特征
创新导向阶段	第三产业占比较高，科技研发投入比重高，高水平研究机构、教育机构汇集，新兴产业集群涌现，生产性服务业国际化趋势明显
创新导向过渡阶段	资金、技术、人才流动加强，第三产业占比上升，传统工业空间进行腾退用于发展研发产业，承接城市的研发产业外溢
投资导向阶段	固定资产投资与地区生产总值接近，工业增加值在地区生产总值中占比较高，高投入、高产出产业占比较高，劳动力、土地等生产要素成本较低

资料来源：冯奎. 中国新城新区发展报告[M]. 北京：企业管理出版社，2016：6.

表 3.3　　不同区位类型园区与母城的空间关系

区位类型	街区型	边缘型	近郊型	远郊型
开发模式	纯产业区模式	纯产业区模式	产业社区模式	综合新城模式
与母城空间分化程度	空间转型	空间分工	空间分工	空间分裂
与母城的空间关系	在母城区内部，空间高度融合	空间相接，高度一体化	在市区公交体系之内，基础设施一体化，母城区是其生活服务基地	在设施和空间上与母城相对独立，母城区是其生产要素的来源地以及大件商品的购物中心

资料来源：吴建伟，毛蔚瀛. 大规划：城市与产业[M]. 上海：同济大学出版社，2009：99.

新城新区发展的目标是形成产业、城市、人之间有活力、持续向上的发展模式，关键是实现产业与城市功能融合、空间整合。新城新区开发应在现有存量的基础上进行长期开发，严格新城新区设立条件。因中心城区功能过度叠加、人口密度过高或规避自然灾害等原因确需规划建设的新城新区，必须以人口密度、产出强度和资源环境承载力为基准，与行政区划相协调，科学合理编制规划，严格控制建设用地规模。坚持功能配套至上的原则，统筹生产区、办公区、生活区、商业区等功能区规划建设，推进功能混合和产城融合，在集聚产业的同时集聚人口，防止新城新区空心化。加强现有开发区城市功能改造，推动单一生产功能向城市综合功能转型，为促进人口集聚、发展服务经济拓展空间。围绕以人为核心开展城镇化建设，在产城融合实践中，不仅要为产业发展配套路、水、电、气等基础设施，还要加强交通、居住、学校、购物、休闲等生活设施建设，关注人力资源数量、质量和流入的可能性及区域内教育体系的完备性。

小城镇在空间上居于大中城市和乡村之间，主要分布在县域经济范围内，属于农村城镇化的范畴。小城镇包括特色小镇和特色小城镇两种形态，特色小镇主要指聚焦特色产业和新兴产业集聚发展要素，不同于行政建制镇和产业园区的创新创业平台；特色小城镇是指以传统行政区划为单元，特色产业鲜明、具有一定人口和经济规模的建制镇。[6]随着我国农业现代化的加速推进，分离出来的大量人口集聚于小城镇，并因中小企业集群发展而吸纳农民就地就近就业，有重点地发展小城镇是我国新型城镇化发展的主战场。我国农村小城镇实现产城融合发展有其艰巨性，要克服两大难题：一是缺乏与大中城市相媲美的城市基础设施和相对完善的公共服务体系，即缺少产城融合的地理空间；二是缺乏产城融合的经济基础，一般不具备大资本和高技术优势，必须引入主导或特色产业形成中小企业集群，实现产业发展、小城镇建设和新农村建设良性互动发展。

我国幅员辽阔，各地千差万别，各具特色和优势，特色小镇和小城镇建设要统筹地域、功能、特色三大重点，统筹生产、生活、生态空间布局，立足资源禀赋、区位环境、历史文化、产业集聚等特色，加快发展特色优势主导产业，延伸产业链、提升价值链，促进产业跨界融合发展，在差异定位和领域细分中构建小镇大产业，扩大就业，集聚人口，实现特色产业立镇、强镇、富镇。按照控制数量、提高质量、节约用地、体现特色的要求，推动小城镇发展与疏解大城市中心城区功能相结合、与特色产业发展相结合、与服务“三农”（农业、农村、农民）相结合。到 2020 年，规划培育 1 000 个左右各具特色、富有活力的休闲旅游、商贸物流、现代制造、教育科技、传统文化、美丽宜居等特色小镇，引领带动全国小城镇建设。[7]大城市周边的重点镇，要加强与城市发展的统筹规划与功能配套，逐步发展成为卫星城，有条件的小城镇特别是中心城市和都市圈周边的小城镇，要积极吸引高端要素集聚，促进产业链、创新链、人才链的耦合，发展先进制造业和现代服务业，构建富有吸引力的创业创新生态圈，培育成为知名的特色小镇。具有特色资源、区位优势的小城镇，要通过规划引导、市场运作，培育成为资源加工、交通枢纽、休闲旅游、商贸物流、智能制造、科技教育、民俗文化传承的专业特色镇。远离中心城市的小城镇和林场、农场等，要完善基础设施和公共服务，发展成为服务农村、带动周边的综合性小城镇。完善的公共服务特别是较高质量的教育医疗资源供给是增强小城镇人口集聚能力的重要因素，要推动公共服务从按行政等级配置向按常住人口规模配置转变，根据城镇常住人口增长趋势和空间分布，统筹布局建设学校、医疗卫生机构、文化体育场所等公共服务设施，大力提高教育卫生等公共服务的质量和水平，使群众在特色小(城)镇能够享受更有质量的教育、医疗等公共服务，并强化校企合作、产研融合、产教融合，积极依托职业院校、成人教育学院、继续教育学院等建设就业技能培训基地，培育特色产业发展所需的各类人才。

专栏 3.3

特色小镇是代表未来城市发展方向的新路径

在我国一些大城市的郊区，利用大城市产业和市场外溢、区位交通、消费市场和人才等优势，挖掘地区自然、历史、文化等特色资源，重点打造了一批产业、科技、文旅等各种特色小镇，如杭州的玉皇山基金小镇、梦想小镇、云栖小镇等一大批特色小镇，普遍将吸引城市中的优质生产要素、高技能人才作为发展的核心策略，促使科技、创意和情怀成为特色小镇最终形成的最重要驱动力，并将自然特色和人文特色融入城镇建设形成智慧小镇、绿色小镇，推动产业、文化、旅游和社区等多个领域产生叠加效应并实现融合发展，成为高端人才和新经济的发展高地。

浙江杭州的玉皇山南基金小镇着力打造中国版“格林威治小镇”。美国康涅狄格州的格林威治小镇，虽然面积很小，只有174平方公里，但集中了500多家对冲基金，被誉为全球对冲基金的“大本营”，是世界级基金小镇标杆。小镇除了针对基金的税收及配套优惠政策外，吸引众多基金及金融服务人才集聚的原因还在于独特的区位因素。对冲基金的聚集有几个必要条件：首先要有极高的网速，在对冲基金行业，毫秒乃至微妙计的速度之差就可以决定胜负，沿海地区距离海底光缆比较近，具有突出的优势；其次，对冲基金中心还要距离金融中心较近，以便于进行各种金融业务；再次，就是周边的经济一定要发达。从空间上看，格林威治小镇具有毗邻纽约的优势，坐火车仅需30多分钟，而且靠近海底光缆。此外，格林威治小镇还营造了优美的生活配套环境，配置娱乐设施、健康健身设施、心理诊所等，充分满足高端金融人士的需求，形成针对对冲基金行业的强大优势。杭州的玉皇山南与上海的金融区位关系，类似于格林威治与纽约的关系，与上海具有同城效应。借力和对接上海国际金融中心，按照“纽约—格林威治”模式进行金融产业分工和协同，与上海重点发展的公募基金错位发展，以私募证券基金、私募商品（期货）基金、对冲基金、量化投资基金、私募股权基金五大类私募基金为核心业态，相继吸引了一批处于业界领先地位的好项目、好团队进驻。小镇目前已累计入驻金融机构1 000多家，资管规模达约6 000亿元，成为杭州国际化的重要平台，力争成为中国一流、世界领先的基金小镇。

新型城镇化背景下的特色小镇建设，与传统城镇化思路将小城镇视为人口流动的拦水坝、蓄水池，以吸引乡村人口从事简单劳动，将城镇发展的优势建立于低成本的基础之上形成截然反差，突出高价值产业、高品质人居环境、优质公共服务、城镇归属感的形成和设施建设，特色小镇高品质的生活环境与高效率的创新环境的发展正循环，代表着未来城市发展方向。特别是当乡村人口进入城市学习新的技能和在复杂社会中生存的技巧，城市人口进入乡村并用资金、信息、技术、组织、市场等要素重塑乡村的发展机遇，我们将迎来一个真正城乡一体化——城乡文明的一体化。

资料来源：1. 刘朝晖. 特色小镇：新城镇化模式[EB/OL]. 新华网，2017-3-3. http://www.xinhuanet.com/info/2017-03/03/c_136098812.htm.
2. 文爱心. 特色小镇发展两大模式[N]. 中国文化报，2017-6-19.

第二节　新型城镇化路径选择与技能需求

产城融合的本质是产城共生，产业是城镇化的重要支撑，城市对人口的吸引和集聚效应是通过产业发展来实现的。从世界各地城市化的发展历程看，从一开始的工业和商业两种主要途径，随着工业革命的发生发展逐渐分化为更加丰富多样的发展动力类型，有的前后相继，有的并行互补，构成了城市化进程的多种动力机制。当然，并不是所有的城市都是按照工业化的发展模式，不同的城市也可以结合自身禀赋特色和区域发展定位发展第三产业或第一产业，包括商业、交通、物流、旅游、文化创意产业、设施农业等多种要素推动城市化。产业发展战略选择与人力资源的数量和质量息息相关，产业发展和日益完备的城市功能吸纳越来越多的人来到城市，为产业发展提供良好的人力资源准备，同时高质量的人力资源和适切的技能供给又能帮助实现主导产业的适时接续、更替，有效降低城市衰退风险。

一、工业驱动型

自工业革命以来，工业化带动城市发展，工业与城市相互促进并行发展成为世界上多数地区城市化进程的一般模式。工业化背后的内在动力是科技的发展，纵观历史上每一次工业革命的轨迹，社会时代的变迁都源于当时科技的发展推动。自 18 世纪以来，每一次科技发展推动的工业革命，都有一套典型的产业范式和具有代表性的产品，新的产业类型孕育产生新的城市空间特征（表 3.4）。具有资本密集型特征的重工业产业集聚地，如德国的鲁尔区和美国的匹兹堡都呈现出资源地和专业城市的特征；轻工业具有劳动密集的特征，这决定了轻工业在空间上存在集聚现象，人口流动频繁，如英国的曼彻斯特；精密制造业有技术密集的特征，通常依托传统工业地，城市密度不高，如瑞士的伯尔尼、德国南部和葡萄牙中部；知识密集型的商务办公通常依托大城市和区域中心，在现代通讯和交通日趋便捷的背景下走向分散，典型的如纽约、伦敦、东京等；高科技产业兼具知识密集和技术密集的特征，又可以细分为科研类和制造业类，如美国加州硅谷、英国剑桥、法国的安地波力斯科学城等。[4]

表 3.4　工业社会中产业变革的主要阶段及其主要特征

年份	第一次工业革命（1760—1840 年）	第二次工业革命（1840—1950 年）	第三次工业革命（1950—）
时代类型	蒸汽时代	电气时代	信息时代
主要更新项目	水力、蒸汽机	电力、化学	空间技术、半导体、计算机、互联网、生物工程
主要产业	棉纺织业、煤、铁	钢材、铁路、汽车、化工、石油	电子、计算机、通讯、航空制造业、医药、服务业

续 表

年份	第一次工业革命（1760—1840 年）	第二次工业革命（1840—1950 年）	第三次工业革命(1950—)
工业组织	小工厂、自由贸易	大型工厂、资本集聚、企业联合	大型企业、小型企业、跨国公司
空间特征	劳动力向城镇流动	煤矿地区城镇发展，城市化	郊区化、新工业开发区、科技园

资料来源：吴建伟，毛蔚瀛. 大规划：城市与产业[M]. 上海：同济大学出版社，2009：91.

工业型城市的主要特征包括：第二产业长期处于地方经济的主导地位；工业吸纳了大量劳动力并集中了大量资源、资本；工业土地需求量不断增加，城市建设用地不断扩张。[1] 当前，第三次工业革命在世界范围内的扩散和传播，信息技术发展和生产组织模式变革，使西方国家传统工业城市的比较优势受到削弱，制造业逐步衰落。20 世纪 80 年代以来，新一代信息技术与制造业深度融合，重构生产、分配、交换、消费等经济活动各环节，形成新的生产方式、产业形态、商业模式和经济增长点。基于信息物理系统的智能装备、智能工厂等智能制造正在引领制造方式变革，新的制造方法——尤其是机器人、3D 打印和物联网的外观与运作方式和传统工厂截然不同，表现在多个方面：设备、组织、流程、指标和心态（表 3.5）。发达国家纷纷重新制定再工业化战略，大力发展都市型工业和现代服务业，对城市的经济结构和空间结构进行改造，走上了工业城市转型与更新之路，都市型工业园区、中央商务区、生产性服务园区、消费性服务园区、科技园区等日益成为城市产业发展的活跃区和热点空间，智能工厂高度自动化，小巧而干净，可以置于创新区的城市中心地带。

表 3.5　　传统制造业与智能制造业的区别

传统制造业	智能制造业
机械化	自动化和连通性
工人劳动生产率	团队附加价值
效率	学习
外包	智力共享
严格的等级制度	扁平化组织
职位决定权利	知识决定权威性
严格控制	创造力
遵守规则	质疑
指挥与控制	委托与影响

资料来源：安东尼·范·阿格塔米尔，弗雷德·巴克. 智能转型：从绣带到智带的经济奇迹[M]. 徐一洲，译. 北京：中信出版社，2017：22.

1949年后，我国在计划经济体制下选择优先发展重工业的赶超战略，以实现工业化为使命，逐渐形成了新的城市建设方针，在原有城市的基础上发展新工业，把消费城市变为生产城市，并在以后相当长的时期采用“反城市化”战略，抑制城市发展。1978年改革开放以来，市场导向的经济体制改革和乡村工业化推进，以及沿海地区积极承接以制造业为主体的国际产业转移，小城镇、工业开发区、城市新区成为工业化、城镇化的主战场，带动我国城市化水平快速提高，工业是促使大多数城市发展的主要因素，也是城市的主要经济基础。但是，我国工业驱动型城市化发展模式，基本上是以大量消耗资源为特征的粗放型发展方式，尤其是传统工业城市和资源型城市都面临着自然资源短缺、环境问题恶化、全球分工和价值链长期处于低端等各方面的挑战。因此，克服传统发展模式的种种弊端，探索出一条科技含量高、经济效益好、资源消耗低、环境污染少、人力资源优势得到充分发挥的新型工业化道路，成为关系到我国经济社会发展全局的战略选择。2015年，我国推出了《中国制造2025》，提出到2025年基本实现工业化，以加快新一代信息技术与制造业深度融合为主线，以推进智能制造为主攻方向，大力发展先进制造业，改造提升传统产业，推动生产型制造向服务型制造转变，实现从“中国制造”向“中国创造”跨越，迈入制造强国行列。同时，优化产业空间布局，培育一批具有核心竞争力的产业集群和企业群体，带动人口流入与集聚，提升城镇化质量和水平。

支撑和引领新型工业化和新型城镇化协同发展，需要培养和造就一支数量充足、结构合理、素质优良、充满活力的制造业人才队伍。提高制造业创新能力迫切要求着力培养具有创新思维和创新能力的拔尖人才、领军人才，强化工业基础能力迫切要求加快培养掌握共性技术和关键工艺的专业人才和高技能人才，信息化与工业化深度融合要求全面增强从业人员的信息技术应用能力，发展服务型制造要求培养更多复合型人才进入新业态、新领域，发展绿色制造要求普及绿色技能和绿色文化，打造“中国品牌”“中国质量”要求提升全员质量意识和素养等。根据中共中央组织部、人力资源和社会保障部2011年印发的《高技能人才队伍建设中长期规划（2010—2020年）》预测，到2020年，工业领域（制造业、建筑业和采矿业）技能人才需求量达到10 326万人，其中高技能人才（包括高级技师、技师、高级工）需求达到2 081万人，高技能人才占比达到20%（表3.6）。根据教育部、人力资源社会保障部、工业和信息化部2017年联合印发的《制造业人才发展规划指南》，提出到2020年，制造业高技能人才占技能劳动者的比例达到28%左右，从业人员中受过高等教育的比例达到22%，研发人员占从业人员比例达到6%以上，人才的分布和层次、类型等结构更加优化。[8]在我国，工艺制造环节常常成为技术创新、产品换代的瓶颈，技能型人才紧缺，尤其是高级技工匮乏，使得拥有先进设备的工厂生产不出好产品，而技艺精湛的高技能人才只能依靠职业教育体系去培养。

表 3.6　　2009—2020 年我国服务业技能人才需求预测

行业分布	技能劳动力				高技能人才			
	2009—2020 年技能劳动者需求增长量（人）	2020 年分行业需求（人）	2020 年需求占比	2009—2020 年需求增长占比	2009—2020 年高技能人才需求增长量（人）	2020 年分行业需求（人）	2020 年需求占比	2009—2020 年需求增长占比
房屋和土木工程建筑业	7 858 623	33 126 094	22.28%	23.88%	1 794 390	7 228 266	17.8%	18.05%
交通运输设备制造业	1 148 134	5 470 222	3.68%	3.49%	373 788	1 560 202	3.84%	3.76%
通用设备制造业	1 050 982	5 069 660	3.41%	3.19%	349 465	1 446 197	3.56%	3.51%
煤炭开采和洗选业	1 296 184	4 827 210	3.25%	3.94%	308 566	1 242 352	3.06%	3.1%
化学原料及化学制品制造业	950 595	4 089 545	2.75%	2.89%	323 371	1 211 833	2.98%	3.25%
专用设备制造业	833 383	3 932 492	2.64%	2.53%	314 541	1 210 848	2.98%	3.16%
非金属矿物制品业	563 174	3 589 973	2.41%	1.71%	239 065	1 078 683	2.66%	2.4%
黑色金属冶炼及压延加工业	543 793	3 442 523	2.32%	1.65%	229 458	1 033 550	2.54%	2.31%
通信设备、计算机及其他电子设备制造业	859 433	3 117 277	2.1%	2.61%	198 208	925 892	2.28%	1.99%
建筑安装业	586 691	3 063 231	2.06%	1.78%	198 967	861 801	2.12%	2%
纺织业	409 384	3 032 666	2.04%	1.24%	228 489	854 803	2.1%	2.3%
电气机械及器材制造业	635 673	2 852 035	1.92%	1.93%	184 145	785 556	1.93%	1.85%
纺织服装、鞋、帽制造业	603 191	2 681 542	1.8%	1.83%	188 870	765 394	1.88%	1.9%
金属制品业	534 892	2 154 019	1.45%	1.63%	154 712	603 849	1.49%	1.56%

资料来源：中共中央组织部，人力资源和社会保障部. 关于印发《高技能人才队伍建设中长期规划（2010—2020 年）》的通知（中组发〔2011〕4411 号），附表. http://jnjd.mca.gov.cn/article/zyjd/zcwj/201109/20110900179107.shtml.

专栏 3.4

苏州先进制造业强市与人才需求

改革开放以来，苏州市从乡村工业化和发展小城镇起步，走出了一条以制造业为主的开放型经济之路，成为中国工业大市、全球制造业重要基地。2015 年，实现地区生产总值 14 504.07 亿元，第一、二、三次产业产值占地区生产总值的比例依次为 1.49%、48.57%、49.94%。规模以上制造业分行业总产值超过 1 000 亿元的行业有 8 个，按总产值大小排序依次为计算机、通信和其他电子设备制造业，电气机械和器材制造业，黑色金属冶炼及压延加工业，通用设备制造业，化学原料和化学制品制造业，纺织业，汽车制造业，化学纤维制造业。八大新兴产业中，除了生物技术和新医药、软件和集成电路的总产值低于 1 000 亿元，新材料、高端装备制造、新型平板显示、智能电网和物联网、新能源、节能环保的工业总产值均超过了 1 000 亿元。

2016 年，苏南 5 市（镇江、南京、常州、无锡和苏州）被确定为“中国制造 2025”试点示范城市群。在创建试点示范的过程中，苏州市出台了《中国制造 2025 苏州实施纲要》，提出到 2025 年，将苏州打造成全国领先、世界知名的先进制造业强市。聚焦新一代电子信息产业、高端装备制造产业、新材料产业、软件和集成电路产业、新能源与节能环保产业、医疗器械和生物医药产业等六大重点产业领域，引领全市制造业向中高端迈进。到 2025 年，苏州拥有国家级企业研发机构 40 家、省级 1 400 家，规模以上企业每万名从业人员中研发人员数达 180 人，每万人中高层次人才数 210 人，高技能人才占技能人才比重 35%。

苏州市《国民经济和社会发展第十三个五年规划纲要》提出，十三五期间将苏州打造成“具有国际竞争力的先进制造业基地、具有全球影响力的产业科技创新高地、具有独特魅力的国际文化旅游胜地和具有较强综合实力的国际化大城市”。进一步完善以高新技术产业为主导、服务经济为主体、先进制造业为支撑的现代产业体系。先进制造业以新一代电子信息产业、高端装备制造产业、新材料产业、软件和集成电路产业、新能源与节能环保产业、医疗器械和生物医药产业为重点产业。进一步完善以苏州中心城区为核心，4 个县级市市区、50 个镇为骨干的城镇体系，到 2020 年，全市城镇化率达到 80%。强化中心城市的区域性科技、文化、经济金融中心地位和科技、产业、人才、投资、信息等发展要素集聚功能，全力推进东部综合商务城、西部生态科技城、南部太湖新城、北部高铁新城建设。积极培育发展张家港、常熟、太仓、昆山 4 个县级市，打造成为长三角区域的次中心城市。

伴随苏州新的智能制造的发展浪潮，苏州高新科技产业集聚与创新人才集聚进入新高度，制造业的转型升级需要更多装配维修、工艺创新和改进、工业设计、数控操作等各领域技能人才的合理配置，先进制造业的发展需要大批行业人才，其中迅速发展中的新兴产业对人才的需求最为显著。2015 年，苏州市高级工以上的高技能人才 49.19 万人，占技能人才总量的 32%。《苏州市“十三五”人力资源和社会保障事业发展规划》提出到 2020 年，全市高技能人才总量累计达到 60 万人，占技能劳动者比例达 33%以上，每万名劳动者中高技能人才数量达到 710 人以上。根据苏州市下辖四市六区近 1 800 家企业展开调查制定的《苏州市 2016 年度重点产业紧缺人才需求目录》，新兴产业企业的招募需求显著，而相应的对口人才数量不足，结构性失衡现象凸显。目录引入“紧缺指数”，分 1—5 五个等级，1 级为一般紧缺，一年内计划招募到岗，5 级为急缺，需尽快招募到岗。72 个紧缺指数达到 5 级的岗位包含所列 9 个产业，如信息技术产业急缺技术工程师、数控工程师等，新材料产业急缺研发工程师、染色技术专员等。吴中的新能源发电工程、环境保护、乡村旅游与现代服务业，相城的物流、物联网，吴江的纺织、光纤光缆、智能设备，张家港的冶金、高端装备与休闲旅游，常熟的服装、化工与生物医药及高端医疗器械，太仓的高端装备制造与现代农业，高新区的城市轨道交通、科技服务业，姑苏区文化创意业，工业园区的金融服务业、高端装备制造等相关特色产业需要的技术技能人才都非常紧缺。

资料来源：顾月华. 城市供给侧结构性改革与职业教育发展路径研究——以苏州市为例[R]，2017.

二、服务业驱动型

服务业分为生产性服务业和生活性服务业，其中生产性服务涉及其他产品的生产和服务的中间需求或援助，生活性服务涉及产品的最终消费和服务。服务业和工业革命历史一样悠久，在 18 世纪后期，英伦敦的服务业规模已经非常庞大，它不仅为首都也为全国提供服务，伦敦的服务业强化了其本身以及全国的制造业和商业基础建设，同时也对新兴“休闲商业化”做出了贡献。[9]近几十年来，发达经济体最主要的特征是服务部门的兴起，在欧洲、北美、日本及其其他分散的地方（如香港和新加坡）增长尤为显著的部门有金融、商业 、零售、休闲及娱乐业，最主要的体现是都市区生产性服务业的兴起和发展。与工业相比，集聚效应对服务业的作用更为重要。在英国，金融保险的集中程度比制造业的高 35 倍，信息和通信业比制造业高 7 倍。地理上的接近性同样会促进其他专业服务业的发展，比如法律、软件、数据处理、广告和管理咨询等。城市人口密集使得雇员、企业家、金融家之间能够频繁会面，从而促进创新，提高生产率。[10]随着知识经济时代的来临，大城市形态已经从生产型向消费型转变，作为“娱乐机器”而存在的城市，文化、艺术和休闲娱乐等方面的市民参与和消费实践正演变成一种新动力，推动着城市经济增长和人口流动，文化动力作为一种全新思维，重塑着城市发展的后工业路径（专栏 3.5)。

专栏 3.5

城市发展动力研究简要回顾

城市发展动力的研究是一个多学科交叉的领域,涉及城市社会学、城市经济学和城市地理学等。梳理国外社会科学文献,解释城市发展动力的思维主要有三种。

一是传统模式,从生产的观点来研究消费与居住。20 世纪初期及之前,传统模式中强调的生产元素,诸如土地、资金、劳动与管理等,推动经济增长和人口流动,影响消费行为和居住模式,在城市发展中起着基础性的作用。这方面的代表学者包括亚当·斯密(Adam Smith)、卡尔·马克思(Karl Marx)、阿尔弗雷德·马歇尔(Alfred Marshall)等。

二是人力资本模式,从人力资本视角分析工作与就业。自 20 世纪 50 年代起,大批人口涌入城市,以制造业为代表的工业城市兴起,在解释城市发展动力的传统模式的基础上,有些学者拓展了新要素,即人力资本。他们认为,促进城市迅速扩张的重要原因已不是土地和资本存量的增加,而是人的技能与知识的提高。城市发展到一定阶段后,再依靠传统要素的数量增加很难取得诸如初期阶段的成就,甚至可能出现城市投入的边际效应递减现象。在这一时期,城市政府通过教育、培训和保健等方式来获取人力资本积累,并把其作为一种新要素,推动经济增长和人口流动。持这种观点的代表学者包括西奥多·舒尔茨(Theodore W. Schultz)、詹姆斯·科尔曼(James Coleman)和罗伯特·卢卡斯(Robert E. Lucas)等。

三是生活文化设施模式,从生活文化设施角度探讨人口迁移和经济增长。自 20 世纪 90 年代起,大批制造业从城市中心撤离,取而代之的是休闲娱乐和文化创意等新兴产业,城市形态由生产转向消费。有学者提出,大城市的竞争优势将体现在吸引高级人力资本的能力上。其中,创意阶层是这种人力资本的重要代表,而吸引与聚集这些人才不能单靠经济因素,还得重视文化、价值观与生活方式等因素,比如城市提供的生活文化设施、文化艺术实践、自我表达精神以及受该群体欢迎的生活方式等;这些因素能够集合形成某种特定的场景,吸引不同人群,从而推动城市人口和经济增长。持这种观点的代表学者有爱德华·格莱泽(Edward Glaeser)、查理德·佛罗里达(Richard Florida)、特里·N. 克拉克(Terry N. Clark)和丹尼尔·西尔弗(Daniel Silver)。

资料来源:吴军,特里·N. 克拉克,等. 文化动力:一种城市发展新思维[M]. 北京:人民出版社,2016:5-7.

从发达国家城市化发展历程看，服务业发展在空间分布的分化上具有明显的阶段性特征。城市化处于起步阶段时（城市化率低于50%），城市规模普遍较小，且服务业发展水平较低，城市之间服务业发展差异较小，无论是大城市还是中小城市，服务业空间布局均是向城市中心集聚。城市化进入中后期（城市化率在50%～70%），随着城市数量和规模趋于稳定，城市体系开始加速形成，大中小城市之间的分工合作调整加快推进，大城市逐步由工业中心向服务中心转变，具有较强商品与要素配置和服务功能的生产性服务业加快向大城市集中，而工业开始向中小城市转移，并形成大量专业化的工业城市或产业集群，一些与制造业紧密结合的生产性服务业或流通服务业也会在中小城市得到较快发展。同样，面向城市人口的居民服务业和社会服务业也存在因城市规模不同而出现的空间布局差异，城市规模越大，居民服务业和社会服务业的规模越大，结构也就越完善和高端化。城市化进入后期（城市化率达到或超过70%），服务业成为经济发展以及城市经济的主导，大型城市在服务业发展方面将居于领先地位，并完成城市经济向服务业经济的转型，形成区域乃至更大范围的商品和要素服务中心；中小城市则形成工业与服务业更为协调的发展格局，并形成以具有较强专业化特色的生产性服务业、服务城市人口的居民服务业和社会服务业为主的服务业结构。[11]随着城镇化水平的不断提高和区域经济结构的加快调整，我国服务业出现了向城市特别是向大城市集聚发展的趋势，特大城市和区域性中心城市成为服务业发展的主要载体，重视金融服务业、信息与互联网、创新与科技、文化与艺术消费、城市生活品质与社区环境等对城市的发展作用，形成了中央商务区、金融街、物流园区、创意产业园区、软件产业基地和服务外包基地等服务业高度集聚的发展区域。在大多数中小城市在加速工业化发展的同时，一部分中小城市结合自身条件积极探索特色服务业的发展，分别以商业贸易活动、交通物流、文化创意、旅游休闲为核心驱动力，带动人口、资源、相关产业在区域集聚而逐步实现城市化（表3.7，专栏3.5）。

表3.7　服务业驱动城市化模式类型举例

模式类型	主要特征	类别及代表性实例
商业驱动型城市化	• 商贸活动在城市产业结构中占据重要地位； • 拥有发达的商业资本市场和活跃的商业文化氛围； • 发以多元、齐全的商贸活动、相关产业部门和配套服务为依托； • 具有相对完备的商贸功能区和便捷的商业交通； • 一定规模和专业技能的商业人力资源	• 专业市场模式：商贸小城镇形成和发展的重要途径，如浙江省义乌市； • 边贸城市模式：边境贸易区，如云南省瑞丽市

续　表

模式类型	主要特征	类别及代表性实例
交通物流型城市化	• 依托一定的区位优势，如水路或陆路交通的枢纽中心或物流运输线上的重要节点； • 便捷的交通运输条件及良好的通达性； • 具有一定规模的腹地； • 具有繁荣的商业贸易往来	• 水运港口型：如浙江省宁波市； • 内陆枢纽型：如河南省郑州市； • 空港驱动型：如北京顺义空港城
文化创意驱动型城市化	• 具有鲜明的城市个性与文化特色； • 具有较发达的创意产业，创新成为城市发展的核心理念； • 城市本身具有良好的经济基础与技术条件，以支撑创意理念的实践； • 重视创意产业相关人才的储备与培养； • 良好的文化发展氛围与环境	• 科技创新型城市：如深圳市； • 文化创新型城市：湖南省长沙市
旅游驱动型城市化	• 具有一定区域范围影响力的旅游吸引物，包括自然文化遗产资源以及人工吸引物等； • 旅游产业链完整，在地方经济中占据主导地位并带动了相关配套产业的发展； • 旅游及相关产业提供的就业机会吸纳了大量劳动力； • 形成以旅游资源或旅游区为核心的城市空间发展增长趋势； • 旅游服务体系完备，整体服务水平较高	• 资源驱动观光度假导向型城市：如海南省三亚市； • 资本驱动休闲娱乐导向型城市：中国澳门

资料来源：北京大学“多途径城市化”研究小组. 多途径城市化[M]. 北京：中国建筑工业出版社，2013：120-172.

专栏 3.6

兴商建市：义乌模式

义乌位于浙江省金华市，既不沿边，也不靠海，不仅交通不便，而且资源匮乏，在不到 30 年的时间里，以小生意做出大声誉，成为整个世界的超级市场，为全国专业市场提供了成功的样板，其形成和发展体现了“市场先发—商贸主导—产业联动—社会发展—国际导向—富民强市”的轨迹。

义乌市场从“鸡毛换糖”“马路市场”起步，1982 年提出“兴商建县”口号，在全国率先开放小商品市场，以小商品市场为龙头，以要素市场和第三产业相配套，以商强农，以商促工，工商联动，商业资本不断向制造业和城市基础设施建设等领域扩张，实现市场与产业、城市的联动发展，通过构筑国际国内贸易共享平台和蛛网式购销网络，打造中心市场和小商品制造业的产业中心。市场秩序扩展、专业化交易组织成长与产业集聚发展的良性互动，成为全国小商品流通中心，并迈向国际性商贸中心，被联合国、世界银行等国际权威机构确定为世界第一大市场。2016 年年末，全市户籍人口 78.22 万人，常住人口 128.04 万人，全市实现地区生产总值 1 118.1 亿元，按户籍人口计算人均生产总值达到 143 972 元(按 2016 年平均汇率折算为 21 675 美元)，按常住人口计算人均生产总值达到 88 067 元；三次产业结构为 2.0∶34.4∶63.6。全市拥有有证市场 46 个，经营面积 594 万平方米，经营商位 7.5 万个，集贸市场总成交额 1 371.7 亿元，其中中国小商品城成交额 1 105.8 亿元，全年电子商务实现交易额 1 770 亿元，实现进出口总额 2 229.5亿元。

义乌模式对城市化的促进非常直接，市场发展促进商业中心的形成，服务业加快向商业中心集聚，中心区的商业特性进一步凸显，部分传统制造业和商业开始向郊外以及中心镇转移。中心区部分居民因拥挤与混杂，也不断向郊区搬移。与此同时，城区与中心镇的联系进一步密切，城区与中心镇沿便捷通道相互膨胀延伸，城区与周边乡镇出现经济一体化趋向，城镇化爆炸性扩张，城市化水平迅速提高。城市建成区面积由 2005 年的 55 平方公里扩展到 2016 年的 103 平方公里，城镇化率达到 76.2%。

资料来源： 1. 刘科.“义乌模式”突围[N]. 时代周报，2014-03-13.
2. 北京大学“多途径城市化”研究小组. 多途径城市化[M]. 北京：中国建筑工业出版社，2013：125-127.
3. 义乌市统计局. 2016 年义乌市国民经济和社会发展统计公报 [EB/OL]. 2017-04-19，http://www.yw.gov.cn/zfmhwzxxgk/001/10/02/201704/t20170419_1139692.shtml.

现代服务业尤其是知识技术密集型服务业的兴起发展需要强大的人才支撑，这种支撑不仅体现在数量上，更表现在对人才的能力和素质提出了新的更多更高要求。传统服务业发展主要受劳动力要素影响，而现代服务业发展则主要受人力资源要素的制约。现代服务业以高技术含量、高增值服务、智力密集为显著特征，对从业者的职业技能和综合素质要求更高，尤其是需要既要精通专业知识、熟悉行业规则，又要富有创新精神和国际视野的多层次、多规格的技术技能型人才。根据中共中央组织部、人力资源和社会保障部 2011 年印发的《高技能人才队伍建设中长期规划(2010—2020 年)》预测，2020 年我国服务业技能人才需求数量将达到 4 334 万人，其中高技能人才需求量达到 1 260万人，批发零售所需要的技能人才和高技能人才在服务业各行业中占比例最高(表 3.8)。根据全国商业职业教育指导委员会的调研，在零售业态加速转型的背景下，零售行业企业不仅对人力资源培养的学历层次要求在提升，新业态下的电子商务、网络营销、数据分析、品牌管理等人才需求最为紧缺，企业对毕业生的市场调研、营销策划、客户服务交流等技能提出了较高的要求(专栏 3.7)。

表 3.8　　2009—2020 年我国服务业技能人才需求预测

服务行业	技能劳动力				高技能人才			
	2009—2020 年技能劳动者需求增长量（人）	2020 年分行业需求（人）	2020 年需求占比	2009—2020 年需求增长占比	2009—2020 年高技能人才需求增长量（人）	2020 年分行业需求（人）	2020 年需求占比	2009—2020 年需求增长占比
批发和零售业	1 989 409	8 087 692	5.44%	6.05%	579 246	2 270 877	5.59%	5.83%
交通运输、仓储和邮政业	1 189 076	5 606 983	3.77%	3.61%	407 315	1 668 080	4.11%	4.1%
电力、燃气及水的生产和供应业	642 002	3 979 886	2.68%	1.95%	282 573	1 247 439	3.07%	2.84%
租赁和商务服务业	1 196 932	3 880 254	2.61%	3.64%	234 211	973 021	2.4%	2.36%
公共管理和社会组织	711 532	3 378 144	2.27%	2.16%	268 074	957 158	2.36%	2.7%
教育	542 744	3 009 457	2.02%	1.65%	223 512	938 064	2.31%	2.25%
房地产业	699 081	2 718 867	1.83%	2.12%	204 393	888 646	2.19%	2.06%
住宿和餐饮业	508 731	2 676 633	1.8%	1.55%	192 632	746 839	1.84%	1.94%
科学研究、技术服务和地质勘查业	391 886	2 298 168	1.55%	1.19%	169 221	721 674	1.78%	1.7%
水利、环境和公共设施管理业	342 589	2 003 632	1.35%	1.04%	142 114	628 150	1.55%	1.43%
信息传输、计算机服务和软件业	335 443	1 729 980	1.16%	1.02%	119 328	495 311	1.22%	1.2%
居民服务和其他服务业	279 890	1 339 535	0.9%	0.85%	92 771	391 787	0.96%	0.93%
卫生、社会保障和社会福利业	264 923	1 305 951	0.88%	0.81%	80 935	335 072	0.83%	0.81%
文化、体育和娱乐业	149 429	902 545	0.61%	0.45%	71 444	328 295	0.81%	0.72%
金融业	105 808	421 157	0.28%	0.32%	34 473	13 341	0.33%	0.35%

资料来源：中共中央组织部，人力资源和社会保障部. 关于印发《高技能人才队伍建设中长期规划（2010—2020 年）》的通知（中组发〔2011〕11 号），附表. http：//jnjd. mca. gov. cn/article/zyjd/zcwj/201109/20110900179107. shtml.

专栏 3.7

商业零售业转型与人才技能需求变化

商业零售业是第三产业的重要组成部分，连接国内外市场与居民消费，提供了大量就业岗位。在复杂多变的国内外经济形势下，零售业虽然保持增长，但实体店零售企业增速下滑，超市、百货店、专卖店等纷纷转入调整期，甚至出现负增长，而便利店、网上零售业迅速成长。根据2016年全国商业职业教育教学指导委员会的调研，未来我国零售业将加快转型，实体店与网店优势互补、深度融合，走向全渠道经营。主要表现为以下几点。

（1）以服务为导向的全渠道化经营模式渐趋成型。低价不再是企业制胜的关键，服务以及客户体验将成为零售业胜出的王牌。当前零售业的一个顽症是从业人员缺乏良好的服务意识、服务精神、服务状态与服务技艺，归根到底是缺乏服务基因。“生活服务顾问”将成为一种新职业，服务能力是未来零售业的核心竞争力。

（2）以微站为载体的线上线下融合发展成为主流。未来零售业总的发展趋势是进入微站时代，店铺小型化，商店变站点。社区站之类的微商店将越来越有价值，成为即时互动交流平台的一个枢纽，实时跟踪消费者，并提供更好的服务。

（3）依托供应链管理的零供关系日趋和谐。在买方市场业已形成和生产过剩成为不争事实的当下，零售业的竞争从企业间“点对点”逐步转向供应链间“线对线”乃至“面对面”，这意味着零售企业不能只关注自身的发展，而要更注意与供应商的协作，深入参与供应商的生产运营。

（4）跨区并购重组使零售业组织化程度增强。我国零售业“跑马圈地”的外延式扩张已大幅放缓，取而代之的是通过并购重组，快速占有成熟的零售资源。未来几年，零售业将通过并购重组、优化整合，实现资源的优化配置、提高市场集中程度和占有率。

（5）以品牌特色为方向的建设之路更趋坚定。技术创新会带动零售业的组织创新、营销创新与管理创新，未来的零售业态将更加注重精细，放大强势品类。

课题组对我国零售行业企业人力资源状况及需求情况的抽样调查结果显示，零售行业从业人员中，研究生学历占3.23％，本科学历占19.09％，专科学历占55.56％，大专以下学历占22.12％，专科学历占据主导地位。在专科学历人才中，市场营销专业最多，为27.38％，其次为连锁经营管理专业。从岗位构成来看，现有专科学历岗位主要集中在销售岗位，占专科就业人数的55％，之后依次是采购、信息、售后服务、客服、招商、运营、行政和人事、仓储、企划、财务等岗位。未来3年，商业零售行业对专科人才需求最多，达到58.42％，其次是本科人才，为24.34％，再其次是研究生，为15.32％。未来对专科人才需求最多的是市场营销专业，为 50.43%，其次是连锁经营管理专业，为 36.10%。调查发现，零售企业的基层员工的平均缺岗率在 5%～15%，中高层平均缺岗率为 10%～20%，人才缺口最大的是店长、采购人员、生鲜人员、物流管理人员及营销企划人员，缺岗率高达 20%至 30%。从岗位来说，对专科人才需求排在前三的岗位是销售、运营和财务，分别占被调查企业总数的 75.21%、36.73%和 28.86%。

在对企业进行新型紧缺人才调研时发现，企业急需人才按专业紧缺程度，依次为电子商务、网络营销、数据分析、货品分析（买手分析）、品牌管理、卖场形象提升、网络策划、消费心理、市场分析、人际关系管理等。从企业对毕业生的技能要求来看，较为重视学生的市场调研技能、营销策划技能、客户服务交流技能、促销技能、商品陈列技能、品类管理技能、商务软件操作技能、相关专业知识、核算技能、票据技能、收银技能等，职业院校应强化这些技能的培养。

资料来源：翟帆. 商业：全渠道模式开启，职校准备好了吗[N]. 中国教育报，2017-04-05.

三、现代农业驱动型

不同国家的农业发展与其城市化进程有着密切的联系，不同发展阶段的国家其农业的类型也不同。世界银行《2008 年世界发展报告——以农业促发展》基于 2005 年数据，将发展中国家分为三类。第一类是传统农业国，其主要特征是：农业是经济增长的主要来源，对于经济增长的贡献率平均达到 32%；农业人口比重高，达到 68%；贫困人口比重也很高，达到 51%；人均 GDP 平均为 374 美元。第二类是转型中国家，其主要特征是：农业不再成为经济增长的主要来源，对经济增长的贡献率仅为 7%；农村人口比重仍然很高，占 63%，贫困人口比例为 28%，人均 GDP 达到 1 000 美元。第三类是城市化国家，其主要特征是：农业对经济增长的直接贡献相当低，平均只有 5%；农村人口比重显著下降，占 26%；全国的贫困发生率已较低，仅 13%，其中仅 45%的贫困人口分布在农村。[12]发展中国家大都按照这一演变路径走向发达国家或高收入国家，但各个国家农村内部普遍存在着异质性，在一个国家内部可能出现传统农业、转型中农业和城市化农业并存、大规模农业企业与小自耕农并存的局面。2016 年，我国第一产业增加值占国内生产总值的比重为 8.6%，人均国内生产总值 53 980 元（约 8 127 美元），常住人口城镇化率为 57.35%，户籍人口城镇化率为 41.2%，[13]整体上已从传统农业国家转变为转型中国家，并加快向城市化国家过渡，但区域发展很不均衡。在与都市中心密切相连或者尽管离中心较远，却拥有丰富的自然资源、良好的交通枢纽或环境品质吸引游客、新居民及企业，农业与科技、旅游以及创意文化的完美结合，形成的现代设施农业、观光农业、创意农业促进小城镇发展，推动了农村城镇化进程。陕西省杨凌农业高新技术产业示范区即以现代农业为支柱产业，探索出一条促进农业产业化、农村社区化、农民职业化的城镇化模式（专栏 3.8）。

专栏 3.8

杨凌国家农业高新技术产业示范区以农业现代化带动城镇化

杨凌示范区地处关中平原腹地，南依太白山、临渭河，北接黄土高原，东、西各距西安、宝鸡 80 公里，陇海铁路、连霍高速、西宝高铁穿城而过。海拔 450 米，年降水量 635.1～663.9 毫米，年均气温 12.9 ℃，属暖温带季风半湿润气候区。杨凌是中国农业文明发源地，农神后稷在此教民稼穑。1999 年被批准为国家农业高新技术产业示范区，辖区面积 134 平方公里，辖 2 个街道、3 个镇，是全国有名的农业科技城、教育城，现有 2 所大学 7 所中专，涉农科研、教学专业 50 多个，科研人员 5 000 多名。2015 年，常住人口20.34万人，其中大中专师生 7 万余人，占 35%；农业人口 11.75 万人，占 57.7%。2009 年以来，按照城乡“政策一致、建设一体、公共服务均等、收入水平相当”的发展思路，通过产业向园区集中、农民向社区集中等方式，推动农业产业化、农村社区化和农民职业化融合发展，逐步实现城乡规划、产业布局、基础设施、公共服务、劳动就业、社会管理“六个一体化”的目标，形成了独具特色的农村就地城镇化、城乡发展一体化的杨凌城镇化模式。

杨凌在农业现代化进程中，以设施农业促进农业结构调整和实现农民增收。2015 年，90%的土地通过流转实现了企业化、规模化、产业化经营，粮食播种面积 4.9 万亩，蔬菜种植面积 3.2 万亩，苗木面积 1.78 万亩，畜牧产值 2.8 亿元。城镇居民可支配收入 38 907 元，农民人均纯收入 15 423 元，城乡收入比为 2.5∶1。中国四大展会之一的杨凌农高会每年一届，目前已经举行 23 届，农民获得农业科技成果、技术技能培训、科技信息、名优特品种及产品的机会得天独厚，以农业为经济支柱和特色产业，实现了“三个转变”：一是传统农业向现代农业转变。杨凌依托农业科研教育推广资源，实施土地流转，成立农业公司和合作社，引进农业企业，延长农业产业链，传统农业向以产业化、规模化、集约化和设施化的现代农业转变。二是自然农村向社区化转变。按照城乡一体化思路，土地集中、规模经营，转让了土地经营权的农民，通过安居工程等改善居住条件，自然村落转变为文明社区。三是农民就地向产业工人转变。农民通过职业教育、创业培训或劳动力转移等形式，向技术型职业农民、或二、三产业转变。依托区内 2 所大学、7 所中专，以及农高会、科技特派员制度、农技信息化平台等，实施农业技术教育和职业转型、创业教育，有 1 000 多名农民取得专业技术证书，每年支持 500 名以上的失地农民和有创业愿望的城乡富余劳动力创业培训，实施对种养大户、农村经纪人、合作社理事长培训的同时，构建农民终身教育公共服务平台，打造新型职业农民队伍。

资料来源：赵曼. 职业教育促进城镇化发展—杨凌模式[R]. 2017.

农业现代化是农业技术变迁和农业制度变迁以及两者之间相互作用的过程，主要体现在农业生产技术的提高，农业生产与经营模式的转变以及农业结构的转变，核心是依靠提升农业科技含量、拓展农业产业链和扩大规模化经营，关键是要依靠和培养一支有文化、懂技术、善经营、会管理的新型职业农民队伍，包括掌握现代作物种植技术人才、各类农业科技应用人才、现代农业经营管理人才、农村经纪人等多方面的农业科研、推广、经营人才。截至 2015 年年底，全国以农业为职业、具有相应的专业技能、收入主要来自农业生产经营并达到相当水平的新型职业农民达到 1 272 万人，根据农业部发布的《"十三五"全国新型职业农民培育发展规划》，到 2020 年，全国新型职业农民总量将达到 2 000 万人，成为建设现代农业和促进农村发展的主导力量（表 3.9）。

表 3.9　"十三五"新型职业农民培育发展的主要目标

指　标	2015 年	2020 年	年均增长	指标属性
新型职业农民队伍数量	1 272 万人	2 000 万人	146 万人	预期性
高中及以上文化程度占比	30%	⩾35%	1 个百分点	预期性
现代青年农场主培养数量	1.3 万人	⩾6.3 万人	⩾1 万人	约束性
农村实用人才带头人培训数量	6.7 万人	16.7 万人	⩾2 万人	约束性
农机大户和农机合作社带头人培训数量	示范性培训为主	⩾5 万人	1 万人	约束性
新型农业经营主体带头人培训数量	示范性培训为主	新型农业经营主体带头人基本接受一次培训	⩾60 万人	预期性
线上教育培训开展情况	试点性开展	完善在线教育平台，开展线上培训的课程不少于总培训课程的 30%；开展线上跟踪服务	⩾6%	预期性

资料来源：农业部. "十三五"全国新型职业农民培育发展规划[EB/OL]. http://www.moa.gov.cn/zwllm/ghjh/201701/t20170122_5461506.htm.

第三节 人才分类与职业教育的技能积累

现代工业化社会各产业系统所需要的人才既分层次又分类型，层次区分人才知识和能力的深度，类型区分人才知识和能力的结构。人才培养的类型和从事教育的学校类型的差异主要是由技术发展和社会分工对不同类型人才的需求状况来决定的，同时与国家（地区）历史、文化、社会和经济发展特征密切相关。现代职业教育作为教育体系的一个组成部分，涉及与“实践活动”有关的技能是其核心特征（专栏 3.9），随着技术的智能化不断提升，需要重视培养经验技术和理论技术相结合的人才。

专栏 3.9

教育与技能并非同义词

教育在很大程度上有助于技能的形成，但并不是唯一的方法。经济合作与发展组织（OECD）对技能的定义为：“可以进行学习的，能够帮助个人成功且持续开展某项活动或任务，并且可以通过学习来获得和拓展知识、特质和能力的集合。一国在某特定时间点拥有的所有技能构成了该国的人力资本。”（OECD，2012）。更确切地说，技能可分解为三大部分，所有这三大部分都可在生命周期中获得：

第一大部分为学术技能。个人可在学校学习的技能。运算和读写能力是主要的学术技能。但在科技发达的今天，信息、通信和计算机技能也是非常重要的。

第二大部分为技术技能。技术技能代表个人在劳动力市场中的主要资产。这些专业能力能帮助劳动者开展工作。这些能力可在学校获得，也可在工作中并且可能主要还是在工作中获得。

第三大部分为行为技能。这种技能的获得贯穿所有人的一生，尤其是在家庭和社会生活中。与他人交往可帮助个人建立他们所谓的“软技能”，如人际交往、沟通和管理技能。除了学术技能和技术技能之外，雇主在招聘新员工时也正越来越多地考虑应聘者的行为技能。

资料来源：经合组织发展中心. 世界变革中的产业政策[M]. 上海：上海人民出版社，2015：133.

一、职业带理论与人才结构

1981 年，由联合国教科文组织出版的 H. W. French 所著的《工程技术员命名和分类的若干问题》提出的“职业带”理论模型，描绘了人才结构与教育层次发展变化示意图

(图 3.3)。“职业带”理论将工程领域的技术职业范围表示为一个连续带，第一个三角形左侧短边表示手动和机器操作的技能与技巧；另一个三角形代表科学知识和工程原理。由一条直线表示的一个特定职业可以由斜线切成两部分，代表特定职业的直线被斜线分割的比例表示手工技能与技术知识在不同职业中所占的比例。工业技术人才按其各自不同的职业性质、工作对象和管理范围被划分为技术工人(craftsman 或 skilled worker)、工程师(engineer)、技术员(technician)三个系列，分别称为 C 系列、E 系列、T 系列。图中 A、B 为技术工人(C 系列人才)区域，C、D 为工程师(E 系列人才)区域，E、F 为技术员(T 系列人才)区域。斜线上方代表手工操作和机械操作技能所占比重，下方代表科学理论和工程技术理论知识所占比重。由此可见，对技术工人的要求主要是操作技能，对工程师的要求主要是理论知识，对技术员则在两个方面均有一定的要求。

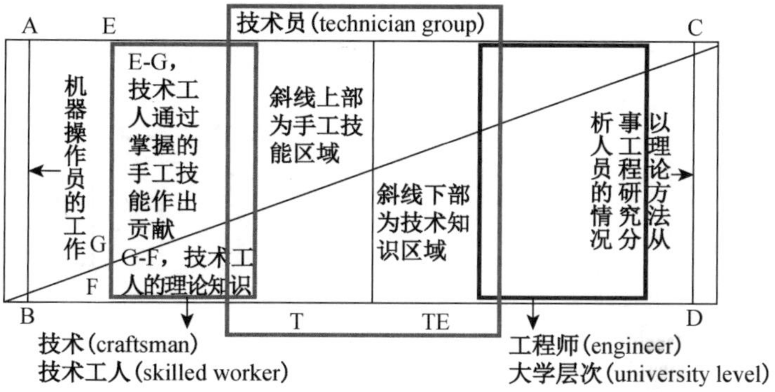

图 3.3　职业带示意图

资料来源：黄波，于淼，黄贤树. 职业带理论与现代职业教育体系建设[J]. 2015(1)：23-27.

职业带是一个既连续又分区域的职业分布理论模型，对分布带上各种类型的职业进行定位并显示理论知识与操作技能两个方面的能力结构要求，同时还可以解释社会人才结构随着科技进步与生产技术发展演变及其与教育的关系(图 3.4)。在手工业生产阶段，整个职业带上的人才结构以单一的技能型为主，古代的工匠技术是一种经验技术，主要是采用学徒制方式培养工匠型人才。在工业革命时期，科学理论开始应用于工业领域，产生了将理论知识应用于生产实际的工程师。职业带上出现了技术工人和工程师两类人才，工程师负责产品设计和生产管理以及其他一些技术方面的工作，技术工人负责产品制造。当时对工程师学历层次和隶属水平的要求并不很高，所以这两类人才在职业带上的交界处有部分交叉。

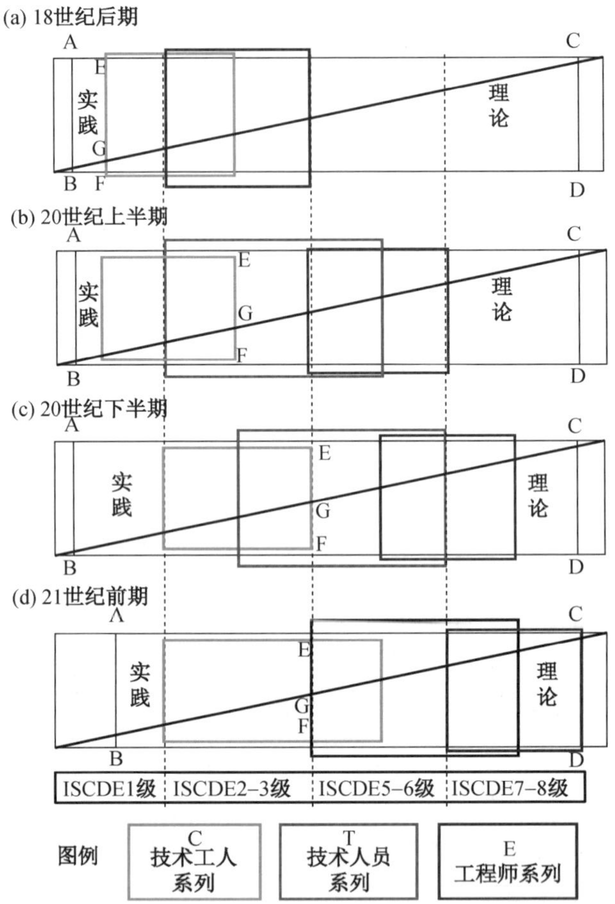

图 3.4　职业带在不同历史时期的发展变化示意图

资料来源：黄波，于淼，黄贤树. 职业带理论与现代职业教育体系建设[J]. 2015(1)：23-27.

19 世纪中叶以后，科学成为技术的先导，出现的新兴技术已经建立在科学基础之上，形成的工程教育人才培养体系中高等教育的主要培养目标是工程师，但也有中等工程教育承担了对技术员的培养。20 世纪上半期，工程师为适应科技发展需要而必须提高理论知识，于是便在职业带上大幅度右移，与技术工人（仅有稍许右移）的交叉消失并拉开距离，由此出现的空隙需要由一种新型人才来填补，即掌握一定科学理论知识并能应用于技术领域的技术员这种"中间人才"（middle man），这时的技术教育尚处于中等教育层次。到 20 世纪下半期，由于高新科技的突飞猛进和生产技术体系的不断发展，工程师区域继续右移，技术员区域进一步扩大并出现了层次上的分化，从而诞生了高级技术员（或称工艺师、技术师、技术工程师等，对此各国称谓有所不同但本质上是一致的）这种新型的高层次职业技术人才。因它原属于T系列人才范畴，但又与E系列有部分交叉，故有人将其称之为TE系列人才。作为TE系列人才的高级技术员必须具备较高理论水平，故其所接受的教育内容已跨入高等教育领域。到20世纪80年代，世界各国区分职业教育和技术教育，用技术教育培养技术型人才已非常普遍，培养技术型人才的学历从中等教育的高级[ISCED(2011)的3级]一直延伸到高等教育的本科[ISCED(2011)的6级]层次。由于信息技术的快速发展，21世纪对工程技术人员的知识水平和学历有了更高的要求。2007年，在美国华盛顿召开的国际会议上，许多国家已计划未来将要求准专业工程师（Professional Engineer，PE）的第一个学位自学士提升至硕士[ISCED(2011)的7级]。专业工程师须具备硕士学位正成为国际趋势。[14]

二、人才分类、教育分类与现代职业教育体系

关于人才分类，虽有各种不同的教育观点，但比较一致的看法是将人力资源在社会活动过程中的主要功能划分为两大类：一类是发现和研究客观规律的人才——称为学术型人才，另一类是应用客观规律服务于社会生产生活的各个领域，直接为社会谋求直接利益的人才——称为应用型人才，这类人才根据不同层次或工作范围，又可分为三类：工程型人才、技术型人才、技能型人才。[15]人才分类与教育分类之间大致的对应关系如表3.10所示。当然，由于社会和经济的不断变化，职业岗位也随之呈现出复杂多变性，人才的多样化发展愈加明显。教育分类与人才分类并非呈现一一对应关系，技术型人才和技能型人才的学历层次在不断提高，各类院校也并非只承担某一类人才的培养任务，而是相互之间出现更多的交叉和衔接关系。

表3.10　　教育分类与人才分类的对应关系

人才类型	科学家	工程师	技师	技术工人
人才性质	学术型	工程型	技术型	技能型
工作内容	揭示自然规律、科学原理、知识与思想	产品与服务的开发、设计、规划	技术指导、现场管理、产品与服务的推广	一线生产与操作
教育内容	系统科学知识	工程学	生产技术	操作技能
培养机构	研究型大学	综合性大学、理工大学	综合性大学、理工大学、应用技术院校	职业院校
教育类别	科学教育	工程教育	技术教育	职业教育

资料来源：董鸣燕. 教育分类与高层次应用技术型人才培养体系[J]. 世界教育信息，2015(24)：68-71.

我国职业教育包括职业学校教育和职业培训。职业学校教育分为初、中、高三个层次，其中中等职业学校是我国职业教育的基础，主要培养普通技术岗位的技能型人才。高等职业教育主要培养复合型的高技能人才，一类是多工种的不同技能复合，另一类是技能与智能的复合，这类人才也可归入技术型人才，符合技术型人才兼有理论知识和操作技能的特点。所以专科层次的高等教育成为职业带上技能型人才和技术型人才的重合交叉区域，本科层次的高等教育成为职业带上技术型人才和工程型人才的重合交叉区域，而且这一区域在职业带上会继续向右延伸。在现代职业教育体系建设过程中，承担职业技术教育的高等学校必然要进行一系列的调整和改革，其中地方新建本科院校（含独立学院）转型为培养技术型人才，转型前后培养的人才在职业带上也是同处于技术型和技能型人才的交叉结合部分，在国际教育标准分类中同属[ISCED(2011)]的6级"学士或同等学位"。人才培养的层次不发生变化，但人才培养的类型和模式却要发生根本性变化，转向以职业需求为导向、以实践能力培养为重点、以产教融合为基础的发展路径。随着我国加快产业转型升级和发展方式转变，对人才的层次需求更趋高端，专业技术型人才、智能型人才等高级技术人才的需求量逐渐加大，而这类人才主要由高等职业教育来培养。

参考文献

[1] 北京大学"多途径城市化"研究小组. 多途径城市化[M]. 北京：中国建筑工业出版社，2013.

[2] 张道刚. "产城融合"的新理念[J]. 决策，2011(1)：1.

[3] 侯汉坡，李海波，吴倩茜. 产城人融合——新型城镇化建设中核心难题的系统思考[M]. 北京：中国城市出版社，2014.

[4] 吴建伟，毛蔚瀛. 大规划：城市与产业[M]. 同济：同济大学出版社，2009.

[5] 冯奎. 中国新城新区发展报告：2016[M]. 北京：企业管理出版社，2016.

[6] 国家发展改革委. 关于加快美丽特色小(城)镇建设的指导意见(发改规划〔2016〕2125号)[EB/OL]. http://www.sdpc.gov.cn/zcfb/zcfbtz/201610/t20161031_824855.html.

[7] 住房城乡建设部，国家发展改革委，财政部. 关于开展特色小镇培育工作的通知(建村〔2016〕147号)[EB/OL]. http://www.mohurd.gov.cn/wjfb/201607/t20160720_228237.html.

[8] 教育部，人力资源社会保障部，工业和信息化部. 关于印发《制造业人才发展规划指南》的通知(教职成〔2016〕9号)[EB/OL]. http://www.miit.gov.cn/n1146295/n1652858/n1652930/n3757016/c5500114/content.html.

[9] 彼得·丹尼斯等. 人文地理导论：21世纪的议题[M]. 邹劲风，顾露雯，译. 南京：南京大学出版社，2014.

[10] 国务院发展研究中心，世界银行. 中国推进高效、包容、可持续的城镇化[M]. 北京：中国发展出版社，2014.

[11] 国务院发展研究中心. 中国新型城镇化：道路、模式和政策[M]. 北京：中国发展出版社，2014.

[12] 世界银行. 2008年世界发展报告——以农业促发展[M]. 北京：清华大学出版社，2008.

[13] 国家统计局. 2016年国民经济和社会发展统计公报[EB/OL]. 2017-02-28，http://finance.people.com.cn/n1/2017/0228/c1004-29113654.html.

[14] 黄波，于森，黄贤树. 职业带理论与现代职业教育体系建设[J]. 职业技术教育，2015(1)：23-27.

[15] 薛飞. 基于教育分类与人才分类的技术本科教育探讨——兼论专科类高职院校升本后的定位问题[J]. 职业技术教育，2008(28)：14-16.

第四章

产城教融合与职业教育布局规划

产业是城市发展内在的动力系统，而空间和土地是产业落地的承载，产业规划必须与城市规划相协调，结合城市形态、功能、资源和布局等具体条件，采用集聚发展的方式培育产业链或产业网络，并按照城市功能要求进行产业有序分工和设施配套建设，实现产业、就业、居住、公共服务设施等方面在空间上的融合和衔接。城市产业集群发展，有利于人力资本的成长和空间集聚，提高技能需求与供给的匹配度。在城市规划和产业园区规划中要把教育培训机构作为重要内容优先布局，推进职业教育与产业园区、新城新区合作共建、融合发展，保障居民和从业者能够及时、快速、方便地获取适切的公共教育培训服务。

第一节　城市规划、产业规划与产业园区规划

新型城镇化以产业就业为支撑，必须有配套的产业规划，并与城市规划相协调。产业规划侧重从产业链或产业网络的角度考虑产业的纵向关系，以提高产业竞争力、促进社会的持续发展为主要目标；而城市规划则更多地从城市的支持配套和空间布局等方面研究产业的横向协作，以平衡各种城市资源、保证城市功能的稳定和协调为目标。产业规划可能引起城市功能的变化，城市的产业特别是主导产业谋划发展得当，城市就会体现出较强的发展能力和竞争能力，促进城市功能布局的优化和调整。城市规划则制约和引导着产业的空间布局，影响产业发展的性质和方向，进而推动产业规划的落地与实施。大多数城市将产业规划依托或者融入城市规划，以专项规划的形式运作。

一、产业分类与空间布局

城市产业包括必需产业和附加产业两类，前者是指能够满足本地人群不同层次、具有差异性的需求的产业，作为内生性的产业所提供的产品和服务主要针对本地消费者，如满足城市居民需求的住宿、餐饮、商贸、通讯、教育、医疗等地方性服务业；后者是指能够给城市人群提供基本生活以外的生产和生活服务的产业，其产出不仅为本地消费者服务，更具有跨区域性乃至跨国的消费特征，覆盖范围广泛。一个城市的竞争力主要来自附加产业，其发展具有可选择性，城市既可结合自身资源禀赋、科技实力、发展方向等相关影响因素，着力依靠先天优势选择适宜的附加产业，也可通过再造优势，结合原有资源禀赋，打造适合某类产业发展的产业环境，引导要素有序流动，形成产业集聚。一般来说，必需产业受当地历史文化、传统习俗和生活方式的影响很大，产业要素流主要在城市内部流动，当然，有的必需产业在形成规模和品牌之后，不再仅限于满足城市居民必需要求，也可能逐渐转化为附加产业。而当附加产业发展壮大成为城市的支柱性产业，已经能够影响城市兴衰的时候，也就转变成了必需产业，两者在城镇化过程中形

成一个有机整体，相互推动发展，并在一定条件下相互转化。

附加产业在不同规模的城市有不同的体现，从产业链分工来看，一种产品的价值链可以分解为不同的环节，即从研发（R&D）、产品设计、原料采购、零部件生产、装配、成品储运、市场营销到售后服务，每一个环节都可以选择在不同的地区进行投资。根据产业链的优区位指向性原理，核心城市（或大都市中心区）着重发展总部经济，以研发、设计、培训以及营销、商标广告管理、技术服务等环节为主；次中心城市（或大都市郊区、工业园区及其他大中城市）侧重发展高新技术产业和先进制造业，以关键零部件的设计和加工、终端产品生产、物流等环节为主；卫星城市（周边其他城市和小城镇）则专门发展一般制造业和零部件生产，以一般零部件制造、产品组装与测试等环节为主，由此形成了新型的城市附加产业分工模式（图 4.1）。[1]一般来说，大城市拥有高素质的劳动力，可以培育跨行业思想的咨询服务业和非标准产业，而中小城市在标准化技能制造业中起着重要作用。

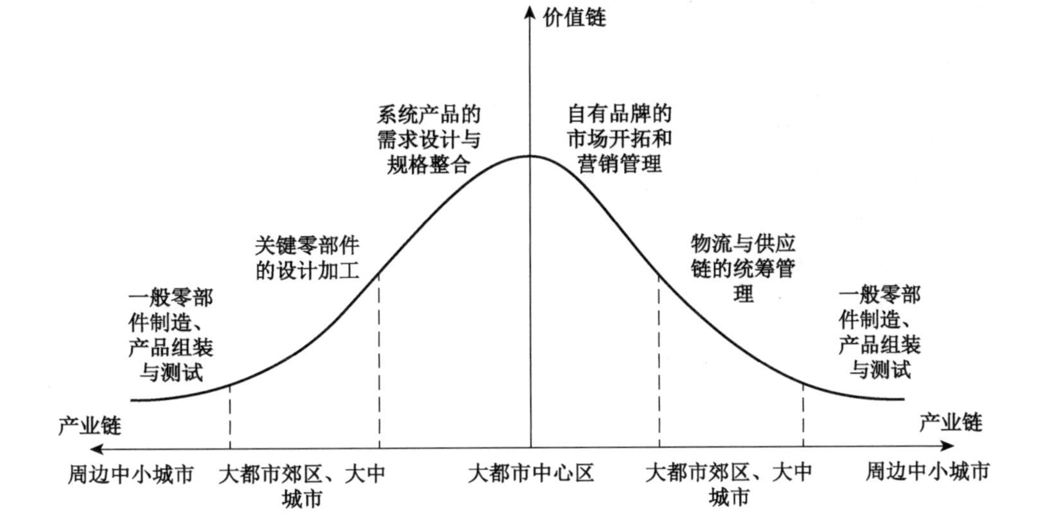

图 4.1　基于产业链分工的城市附加产业发展

资料来源：侯汉坡，李海波，吴倩茜. 产城人融合——新型城镇化建设中核心难题的系统思考[M]. 北京：中国城市出版社，2014：169.

在城市内部，不同类型产业分区在产业增长方式与趋势上存在差异，对城市功能会产生不同影响。一般来说，中心城区普遍是“退二进三”、提升服务业发展水平的重点区域，强调高端综合服务功能的集聚与混合，吸引和发展的产业主要包括企业总部、金融前台、互联网、销售服务、文化服务、旅游财务、商贸会展等；过渡区普遍是城市早期二产集聚区，但伴随城市规模扩张、区位改善、土地升值，面临产业调整，鼓励与居住功能相协调的产业如文化创意、互联网等发展，使产业与生活、服务功能高度融合，打造宜居的品质空间；特色资源区是城市深度挖掘并利用特色资源、彰显城市特色的重点区域，如地理区位上的交通枢纽发展专业物流与商贸会展等，需要特殊政策许可的地区发展保税物流、服务外包等，依托历史文化资源发展文化特色旅游、文化创意等产业；产业园区位于城市边缘区，应加强与周边城市功能衔接、产业与社区互动、基础设施共享，形成科技型开放式企业城区，吸引和发展的产业包括战略新兴产业总部、研发、生产，先进制造业总部、研发、生产，优势传统产业生产，互联网后台、金融后台等；生态保护区是促进城市生态功能改善的主要区域，应严格控制区内产业类型，维护区域生态安全，主要发展观光休闲、生态农业等产业。

二、大规划

理想中的城市应该是产业功能与空间形态的完美结晶，产业规划和城市规划相结合的整体性设计被称为“大规划”。[2] 城市规划关注城市的未来战略方向、发展空间、合理布局，并综合部署城市的各项工程建设，是城市建设、城市治理和城市维护的依据。根据我国《城乡规划法》(2008 年 1 月 1 日起施行)，城乡规划包括城镇体系规划、城市规划、镇规划、乡规划和村庄规划。城市规划、镇规划又分为总体规划和详细规划。城市总体规划、镇总体规划的内容包括：城市、镇的发展布局，功能分区，用地布局，综合交通体系，禁止、限制和适宜建设的地域范围，各类专项规划等。规划区范围、规划区内建设用地规模、基础设施和公共服务设施用地、水源地和水系、基本农田和绿化用地、环境保护、自然与历史文化遗产保护以及防灾减灾等内容，应当作为城市总体规划、镇总体规划的强制性内容。新型城镇化强调城市规划要由扩张性规划逐步转向限定城市边界、优化空间结构的规划；[3] 统筹城乡协调发展，突出城镇体系规划的地位；城市规划与国民经济和社会发展规划、土地利用总体规划相协调、衔接或合一，形成指导城市发展的综合规划，其中国民经济和社会发展规划是统领性规划，以“定目标”为主，土地利用总体规划“定坐标”，城市总体规划“定布局”(表 4.1)。

表 4.1　城市综合规划内容和方法

内容	方法	规划
城市发展预测 经济增长战略研究	经济基础理论、转移—份额分析、投入产出模型、计量经济模型	国民经济与社会发展规划、城市总体规划
土地需要(住宅、商业、工业、公共设施、绿色空间等)	生产函数分析、固定比例分析、最小需求分析、计量经济模型	城市总体规划 土地利用总体规划

续　表

内容	方法	规划
土地供给(环境、生态、文化、历史、特殊用途)	可适宜性分析、约束条件分析、边界条件分析	土地利用总体规划
城市基础设施规划	最优投资模型、空间布局模型	城市总体规划
土地空间分配(城市土地利用功能分区、区位模式、城市发展形态)	行为模型(劳瑞土地利用模型、空间相互作用模型、交通需求与规划模型)、公众参与(方案模拟规划)	城市总体规划 土地利用总体规划
环境、绿色空间、文化历史	影响评价分析及其模型	城市总体规划
规划和政策影响评价	指标计算(交通模型、土地利用模型、能源消费模型、计量经济模型)、决策理论和模型(多目标效用函数)	城市总体规划

资料来源:李铁,邱爱军. 促进城镇健康发展的规划研究[M]. 北京:中国发展出版社,2013:154.

专栏 4.1

佛山市城市规划和顺德区"多规合一"

顺德区位于珠江三角洲中部,是佛山市辖区之一,面积 806.15 平方公里,靠近广州、深圳、珠海等大中城市,毗邻港澳,是我国对外开放、工业化进程开始较早的地区之一。1983 年,佛山撤地设市,辖中山市(县级)以及南海、顺德、三水、高明四县。在"市带县"体制下实行"简政放权、放小搞活"政策,带动了各县及村镇的工业发展,促使珠江口西岸的佛山、南海、顺德、中山几个中心集聚成型,其下辖各镇也各自发展,呈点状蔓延,县域经济较为发达。1992 年,顺德、南海改设县级市,在代管体制下实行"财政分权、分灶吃饭",进一步发挥下辖各县市的积极性,各类专业镇崛起。由于经济实力不断增强,顺德、南海走上较为独立自主的发展道路,整个佛山市域形成"多中心、多组团,各自独立"的格局。1999 年年底,顺德被确定为广东省率先基本实现现代化的试点市,随后顺德将大良、容桂、伦教作为城市的中心组团,全力推动大良新城区建设,东部城镇沿 105 国道呈带状延伸发展,西部的乐从镇也开始出现与佛山市区连片的趋势。

2002 年,顺德、南海、三水和高明"撤市设区",佛山编制了一系列相互衔接的规划,通过统筹城市管理、基础设施建设以及产业发展来促进城市整合。《广东省新型城镇化规划(2014—2020 年)》提出积极培育广深等中心城市,形成"广佛肇—清远、云浮""珠中江—阳江""深莞惠—汕尾、河源"的三大组合型新型大都市圈。广佛同城化将是新型都市圈的核心区,"广佛肇—清远、云浮"建成珠三角国际竞争力最强产业中心,重点强化金融、商贸、文教、科研、会展、通信、信息咨询和旅游娱乐等综合功能,加快重型装备制造业、高新技术产业和物流业的发展。《佛山市国民经济和社会发展第十三个五年规划（2016—2020年）》提出“十三五”期间构筑“1+2+5+N”的强中心、多组团发展格局（即1个市级主中心：中心城区，加快发展现代服务业，重点打造城市高端服务功能平台，加强历史文化保护和旧城更新；2个市级副中心：大良—容桂副中心，重点建设顺德新城，进一步提升区域综合服务功能；狮山副中心，重点建设佛山国家高新区，打造产业新城；5个区级中心：指西南组团、高明组团、大沥组团、西樵组团、北滘—陈村组团，提升综合服务功能。N个重点镇（街）：指15个重点镇（街），实现城、产、人融合发展，提升中心城区首位度。《顺德区国民经济和社会发展第十三个五年规划（2016—2020年）》提出实施“加快一体化发展、积极融入广佛经济圈”的战略，加大力度发展北部片区，以轨道交通建设为契机，积极融入佛山中心城区和广州南站地区；优化发展东部片区，不断完善公共服务设施和市政基础设施，推进顺德新城、容桂东部新区和伦教休闲文化商圈高水平建设；转型发展西南片区，打造产城融合生态休闲区。

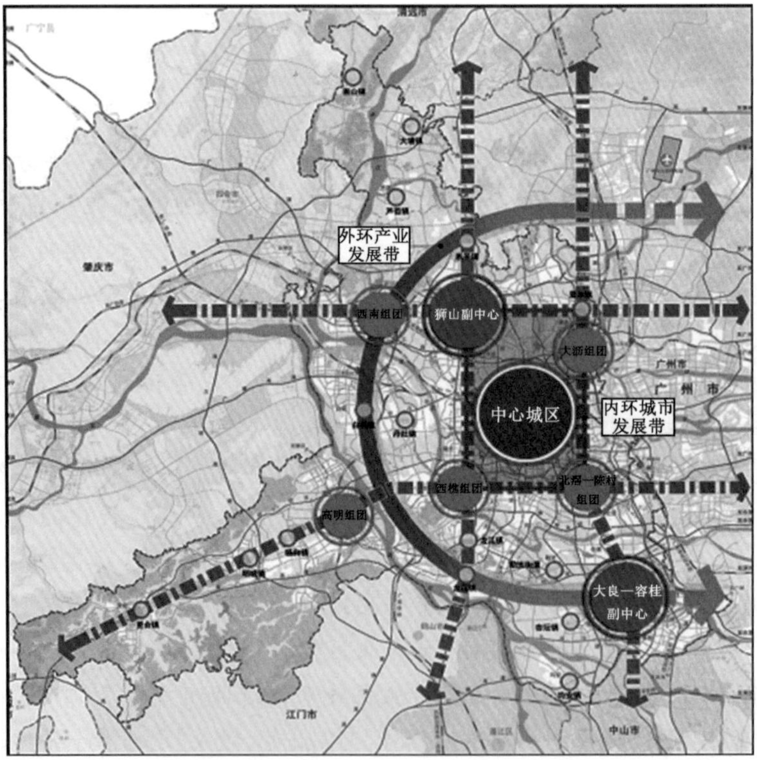

2009年顺德区推进大部制改革，分别设立区发展规划和统计局（整合佛山市规划局顺德分局、原发展和改革局（物价局）、原统计局、原经济贸易局中产业发展规划、原区环

境保护局生态环境保护规划和原佛山市国土资源局顺德分局土地利用总体规划中的职责)、区国土城建和水利局(原佛山市国土资源局顺德分局、原建设局(房产管理局)、原水利局、原交通局(港航管理局)的职责),探索推行国民经济和社会发展规划、城乡规划、土地利用规划、环保规划等各类规划"多规合一",统筹推进全区空间"一张图"管理。

资料来源:作者根据相关资料整理。

产业发展规划隶属专项规划,根据综合规划的发展目标和基本要求,具体细化和落实综合规划如国民经济社会发展规划、区域发展规划中关于产业发展的内容。产业发展规划一般包括如下内容:产业发展现状和特征、产业发展定位和目标、产业发展重点领域、产业空间布局以及产业发展政策等。[4]现代城市规划的主线是产业的构成和发展方向,产业的选择和发展会直接影响城市的职能和经济发展,大规划应当从所在城市产业战略定位和规划入手(专栏 4.2)。大规划的产业结构是通过城市形态和功能设计,充分发挥促进城市发展的产业驱动力,即利用好一些产业经济原理,如规模经济、范围经济、产业价值链、集聚经济、知识经济等。以产业价值链在空间上的布局为线索,通过城市规划落实到城市片区、开发区等功能组团和交通网络。产业发展规划的基本步骤包括:产业基本面分析、产业结构预测和产业结构演进轨迹设计,以及每一个步骤的基本内容、理论基础、技术方法(表 4.2)。

专栏 4.2

城市主导产业选择和城市格局

不同的产业选择导致最终的城市格局迥异,城市的兴盛最终还是落脚在产业的基础上,几乎所有的城市发展规划都提出要发展高技术产业、新兴产业,振兴服务业,但是一个城市到底适合什么产业,还有很多先决条件。积数十座城市之教训,城市选择产业需考量五大条件。

(1) 在全球、国家和经济圈中的三重定位。主导产业的层级需要从城市所处的区域分工与定位考量。中国在全球产业链中处于中低端位置。以制造业为例,全球制造业分为四大方阵,美国为第一方阵,英法德日韩等其他发达国家为第二方阵,中国等新兴国家为第三方阵,广大的亚非拉后发国家为第四方阵。在高新产业领域,最核心的技术控制在欧美手上,如汽车的顶端技术在日本、德国和美国,电子元件器核心技术也在欧美和日本手中,中国只在少数领域有所突破。

中国在全球产业链中的地位注定了多数城市要以大众产业或者说中端产业为主,

高端产业只能落地在部分先发城市。同时，在国内也存在一个产业梯度。随着中国广阔内陆产业转移的完成，中国将形成一个U形曲线产业结构，东部沿海地区将成为研发和高端的产业核心区及最终产品的销售中心，而加工制造这个U形曲线的底端集中于中西部。以制造业为例，中国制造业将出现三大集团，一是以北上广深为代表的国家高精尖制造业，总量少，但是技术处于最顶尖行列，这些城市也不以制造业为主流；二是以长三角的无锡、苏州，珠三角的佛山、东莞为代表的大众制造业的中心，其技术先进，基础雄厚，在制造业体系中处于节点位置；三是当下承接产业转移最集中的大陆腹地城市。就国家内部而言，多数城市也将注定以中端产业为主导。“十二五”期间，很多城市好高骛远，走了弯路，而那些脚踏实地的城市则普遍厚积薄发，发展良好。如中部和中南地区的武汉、长沙、合肥、郑州、重庆和成都，在过去几年中搞大众制造，尤其是武汉和成都都跻身国内GDP十大城市。第三还要看同一经济圈内，不同城市的分工。珠三角城市之间，东莞等经济重镇，其金融产业并不发达，广州和深圳的三产比较强势，是区域性金融中心。

(2) 顺应发展阶段，衡量时间坐标。尊重发展阶段，对于城市产业战略来说也至关重要。很多地方认为，第三产业占比不高意味着城市不发达。事实上，到底哪种产业为主，要受到城市发展阶段的制约。一度风靡的“服务业突围”，导致了部分城市的战略失误。在国家层面，部分人开始滋生了以世界工厂为耻的情绪，英国巅峰期制造业占全球工业国家的比重约在45%，美国巅峰期占西方世界的53%，中国目前仅占全球20%，且大而不强，远未至顶峰。从发展阶段判断，中国尚处于工业化中期，制造业仍是定鼎重器，这也决定了国内多数城市将以制造业为主导产业。武汉等城市最近几年坚持制造业，夯实了产业基础，奠定了未来长久发展的根基。十几年前，武汉曾实行“两通起飞”的战略，欲以服务业为主导，结果证明走了弯路。后来武汉重新调整了战略，推行工业倍增计划，收效甚大。目前武汉处于工业化中后期，2016年制造业占比达40%左右，服务业略高于全国平均水平，在未来十年甚至更久，其产业还会持续发展。先实现制造业的崛起，再成为服务业中心，最终实现全面崛起。武汉的产业战略具有相当的普遍性。长沙、成都、南昌、合肥等城市其实也走了一条类似的路。跨越式发展导致失利的典型是珠海。改革开放初期，其他珠三角城市都通过承接香港和欧美的产业转移，率先发展工业，此时的珠海以旅游业及高新产业为主导产业，由此失去了发展工业的最佳时机。20世纪八九十年代，正是珠三角各城市起飞的黄金时期，珠三角的制造业迅速发展，成为知名全球的“世界工厂”，以广州与深圳为龙头的珠三角城市群亦完成了初步崛起。制造业的滞后使珠海超常发展的梦想落空，在第一轮的发展中，珠海逐步落后，特区光芒消失殆尽，与深圳的差距巨大。

(3) 存量与增量之争：守正与出奇。很多地方视传统产业为畏途，都将高新产业列为未来发展重点，欲以新兴产业破局。但是，如果各地都以新兴产业为突围之路，新兴产业的竞争很快将从蓝海变为红海。在产业转型大潮中，近年来无锡选择了新兴产业和高新产业突围。无锡尚德锋芒毕露，一度给无锡带来莫大的荣耀。但后来，以无锡尚德为代表的光伏产业衰败，传统产业也危机重重，五年来无锡的工业占比，下降了约5个百分点，从2011年的54.2%下降到2015年的49.3%。2015年规模以上的工业增加值，竟然比2011年还要少300多亿元。规模以上工业增加值增速曾连续6年在江苏省垫底。忽视传统产业，导致实体经济遭遇重创。无锡旁边还有上海与南京两个综合性城市，发展服务业，显然不应是无锡的重点。同时，新兴产业难以成为主导产业，在高新产业领域，最核心的技术控制在欧美的手上，在国内也存在一个产业梯度，最高端的产业还是落地在中心城市，北京中关村、上海张江科技园、深圳高新产业园等。无锡难缨其锋，过度依赖新兴产业和高端产业，甚至借太湖蓝藻事件，驱赶了不少传统制造企业，一心去搞“高大上”，最后光伏产业不保，传统产业不振，两头落空，忽视巨大存量，对于城市经济的发展是非常致命的。相对新兴产业，中国的传统产业存量巨大；相对服务业，中国的制造业存量巨大。对于多数城市来说，制造业的转型升级，比从制造业向服务业转型重要；传统产业的更新，比传统产业向新兴产业转型更重要。值得肯定的是广东佛山。佛山的发展模式可谓三体一式：坚固厚实的实体经济、强盛丰茂的本土经济、富有活力的民营经济以及内生式发展。一直以来，佛山坚守制造业，第二产业比重维持在60%左右，逐步确立了家电、陶瓷等几大支柱产业，积数十年之功，逐步成为全国最著名的制造业重镇。近几年整体实力强势崛起，人均GDP直追上海。

(4) 特殊城市的产业布局。中国城市类型繁多，战略体系复杂多元。其中，有三大类型的城市，容易出现战略误区，分别是旅游名城，资源型城市及重工业城市。与一般人印象中不同的是，经济比较发达的旅游城市，相比经济欠发达的旅游城市，其文旅收入占比更高。以舟山与铜仁为例。舟山2016年旅游收入为661.62亿元，GDP为1 228.51亿元，铜仁旅游收入347.30亿元，GDP 856.97亿元，尽管舟山经济总量大，但其旅游收入占GDP的比重还是高于铜仁。舟山人均GDP达到106 364元，而铜仁为27 366元，差别巨大。铜仁的第二产业比重，只有28.4%，可以看到，适度的工业化补课对于铜仁未来至关重要。铜仁的梵净山驰名国内，但是到现在还没有通高速公路。舟山不一样，市民富裕，本土旅游可以奠基。同时，其所在的长三角是富庶之地，文旅产业反比单纯依靠旅游的城市更为强势。资源型城市的转型，误区也不少，最典型的是，都想做文化产业。北京可以把首钢老厂区和798工厂做成文化产业基地，但是很多经济欠发达的资源城市，总体经济实力跟不上，做了多年的文创产业不见效果。例如山西、东北、陕西等资源型城市在继续发展资源产业的同时，唯一的问题其实就是产业接续和衍生产业的问题。最好的选择，是上下游及相关产业。湖北的黄石转型相对成功。除矿业以及有色金属外，黄石还有以东贝为龙头的机械制造业，以美尔雅为龙头的纺织服装业，以劲牌为龙头的食品业。转型要成功，还是靠工业。重工业城市转型的要害，不在抛弃，而在中和产业结构。很多传统的重工业城市，其技术基础，产业工人的素养都很好。东北长春的汽车、装备产业就很有基础。关键有三点，一是由重到轻，发展大众消费型的产业；二是发挥技术优势，盘活装备制造、重工业领域的存量；三是发展生产性服务业。不能一说转型，就往服务业方面靠，甚至有部分中国著名钢城，不顾本身特点，要抛弃钢铁行业，做大健康、生态产业，方向明显偏了。

(5) 权力坐标。中国是一个不完全的市场经济国家。市场与权力交替决定资源配置。中国城市的公共资源安排，是按照政治地位排队。在这种体系中，直辖市处于第一梯队、省会处于第二梯队，计划单列市处于第三梯队，其他常委兼任书记的地级市属第四梯队，一般城市处于第五梯队，县级市处于第六梯队，镇处于第七梯队。在文教领域，中国顶级的高校，例如北大与清华，均设立在北京。在医疗资源方面，2016年中国十大医院中，北京独占其四。在经济领域，110 多家央企中有超过 80 家以上的总部入驻北京，超过其他所有城市总和。至于中央机构，则更是全部集中于北京。北京世界 500 强总部已是世界第一。它是中央银行所在地，也是银监会、证监会、保监会三会所在地，是政策的策源地。2016 年，北京的本外币存款余额 138 408.9 亿元，冠绝全国。北京对于资金的吸附作用，远远超过其他城市。这样的城市，三产自然发达。2016 年，北京三产占比达到 80%以上，为国内最高，它的金融行业增加值居第一位，占 GDP 比例为17.1%；文创产业也超过 10%。北京在全国的地位，正如省会、首府在各个省和自治区的地位。在几乎所有的省会城市中，三产都比较发达。很多落后地区的省会，三产也能够比发达地区的一般城市厉害。全省的资源都集中在省会城市。比如经济发达的苏州，其本外币存款与 GDP 的比值不过 1.3，但是，经济不发达的甘肃省会兰州，其存款余额与 GDP 的比重，竟然可达 2.8，吸金能力强过经济发达的苏州。在一省之内也是如此。苏州经济比南京更强势，但是吸金能力就不如南京。南京的本外币存款与 GDP 比值达到 2.7，吸纳资金的能力强过苏州。不仅公共资源的分配要考量城市的权力所处层级，很多没有完全走出审批制的垄断行业、半开放行业，都依赖城市权力体系。比如地级市可以做城市银行，再发达的县级市却没有权限，这就不是市场选择，是权力布局。处于权力体系中端乃至下端的城市，产业选择空间就小多了。充分考量自己在权力体系中的地位，合理布局产业，也是很多城市需要尊重的现实。

资料来源：罗天昊. 中国城市战略的五大迷局[N]. 英国金融时报 FT 中文网，2017-6-1. http://www.ftchinese.com/story/001072724? full=y.

表 4.2　　产业发展规划的范式

<table>
<tr><th colspan="2">基本步骤</th><th>基本内容</th><th>理论基础</th><th>技术方法</th></tr>
<tr><td colspan="2">产业基本面分析</td><td>产业发展的现状特征</td><td>产业发展的影响因素</td><td>利益主体意见法、SWOT 分析法、产业竞争力分析法、区位分析法</td></tr>
<tr><td colspan="2">产业结构预测</td><td>规划末期各产业之间和各产业内部的比例关系，各产业的空间分布和组合</td><td>产业关联理论</td><td>投入产出分析法、线性规划模型</td></tr>
<tr><td rowspan="2">产业结构演进轨迹设计</td><td>产业结构演进的时间轨迹</td><td>规划期内每一阶段主导产业的种类及其构成</td><td>产业结构演变理论、产业结构调整理论、产业结构演变模式</td><td>各产业的比较优势指数、需求—收入弹性系数、产业联动指数、产业影响力系数等的测算和比较</td></tr>
<tr><td>产业结构演进的空间轨迹</td><td>规划期内每一阶段产业集聚和转移状况</td><td>产业布局理论</td><td>产业地理集中度测算、产业集群辨识</td></tr>
</table>

资料来源：黄幸婷，胡汉辉. 产业发展规划的范式研究[J]. 科学学与科学技术管理，2012(9)：66-73.

附加产业作为高附加价值的产业，为城市发展带来经济支撑。城市附加产业的选择一般应从区域或城市群的视角来考虑，具体包括两个层面：一是城市内部产业规划，确立主导产业或产业集群，再根据相关产业价值链将产业布局到城市的各个片区，将这些片区联结起来，形成一个功能有机联系和可持续发展的城市整体；二是城市之间产业分工协作规划，鼓励企业跨区域投资，按照产业链的模式，合理引导城市之间建立产业联系和协同发展机制，促使城市专注于特定的附加产业，提供专业化的产品和服务，实现城市群内各级城市产业间的优势互补。城市的"群化"或"区域一体化"是一种发展趋势，城市的产业分工格局是市场机制和政府引导相互作用条件下企业自主区位选择的结果。在清晰的战略产业链架构下，可以通过编制一体化的区域规划实行城市建设的产业导向和空间导向"双重调控"，实现功能互补、错位发展，大都市中心区、郊区和周边中小城市形成一体化的大都市功能分工格局(专栏 4.3)。

专栏 4.3

珠三角城市群的产业分工和功能定位

珠江三角洲城市群包括广州、深圳、珠海、佛山、东莞、肇庆、江门、中山、惠州 9 个城市，面积约 5.48 万平方公里。2013 年常住人口为 5 715.19 万，占全国总人口的 4.2%，而 GDP 为 53 060.48 亿元，占全国经济总量的 9.37%。凭借毗邻港澳的区位优势，珠三角在改革开放中先行一步，先后经历了乡村工业化、城市工业化、大都市区化发展阶段，从传统桑基鱼塘演变为“世界工厂”，成为全国重要增长极。

2008年12月，国家发改委下发《珠江三角洲地区改革发展规划纲要（2008—2020年）》，提出到2020年，珠三角地区形成以现代服务业和先进制造业为主的产业结构，形成具有世界先进水平的科技创新能力，形成全体人民和谐相处的局面，形成粤港澳三地分工合作、优势互补、全球最具核心竞争力的大都市圈之一。发挥中心城市的辐射带动作用，强化广州国家中心城市、综合性门户城市和区域文化教育中心的地位，建成面向世界、服务全国的国际大都市。深圳市要继续发挥经济特区的窗口、试验田和示范区作用，增强科技研发、高端服务功能，强化全国经济中心城市和国家创新型城市的地位，建设中国特色社会主义示范市和国际化城市。在以深圳市为核心，以东莞、惠州市为节点的珠江口东岸地区，加快发展电子信息高端产品制造业，打造全球电子信息产业基地。大力发展金融、商务会展、物流、科技服务、文化创意等现代服务业，推进产业结构优化升级，构建区域服务和创新中心。在以珠海市为核心，以佛山、江门、中山、肇庆市为节点的珠江口西岸地区，规模化发展先进制造业，大力发展生产性服务业，做大做强主导产业，打造若干具有国际竞争力的产业集群。

2016年4月，广东省人民政府印发《广东省国民经济和社会发展第十三个五年规划纲要》，提出积极推进珠三角国家自主创新示范区建设，努力建设国际一流的创业创新中心，大力发展先进装备制造业，积极打造珠江两岸高端制造产业带，加快发展与制造业配套的生产性服务业，初步建成战略性新兴产业基地、全国现代服务业中心和世界先进制造业基地。“十三五”期间，珠三角9个主要城市的功能定位分别为：

广州市。国家中心城市、综合性门户城市、区域文化教育中心，建设国际航运中心、物流中心、贸易中心、现代金融服务体系和国家创新中心城市，建设国际性综合交通枢纽。

深圳市。全国经济中心城市、国家创新型城市，建设中国特色社会主义示范市、国际化城市、国家自主创新示范区以及科技和产业创新中心、具有世界影响力的国际创新中心。

珠海市。珠江西岸核心城市，建设国际化创新型城市、生态文明新特区。

佛山市。建设中国制造业一线城市、珠江西岸先进装备制造业龙头城市、创新驱动发展先锋城市、传统产业转型升级典范城市。

惠州市。建设电子信息产业和世界级石化产业基地、战略性新兴产业基地、珠三角向粤东及赣南、闽西地区辐射的物流中心。

东莞市。建设国际制造名城、现代生态都市、珠三角创业创新基地、区域枢纽城市、岭南山水文化名城。

中山市。建设世界级现代装备制造业基地、珠江西岸区域性综合交通枢纽、区域科技创新研发中心、珠三角宜居精品城市。

江门市。珠三角西翼与粤西地区联系的交通门户、珠江西岸综合交通枢纽，建设世界级轨道交通产业基地、珠江西岸先进装备制造产业基地、全国小微企业创业创新示范市及中国国际特色旅游目的地。

肇庆市。建设历史文化名城和国家风景旅游城市、珠三角连接大西南枢纽门户城市、珠江—西江经济带中心城市、粤桂黔高铁经济带重要经济增长极、广东的商品粮基地和农副产品加工基地。

资料来源：作者根据相关资料整理。

现代城市特别是大中型城市是由多种经济属性的城区、产业园区和综合性城区构成，其中产业园区大致可分为三类。第一类是生产性园区，如一般的工业园和出口加工区，其形成或设置主要是为吸引制造业企业或直接在园区内服务于生产的服务业企业，明显有别于偏重消费或居住的城市片区或商贸区。第二类为生产性服务园区，主要是服务于生产活动的产业集聚区，如物流园区、保税区或自贸区、中央商务区或郊区型商务区、科学园区、创意园区、教育和产业一体化区域等。第三类是消费性服务园区，生产功能弱化而体验性消费功能鲜明，如商业街、购物中心、旅游休闲区、风景名胜区等。[2] 产业园区规划需要从城市经济社会发展战略、产业战略、城市空间发展战略等多方面入手，重点是合理地确定发展主导产业、增长规模和空间区位。一般来说，城市发展战略与职能是园区产业选择的直接依据，城市发展方向与空间形态的选择决定了园区与城市的关系，园区的选址以城市总体规划的土地用地布局为基础，并受总体规划中空间管制的约束。园区空间规划受到产业结构的影响，同时又推动产业结构演进，园区发展的核心是从当地资源、能源禀赋及经济发展的基础条件出发，构建主导产业、优势产业和特色产业，吸引企业进区聚集形成产业链和产业集群。园区空间规划的作用在于控制和引导园区空间的发展，在市场经济背景下，园区的区位主体——企业需求成为空间决策的重要力量，企业的空间区位、人力资源、基础设施和政策制度环境等均是企业选址的重要考虑因素。表 4.3 显示了跨国公司区位系统的影响要素。

表 4.3　　跨国公司区位系统

区位类型	宏观区位（全球区位）	中观区位（城市区位、产业区位）	微观区位（产业区位、行为区位）
定位目标	选择国家（选面）	选择区域、城市（选点）	选择地址（选址）
影响要素	自然资源		
	人力资源	经济发达	电力供应

续 表

区位类型	宏观区位 （全球区位）	中观区位 （城市区位、产业区位）	微观区位 （产业区位、行为区位）
定位目标	选择国家（选面）	选择区域、城市（选点）	选择地址（选址）
影响要素	科技资源	人口密集	水源供应
	管理体制	人才汇聚	环境保护
	市场容量	位置优越	协作条件
	经济基础	交通便捷	排水防洪
	开放程度	信息灵通	生活条件
	政策稳定	政策灵活	扩展余地

资料来源：吴建伟，毛蔚瀛. 大规划：城市与产业[M]. 上海：同济大学出版社，2009：98.

改革开放以来，建立产业园区或开发区成为我国城市发展的重要形式，园区数量最多的是工业园，成长效果最显著的是经济技术开发区或高新技术开发区，其中大部分正在由以“产”为主导的产业园区向产城融合的综合性新城转变，从纯粹用于地方招商引资的产业用地，逐渐向集生产、生活、商业服务等于一体的混合型功能新城转型（表 4.4）。城市功能、配套设施的建立及完善成为由“园”向“城”转变的关键，规划核心导向需由产业至上向产业、社会、文化和生态多元导向转变，配套设施规划的任务重点从满足产业需求向城市功能完善、环境品质提升转变，通过统筹生产区、办公区、生活区、商业区等功能区规划，选定高附加值的产业进行定位，打造产业集群，并通过完善基础设施、公共服务、生活服务设施的建设和运营，从面向企业服务的单一层级转变为面向企业和不同社会群体多元需求、“城市—组团—邻里”多层级服务体系，成为城市与园区完美结合的新城区（专栏 4.4）。

表 4.4　由产业园区向新城转型的战略与措施城市案例

项目		广州开发区	苏州工业园	郑州高新区
基础与现状	设立时间	1984 年	1994 年	1988 年
	初始定位	出口加工区	以高新技术为先导、现代工业为主体、第三产业和社会公益事业相配套的国际化现代工业园区	河南省的技术、管理、知识、对外政策的窗口
	人口	2005 年常住人口31.35 万人，其中户籍人口 15.8 万人	2008 年，常住人口 61 万人，其中户籍人口 31.5 万人	2008 年，总人口 20 万人

续　表

项目		广州开发区	苏州工业园	郑州高新区
基础与现状	面积(平方公里)	393.6(2005年)	288(2008年)	2004年规划面积为89.46平方公里
转型战略举措	引进城市新空间	建设生态之城、服务之城和创新之城(房地产业、旅游业、商贸服务业的发展)	建设新城(建设CBD、引进房地产和服务业、休闲旅游业)	科技新城(注重房地产业、社区服务业、商贸服务业的培育)
	采用空间生产新方法	产业结构调整、促进产业集群、发展总部经济、修建基础设施、行政区划调整与管理体制转变	"制造业升级计划""科技跨越计划"和"服务业倍增计划",促进产业集群建设,建设创新载体	城市基础设施和"数字园区"建设、发展主导产业、促进产业集群、科技创新服务体系的建立和管理模式的转变
	开发提高城市生活质量的新市场	营造生态环境,塑造城市景观	打造环金鸡湖景观,改善环境	城市新景观和城市地表工程的建设(诸如郑州艺术馆、郑州雕塑园)
	找寻城市发展新供应来源	吸引留学人员、大学生和培训技能型工人等高素质人才	实施园区管理服务人员培训计划、吸引大学生和海外人才	积极争取国家项目投资和吸引、培训科技创新人才
	重构城市等级地位	广州生态新城区、城市副中心	东部新城和市域CBD	郑州科技新城,"一心两翼"中的"西翼"

资料来源:罗小龙,梁晶,郑焕友.开发区的第三次创业——从产业园区到城市新区[M].北京:中国建筑工业出版社,2015:100.

专栏4.4

佛山中德工业服务区:广东城镇化产城人融合发展示范区

2011年,经广东省政府同意,佛山市提出建设"中德工业服务区",广东省发改委正式印发《广东佛山中德工业服务区发展总体规划(2013—2030年)》,明确中德工业服务区战略定位为广东工业服务高端国际合作区、广东工业服务综合配套改革试验区、广东城镇化产城人融合发展示范区。规划建设分三步:

(1) 起步发展阶段(2013—2015年):初步建成基础设施网络体系,形成高端商务和科研载体,总建筑面积300万平方米;地区生产总值达100亿元,累计引进30家来自欧洲的国际性工业服务机构,其中中德职业教育学院引进德国双元制职业教育认证体系。

(2) 基本建成阶段(2016—2020年):全面形成总部基地、研发设计、检验检测、职业培训等布局合理的工业服务业产业集群,中欧城镇化产城人融合发展示范区基本建成,地区生产总值达到500亿元；引进300家国际性工业服务机构，佛山十大支柱产业基本引进德国、欧洲标准。

(3) 完善提升阶段(2021—2030年)：建成以工业服务业为主导的产业高地，以及研发人员、高级管理人才和高技能人才聚集洼地，形成结构合理、国际化程度高、辐射能力强的工业服务业体系，引进、培育至少10个德国、欧洲的工业服务品牌，为产业转型升级提供国际一流的工业服务支持。

中德工业服务区规划范围跨禅城、顺德两区，规划面积26平方公里，将实施城镇空间结构与产业结构高度化互动的产城人融合战略。在空间布局上，沿东平河打造一条东西长约8公里的滨河休闲带，依托岭南大道、荷岳路分别构建商务商贸发展轴、创新休闲发展轴等两条发展轴；围绕工业服务产业链各个功能环节，形成研发设计、中央商务、高端运营、都市休闲四大功能组团。在产业布局上，重点发展以机械制造、智能控制为主的工业展览、研发设计、检测认证、技术转移与服务、职业培训等工业服务业，大力发展先进装备制造业、生物医药等新兴产业，同时完善学校、图书馆、科技馆、青少宫、艺术村、博物馆等高端元素配套，探索现代化城市和高端工业服务业的协调发展，产业服务、城市管理、城市建设、生态保护、人才集聚、和谐宜居相互融合，将产业和城市看成一个良性互动的有机整体，让产业发展更加依附于城市，让城市功能更好地服务于产业发展，最终的目标是使发展成果转化为民生幸福，打造一个高水平、高效率工作与慢节奏、愉悦生活相结合的产城人融合发展示范区。

资料来源：广东佛山中德工业服务区发展总体规划(2013—2030年)[EB/OL]. http://www.fsnewcity.gov.cn/.

第二节　职业教育园区规划

技能是产业发展的基础，发展教育和培训通常被视为增强产业能力的政策工具。职业教育与产业结构、劳动力市场和工作场所有着非常紧密的联系，其质量是以教育培训项目和目标产业技能需求的匹配度来衡量的，模仿、借鉴工业园区的模式与特色建设职业教育园区，以邻近性促进职业教育与产业深度融合，以规模化整合职业教育资源，成为许多地方政府统筹现代职业教育发展，促进技术技能积累的重要政策创新。

一、技能、职业教育和产业之间的关联

一般来说，维持产业发展的政策组合在国家之间差别不会很大，政治和宏观经济稳定，重视教育和培训，获取技术，支持中小企业、农业和乡村发展，健全质量和安全标准，加强基础设施(电力和运输)建设是毫无争议的(表4.5)，选择性运用是政策借鉴中的重

要组成部分。后发国家应该务实而明智地安排学习与借鉴的顺序，选择其中一小部分相对容易实施且适合本国国情的措施作为切入点，尤其是激励创新、开发人力资源和提升企业能力的政策举措，对已经达到中高等收入且向高收入迈进的国家尤其重要。

表 4.5　增强产业能力的标准政策清单

目标	政策措施
政策和法律框架	• 必要的法律和监管条款 • 指定或者建立优先政策的执行部门或机构 • 跨部门合作机制 • 高效的公私合作关系 • 包括愿景、路线图和行动计划的政策结构 • 监督和评估机制 • 质量、安全、技能、环境等的国家标准 • 技术转让和知识产权的框架 • 工业统计和数据库 • 国际合作的战略动员
产业人力资源（教育和培训）	• 科技和工程大学以及研究院 • 理工和产业学院 • 对特殊技能工程师的技术支持 • 对新员工或者在职员工的技术和职业培训 • 补贴和激励员工培训 • 技能证书、竞赛和奖励
企业能力（管理和技术）	• 引入持续改善的生产工具（5S，品管圈，消除不必要的浪费，设置建议箱，即时供货系统等） • 标杆体系，商业流程重建及其他管理工具 • 管理或者技术建议服务（通过短期来访的咨询人员） • 企业诊断和建议系统（制度化企业管理咨询系统或者技术扩展服务） • 质量标准和认证，检测服务和检测中心 • 对商业表现、生产率和竞争力给予认可和奖励 • 补贴和奖励管理体系、技术、市场营销和 ICT 升级等
金融	• 发展金融机构 • 对目标企业进行商业银行贷款补贴（两步走贷款） • 对优先产品和生产行为进行特殊贷款和补贴 • 信用担保系统 • 设备租赁 • 企业信用信息系统 • 将贷款与企业诊断及建议系统关联起来
吸引外国直接投资	• 明确优先投资者、部门、地区等有效的投资者信息组合和网站 • 在海外举办促进投资的研讨会，设立办事处并派驻代表团 • 提供高质量的基础设施服务（电力、运输、土地、水、废水和废物处理）

续 表

目标	政策措施
	• 一站式的投资者支持服务(投资前和投资后) • 工业园区的发展和管理,包括出口加工区、经济特区和针对优先部门、高科技公司的特殊区域等 • 对当地或者国外的中小企业租赁厂房 • 对劳动力招募、配套设施、住房、通勤和医疗等进行支持 • 为吸引目标企业设立谈判和优惠机制
营销和商业关联	• 支持国内和出口市场发展 • 贸易展览会和进口贸易展览会 • 企业数据库(中小企业、配套产业) • 对外国直接投资与当地企业建立联系和技术转让进行奖励和补贴 • 官方促进服务外包 • 建立和加强产业/企业关联以及当地企业网络
创新	• 支持创业 • 支持研发、品牌化、申请专利 • 创业孵化中心 • 风险资本市场 • 产业、研究机构和政府的创新集群 • 激励/补贴指定的经济活动和产品

注:这只是增强人力资源和企业能力的产业政策中的一部分。涉及基础设施、物流和配送、社会和环境问题以及区域发展问题的措施,没在表中列出。

资料来源:大野健一.学会工业化——从给予式增长到价值创造[M].陈经伟,译.北京:中信出版社,2015:63-64.

技能需求部分取决于各国在全球价值链中的位置,一个国家某特定时间点在全球价值链中所处的位置,确定了该国的主要技能需求。位于全球价值链底端的低价值产业领域,如生产或装配,通常需要依靠大量的手工劳动者。这些劳动者通常缺乏正规的教育并且没有任何技能,于是这些领域会特别关注"在职培训",以大幅度提高生产率和竞争力。在整个全球价值链,企业经理和质量控制员发挥着重要作用,企业管理的职位通常需求量很大。位于全球价值链中等价值水平的产业领域,通常需要开展新的和更加复杂的活动,需要技能更为娴熟的劳动力。通常情况下,这些劳动者必须具备特定的技术能力。全球价值链中的最高水平环节为知识密集型产业,需要专业技能来开展复杂的活动,并且核心劳动力通常必须具有高等教育学历(图 4.2)。当然,这并不是说处于全球价值链低水平环节的国家或者企业不需要具备高技能水平的员工,或者说处于全球价值链高水平领域的国家或企业不需求低技能水平的员工,但总体而言,这些是主要趋势。

图 4.2　全球价值链与专业职业技能

资料来源：经合组织发展中心. 世界变革中的产业政策[M]. 徐清军，等，译. 上海：上海人民出版社，2015：138.

发达国家和发展中国家都参与全球价值链和国际产业分工，发展中国家通常专注于全球价值链中的中低附加值活动，而发达国家倾向于参与全球价值链的高水平生产工序。吸引战略性国外直接投资，引进国外制造业企业对后发国家的工业化战略非常重要，因为这些企业不仅可以带来工作岗位和增加收入，还可以提供技术转移和学习的机会。在许多国家，通过建立工业园区来吸引大量国外制造商的方式已成为实现工业化的重要路径，尤其是在取得高经济增长表现的东亚经济体中，工业园往往可以在一个限定的区域内对商业投资提供优惠条件，进而在工业化早期吸引国外投资者。随着工业化的深入及产业政策的转变，工业园建设从数量扩张转向质量提升，转型升级为生产尖端产品的高科技工业综合区。朽木昭文（Akifumi Kuchiki）总结了几个亚洲的工业园区，包括位于越南北部的印刷基地、中国天津和广州的汽车基地、北京中关村科技园以及马来西亚的汽车基地等，提出创建工业园区的标准程序（图 4.3）。第一步是聚集，建设具备基本服务和配套设施的工业区并邀请核心企业入驻，一家后向关联的大型国外制造商会自动带来大量的关联企业；第二步是创新，产业、政府、大学或研究机构三方合作，形成足够的生产集群和相互关联，提高内在价值并以当地经理、工程师和设计师替代外国人，这个战略的核心，除了促进中小企业发展外，还要特别注重研发、教育和培训、技术转移和国家品牌等。

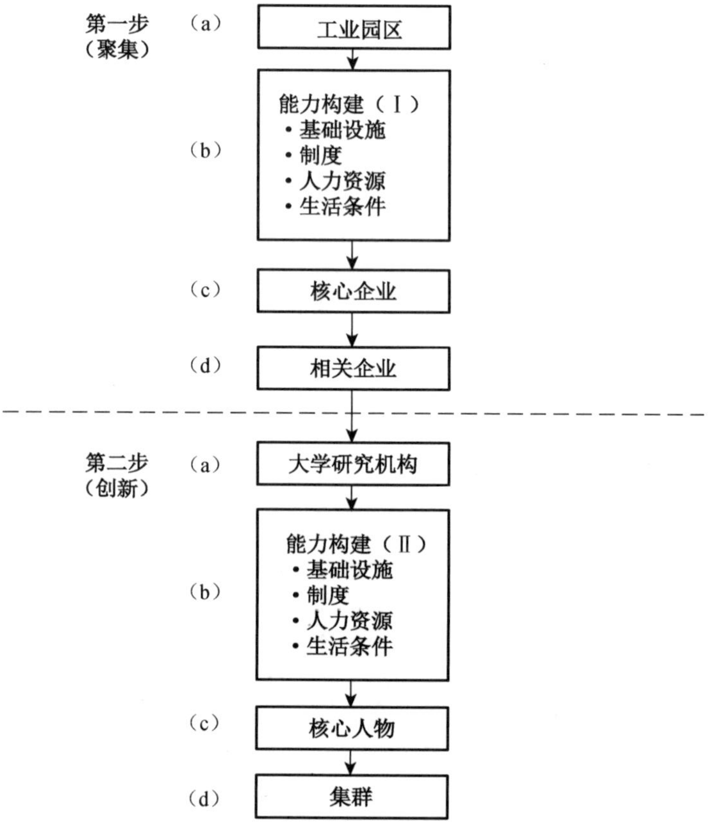

图 4.3　工业园区发展流程图

资料来源：大野健一. 学会工业化——从给予式增长到价值创造[M]. 陈经伟，译. 北京：中信出版社，2015：76.

二、职业教育园区规划的理论基础

科技和产业在城市的空间结合点自发或规划形成产业集群和产业园区，人力资源的数量、质量和流入的可能性是产业集聚区或园区发展的基础。职业教育与工业具有一定的天然联系，在促进工艺产品创新、本地化人才培养、技能形成和隐性知识转移中发挥着重要作用。职业教育园区作为职业教育资源空间聚集、发展集约化的一种新模式，通常是作为城市产业集聚区的教育功能区建设和发展起来的，有着多学科的理论支撑。

1. 聚集经济理论

聚集经济理论是研究经济活动在空间上集中分布的理论学说。由于研究的多学科性及集群现象的复杂性，代表性的表述有以下几种。

产业区。马歇尔(Alfred Marshall)在《经济学原理》中提出了"产业区"的概念，是指"许多性质相似的小型企业集中在特定地区"。产业区具有 6 个方面的基本特征：①与当地社区同源的价值观系统和协同的创新环境；②生产垂直联系的企业群体；③最优的人力资源配置；④产业区理想的市场——不完全竞争市场；⑤竞争与合作并存；⑥富有特色的本地金融系统。[5]企业互相从邻近的地方所得到的利益是很大的，包括提供共享的中间投入品和专业的劳动力市场，由于地理上的邻近性，具有各种不同技能的劳动力由于相互的接触产生了知识外溢。企业集群有利于技能、信息、技术、技术诀窍和新思想在集群内企业之间的传播与应用，产业区内的工人自发地寻找既有吸引力又适合自己能力的工作岗位的活动，构成了产业区持续不断的人力资源再分配过程。这种再分配过程被马歇尔称为"产业氛围"，有了这种产业氛围，产业区内的生产率可以不断地提高。

新产业区。20 世纪 70 年代末，"第三意大利"获得了较快的产业增长。贝卡提尼(Becattini)基于"第三意大利"小企业集聚地区的经济发展现象，指出这类产业区是一个在空间上集中的地域生产系统，其中存在着大量处于生产工序的不同阶段或采用不同方式生产同一或类似产品的企业，小企业或小微企业的比例极高；采用"柔性专业化"的生产方式；产业区中同时存在竞争和协作的关系，竞争是发生在创新而不是压低工资的基础之上；大量存在的机构，包括企业、金融机构、地方商会、培训机构等在产业区内发挥积极作用；区域内具有共同的文化背景和制度环境。[6]这类产业区呈现出与马歇尔产业区不同的新特征，如供应商与客商之间的频繁交流，企业之间的合作创新，商会、培训、教育机构以及政府服务部门的支撑性作用等。

产业集群。波特(Michael Porter)1990 年提出了著名的"钻石模型"来解释一国产业集聚形成的国际竞争优势。钻石模型的构成要素包括生产要素条件、需求条件、相关支撑产业、厂商结构、战略与竞争、政府与机会因素。其中生产要素可分为初级生产要素和高级生产要素，初级生产要素包括天然资源、气候、地理位置、非技术人工与半技术人工、融资等；高级生产要素则包括现代化通讯的基础设施、高等教育人力以及各大学研究所等，教育发展可以改变生产要素条件。[7]钻石模型的分析对象主要集中于宏观上的国家层次的产业集群。1998 年，波特在《集群与新竞争经济学》一文中对集群做出了更进一步的解释：集群是指某一特定领域内相互联系的、在地理位置上集中的公司和机构的集合，包括一批对竞争起重要作用的、相互联系的产业和其他实体。集群还经常向下延伸至销售渠道和客户，并从侧面扩展到辅助性产品的制造商，以及与技能技术或投入相关的产业公司。最后，许多集群还包括专业化培训、教育、信息研究和技术支持的政府和其他机构。[6]政府可以通过自己的活动，诸如确保强有力的竞争和提供高质量的教育与培训，来影响钻石模型四种核心要素中的任何一个方面，从而达到影响产业竞争的目的。

从聚集经济理论的角度看，职业教育聚集并在地理上与高度密集的企业网络关联，有利于内部资源共享，节约成本，有利于集群内人才市场的建立，促进专业知识和工人技能外溢，服务区域经济发展。

2. 区位理论

工业区位理论。韦伯（Alfred Webber）从微观企业的区位选择角度，阐明了企业是否靠近取决于集聚的好处与成本的对比，创立了工业区位理论。他在1909年出版的《工业区位论》把区位因素分为区域因素和集聚因素。集聚因素可以分为两个阶段：第一阶段，仅通过企业自身的扩大而产生集聚优势，这是初级阶段；第二阶段是各个企业通过相互联系的组织而推进地方工业化，这是最重要的高级集聚阶段即企业集群。形成企业集群的要素有四个方面：①技术设备的发展使生产过程专业化，而专业化的生产部门更要求工业的集聚；②劳动力的高度分工要求完善的灵活的劳动力组织，劳动力组织有利于集聚的发生；③集聚可以产生广泛的市场化，批量购买和销售降低了生产的成本，提高了效率；④正是上述原因，集中化可以使基础设施，例如煤气、自来水管道、街道等共享，整个基础设施共享使“单个企业廉价”是可能的，从而降低“一般经常性开支成本”，同时，一般开支的降低还会促进集中化。[6]

新经济地理学。克鲁格曼（Paul Krugman）将区位问题和规模经济、竞争均衡等经济学研究结合起来，围绕经济活动的空间聚集进行探讨，认为经济活动在空间上处于聚集状态还是分散状态，主要取决于促使产业地理集中的向心力和削减产业地理集中的离心力两者中，谁占据主导地位。促进产业地理集中的向心力量主要包括市场规模效应、充裕的劳动力市场和纯外部经济性；促使经济活动分散化的离心力量包括要素的不可流动性、地租和纯外部非经济性。[8]产业集聚是由企业的规模报酬递增、运输成本和需求通过市场传导的相互作用而生成的。产业集中则能够促进充裕劳动力尤其是具有专业技巧的劳动力市场的产生，同时也能为劳动力提供较为广阔的就业空间。克鲁格曼也承认制度的重要性，认为集群往往是技术创新所导致的报酬递增的结果，技术创新带来偶然性，来源于产业集群区域的文化、创新精神以及提供激励机制的制度环境，技术创新为本地经济提供新的增长点，借助制度创新提供的良好发展环境，该增长点就会凭借技术溢出、知识溢出等报酬递增优势，逐步发展壮大成为一个产业。[9]

从区位理论的角度看，职业教育聚集培育专业技能稠密的劳动力有利于产业集聚的产生，同时强调知识外溢和创新对企业发展的重要性，职业教育院校则是在专业知识和技能方面能够产生支持作用的机构。

3. 创新理论

区域创新系统理论。该理论由库克(Philip Cooke)在1992年首先提出，他认为区域创新系统是由支撑机构围绕的区域集群，即在地理上相互分工与关联的企业、研究机构和高等教育机构等构成的区域性组织体系，在这个体系内，企业和其他组织通过根植性的制度环境相互学习。阿希姆和伊萨克森(B. T. Asheim 和 A. Isaksen)认为区域创新系统主要由两类主体及它们之间的互动构成：第一类主体是区域主导产业集群中的企业，即生产结构(技术经济结构)，同时包括其支撑产业；第二类主体是制度基础结构(行政制度结构)，如研究和高等教育机构、技术扩散代理机构、职业培训机构、行业协会和金融机构等，这些机构对区域创新起着重要的支撑作用。[10]教育培训机构是产业集群创新网络中的一个重要节点，在一种特定的区位环境中提高企业的学习能力。

多维邻近性与创新。地理邻近对创新会产生重要影响，分析的逻辑假设大致是：同一产业或相关产业内的组织，地域上的邻近促进知识尤其是隐性知识的传递，并激励冒险与风险共担，进而假定企业创新过程从本地联系中较非本地联系中获得更多的益处。伦德威尔和梅利斯特(Lundvall 和 Maillat)等将地理上接近的重要性与具有高度不确定性和风险的基础创新联系起来，认为创新网络合作者之间近距离的沟通可以建立个人关系和信任。杰夫(Jaffe)等人解释了企业在空间的集聚，有利于研发活动这一问题中知识溢出的原理，认为知识技术中的编码知识含义较简单，在长距离的空间中传播成本很低，难以编码化的模糊知识则只有通过面对面的交流才能低成本地传播，而新技术和新知识具有非正式、未编码化的特点，在本地流动比在远距离内流动容易。[6]随着研究的深入，学者们认为邻近性是一个多维的概念，除了地理邻近之外，还应包括组织邻近、制度邻近等。而且大体一致认为，地理邻近本身既不是交互学习和创新产生的必要条件也非充分条件，它通过强化其他形式邻近性的作用来影响创新。[11]显然，地理、组织、技术和制度邻近对企业和地区间知识溢出均会产生显著正影响。

三螺旋创新模式。由亨利・埃茨科威兹(Henry Etzkowitz)于1995年提出，产业、政府、大学三螺旋是一种创新模式，产业作为进行生产的场所，为社会提供金融、物质产品及各种服务；政府作为契约关系的来源，确保产业与大学机构范畴之间稳定的相互作用与交流；大学则作为新知识和新技术的主要来源，是知识经济的生产力要素。[12]大学、产业、政府在创新过程中的相互作用，促使风险资本家、技术转移办公室、孵化器和科学园等混成组织得以形成。绝大多数创新动议都发生在区域层次上，在这个层次上，特殊的产业集群条件、大学的学术发展状况和政府的管理控制力的存在与否都影响着三螺旋的发展方向和进程。

从创新理论的角度看，职业教育机构是区域创新系统制度基础结构的重要组成部分，主要对应知识的分享环节，为集群内企业技术创新输送和培训人才，本地员工从学校获得共同的经历，对集群内知识尤其是隐性知识的学习具有促进作用。

4. 共生理论

"共生"概念最早由德国真菌学家德贝里(Anton de Bary)在1879年提出，指不同种属按某种物质联系生活在一起，形成共同生存、协同进化或者抑制的关系，并逐渐从生物领域拓展到哲学、社会科学等领域。现有的一些研究可以总结出共生具有以下四个方面的本质内涵：①共生是一种自组织现象，具有开放性、非线性、非平衡性；②共生单元之间发展的总趋势和总方向是共同进化；③共生能量获得的主要途径是共生单元之间的合理分工；④共生现象的本质特征中包含着合作竞争关系。任何共生关系都是共生单元、共生模式和共生环境相互作用的结果，共生模式分两种：共生组织模式和共生行为模式，其中前者反映共生组织的程度，包括点共生、间歇共生、连续共生和一体化共生；后者反映共生行为的方式，分为寄生、偏利共生、非对称互惠共生和对称互惠共生四种模式。[13]

职教园区作为由多个相对独立的实体组成的共生体，成员间的多样性、复杂性的特点决定了职教园区建设可以由共生理论作为指导。职教园区模式对形成共生关系起着至关重要的作用，主要分为点共生、间歇共生、连续共生、一体化共生四种模式。点共生是共生单元间的偶发性联系，如职教园区的企业面向园区内的职业院校招聘人才等；间歇共生是共生单元间建立的周期性联系，如企业委托园区内的职业院校研发产品等；连续共生是共生单元间建立的稳定合作关系，如职教园区的企业、院校、科研机构投入优势资源，共同研发产品等；一体化共生是职教园区内各单位采取全方位合作，实现自身和职教园区总目标而开展的一体化合作。在集约型职教园区共生系统形成的过程中，共生单元在资金流、技术流、信息流、知识流的作用下，逐渐由点共生模式走向间歇共生模式，再到连续共生模式，最终形成具有前沿性、专业性、开放性、稳定性的一体化共生模式。[14]不同的共生模式为职教园区的模式选择提供了方法与路径。

三、职业教育园区规划建设模式

1996年，我国第一个职教园区在浙江省温岭规划建设，据初步统计，截至2016年，全国已建或在建的职教园区有150余个。[15]职教园区建设是一项复杂的工程，涉及园区定位、土地使用、资金投入、产业对接、校企合作等方面，所处区域不同、经济实力不同、职业教育资源基础不同、政府支持力度不同，职教园区规划建设的规模和方式也各不相同。职教园区空间设计的本质是以职业教育要素集聚而实现资源集约和规模效益，根据园区与产业和城市空间结构的关系特点，职教园区规划建设主要有三种模式。

1. 职教城型园区

这类职教园区在城市建设过程中，职业院校合理分布于城市的各个轴上，校区建设与城市空间布局融为一体，城市的基础设施和社区综合服务设施与职业院校共享；政府和企业共同投资建设公共实训基地；职业院校的图书资料、实验中心、网络资源与社区共享，构建起城中有校、校中有城、城校结合的格局，实现园区与城市融合发展。典型的有重庆市永川区“城校互动”职教发展模式和佛山市资源整合的区域型职教园区模式。

永川“城校互动”职教发展模式的特色为“城市建设以职业教育为特色，职业教育以城市建设为依托，校区建设与城市发展融为一体。”（专栏 4.5）。所谓“城市以职业教育为特色”指的是，该城市具有浓厚的职业教育氛围、丰富的职业教育资源、完备的职业教育体系，职教人口占城市总人口相当的比例，城市经济发展主要依靠职教拉动，城市文化凸显职教理念，形成了“办职教到永川、学技能到永川、选技工到永川”的永川职教城市品牌。因此，职教城建设把人力资源开发、提升市民整体素质、创建学习型城市，营造优良投资环境，拉动经济增长，带动永川商贸旅游、交通建筑、信息服务等相关产业的发展作为具体目标。所谓“职业教育以城市建设为依托”指的是，职业教育发展根据城市发展规划、适应城市需求变化、共享城市公共资源，因此在建设城市中的体育、文化、商业等设施时，既考虑城市的空间布局和服务广大市民的需要，又充分考虑职业学校布点和服务职业院校的需要。[16]为推进职业教育基地建设，重庆市和永川区成立了“职教城”建设领导小组和职业教育行业协调委员会。建设领导小组办公室和永川区教委教育产业发展办公室在统筹城市建设和职业教育发展规划布局、统筹城市和职业教育发展资源配置、统筹城市和职业教育发展政策措施、统筹各职业院校的招生与教育教学工作等方面发挥了积极作用。

专栏 4.5

重庆市永川区职教城：城校互动发展

永川地处重庆西部，是成渝经济区的节点城市、重庆城市发展新区的重要板块，也是重要的现代制造业基地。全区面积 1 576 平方公里，城区建成区面积 68.3 平方公里。全区户籍人口 113.1 万，常住人口 111.06 万，流动人口 31 万，常住人口城镇化率 66.4%，户籍人口城镇化率 45.7%。按照重庆市五大功能区域发展战略定位，永川区推进“工业强区”和“产业兴城”战略，依托凤凰湖工业园、港桥工业园、三教工业园和软件园，着力培育机器人及智能装备、电子信息、汽车及零部件、城市矿产、特色轻工、高端交通装备、新型建材七个产业集群，加快建设全市重要的现代制造业基地。机器人及智能装备、电子信息、汽车及零部件、特色轻工等产业集聚发展，成为国家新型工业化装备制造(机器人)示范基地。2016 年,机器人及智能装备产业产值 50.3 亿元,电子信息产业产值 139.6 亿元,汽车及零部件产业产值 188.9 亿元,特色轻工产业产值 217.3 亿元。规划到 2020 年,七大产业集群产值超过 1 850 亿元,占全区工业产值 75%以上,其中机器人及智能装备 300 亿元、电子信息 250 亿元、汽车及零部件 300 亿元、高端交通装备 200 亿元、城市矿产 300 亿元、特色轻工 300 亿元、新型建材 200 亿元。

2004 年,中共重庆市委、重庆市人民政府下发《关于加快教育改革与发展的决定》提出:"按照'统筹规划、市场运作、政府支持、社会参与'的原则,在永川建设重庆职业教育基地,充分发挥其示范作用。"永川在规划建设城区时同步规划发展职业教育,给职业院校预留土地,先后引进、迁建 6 所院校到城市新区。永川职业院校按照 A、B、C 三个区规划布局,在 A 区(西北片区)新征土地 1 800 多亩扩建重大城科院、财经学院和科创学院;重点打造 B 区,B 区(城市新区)现有 6 所院校,这个区域有永川软件与信息技术产业园区和凤凰湖工业园,职教园区、产业园区、城市新区互动融合发展;对 C 区(老城区)职教资源进行优化整合。在经费投入方面,建立了"政府投、学校筹、社会助"的多元投入格局。在"政府投"方面,市教委、市发改委、市财政等有关部门安排职教专项经费,支持职教基地在实训基地、重点专业、公共设施等方面的建设;永川区主要是按成本价提供建设土地、校园周边基础设施配套和生均公用经费(民办院校每年近 500 万元)等方面。在"学校筹"方面,主要是制定合理的收费政策,鼓励职业院校自筹办学经费;支持和鼓励职业院校兴办产业积累办学资金。在"社会助"方面,鼓励和支持行业、企业与职业院校合作办学,吸引企业、行业和部门的资金投入。

职业教育发展推动城市发展,给城市新区增添了活力。现有大中专院校 15 所,其中本科院校 2 所,高职院校 5 所,中职学校 7 所,成人高等教育机构 1 所(永川电大)。在校学生 12.2 万余人,其中本科 4.2 万人,高职 4.7 万人,中职 3.3 万人,短期职业技能培训机构 22 个,年培训量 4 万余人。大中专院校学生市内生源占 63.1%,市外生源占 36.9%。市外生源中贵州、四川、甘肃排名前三,分别占 42.6%、15.6%、5%。毕业生在重庆市内就业的占 65%以上(其中永川区内 15%左右),其他省市 35%左右。毕业生主要流向民营企业,约占 80%,国有企业 8%左右,三资企业 4%左右,升学 5%左右,其他 3%左右。同时依托职教人力资源优势,发展壮大了凤凰湖工业园、永川软件园两大产业园区,特别是无中生有地发展了机器人及智能装备、软件与信息技术两大产业,职业教育功不可没。

资料来源:永川区教育委员会. 新型城镇化与职业教育汇报材料,2017-4-16.

珠三角地区产业以专业镇为主体集群发展,中小企业、民营企业众多,为实现职业教育集约化发展和资源共享创造了条件，依托专业镇、工业园、产业园的职教园区受政府的大力支持和推动，成为一种新型的职业教育发展模式（专栏 4.6）。2010 年，佛山市提出“总部 + 基地”的职教园区建设模式，即以佛山职业技术教育基地总部为主导，以禅桂片区、顺德片区、三水片区、高明片区为主体，形成“1 + 4”组团式空间格局，建设方式不是以新建职教园区为重点，而是以突出专业集群优势、增强职业教育与产业体系的匹配度为重点，根据区域产业布局来建设集约化、集群式的专业技术人才培养基地。

专栏 4.6

佛山职教园区：总部 + 基地发展模式

2010 年，佛山市提出打造华南职业教育基地。《佛山市职业技术教育基地建设方案》提出以佛山职业技术教育基地总部为主导，以禅桂片区、顺德片区、三水片区、高明片区为主体，形成“1 + 4”组团式空间格局。

总部是以佛山职业技术学院、三江职业技术学院和三水工业中专、三水理工学校及三水乐平工业园等院校和企业为依托的总部三水片区。禅桂基地则以佛山科学技术学院、东软信息技术学院、广东轻工学院、佛山（南海）电视大学这 4 所学校的高职高专，以及佛山市华材职业技术学校、南海信息技术学校等 5 所中职学校、高级技工学校，连同佛山创意产业园、南海狮山工业园、省技能鉴证中心等企业为依托，形成禅桂片区。顺德基地是以顺德职业技术学院、顺德 13 所中职学校及部分大型企业为依托的顺德片区。高明基地是以广东省纺织职业技术学院、高明职业技术学校、高明技工学校及高明沧江工业园等企业为依托的高明片区。每个基地都以职业技术教育集团的模式，以行业协会为媒介，以名牌强校为龙头，通过职业院校与对口企业的联合共建，开展标准制定、教学评估等工作。例如行业技能人才预测、制定专业技能人才培养标准、编制专业教育与教学质量评估体系、引进优质职业技术教育资源、组织教育教学实践、安排毕业生就业等。规划总投入超过 38 亿元，新建和扩建 13 所职业技术院校，总建设规模超过 238 万平方米，其中占地约 50 亩的职教基地总部选址三水区乐平镇，计划投入 1 亿元。

目前佛山市已基本建成市、区两级职业技术教育基地（园区），形成以高等职业技术教育为龙头，以中等职业技术教育为主体、集学历教育与技能培训于一体的职业教育新格局。各园区建设有效整合区域内职业技术教育资源，根据产业分工错位发展，打造区域职业教育特色。

资料来源：作者根据有关资料整理。

2. 城市新区型职教园区

这类职教园区是按照一个新的城市区域来规划的，通常是将多所职教院校集中到一个区域内发展职业教育产业，通过设施共建共享实现职教园区教学功能和技能实训功能的整合，形成集职业教育、社会服务、产业开发于一体的城市教育生活区，承担老城区职业教育、创新研发等功能的疏解任务，带动新城区的发展。这类职教园区的规划通常综合考量由职业院校组成的职校校区、由企业工厂组成的产业园区、由民用设施组成的生活社区以及区域自然环境“三区一景”生态圈，还要考虑职教园区与区域内产业结构和产业布局的关系、与产业对接互动的关系、与城市功能布局的关系等，让园区成为城市系统价值链的重要一环，达到园区与城市深度融合。最为典型的是广州职教城和北京亦庄职教城。

广州教育城位于增城朱村街和中新镇，规划用地 20.20 平方公里，主要包括 24 所职业学校和 1 处技能人才公共实训鉴定基地，同时预留两所“3 + 2”五年制学校和两所高职合作办学学校的用地，提出打造立足华南、辐射港澳、影响东南亚，集职业教育、培训、实训、研发、职业指导与创业孵化于一体的国际一流教育聚集区及南方职业教育高地的目标，采取“集约共享、功能融合、弹性设计”的理念，对园区与产业对接、城市发展及其园区内空间结构、功能布局和土地使用等产业进行超前规划和科学设计，规划为岭南风格、低碳智慧、山水田园型的生态教育城（专栏 4.7）。广州教育城与周边的广州开发区、增城经济技术开发区、国际健康产业园等先进制造业片区对中高级技工形成了强大的需求，与中新知识城、广州科学城相互联动，此外，增城中心核心区（荔城）、中新镇区、镇龙片区为教育城提供了宜居生活保证，最终形成“产—学—研—城”相互融合的发展格局。教育城规划通过设施集中建设、用地混合布置实现集约用地、节省投资、资源共享和城校融合的效果。教育城不单是多所职业院校在物质空间上的集聚，还适当布局了居住、商业、办公、教育、研发、体育和医疗等用地，为教育城师生和周边地区居民提供丰富多元的公共服务，使教育功能与城市生活融为一体。以广州市市长为组长的领导小组及领导小组办公室统筹规划、协调指导教育城的规划、建设、院校配置、产业配置等工作；按照“统一规划、统一设计、统一建设、统一配套、统一管理”的原则，由政府主导，学校、社会一起参与，通过财政投入、公共配套设施社会化、原有校区盘活、教育城的商业开发、学校自筹、社会捐赠、向上级申请、社会资金参与及 BT、BOT 等方式进行筹集资金。

专栏 4.7

广州教育城：教育聚集区

广州全市有 6 所市属高等职业院校，16 所市属职业学校和 6 所市属技工学校（技师学院）的办学校区都很分散，占地面积较小，生均占地面积都达不到国家标准。2012年11月，广州市政府第43次常务会议审议并原则通过《关于广州教育城建设工作方案》，提出规划建设广州教育城，选址地块确定为增城区朱村街，规划考虑利用低丘缓坡、山林田园、河流水库等自然生态条件，充分体现低碳、智慧和“花城、绿城、水城”理念，配套规划建设公用共享平台、交通路网、商业文化等公共服务设施，建成一座具有岭南特色的山水田园型教育城。教育城分一期二期和远期建设：教育城一期约10平方公里，规划拟入驻13所院校和广州公共实训鉴定中心，可容纳学生约12.78万人；二期（至2020年）约20平方公里，可容纳学生约20.77万人；远期（2020年以后）控规约30平方公里，用于校企合作、技术研发、人才培训等方面建设，适当预留中小学校建设用地，为未来教育城的基础教育配套做好准备。

根据教育城一期控制性详细规划，该规划结构为“一轴三带五组团，一核一廊多楔”。“一核”即指白水山为生态核心；“一轴”则为以白水山为起点向南延伸的综合服务轴；“五组团”分别是：城市建设工程组团、交通运输组团、综合功能组团、城市服务组团和工程制造与信息化组团。未来发展延伸区内还将有财经管理组团、城市服务组团、文艺教育组团和社会办学组团等。一期规划占地共10.79平方公里，总投入资金达到290多亿元，将有13所学校入驻，可容纳学生约12.9万人（目前项目已建，尚未完工）。教育城一期入驻学校13所（3所高职、10所中职），1处技能鉴定中心，规划一期学生规模13.9万人，其中2016年入驻12.9万人。13所入驻学校包括四种组团。一是交通运输组团：广州铁路职业技术学院（高职）、市交通运输职业学校（中职）、市交通高级技工学校（技工学校）；二是城市建设工程组团：广州城市职业学院（高职）、市公用事业高级技工学校（技工学校）、市建筑工程职业学校（中职）、市土地房产管理职业学校（中职）；三是工业制造与信息化组团：市工贸技师学校（技师学校）、市轻工职业学校（中职）、市信息技术职业学校（中职）、市高级技工学校（技工学校）；四是其他：市幼儿师范高等专科学校（筹备中，高职）、市医药职业学校（中职）。

在公建配套方面，教育城构建规划“一个城校共享中心，三条校际共享带”的公共中心空间格局。城校共享中心强调学校和城市功能的融合，主要服务于教育城一期建设范围及周边的朱村街，重点配套完全中学、科技文化馆、学术交流会议中心、综合体育馆、综合医院和公共实训中心等设施；校际共享带强调各学校之间的融合，主要服务于各自所属的教学组团，重点配套图书馆、文体活动中心、社区医院（医疗卫生服务中心）、商业服务中心、教师公寓和实训工厂等设施。

因用地指标、林地指标等问题，工程进度缓慢，一期规划在2014年6月才获市规划委员会批准，计划2017年年底实现安置区一期工程完工（一期规划结构图）。

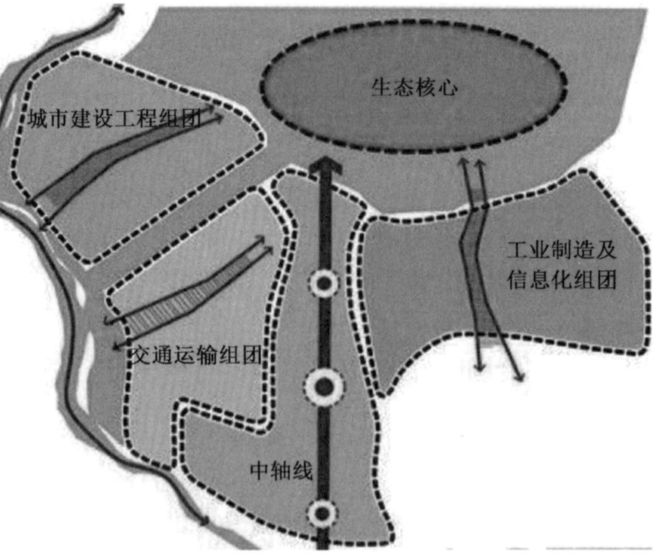

资料来源:广州教育城一起规划通过,2016 年入住师生 12.9 万人[N]. 南方日报,2014-6-4.

北京亦庄职教园区位于北京市经济技术开发区(目前以北京经济技术开发区为核心功能区的亦庄新城是北京东部发展带的重要节点和重点发展的新城之一),2001 年 3 月,北京市教委决定整合市二轻工业学校、市仪器仪表学校、市汽车工业学校、市机械工业学校和北京电子科技职业学院的教育资源,组建新的北京电子工业职业学院,由其在北京经济技术开发区建设职业教育园区建设项目(专栏 4.8)。职教园依托和服务于北京经济技术开发区,强化产教结合、校企联合,定位于实现职业教育和工业企业共同发展,为学龄青年、失业人员、在职进修和社区就业开展教育培训服务,成为北京市高新技术产业及现代制造业培养生产一线技能型人才的主要基地。职教园区采用合并式建设模式,将北京电子科技职业学院迁入园区和园区内的 4 所中专进行合并,2007 年通过资源整合的方式使 5 所职业院校变成一所中高职衔接的新学校,在人事、财务、机构、教学、后勤等方面实行统一管理,实现实质性合并。职教园集中办学和靠近经济园区办学,特别是与开发区管理部门及企业合作,形成职教园和开发区一体化的融合发展模式,但由于职教园建设项目涉及政策协调、土地拍卖、资产置换、资金筹措及其相关部门的配合,运作程序复杂,甚至学校名称的问题一度悬而未决,设想中的职教园董事会领导下的校长负责制还没有实现,4 所独立设置的中专学校虽然改制成北京电子科技职业学院的二级学院,园区实施中高职一体化办学仍然有很大的发展空间。

专栏 4.8

北京亦庄职教园：产教空间一体化和中高职一体化模式

北京亦庄职教园起步早，历时长，过程曲折，产教空间一体化和中高职一体化特点突出。一是项目定位：举办三年制中等职业教育、五年制专科高等职业教育和三年制专科高等职业教育，为北京经济技术开发区的企业开展职业技术培训和技术服务。在校生规模为 15 000 人，其中高等职业教育 5 000 人，中等职业教育 10 000 人。二是预期标准：建设一个全国一流的、接近中等发达国家先进水平的、现代化程度较高、集中等和高等职业教育于一体的亦庄职教园，进而建成一所现代化的高等职业技术学院，为北京市发展高新技术产业和现代制造业提供人才支持和智力支持。三是办学思想：充分发挥职业教育集团的资源优势和规模优势，坚持以市场为导向，以能力为本位，提高教育质量和办学效益。积极开展对外交流与合作办学，引进国外优质教育资源和先进办学理念。四是运行模式：建立由企业参与的董事会领导下的校长负责制。六所项目学校采取教学相对独立、后勤统一管理、资源相互融通的集团办学模式。条件成熟时，合并为一所职业技术学院。五是专业设置：计划开设电子信息、数控技术应用、光机电一体化、自动控制技术、生物医药制造、汽车制造与维修等近 30 个专业，几乎涵盖了北京市重点发展的所有支柱产业。六是实习实训基地建设项目：计划重点建设数控技术等 11 个实训中心，包含 103 个实习车间和实验、实习室。

强强联合是资源整合的重要模式，也是亦庄职教园前期设想的组合模式。前期规划包括北京市仪器仪表工业学校（成立于 1964 年）、北京二轻工业学校（成立于 1964 年）、北京市机械工业学校（成立于 1984 年）、北京市汽车工业学校（成立于 1979 年）、北京市医药器械学校和北京市化工学校六所中专学校。其中有两所学校是国家级重点中专，三所学校是省市级重点中专，四所学校接受过世界银行一、二期贷款，两所学校同时还是职工大学。六所中专学校总共占地面积 267 亩；总建筑面积 152 503 平方米；设备仪器总值 4 402 万元；教职工 1 259 人；在校学生 12 977 人。

2002 年 10 月，亦庄职教园开工建设。2005 年 9 月，北京二轻工业学校和北京市仪器仪表工业学校进驻亦庄职教园。按照计划，随着后续场馆设施工程和二期建设项目的完工，2006 年北京市机械工业学校、北京市汽车工业学校、北京市医药器械学校和北京市化工学校搬迁进来。2008 年，项目学校组建方案发生重大变化，由于北京市医药器械学校和北京市化工学校被并入北京联合大学，经北京市政府批准，亦庄职教园规划中的另外 4 所中专学校与北京电子科技职业学院合并成立新的北京电子科技职业学院（由成立于 1999 年的北京轻工职业技术学院和成立于 1958 年的北京邮电工业学校于 2004 年合并组建的）。五校合并后，这四所中专学校建制撤销，主要办学地点设在亦庄职教园,分别改制为北京电子科技职业学院的艺术设计学院、汽车工程学院、自动化工程学院、机械工程学院。北京电子科技职业学院进驻亦庄职教园后,成为北京经济技术开发区内唯一一所高校。

2008 年年底,新组建后的北京电子科技职业学院实施教学统一管理,分布在各二级学院的 8 个五年制高职专业培养计划也做到统一规范。同年底,北京电子科技职业学院投资 1.2 亿元专项资金用于新建、充实和改建了一批实训基地和专业教室。截至 2012 年底,亦庄职教园设想中的大部分设施建设任务已经完成并投入使用。北京电子科技职业学院整体搬迁至亦庄职教园,亦庄职教园从北京电子科技职业学院的亦庄新校区变成北京电子科技职业学院的主校区。

项目运作之初,成立了职业教育园区建设协调小组,北京市政府副秘书长任协调小组组长,成员有市计委(市发改委)、市教委、市规划委、市建委、市国土房管局、市财政局、北京经济技术开发区管委会等有关职能部门的负责同志,负责协调六所学校资产置换和亦庄职教园建设的有关工作。资产置换是亦庄职教园项目操作过程中的重要一环。六所学校原址进行房地产拍卖,筹措亦庄职教园建设资金。在实际运作过程中,项目学校资产置换工作启动之后遭遇了困难。先运作的项目学校原有资产实际拍卖金额远远低于预先估计的数字,建设资金缺口凸现,影响园区建设进度,而后续建设资金筹措困难,并且面临贷款偿还压力。由于启动资金和建设资金是银行信贷,随着先期还贷和二期开工建设周期的重叠,政府投入力度较小和缺乏社会资本的引入,亦庄职教园一度背负重大还贷压力。截至 2012 年底,仅有北京市仪器仪表工业学校原有资产置换完成,原北京市机械工业学校保留原校园固定资产,整体搬迁至亦庄职教园,重组成为北京电子科技职业学院机械工程学院;原北京市汽车工业学校保留原有资产,现为北京电子科技职业学院汽车工程学院一部。

北京亦庄职教园区规划总占地面积 45 公顷,总建筑面积 32 万平方米,建设资金来源由五部分组成,一是通过学校原有资产进行置换筹措资金 74 428 万元;二是利用沙特政府贷款 18 574 万元;三是市政府固定资产投资 38 382 万元;四是市教委和学校筹措部分资金 16 077 万元(含市财政局国内贷款贴息和学校自筹资金偿还沙特贷款建设期外本息);五是建设期内市财政沙特贷款贴息 1 107 万元。

资料来源:侯兴蜀. 北京亦庄职教园的建设历程及"双一体化"模式[J]. 北京教育,2014(11).

3. 城园结合型职教园区

职教园区作为城市的一部分,甚至成为城市建设的一个极点,园区既是产业的集聚区,也是职业院校的集聚地,产业链和教育链互动,园区发展与产业培育同步进行,实现学校与城市的互动交融。最为典型的是东莞职教城、常州殷村高职教育园区和杭州大江东职教科技城。

东莞职教园区位于号称“模具产业强镇”“生态水韵之都”的横沥镇，对接全市组团式城镇发展格局，加快推进产城融合示范区建设，打造配套完善的功能区，即商贸中心区（“一河两岸”核心段和中山路主轴商圈，主要是餐饮娱乐服务、大型超市、房地产商住、商业步行街）、职业教育及模具产业集聚区（职教城、模具科技产业园汇聚融合产业、人才以及衣食住行等要素）、生态农业示范区（统筹长田甲片区优质农地资源，打造“休闲慢城”，发展现代生态观光农业）以及滨河景观带（文化休闲区域，包括“一河两岸”环河景观带、绿道和广场）。职教城规划占地面积 75.52 公顷，建筑总面积 47 万平方米，加上周边市政配套设施投资，总投资规模超过 20 亿元，2012 年投入使用。资源共享理念是东莞职教城规划建设的核心理念，整体规划为 4 个片区，布局建设“两校一中心一公共服务区”，即东莞市技师学院职教城校区、东莞理工学校、东莞市高技能公共实训中心和东莞职教城公共服务区。职教城集职业教育、技能培训、职业鉴定、科技研发、公共服务等功能于一体，实现单一教育功能的职教园区到产学研一体、校企所科技研发、公共服务等功能于一体、校企共赢、功能多元、形象独特并体现现代制造业名城的职教城（专栏 4.9）。

专栏 4.9

东莞职教园区：生态职教城

东莞职教城选址在横沥镇北部的新四村和水边村交界处，规划用地现状主要由耕地和水域组成，用地范围内水系发达，湿地资源丰富。从东莞职教城的命题出发，发掘“城”的含义，在整体规划设计中引入核心、内环、外环等设计元素，梳理校园各主要功能区块之间的关系，在规划上设立核心绿化广场作为职教城的核心，各地块的实训、教学、行政等功能建筑作为职教校园功能的主要承担者，构成了“城”的内环区域，日常的教学生产管理在内环进行。“城”的外环由校园生活区、体育区组成，“城”的内外环之间以水体空间相隔，职教城总体规划中形成“一核两环，一带两轴”的空间布局关系，园区整体规划建设东莞理工学校职教城校区、东莞高级技工学校职教城校区、东莞市高技能公共实训中心和东莞职教城公共服务区 4 个项目。

（1）东莞理工学校职教城校区：位于整个职教城的东北侧，用地狭长。实训区布置在地块的东南侧，即入口广场的东侧，临近职教城路入口的区域，有利于职业教育成果的展示和校企之间的交流合作。入口广场的西侧为行政办公楼，与实训楼通过连廊相联系，形成校园主入口空间。穿过连廊后，广场西侧为教学组团，东侧为学生生活组团。

地块北侧临近东部快速路，布置体育运动区，形成缓冲带，减少交通噪声对校园学习生活的影响。

（2）东莞技师学院职教城校区：位于整个职教城的西北侧，功能布局与理工学校相似。地块南面设置入口广场，行政楼位于入口广场旁。实训楼布置在地块的东侧形成空间序列，即“城”的内环区域。实训楼内部结合职教教学特点，除了实训空间外还辅助布置了教学、图书室等功能用房，方便师生的使用。学生生活区沿地块西侧布置，即“城”的外环区域。体育运动区布置在地块北侧，靠近东部快速路。

（3）东莞高技能公共实训中心：位于整个职教城的西南侧，以实训组团作为校园空间主体布置在地块的南侧。行政办公临近入口广场设置，且与实训组团隔水相望，宿舍和食堂集中布置在地块的西北角。

（4）东莞职教城公共服务区：位于整个职教城的东南侧，主要有图书馆、剧院以及体育中心三部分功能。地块北侧临近职教城路设置入口广场，广场西侧为图书馆，与其他几个地块较为接近，便于职教城广大师生的使用。剧院、体育中心和部分附属用房布置在场地东南侧，体量较大的体育中心临水边路布置，剧院是公共服务区的核心建筑。

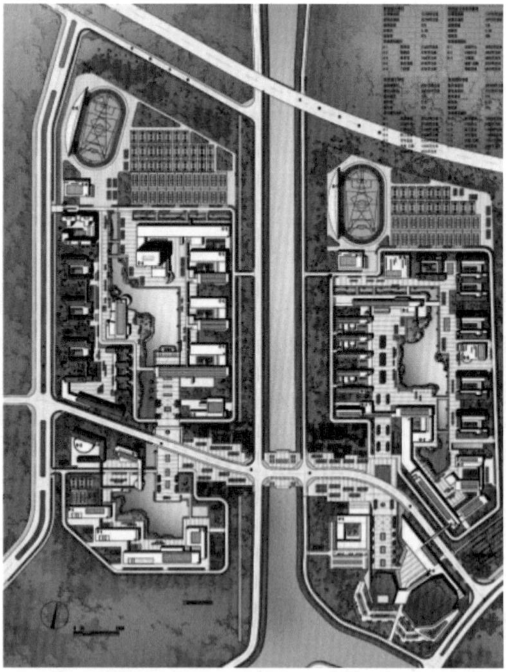

职教城在校高职、中职学历教育学生人数1.5万至2万人，年均技能培训和职业鉴定人数5万至6万人次。东莞市技师学院职教城校区占地面积420亩，建筑面积20.2

万平方米，总估算投资 7.5 亿元，在校生规模 8 000 人。东莞理工学校新校区占地面积 420 亩，建筑面积 16 万平方米，总估算投资 6.5 亿元，在校生规模 7 000 人。东莞市高技能公共实训中心占地面积 200 亩，建筑面积 5.1 万平方米，总估算投资 1.69 亿元。东莞职教城公共服务区 92 亩，建筑面积 6 万平方米，总估算投资 2.2 亿元，包括图书馆、体育馆、会议中心、展览中心、配套服务中心等。

资料来源：邓巧明，刘宇波. 职教园区的可持续设计——以东莞职教城规划与设计为例[J]. 华中建筑，2013(5).

职业教育作为一种跨界教育，联结学校和产业，产城人融合的职业教育园区成为许多地方加快特色小镇建设规划的重要途径。常州殷村职教园以殷村为核心，以建设社会主义新农村、城乡统筹发展推进示范区为目标，以职教园、旅游区、新农村融合来统筹规划，以青少年成长教育文化为核心，以休闲、生态、科技等绿色产业为依托，以“职教 + 技术转移、教育装备、文化创业、社企培训、游学营地、绿色生态、休闲旅游”等产业项目为主体，构成泛职教产业群链，带动全面发展，形成融职教创新、产业集聚、文化体验、智慧社区等于一体的“宜学、宜业、宜游、宜居”特色小镇（专栏 4.10）。杭州大江东产业集聚区建设大江东职业教育校企合作共同体示范小镇（简称“职教小镇”），突出“职业教育升级版”特色，打造以职业教育、培训、创新、研发、孵化为主体，以职教主题体验、文化旅游休闲为配套，极具职教特色的文化创意产业链。通过 3～5 年的建设，大江东着力将职教小镇打造成长三角职教驱动产业转型的示范区，现代职业教育模式创新的试验区，生产、学习与生活交融的样板区（专栏 4.11）。这种“以教引产、以产促城、产城教结合”的发展模式成为探索小城镇建设的新途径，意义在于以园区为平台将教育、文化、技术、产业、资本以高度融合方式集合于小城镇，打造生产、生态、生活融合，产城人文协同发展的特色小镇。

专栏 4.10

常州殷村职教园区

位于常州市武进区邹区镇殷村，总体规模约 3.7 平方公里，其中产业建设核心区约 1.1 平方公里，自 2011 年启动建设，整合了江苏省常州建设高等职业技术学校、常州艺术高等职业学校、常州交通技师学院、常州市人民警察培训学校和江苏省常州未成年人社会实践基地等四校一基地，投资 20 亿元，建筑面积 50 多万平方米，全日制学生 2 万人，社会培训每年 4 万人，青少年职业体验和感知教育、未成年人思想道德教育、终身学习每年 100 万人次。2020 年前还将投资 30 亿元，其中产业投资额 24 亿元，将殷村职教小镇打造成国际职教产业园、中国青少年游学营地、国际文创智谷、常州印象主题文化园、中国教育装备产业园、国际智慧生活区、小镇客厅、中小企业培训基地、中国幻谷主题公园。

资料来源：殷村职教小镇借势升级 打造"大国工匠"摇篮[EB/OL]. 2017-5-5，中国江苏网，http://jsnews.jschina.com.cn/cz/a/201705/t20170505_458741.shtml.

专栏 4.11

杭州大江东职教小镇

大江东产业集聚区位于杭州市东部，环杭州湾"V"字形产业带的拐点，规划控制总面积约 427 平方公里，其中陆域面积 348 平方公里，区域内常住人口约 28 万人。作为杭州重要的经济增长极之一，大江东是"再造一个杭州工业"的战略实体，将重点发展汽车及零部件、高端装备制造、新能源、新材料、现代物流等产业，打造"7 + x"产业园，积极推进汽车及零部件产业园、新能源新材料产业园、轨道交通产业园、机器人及自动化产业园、生命健康产业园、航空航天产业园和临空产业园七大主导产业园和科技创新产业园、总部经济产业园、文化创意产业园、职业培训产业园等 X 个战略培育产业园。规划至 2020 年实现工业总产值 4 000 亿元，远景战略目标是"两个再造"，即"再造一个杭州新城，再造一个杭州工业"，到 2030 年工业总产值实现 1 万亿元，人口集聚达到 80 万左右。

2015 年，大江东产业集聚区管委会决定紧贴大江东七大主导产业，引入杭州市属高校和中等职业学校，整合政府、企业、学校、科研院所等多方力量，形成小镇模式的校企合作共同体，以职业教育支撑产业转型升级，打造全国现代职业教育实验区，把大江东职教小镇建设成为"自然生态小镇、工业 2025 小镇、人才创业小镇、钱江风情小镇"。2017 年 5 月，杭州市特色小镇规划建设协调小组办公室将大江东职教小镇列为市级特色小镇培育名单。

大江东职教小镇，位于大江东中部、钱塘江南岸，紧邻大江东城市核心区，规划总用地面积约 4.6 平方公里。职教科技城由"T 轴共享、一核一心、五区联动"三大空间结构组成，由共享服务带和小镇生活轴共同构成的"T"字形共享轴，集中了小镇的研发、生活配套、文体设施、公共实训、文化展示等公共活动功能，并向西连接大江东中心区、向东融入职教区，从而构筑校园与小镇互融、校园与城市互融的整体空间格局。"一核一心"公共中心格局由启动区的共享服务中心和一期的小镇公共核心构成。小镇的教学区、生活区等均围绕上述中心组织，形成功能混合、富有人气和活力的公共中心地带。"五区联动"包括职教东片区、职教西片区、小镇生活区、科技研发片区和创新孵化片区五大板块，它们共同构成小镇的学习、生活、创新创业、科技研发功能主体。五个片区均围绕上述轴带和中心组织，形成开放共享的小镇模式。

在开发时序上，该方案安排了三个时间段。在“一期启动开发”阶段，启动东升路以东，宏新北横河以南区块，建设首期引入的 4～5 个职业学校以及为启动区服务的共享服务中心，总用地面积约 1.26 平方公里。待启动区建设完善后，便进入“一期后续开发”阶段，开发北面的职业学校用地和西面的小镇核心区块、创业孵化园区、公共实训基地等，同时开发一定的居住生活用地。“三期完善开发”阶段开发义蓬东一路以西的大学科技园区、工业创新研发中心、创客村落等科研创新功能，同时职教功能不断完善，生活配套日益成熟，成为学习、生产、生活交融的新型综合体。

资料来源：刘辉，雷兴国，吴雪萍. 特色小镇建设背景高技能人才开发策略研究——以浙江为例[R]. 2017.

参考文献

[1] 侯汉坡，李海波，吴倩茜. 产城人融合——新型城镇化建设中核心难题的系统思考[M]. 北京：中国城市出版社，2014.

[2] 吴建伟，毛蔚瀛. 大规划：城市与产业[M]. 上海：同济大学出版社，2009.

[3] 中央城镇化工作会议在北京举行[N]. 人民日报，2013-12-15.

[4] 黄幸婷，胡汉辉. 产业发展规划的范式研究[J]. 科学学与科学技术管理，2012(9)：66-73.

[5] 魏江. 产业集群——创新系统与技术学习[M]. 北京：科学出版社，2003.

[6] 王珺，等. 技术创新与集群发展——我国专业镇经济的技术创新机制研究[M]. 北京：经济科学出版社，2008.

[7] 迈克尔·波特. 国家竞争优势[M]. 李明轩，邱如美，译. 北京：华夏出版社，2002.

[8] 宋德勇，胡宝珠. 克鲁格曼新经济地理模型评析[J]. 经济地理，2005(4)：445-448.

[9] 陈柳钦. 克鲁格曼等新经济地理学派对产业集群的有关论述[J]. 西部商学评论，2009(1)：57-73.

[10] 吴国林. 广东专业镇——中小企业集群的技术创新与生态化[M]. 北京：人民出版社，2006.

[11] 李琳. 多维邻近性与产业集群创新[M]. 北京：北京大学出版社，2014.

[12] 亨利·埃茨科威兹. 国家创新模式——大学、产业、政府“三螺旋”创新战略[M]. 周春彦，译. 北京：东方出版社，2014.

[13] 王珍珍，鲍星华. 产业共生理论发展现状及应用研究[J]. 华东经济管理，2012(10)：131-136.

[14] 苏丹. 基于共生理论的集约型职教园区协同发展研究[J]. 中国职业技术教育，2016(32)：89-93.

[15] 全国教育科学规划领导小组办公室.“职教园区建设模式与实证研究”成果报告[J]. 大学(研究版)，2016(12).

[16] 谭绍华，黄耀五.“城校互动”——基于共享城市公共资源的职教发展新模式[J]. 中国职业技术教育，2007-6-11(No. 273).

第五章

产业集群发展与职业教育专业集群建设

产业集聚是在全球经济、技术、组织、社会等一系列结构变化的背景下，产业发展和区域经济通过分工专业化形成的，在区域经济发展中发挥着越来越重要的作用，由其带来的人口快速流入与长期集聚推动城镇发展和功能完善。从根本上说，产业集聚的实质是要素的集聚，其中也包括了人力资本要素的集聚，技能型人才的供给是影响产业集群发展的重要因素，职业教育培训是集群人力资本形成和知识溢出的重要途径。根据区域内产业集群经济特点，建设与之相适应的职业教育专业群、专业集群和教育集团，分别从微观到宏观各个层面统筹规划职业教育的专业结构、布局，优化配置区域内职业教育资源，提高办学效益和人才培养质量，可以更好地为区域经济社会发展服务。

第一节　产业集群发展与技能需求

产业集群作为众多企业和机构在空间地理上的集中，有一个产生、成长、成熟和衰落的过程，只有持续不断地升级，集群的竞争力才能得以维持和延续。产业集聚和人才集聚是相互关联的，产业集群在其发展的不同阶段需要吸纳的不同个体人力资本，包括各种层次和类型的技术技能人才、研发人员和企业家，而由不同个体人力资本所形成的整个组织的人力资本反过来影响集群的发展，产业集群内人力资本的竞争、合作、互动关系影响和推动着产业集群的发展和转型升级。

一、我国产业集群现状、类型与主要特征

1. 我国产业集群发展现状

我国产业集聚现象由来已久，如古代的景德镇陶瓷、苏州刺绣等产品享誉中外，成就了众多千年名镇，从现代经济学的视角可以看作是典型的产业集群。新中国成立后逐步建立起计划经济体制，在很长一段时间内不具备产业集群发展的市场条件。随着改革开放政策的实行，产业集群伴随着经济市场化、国际化逐步发展起来，特别是沿海地区的镇、县(市)出现了以“一村一品”“一镇一业”“块状经济”“专业镇经济”等为特征的高度专业化的中小企业空间集聚现象，几乎覆盖了国民经济行业分类中的大多数行业，主要以第二产业中的制造业为主，纺织、服装、皮革、五金制品等大部分传统行业，信息技术、生物工程、新材料以及文化创意等高新技术产业快速发展，并涌现出一批龙头骨干企业和区域品牌，几乎每个省市都有发育程度不同的产业集群，其中以浙江、广东、江苏、山东等省最为集中(表 5. 1)。根据工信部中小企业局对全国 29 个省市的不完全统计，2014 年全国销售收入超过 20 亿元的产业集群有 2 530 个，拥有企业 94. 68 万户，吸纳就业人口 5 257. 56 万人，实现销售收入 48. 26 万亿元，利润 2. 69 万亿元。[1]产业集

群凸显系统优势和集体效率，成为稳增长促就业、促进区域经济社会发展的重要力量。

表 5.1　我国产业集群的行业及区域分布(2007 年)

行业门类	行业名称	产业集群(个)	比重	主要分布区域
制造业	纺织业	87	16.2%	浙江、江苏、福建、广东、山东
	纺织服装、鞋、帽制造业	46	8.6%	广东、浙江
	非金属矿物制品业	39	7.3%	山东、河北、福建、广东
	专用设备制造业	38	7.1%	浙江、江苏
	金属制品业	32	6.0%	广东、浙江、江苏、山东
	农副食品加工业	29	5.4%	—
	工艺品及其他制造业	27	5.0%	—
	皮革、毛皮、羽毛(绒)及其制品业	23	4.3%	东南沿海、河北、河南、重庆
	交通运输设备制造业	23	4.3%	—
	电气机械及器材制造业	23	4.3%	东北、陕西、湖南、湖北
	通用设备制造业	22	4.1%	—
	化学原料及化学制品制造业	18	3.4%	—
	木材加工及木竹藤棕草制品业	17	3.2%	浙江、福建、广东
	文教体育用品制造业	13	2.4%	浙江、福建、广东、湖北
	家具制造业	12	2.2%	广东、福建
	印刷业和记录媒介的复制	10	1.9%	—
	塑料制品业	10	1.9%	—
	医药制造业	7	1.3%	天津、西安、东北、上海、北京
	有色金属冶炼及压延加工业	7	1.3%	京津唐、东北
	仪器仪表及文化办公用机械制造业	6	1.1%	东北、陕西、湖南、湖北
	黑色金属冶炼及压延加工业	6	1.1%	京津唐、东北
	食品制造业	4	0.7%	辽宁、山东、江苏、广东、福建
	通信设备计算机及电子设备制造业	4	0.7%	北京、上海、深圳、南京、成都
	饮料制造业	3	0.6%	—
	造纸及纸制品业	3	0.6%	广东、浙江、江苏、山东、福建
	石油加工、炼焦及核燃料加工业	3	0.6%	山东、江苏、浙江、广东
	橡胶制品业	2	0.4%	—
	废弃资源及废旧材料回收加工业	1	0.2%	—

续 表

行业门类	行业名称	产业集群(个)	比重	主要分布区域
批发零售	批发业	2	0.4%	—
农林牧渔	农业	19	3.5%	—
总计	—	536	100%	—

资料来源:单丹丹. 我国产业集群问题分析[EB/OL]. http://www.china-reform.org/? content_455.html.

珠三角作为我国改革开放的前沿地区,蓬勃发展的乡镇(街道)产业集群即专业镇(专栏5.1),成为广东区域产业发展的基本载体和主要形态,在珠三角腹地的佛山(顺德、南海、禅城)和东莞、中山表现尤为突出,是我国最重要、最具发展活力、最有发展潜力的经济区之一,专业镇在区域工业化和城镇化进程中扮演着日益重要的角色,产业集群发展普遍被纳入本地区经济社会发展规划和城市总体规划,明确功能定位、布局规划和培育政策,实现产业集群与新型城镇化的协同互动发展(专栏5.2)。

专栏5.1

广东省级专业镇认定标准

广东省科技厅根据产业类别进行认定,广东省级专业镇分为工业类专业镇、农业类专业镇、服务业类专业镇。申请省级专业镇需要分别满足以下条件。

1. 特色产业集聚度高。产业符合国家产业政策发展方向,具有较强的产业竞争力和产业配套能力,具有广阔的市场空间和发展潜力,拥有一批具有较高声誉的行业龙头企业。

(1) 工业类专业镇:珠三角地区专业镇全镇工业总产值需达到50亿元,粤东西北地区专业镇全镇工业总产值需达到30亿元;其中特色产业产值占工业总产值30%以上。

(2) 农业类专业镇:珠三角地区专业镇全镇工农业总产值需达到10亿元,粤东西北地区专业镇全镇工农业总产值需达到5亿元;其中特色产业产值占农业总产值30%以上。

(3) 服务业类专业镇:珠三角地区专业镇全镇地区生产总值(GDP)需达到30亿元以上,粤东北地区专业镇全镇地区生产总值(GDP)需达到10亿元以上;其中特色产业总收入占服务业总收入30%以上。

2. 企业创新能力强。镇政府应重视科技进步与技术创新,加大研究与试验发展(R&D)经费投入强度,注重培育高新技术企业和科技型企业,发展科技企业孵化器。

3. 公共服务体系初步形成。按照产业发展内在需求建立并逐步完善各类公共服务平台，申请时至少有1家综合性公共服务平台或专业性公共服务平台。

4. 产业辐射带动能力强。特色产业成为当地经济的主要增长点，为地区社会事业发展提供强大的经济支持，促进地方充分就业，促进社会和谐，对周边地区产业集聚发展，有一定的示范和带动作用。

5. 特色产业发展环境良好。当地政府已出台促进特色产业相关发展规划及资金、税收、用地、科技等方面的鼓励政策，充分发挥产业政策和行业规划的导向作用，指导和扶持产业集群发展。对产业集聚度高、在行业内影响力大、市场占有率高的区域，产业产值相对较少的情况下，在充分考虑发展前景后，可适当放宽认定条件。

资料来源：广东省科学技术厅关于印发《广东省科学技术厅关于加强专业镇创新发展工作的指导意见》的通知，2016-4-29.

专栏5.2

东莞以产业集群为支撑构建"一中心四组团"新型空间格局和市、组团和镇三级产城融合区

珠三角地区实施以工业化和产业集群带动城镇化战略，以东莞为代表的珠三角东岸地区在改革开放之初以其独特的地理区位优势和优惠政策，率先成为外资特别是港澳台地区资金涌入的对象，以乡镇企业为基础大力发展外向型工业，初步形成以加工贸易出口为主的产业集群。到2006年，32个镇级单位，几乎每个镇都有上规模的特色产业，绝大多数镇的经济规模都在50亿～100亿元之间，成为有世界影响的以电子信息产业为主导的制造业基地。但是，早期乡镇企业和集体经济发展带动的农村城镇化，使得城镇在空间结构上出现较为分散的格局，城镇空间布局、基础设施建设和公共服务提供、生态环境保护等城镇发展都在各自行政范围内，造成生态空间出现危机。

东莞市"十三五规划"提出把握产业变革新机遇，坚持增量提升与存量优化并举，内源型经济与外向型经济协调发展，推动先进制造业和现代服务业"双轮驱动"，重点发展电子信息、装备制造、生物医药，新能源汽车制造，节能环保制造，新材料等产业集群，构建具有全球竞争力的现代产业新体系。同时，以经济区统筹引导资源要素优化配置和高效整合，构建"一中心四组团"（中心组团、西南组团、西北组团、东南组团、东北组团）的新型空间格局，优化市域中心体系布局，做强中心城区，培育市域次级中心带动片区整体发展。以重大产业平台、组团中心地区、战略节点地区、轨道枢纽地区为重点，打造具有明确产业定位、复合社区功能、优良环境品质的市、组团、镇三级产城融合区，促进产业空间优化、发展要素集聚和区域功能提升。

全面加快松山湖（生态园）、虎门港、东莞水乡特色发展经济区、东莞粤海银瓶合作

创新区、长安新区等重大发展平台建设，推动产城融合发展，培育引领区域协调发展的重大增长极。以松山湖(生态园)为龙头，带动周边镇街，加快发展智能机器人、智能手机等智能装备制造及生物医药、云计算、新能源、节能环保制造等新兴产业，建设环松山湖地区智能制造和先进制造集聚区。东莞粤海银瓶合作创新区突出抓好粤海高端装备产业园建设，加快布局高端智能装备、汽车及关键零部件制造、3D打印、检测试验设备等高端装备制造产业，成为东莞东部新兴增长极；东莞水乡特色发展经济区重点加强与广州、深圳的对接，加快淘汰落后产能，整合产业发展空间，承接发展一批高端装备、生物医药、节能环保、新材料、新硬件、新能源等新兴产业，建设新兴产业集聚区。虎门港及沿岸地区突出加快发展临港现代产业、临港海洋装备制造等产业，长安新区围绕海洋经济打造蓝色发展引擎、建成临港现代产业集聚区。东南组团、西南组团等临深片区重点承接深圳创新成果转化和先进制造产业转移，建设具有全球竞争力的先进制造基地。大力推动服装、家具、鞋帽、玩具、食品、模具等专业镇转型升级，支持发展一批中小微企业公共技术创新服务平台，在具备条件的镇街建设"四新经济"(新技术、新产品、新业态、新模式)示范区，形成一批创新型特色支柱产业集群，如下图所示。

资料来源：东莞市国民经济和社会发展第十三个五年规划纲要(2016年2月27日，经东莞市第十五届人民代表大会第七次会议审议通过)。

2. 产业集群类型与特征

近年来产业集群现象已经引起产业经济学、经济地理学、区域经济学等众多学派的高度关注，国内外学者对产业集群进行了各具特色的划分。林恩·米特（Lynn Mytelka）和富尔维亚·费瑞耐里（Fulvia Farinelli）以产业集群的组织类型为基准，以集群的内在关系为出发点，将产业集群分为非正式集群（如加纳库马西汽车零部件集群）、有组织的集群（如巴基斯坦西亚尔科特外科手术器械集群）和创新型集群（如丹麦日德兰半岛家具集群），不同类型集群的参与者在创新、信任、技能、技术、关联、合作、竞争、产品创新、出口等方面存在差异，这种分类将影响产业集群的若干因素明确表示出来，通过控制或改进某些因素而达到影响或推进产业集群发展的目的（表 5.2）。

表 5.2　产业集群的类型及绩效

要　素	类型		
	非正式产业集群	有组织的产业集群	创新型产业集群
关键参与者参与度	低	低到高	高
企业规模	个体、小	中小企业	中小企业和大企业
创新	几乎没有	有些	持续
信任	几乎没有	高	高
技能	低	中	高
技术	低	中	中
关联	有些	有些	广泛
合作	几乎没有	有些不持续	高
竞争	高	高	中到高
产品创新	几乎没有	有些	持续
出口	几乎没有	中到高	高

资料来源：丘海雄，等. 珠江三角洲产业集群发展模式与竞争力研究[M]. 北京：经济科学出版社，2008：21.

王珺从产业集群的发生机理及其创新主体和外部的联系情况，将产业集群分为内生型集群和外生型集群（表 5.3）。内生型集群通过集群内部联系或创新网络使集群企业获取创新动力和能力，从集群企业创新动力和能力内生机制看，又可将内生型集群分为轮轴式和马歇尔式产业集群两类。轮轴式集群是创新动力和能力来源于集群内大企业的产业集群，如顺德美的集团家电产业集群，众多的中小企业围绕着美的集团结成创新网络（专栏 5.3）。马歇尔式集群是同类聚集的中小企业集群，众多关联的中小企业集聚在一个地理区域，在发展的一定时期，其创新动力来自当地政府的激励和市场需求的变化以及竞争的加剧，而创新能力来源于政府主导建立的地方技术创新中心及企业之间的联系，如南海西樵的纺织产业集群。外生型产业集群是指创新动力和能力源于与集群外部(如国外的母公司、国际分包商或国际采购商、国际市场等)的联系。如东莞的IT产业集群，主要是外商投资形成的产业集群。当然，这种分类既有静态意义上的，也有动态意义上的分类，因为两种类型有可能转化、结合、交错融合。当内生型集群中越来越多企业融入全球价值链时，产品销往世界或研发设计主要来自国外，这些企业创新动力和能力可能主要来自外部；当存在有利于外生型集群升级发展的产业政策和环境条件时，随着集群内部创新系统的培育，如企业成长和创新能力增强，高素质人力资源的积累，集群内创新服务机构的完善等，集群可能逐步克服和摆脱对外部大企业的依赖，逐渐形成自主内生创新能力。在广东省，内源型产业集群主要集中于珠三角西岸的佛山、中山、江门等市，在改革开放初期，抓住国内产品短缺的机遇，利用政策等优势，大力发展乡镇企业和民营企业而形成，技术来源主要是依靠引进国外先进适用技术或者得益于国有企业、大学和科研院所的技术外溢，如20世纪80年代的"星期六工程师"和"反求工程"，其资金来源主要多靠本土创业者自筹；外源型产业集群主要集中于珠三角东岸的东莞、惠州和深圳等地区，抓住国际产业转移机遇，利用政策和区位等优势，大力引进"三资"企业而形成的，技术来源基本依靠境外引进的生产设备，其资金来源靠外商

表5.3　　产业集群类型及其技术创新机制

产业集群类型	马歇尔式内生型产业集群	轮轴式内生型产业集群	外生型产业集群
主要特征	• 以中小企业居多，技术创新能力弱 • 地方竞争激烈，分工合作网络不完善 • 面临多变的市场环境和技术多变等不确定性	• 核心大企业和配套中小企业组成纵向分工网络 • 明显的等级制度 • 整个集群依赖少数大企业的绩效	• 以中小企业居多 • OEM(原始设备制造商或贴牌生产)生产方式，销售依赖外部企业或国际采购商 • 低廉的要素成本
技术创新机制	集群创新网络以地方政府建立的技术服务组织(创新中心)为核心	集群创新网络以大企业为核心，技术服务组织为辅(为大企业提供服务支持、帮助中小企业提高技术创新能力)	以跨国公司技术外溢和国际买家的采购标准为主要创新能力源泉
工艺创新	动力弱，能力弱	动力强，能力强	动力强，能力强，但受到外部制约
产品创新	动力强，能力弱	动力强，能力强	动力弱，能力强，但受到外部制约

资料来源：王珺，等.技术创新与集群发展——我国专业镇经济的技术创新机制研究[M].北京：经济科学出版社，2008：55，62.

带入。两类产业集群经过不断交错融合后都已进入迁移升级期，推动这些变化的因素包括土地紧张、成本上涨、竞争压力、环保要求、科技进步、城镇化进程等。

专栏 5.3

顺德家电产业集群与技术创新机制

顺德有“中国家电之都”之称，北滘镇更是中国家电强镇。2012 年，顺德家电产业实现总产值 2 571.4 亿元，占全国家电总产值的 22.5%，全区拥有规模以上的家电生产企业及配件类企业 3 000 多家，形成了大中小企业协调共生、服务配套体系较为完善、产业链比较完整的企业竞合格局，在区域上形成了以北滘、容桂为主体的信息家电整机制造集群区和以大良、勒流为龙头的小家电和电子元器件零配件集群区。其中龙头企业美的集团实现销售收入 1 027 亿元，其中外销销售收入 72 亿美元，家电营业收入 680.8 亿元，在中国 500 强企业排名中位列 79 位。

顺德区域创新体系环绕地区产业集群，由支柱产业、龙头企业同制度基础机构两类主体互动构成。华南家电研究院作为区级家电产业研发平台，依托顺德两所地方高校及国内外著名高校、科研院所共同研究开发家电产业领域的核心技术、核心元件和共性技术。

北滘镇生产力促进中心为专业镇一级的技术创新平台，由北滘镇和广东省生产力促进中心共同组建，面向中小企业提供综合性服务。2014 年，由区镇两级政府共同建设广东顺德创新设计研究院，以研究生联合培养、科技服务和产业孵化为核心业务，以生命科学、电子信息、机械自动化、材料化工、工业设计等为主要研究领域，“政产学研”一体化的协同创新平台。研究院已与 35 所国内外大学、院系签订合作协议，为参与联合培养的研究生提供生活补贴、免费住宿等支持。

企业层次为龙头企业的工程技术研发中心。美的作为顺德家电产业集群的核心企业，独占产业价值链前端中的研发、设计环节，众多的中小企业提供零配件研发和生产，供应商标准与质量控制，地理上的邻近，频繁的人员流动，导致不同企业间技术外溢和信息共享。2014 年，美的集团在集团层面成立中央研究院，形成四级研发体系，其中研发事业部定位 1～2 年的新品开发和 2～3 年个性技术研究，中央研究院定位 3～5 年中长期共性技术研究及 5 年以上的基础研究、颠覆性研究。目前现有研发人员 8 000 余人，其中外籍专家 200 人，拥有硕士、博士学位的人员 4 895 人，均集中在研发、制造、品质等核心技术岗位。2013 年全集团研发投入 38 亿元，占营业收入的 3.1%。

资料来源：课题组在顺德区和美的集团调研成果，2016，9.

二、产业集群升级与技能需求

1. 产业集群周期

产业集群本身并不是一个静态的结构，而是一个动态的发展过程。迈克尔·波特将产业集群的生命周期划分为孕育、进化和衰退三个过程。新产业集群主要在以下几种情况下产生：特定历史环境，不同寻常的、成熟的或者迫切的当地需求，一两个刺激并带动其他企业成长的创新企业，因偶然事件的发生而带来的竞争优势。集群一旦形成，就会通过自我强化的形式来促进发展，尤其是当地竞争激烈和获得制度支持的情况下。成长中的集群充满了机会，也因此能够吸引最优秀的企业家与技术人员加入集群。此时，供应体系越来越专业化，当地政府在培训、研究与配套设施上加大投入，集群的竞争力大大增强。随着制度的不断完善与改进、企业的加入与退出，集群不断进化。在内生因素和外生因素的双重作用下，集群将面临衰亡的局面。[2]产业集群在发展过程中，不一定能够保持长久的竞争力，会遇到包括结构性风险、周期性风险、技术性风险和网络型风险在内的多重风险，不能有效驾驭这些风险有可能导致集群衰退乃至消亡。不同的产业集群存续周期的长短有差别，波特指出尽管产业集群有助于国家竞争优势的确立，但经过 10 年的发展，产业集群基本上处于比较成熟的阶段，若不及时升级可能出现衰退。[2]

产业集群升级是指企业生产更好的产品、生产效率更高，或者进入技能性更强的领域，以获得销售增长、收益提高。[3]梅迪纳（Francisco López Medina）根据世界经济论坛竞争力研究和新兴经济体产业集群转型升级的经验，提出集群发展一般经过要素驱动、效率驱动、创新驱动三个阶段，同时指出了每个发展阶段的政策制定方法。集群发展的初期一般是依靠低工资和原生自然资源等要素资源驱动的，以非技能的劳动力市场、商品销售、低工资、技术发展缺失和全球经济周期的敏感性为特征，此时相应的集群发展政策包括制度、基础设施、宏观经济稳定、健康与初级教育四个条件。当集群发展到一定程度时，要素的相对价格上升，就需要高效率、高质量驱动集群成长，对有效率的生产过程和产品质量的关注能够为竞争力提供支持和稳定性，减少对外部因素的经济敏感性，此时需要教育水平、市场效率、劳工市场效率、资本市场等六个要素。成熟的商业和创新支柱代表通向难以模仿的竞争优势之路，也是建设强大经济的基础，创新阶段以保持高工资能力、独特和差异化的产品为特征。这三个阶段可以用来决定与生产率和财富创造有关的经济的成熟程度，同时也说明集群政策的作用空间可以通过改善要素供给来间接改善集群绩效（表 5.4）。

表 5.4　产业集群发展和竞争力阶段的特征

特征	阶段 1:要素驱动	阶段 2:效率驱动	阶段 3:创新驱动
劳动力市场	非技能	技能	高技能
产品	基础	质量制造	独特和差异化
工资	低	中	高
技术	从国外获取或模仿	在本土改进技术	在本土发展高技术
经济敏感性	高	中	低
竞争力基础	低工资	高效率生产	高阶集群
关注支柱	1，2，3，4	5，6，7，8，9，10	11，12
政策支柱清单			
1. 制度	4. 健康与初级教育	7. 劳动力市场效率	10. 市场规模
2. 基础设施	5. 高等教育和培训	8. 资本市场	11. 成熟的商业
3. 宏观经济稳定	6. 市场效率	9. 技术准备	12. 创新

资料来源：Medina F. L.，Cluster Policies in Two Emerging Economies：Mexico and China[EB/OL]. Korea Review of International Studies，http://gsis. korea. ac. kr/wp-content/uploads/2015/04/13-2-01_Lopez. pdf.

基于全球价值链的分析框架，加里·格雷菲(Gary Gereffi)认为升级是企业或者经济体(包括产业集群)通过参与全球生产来增加生产价值或转向价值更高的生产活动，从而增加收益(安全、利润、增加值、能力)，这包括企业参与到生产模式中的六大变化：①进入全球价值链：新的参与者开始参与全球价值链；②产品升级：转为生产更高价值的产品；③流程升级：生产系统效率的提高，例如纳入更加专业的技术；④功能升级：进入全球价值链中的高价值阶段，该阶段需要更多的技能；⑤链条升级：通过利用在当前全球价值链中获取的知识和技能进入新的全球价值链；⑥终端市场升级：侵入具有更高价值的新的终端市场领域，这可能涉及地域或产业的转变，例如纺织品供应商从服装制造商转至医疗、国防或建筑产业用户(图 5.1)。

产业集群发展的结果不一定以衰落而告终，可以在延长集群寿命的同时，必须采取相应措施帮助产业集群升级或转型为新的产业集群，集群的竞争力才能得以维持和延续。我国产业集群发展整体上处于效率驱动阶段，处于全球价值链的低端，以传统的产业集群为主，集群创新能力不足。2008 年国际金融危机以来，在以出口导向、传统优势、低端产业为主要特征的珠三角产业集群，面临着国际贸易环境剧变和来自资源、环境的压力与挑战，许多发展成熟的专业镇面临集群衰退、集群停滞的危险，从而进入转型升级的关键阶段。《珠江三角洲地区改革发展规划规划纲要(2008—2020 年)》提出了以产业集群为依托，构建区域创新体系和创新环境，优先发展现代服务业，加快发展先进制造业，大力发展高技术产业，改造提升优势传统产业，积极发展现代农业，建设以现代服

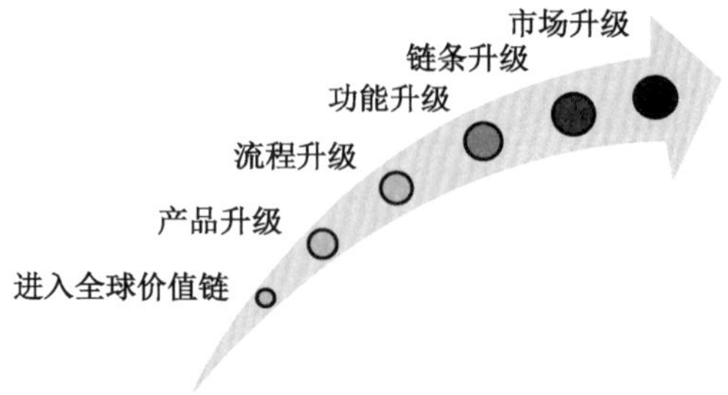

图 5.1 基于全球价值链的产业升级

资料来源：经合组织发展中心. 世界变革中的产业政策[M]. 上海：上海人民出版社，2015：137.

务业和先进制造业双轮驱动的主体产业群，形成产业结构高级化、产业发展集聚化、产业竞争力高端化的现代产业体系。[4]这就要求珠三角地区的专业镇加快调整产业结构，向高附加值、高效率、高品质的产业链环节升级，当然，不同类型的专业镇转型方向和升级路径不同(表 5.4)。传统制造业(纺织、五金、制鞋、建材、家具等)专业镇，多数属于劳动密集型的产业集群，这些专业镇的优化升级和转型，关键在于推进技术创新、制度创新和管理创新，使老产业换发新活力，加快产业公共服务平台和支撑体系建设、专业镇品牌建设和产业园区建设是传统制造业专业镇转型升级的重要举措。复杂产品制造业(机械、汽车零部件等)以及高科技(软件、电子通信产品等)专业镇，经济实力虽较为雄厚，但事实上处于全球价值链低端，更多地承担着生产者的角色而缺乏自主创新能力，对于这类专业镇，重要的是增强自身技术创新能力，使其逐渐摆脱低附加值的生产者角色，逐步走向全球价值链的高端，最终拥有自主创新能力，建立完善的知识产权、核心技术体系，逐步形成和掌握属于自己的全球价值链环节。[2]

表 5.4　　当前珠三角地区产业集群(专业镇)转型的时机、动因与方向

转型时机	转型动因	转型方向
集群衰退	集群达到生命周期的成熟饱和阶段，出现拥挤效应，比较优势的要素价格显著上升	更强调过程升级、部门间升级维持，减缓生命周期的衰减或建立新的生命周期
集群停滞	同质化低档产品市场竞争激烈，原有细分市场饱和；热衷于产能的简单扩张、创新停滞，无法发现新的细分市场；低阶的柔性专业化	更强调产品升级、链的升级、功能升级，提高市场的识别能力和反应速度
外部压力	金融危机造成欧美市场订单骤减；后金融危机时代需求特征出现新变化；广东省经济转型升级；国际竞争对手比较优势上升	更强调过程升级、链的升级，以分别应对短期和中长期外部压力

资料来源：符正平，常路，等. 产业集群升级与转型：珠江三角洲地区的实践与启示[M]. 北京：社会科学文献出版社，2016：25.

2. 产业集群升级与人力资本及其技能需求

产业集群是以产业内分工深化和生产迂回程度增加为前提的。从物的角度看，产业集聚是把生产产品的工艺环节分解成独立的生产过程，拉长初始投入与最终产出之间的链条，不断出现新的中间产品，形成了产品多样化，这意味着生产迂回程度的增加；从人的角度看，产业集聚将原来属于企业内部的分工转变成同一产业内企业之间的分工，工人将越来越多的时间用于产品生产的某一环节，工艺过程专业化和精密化，导致工人的专业化程度加深，对劳动者素质要求不断提高。马歇尔最早关注到技能型工人分布与企业区位选择的相互影响，指出“雇主们往往到他们会找到他们所需要的有专门技能的优良工人的地方去；同时寻找职业的人，自然到有许多雇主需要像他们那样的技能的地方去，因而在那里技能就会有良好的市场。”[5]迈克尔·波特认为产业集群对于吸引优秀人才集聚起到重要作用，并以意大利萨索罗地区瓷砖专业为例，分析了产业集群的成长繁荣如何吸引有技术的工人和工程师涌入成功的企业中工作，为集群发展做出贡献。[6]经济合作与发展组织在《2017 技能展望》(*OECD Skills Outlook 2017*)报告中指出，当技能开发伴随全球价值链的参与，为工人提供合适的“技能组合”，有助于确保各国消除全球化对于经济和社会的负面影响，同时将全球化转化为新的就业岗位并提高生产力，从全球价值链中获得最大收益。[7]

基于人力资本在经济增长中的重要作用，许多学者将产业集群的发展与人力资本联系起来进行研究，产业集群和人力资本之间存在着相互影响、相互促进的关系。一方面人力资本为产业集群发展提供要素支持，可以促进产业集群发展、增强集群的创新能力和竞争力；另一方面产业集群发展需要大量的人力资本，可以促进人力资本的成长和空间集聚。人力资本作为在个体身上所体现的、具有经济价值的知识、能力、健康等质量因素的总和，可分为一般人力资本、专业人力资本和企业家人力资本。[8]具备一般人力资本的个体体现的能力，可以掌握简单的、日常的、规范化的程序性的操作，可以完成一般性的、不需要创新或者创新很少、相对容易测度的工作，对应的社会分工角色为一般劳动者，这部分人固然需要一定的知识和基本的教育，如受过小学和中学教育，或者是很少的教育，甚至是文盲，但经过比较简单的训练后，就能够适应这种工作，当然，这种工作所需要的知识和能力也是经常变化的。专业人力资本是指具有某种特殊技能的人力资本，以完成技术性、专业性的工作为主要特征，需要接受较长时间的教育培训，一般要接受高等教育，通过实践的训练而获得专业的知识和技能。企业家人力资本是最重要的人力资本，以创新、创业为主要特征，是社会经济发展和变革的主要发起人和推动者，“干中学”是企业家人力资本形成的主要方式。三种人力资本相互依存，相互协调，企业家人力资本的供给能够促进区域找到新的经济增长点，使得产业集群能够初露端倪；专业人力资本的充足供给，能够推进产业集群的发展壮大，发展成具有市场竞争优势的产业集群，乃至推动区域产业结构的调整和转变；一般人力资本解决了产业聚集、产业规模所需要的劳动力问题，它们的配置比率、协调状况直接决定着产业集群的可能性和可持续性，不同类型的产业群落对三种类型的人力资本配置结构要求也有所不同。珠三角、长三角等比较发达的地区，历史积累的专业化人力资本和企业家人力资本，外来人员大量聚集、流动积蓄了一定数量的技术熟练的一般人力资本，这些一般人力资本在集群中通过教育培训和更多的“干中学”，转化为专业人力资本或企业家人力资本，成为这些地区产业集聚形成的重要基础（专栏 5.4）。

专栏 5.4

珠三角、长三角产业集聚与人力资本积累

在我国市场化改革和对外开放不断深入的过程中，珠三角、长三角逐渐成为我国经济高速发展的地区，尤其是在这两大区域形成了众多的产业集聚，包括传统产业集聚和高技术产业集聚，前者包括在当地传统行业基础上发展起来的专业村、专业镇，主要以浙江的“一乡一品”“一县一业”为特征的“块状经济”和广东的专业镇为代表；后者则是在依靠政府扶持和吸引外资的基础上发展起来的，主要分布在上海与江苏的苏州一带以及广东的东莞和深圳。从产业特征来说，前者属于产品技术含量低的劳动密集型行业，而后者则是高技术含量的知识密集型产业。

人力资本是产业集聚的前提。丰富的企业家资源是广东、浙江的乡镇企业和私营企业在改革开放后迅速崛起的重要原因。宋明以来浙南盛行的永嘉学派“功利与仁义并存”的价值观以及瓯越文化中的敢于冒险和善于应变的精神，成为这一地区企业家精神的文化根源。广东作为我国近代民族工业的发源地和主要分布地带，商品经济发展和对外交流频繁培育出广东人务实创新、创业开拓的人文精神。历史积累的专业化人力资本为传统产业集聚准备了条件。历史上形成的产业基础，以家庭作坊方式进行的手工业生产十分普遍，某些区域储备了一定数量的能工巧匠，在生产技术和工艺方面改进和创新，提高了产品的市场竞争能力，这些能工巧匠所凝结的专业化人力资本后来成为该地区产业集聚形成的重要基础。根据陆根尧等人的调研，浙江永康有很多精通五金技术的能工巧匠，拥有“五金工匠走四方，府府县县不离康”的美誉。2011—2013 年，永康有五金企业 1 万家左右，从业人员达 30 多万人。在这些从业人员中相当多的是技术熟练工，并且集群所在地的外来务工人员数已经达到或超过当地居民数量。佛山南庄镇—石湾镇陶瓷产业集群在 1990 年初一跃成为国内最大的建筑陶瓷产区，大量景德镇陶瓷人才源源不断涌入，有超过 3 000 名专业人员毕业于景德镇陶瓷学院，同学、师生云集，形成独特的社会人际网络。2000 年，南庄镇与景德镇陶瓷学院全面建立产学研合

作关系，建立中国建陶研发中心，进一步强化了佛山作为陶瓷人才集聚地的地位。

专业化人力资本影响高技术产业区位选择。我国许多高技术产业研发机构在长三角的分布主要集中在以上海和江苏七市、浙江六市构成的小长三角，不仅仅因为上海是我国重要的经济中心，更主要的原因是上海及周边江浙城市是我国科技实力最雄厚的地区，集中分布着 1 000 家科研机构，400 多所高等院校和中等专业学校，科技人员达 150 万人，而广东的大学和研究机构的总体实力远远不如上海和江浙。20 世纪 80 年代末 90 年代初，许多港台的电子及通信设备企业和 PC 制造企业投资广东、福建，到 20 世纪 90 年代中期，广东东莞和深圳的电子通信和电子计算机配套产业集聚初步形成，也培养出一批熟练的技能型劳动者。但当地中小企业的经营水平和产品质量不高，对港台企业的产业配套能力弱，因此台资 PC 企业前往东莞投资，多数是台湾企业协力外包网络的整体迁移，台资企业采购本地化程度比较低。此外，由于东莞高等院校较少，教育和培训力量不足，且企业的研发人员流动性很大，高素质人才比较短缺。而此时长三角凭借浦东开发的契机，也加快了对外开放的步伐。上海及周边城市积极吸引外资，以台商为主的 IT 制造企业从珠三角和闽南大举北上长三角。2001 年仅苏州吸引的台资就高达 82 亿美元，占当年台湾对大陆投资总额的 1/5，其中 2/3 是 IT 企业。究其缘由，除了当地政府的优惠政策以外，主要是因为上海、苏州劳动力整体素质较高，大大节省了企业的培训成本，企业中高层管理人员的本土化比例也大大提升。而且，这一地区当地企业整体技术水平较高，产品质量较好，因此台资企业也增加了当地采购份额。

专业人力资本对产业集群的转型至关重要。随着我国人口结构和劳动力供给条件的变化，刘易斯拐点即劳动力过剩向短缺的转折点到来，在长三角、珠三角等地的传统产业集群发展过程中，不仅一般人力资本供不应求，出现局部性的“民工荒”，更为严重的专业人力资本供给和创新不足，严重缺乏熟练工人、专业技术人员、高级技术工人和高素质的管理者，制约了集群内部的信息传播和知识学习，严重影响集群自主创新能力提升及其转型升级。陆根尧等人 2013 年对浙江永康五金、乐清电器、温岭泵与电机、慈溪家电、织里童装和桐乡羊毛衫 6 个产业集群中 20 家龙头企业的调研，一般员工比例都在 60％以上，这些一般员工的学历 85％在高中及以下，专业人员的平均比例为 20. 48％，最高比例为 33. 75％，最低的为 3. 40％，整体人力资本水平不高，尤其是高级、专业人力资本匮乏，成为许多产业集群持续发展和转型升级的瓶颈和障碍。

资料来源：1. 毛军. 产业集聚与人力资本积累——以珠三角、长三角为例[J]. 北京师范大学学报(社会科学版)，2006(6)：103-110.
2. 陆根尧，等. 人力资本促进产业集群升级研究[M]. 北京：科学出版社，2016：24.

不同类型的人力资本在产业集群发展的各个阶段发挥着不同的作用，不同发展阶段的产业集群对不同类型人力资本的需求依赖和空间集聚存在较大差别。在产业集群的形成初期，由于自身资源比较缺乏，吸纳足够多的专业人力资本几乎不可能，集群的生存与发展依托一般人力资本的贡献和企业家的个人能力。企业家人力资本的冒险精神、创新精神和竞争意识催生了集群的种子企业，并繁衍了一批模仿企业或分离、裂变企业，加速了集群的形成。当然，这些原生型产业集群所在地往往具有深厚的文化或技术传统，造就了一批具有专门技能的人员。此阶段产业集群的发展对人力资本的依赖程度表现为：一般人力资本＞企业家人力资本＞专业人力资本。在产业集群的发展阶段，随着集群规模进一步扩大，专业化分工推动集群内企业之间的合作及配套产业链的形成，主导企业设立自己的研发机构和技术团队，寻求与高等院校、研发机构的合作，提升产业集群的创新能力和竞争力，专业人力资本对产业集群影响至关重要，企业家人力资本是构成集群成长和区域经济活跃的重要推动力量。此阶段产业集群的良性发展对人力资本的依赖程度表现为：专业人力资本＞企业家人力资本＞一般人力资本。在产业集群的衰退阶段，一般人力资本的短缺、专业人力资本技术创新相对不足、企业家人力资本决策不当都可能导致产业集群发展走向衰落。此阶段企业家人力资本在区域网络中的作用凸显，是换地转移、还是改产转型的决策直接关乎产业集群的存亡。因此产业集群的良性发展对人力资本的依赖程度表现为：企业家人力资本＞专业人力资本＞一般人力资本（表 5.5）。

表 5.5　　不同阶段产业集群发展对各类人力资本的依赖度

产业集群	一般人力资本	专业人力资本	企业家人力资本
形成	最高	一般	中等
成长	一般	最高	中等
衰落	一般	中等	最高

资料来源：谭建军．基于产业周期角度产业集聚和人力资本的探究[J]．产业与科技论坛，2010(2)：46-50.

产业集群发展到高级阶段，迫切需要高级生产要素来提升集群对先进技术的学习、消化、吸收和创新能力，需要大量具有创新精神的科技开发人员及具有工匠精神的技能型人才。专业人力资本可分为具有专业技术知识的技术技能型人力资本和具备专业管理知识的管理决策型人力资本，[6]技术技能型人力资本拥有丰厚的专业知识和操作技能，因而更能在学科交叉和产业融合的基础上找到创新的灵感，从而促进企业对新技术的应用、新产品的开发和产品质量的提高，技术技能型人力资本是企业乃至整个集群生产和发展的基础。迈克尔·波特在钻石模型中重点强调了技术技能型劳动者的重要作用，将其称为与资本和基础设施同等重要的“条件因素”，政府能够事先对所有的条件进行积极的干预，从而提高一个行业（或国家）的竞争力，而且指出建立在初级生产要素上的竞争优势是浮动的，当其他国家或地区踏上发展的相同阶梯时，也就是这种竞争优势结束之时。他以德国的光学产业为例，指出知识与技术型人力资源是提升竞争优势的重要条件，德国企业能持续在光学产品上改善与提升质量，就是靠当地大学的光学物理研究计划成果，以及相关职业技术教育所提供的高级技术工人。[9]政府技能政策的重中之重在于创造更多的和更好的技能，但面对不确定的未来和快速变化的世界，预计一个国家的未来技能需求几乎是不可能的。经合组织建议发展中国家的技能政策应关注三种主要类型干预类型（图 5.2）。

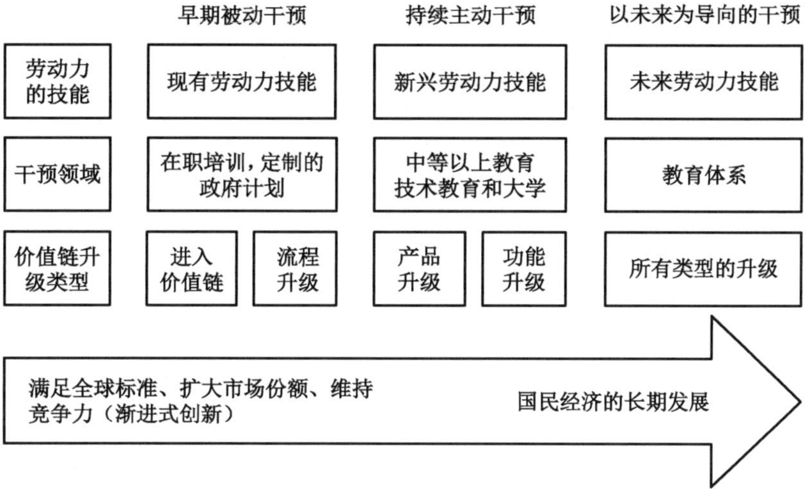

图 5.2　技能发展政策类型

资料来源：经合组织发展中心. 世界变革中的产业政策[M]. 上海：上海人民出版社，2015：152.

（1）早期被动干预：包括采取行动减轻技能差距带来的直接挑战，这些干预措施的主要目的在于使现有的技能供应与技能需求相匹配。这尤其需要开展产业分析，以对国家在全球价值链中所处的位置进行评估，并且确定满足国际标准、扩大市场份额和维持竞争力所需的主要技能。早期被动干预似乎在私有部门直接参与到培训过程中，以及国家作为推动者时会更加有效。

（2）持续的主动干预：旨在为一国升级到全球价值链中的下一阶段准备好所需要的劳动力。这需要开展产业分析，对可能的产业升级途径进行评估，以及确定全球价值链后续阶段主要的职位规划。主动干预措施必须能维持经济增长、提高产业竞争力和推动企业创新。发展中国家的劳动力技能通常处于全球价值链中的中等水平，并且需要具备技术能力。因此，重点应该放在建立能够传授相关技能的优秀技术教育机构，以及地方公共和私人委员会(政府、私营部门和教育机构合作共事)上。

(3) 以未来为导向的干预:专注于一国的长期技能需求。主要目的在于创造“可升级”的个人,这些个人具备扎实的基本技能,并且能够成功进入活跃的全球产业。这些以未来为导向的干预措施,将联合实力强大的劳动力资源来推动国民经济的发展。这些干预措施要求劳动力从早期便开始提升技能,包括初等和中等教育以及技术和高等教育。

技能在产业集群发展中发挥着中心作用,我国作为赶超型经济体,伴随国际产业转移,遵循引进—消化—吸收—创新的技术路径,当企业试图通过提升其在全球价值链中的产业水平来提升市场地位时,在寻找技能型劳动力方面面临困难,劳动力市场出现比较严重且频繁的技能错配现象。根据人力资源和社会保障部中国城市劳动力调查数据,虽然职位空缺比例较大且在不断提高,但应届大学毕业生找专业对口的工作却很困难(图 5.3);中等职业教育毕业生人均获得的工作机会比大学毕业生多,曾接受过服务业、设备操控和专业技术教育的毕业生最受青睐(图 5.4)。很多毕业生即便找到了工作,也会认为工作没有达到预期。2013 年麦克思对毕业生的调查显示,半数以上应届本科毕业生及 60%以上的高等职业学校毕业生认为自己的工作没有达到期望值。期望与现实的较大差距导致离职率较高,43%的高职毕业生在毕业半年内离职,24%的本科毕业生在毕业半年内离职,离职率过高,导致企业无法高效使用员工拥有的技能,不利于

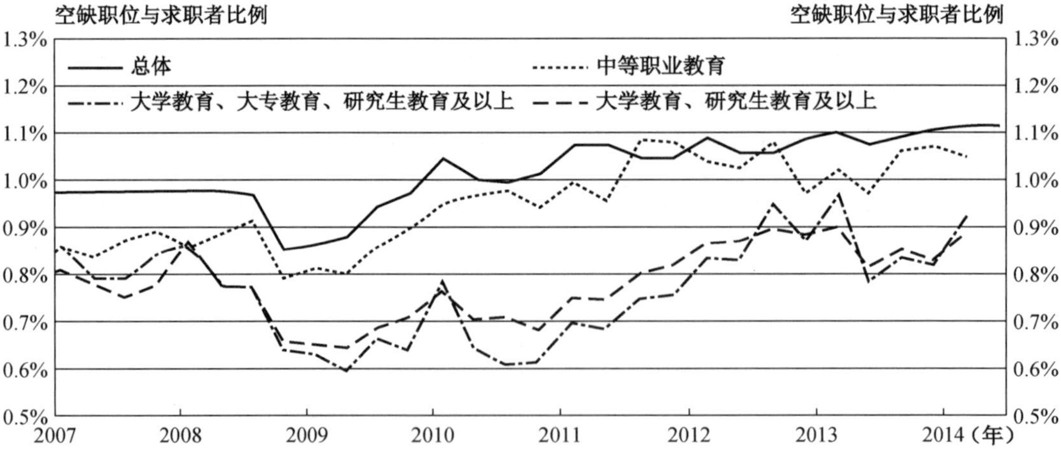

注:比例大于1表示相应类别职业数量大于求职者数量。

图 5.3　中等职业教育学校毕业生空缺职位与求职者比例高于大学毕业生

资料来源:经合组织. OECD 中国经济调查[M]. 官方中文版,巴黎,2015:44.

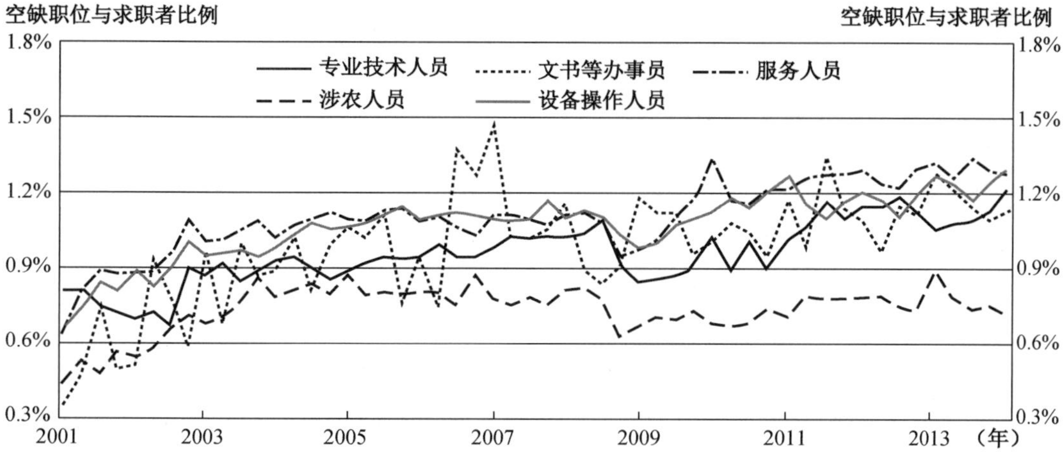

注：比例大于1表示相应类别职位数量大于求职者数量。

图5.4　服务、设备操控、技术及农业类工作空缺职位与求职者比例相对较高

资料来源：经合组织. OECD中国经济调查[M]. 官方中文版，巴黎，2015：44.

推动企业为员工培训投资，影响员工能力与经验的积累。[10]技能型人力资本形成与积累的形式或途径是多方面的，主要的投资途径是职业教育、在职培训与干中学。职业教育以培养应用型人才为己任，同时具有形成一般人力资本和专业人力资本的功能，尤其是在技能人才培养的专业化模式和协作化模式中更体现了这种特征。基于产业集聚对技能型工人的大量需求和劳动力市场中的技能错配，不仅需要大力发展职业教育，更重要的是根据产业集群人才需求的特点，各城市优势产业和产业结构升级的需要来进行职业教育专业集群的建设，增强专业集群和产业集群的吻合度。

第二节　产业集群与职业教育专业集群

产业集群作为一群地理或关系邻近、在产业上具有关联性和专业化特征的众多企业和机构形成的网络系统，最容易产生专业知识、生产技能、市场信息等方面的累积和扩散效应，并且共享许多生产要素，包括区域专用性的劳动力市场。随着科技不断进步和产业集群内竞争加剧，必将产生大量与高新技术相关的职业岗位群，增大产业集群对技术技能型人才的需求，进而对职业教育的专业发展模式提出了更新更高的要求。专业设置作为职业教育和社会需求紧密结合的纽带，对接产业集群建设专业集群，是职业院校实现特色发展、资源整合与共享、提高核心竞争力的有效途径，形成区域内某一类

专门人才培养与培训的竞争优势和规模效应，全面提升职业教育服务区域经济社会发展的能力。

一、职业教育专业设置依据

专业是指高等学校或中等学校按照学术门类和职业门类来划分而形成的各个不同的专门化领域，明确每一个专门化领域人才的知识要求、技能要求、素质要求。[11]对于职业教育，其“专业”的内涵与普通高等教育中“专业”的内涵有着本质上的区别，普通高等教育中“专业”主要依据学科门类、社会发展和工作领域而划分，更侧重学科门类的学术性，且趋同于拓宽专业面，向综合性发展。而职业教育中的“专业”主要是按照职业技术分工与职业岗位群对专门人才的要求而设置，强调职业性、技术性、强调综合能力的培养，同时也注意基础性和就业的适应性，[12]以就业为导向是与普通教育的明显不同之处。专业是职业教育与社会需求的结合点，是职业教育人才培养的载体，是体现职业教育办学内涵、办学水平、人才培养质量的重要标志，是职业教育师资队伍建设、课程体系建设、实训基地建设等的重要依据。《中华人民共和国职业分类大典》(2015 年版)以“工作性质相似性”为主、以“技能水平相似性”为辅的原则，将各类职业归为 8 个大类、75 个种类、434 个小类、1 481 个职业，以职业作为最基本的分类单元(图 5.5)。

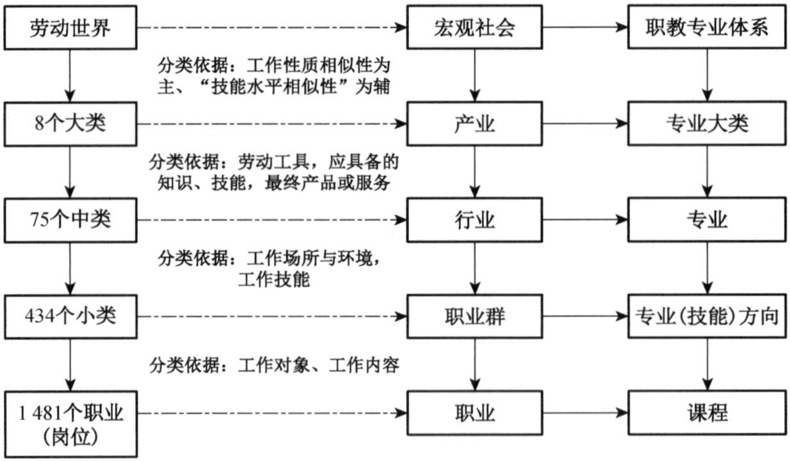

图 5.5　职业结构体系与职业教育专业体系映射关系图

资料来源：盛晓君. 论职业结构与职业教育专业结构的关系——以中等职业学校为例[J]. 职业教育研究，2016(3)：20-23.

尽管职业教育的专业强调职业性，与职业有着极为紧密的联系，但它与社会职业之间并不是一一对应的关系。我国现行《中等职业学校专业目录(2010年)》的修订参考《国民经济行业分类(2002)》《三次产业划分规定(2002)》《全国人才市场供求信息分类标准(2000)》《国家职业分类大典》《普通高等学校高职高专教育指导性专业目录(试行)》和《普通高等学校本科专业目录》等,设定了与《国家职业分类大典》相匹配的目标,适应学生就业和职业生涯发展的需要,强调适应服务经济社会发展、产业振兴规划、产业结构调整、经济发展方式转变、科学技术进步以及人才市场用人需求,强调学生就业创业能力、继续学习能力的培养,构建与产业结构、职业岗位对接的专业体系,即专业与产业、企业、岗位对接,专业课程内容与职业标准对接,教学过程与生产过程对接,学历证书与职业资格证书对接,职业教育与终身学习对接,罗列出专业类19个、专业321个,专业(技能)方向927个,列举对应职业(岗位)1 185个,列举职业资格证书720个,列举继续学习专业方向554个。重点发展面向现代农牧业、先进制造业特别是装备制造业、现代服务业和战略性新兴产业的专业,加强服务区域特色产业,尤其是民族文化艺术、民间工艺等领域的专业建设。

2015年,全日制中等职业教育在校生达到1 200.15万人,各专业大类在校生人数排在前五位的分别是信息技术、加工制造、财经商贸、医药卫生、教育等专业大类(图5.6)。根据教育部公布的数据,2016年全国中等职业学校毕业生人数为474.71万,就业人数为459.15万,就业率为96.72%。对口就业率为75.60%。从就业结构看,从

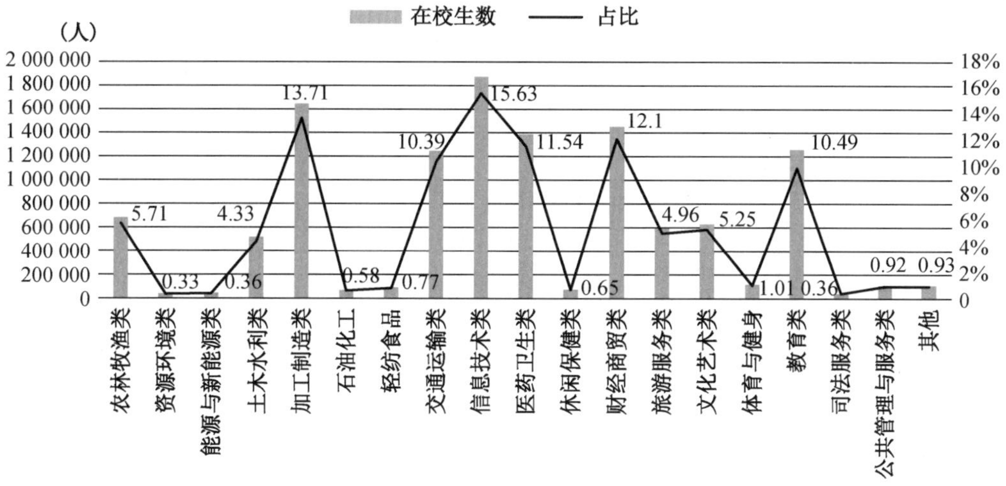

图5.6　2015年中等职业教育专业大类在校生情况

资料来源:教育部. 2015年教育统计数据[EB/OL]. http://www.moe.gov.cn/s78/A03/moe_560/jytjsj_2015/2015_qg/201610/t20161018_285277.html.

事第一产业的占直接就业人数的 8.55%，第二产业占 31.43%，第三产业占 60.02%，服务业成为中职毕业生就业的主渠道。从就业地域分布看，中职毕业生就业地域仍然以本地就业为主，占直接就业人数的 67.26%，在异地就业的占 32.40%，中职毕业生成为地方产业大军的主要来源和经济社会发展的重要人才支撑。[13]

《普通高等学校高等职业教育专科（专业）目录（2015 年）》的修订参考《国民经济行业分类（2011）》《三次产业划分规定（2012）》《国家职业分类大典（2015 版）》和《中等职业学校专业目录（2010 年修订）》《普通高等学校本科专业目录（2012 年）》等，以产业、行业分类为主要依据，兼顾学科分类进行专业划分和调整，按专业大类、专业类和专业三级划分，部分专业可设置专业方向。专业大类 19 个，原则上对应产业；专业类 99 个，对应行业；专业 747 个，对应职业岗位群或技术领域，列举专业方向 749 个、主要对应职业类别 291 个、衔接中职专业 306 个、接续本科专业 344 个。高等职业教育专业设置突出职业性和高等教育属性，在“专业名称”之后列举了“主要对应职业类别”，列举了 1635 次共 291 个职业类别，占《职业分类大典》全部 434 个小类的 67%，基本覆盖了适合高职院校毕业生就业的职业类别。2015 年，普通高等职业教育（专科）在校生达到 1048.61 万人，各专业大类在校生人数排在前五位的分别是财经、制造、土建、医药卫生、文化教育等专业大类（图 5.7）。根据上海市教育科学研究院和麦可思研究院共同编制的《2016 中国高等职业教育质量年度报告》，2016 届高职毕业生的就业率为 91.5%，专业相关度

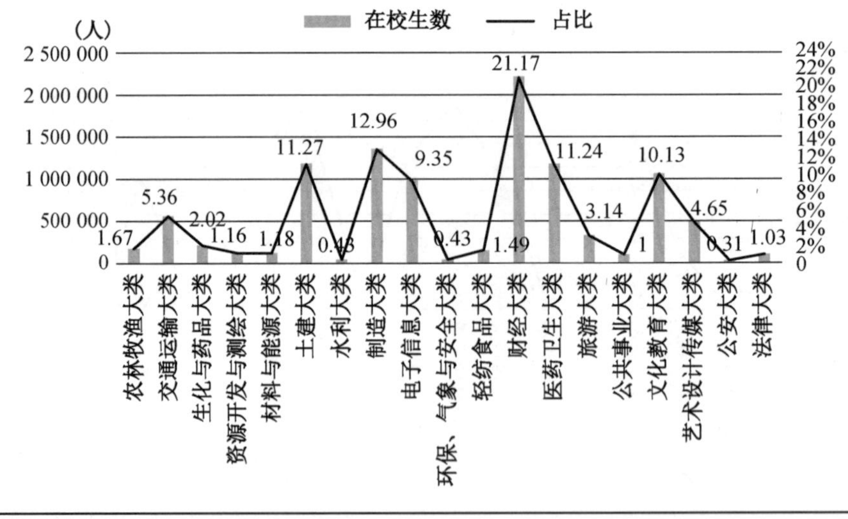

图 5.7　2015 年高等职业教育专业大类在校生情况

资料来源：教育部. 2015 年教育统计数据[EB/OL]. http://www.moe.gov.cn/s78/A03/moe_560/jytjsj_2015/2015_qg/201610/t20161018_285277.html.

稳中有升，理工农艺类专业毕业生有65％，中小企业、地级市及以下地区等成为高职毕业生主要就业去向。[14]

职业教育的专业与学术专业的本质区别在于不是按传统的知识体系来构建，而是要适应产业、经济结构调整对人才的需求，来自职业群/岗位群所需要的知识、技能或者态度的共性要求。不同区域由于经济发展水平、产业结构和经济发展重点的不同，必须把职业院校的人才培养纳入整个区域经济社会发展规划中，使职业教育的专业结构与区域的产业结构相对接（专栏5.5）。由于技术变革、经济发展和社会职业经常发生变动，所以职业教育专业也经常发生变动，需要建立专业目录动态调整机制，教育部每3年对中等职业学校专业目录进行一次修订，对高等职业教育专科（专业）目录每5年修订一次。随着产业集群尤其是特色产业集群在区域经济发展发挥着越来越重要的作用，职业院校如何根据产业群“产业相关＋地理相聚”的特点，依托产业集群设置和创办出自己的特色专业群，成为提高办学效益和增强服务能力的必然选择。

专栏5.5

苏州职业院校专业结构与区域产业结构匹配良好

苏州职业教育发展紧随区域经济发展，2015年苏州市第一、第二、第三产业比重分别为1.49％、48.57％、49.94％，呈现出“三、二、一”结构特征。全市共有中职学校33所，高职院校17所，在校生总数近20万人。按照第一、第二、第三产业所属专业的划分，高职院校设有192个专业，第一、二、三产业所属专业分布为4.17％、39.06％和56.77％；2015级中职毕业直接就业的人数为6 539人，在第一、第二、第三产业就业人数的比例分别为1.18％、38.02％和60.80％，高职专业布局和中职毕业生就业结构也呈现出“三、二、一”结构特征，从一个侧面反映出苏州职业教育专业结构和人才培养方面与本地产业结构相匹配。

根据塞尔奎因—钱纳里结构变动模型，不同经济发展水平下的国家，其就业结构与产业值应保持合理的比例，超出这一比例的程度为就业结构偏离度。借鉴这一基本思想，提出职业教育与区域产业协同度计算公式：

协同度 $C_i=(GDP$ 产业构成比 / 职业院校专业毕业生比$)-1$

GDP 产业构成比 $G_i=/G$，职业院校专业毕业生比 $=S_i/S$

其中 G_i 表示第 i 产业（第一、第二、第三产业）的产值，G 表示三大产业总产值；S_i 表示第 i 产业（第一、第二、第三产业）毕业生的数量，S 表示职业院校专业毕业生数量。如果 $C_i=0$，则表示职业教育与区域产业是协同发展的；如果 $C_i<0$，则表示该产业职业人才供给过多；如果 $C_i>0$，则表示该产业人才供给不足。若 C_i 偏离系数变化趋向于0，说明两个指标的协调性得到改善，是相互促进的；反之，若 C_i 偏离系数变化趋向于 0 越远，即正值越大、负值越小，说明两个指标间的协调程度越差。总协调度是第一产业、第二产业、第三产业协同度系数的绝对值之和，$C=0$，说明职业教育与区域协同发展，这是一种理想状态；C 趋近于 0，说明职业教育与区域产业基本上能够协调发展；C 值越大，说明职业教育与区域产业结构不能相互匹配、不能满足相互的需求。根据有关数据，2013—2015 年苏州市产业结构与职业教育协同状况参见下表。

产业结构				
	第一产业 G_1	第二产业 G_2	第三产业 G_3	—
2013 年	1.7	52.6	45.7	—
2014 年	1.7	51.1	47.2	—
2015 年	1.5	48.6	49.9	—
高职毕业生分布				
	第一产业 S_1	第二产业 S_2	第三产业 S_3	—
2013 年	1.47	50.23	48.3	—
2014 年	2.0	51.92	46.08	—
2015 年	2.25	50.91	46.84	—
高职人才结构与产业结构协同度				
	第一产业 C_1	第二产业 C_2	第三产业 C_3	总协同度
2013 年	0.156	0.047	−0.054	0.257
2014 年	−0.15	−0.016	0.024	0.190
2015 年	−0.333	−0.045	0.065	0.443
中职毕业生分布				
	第一产业 S_1	第二产业 S_2	第三产业 S_3	毕业生就业人数(人)
2013 年	0.63	35.51	63.86	16 549
2014 年	0.55	39.91	60.34	15 078
2015 年	0.99	38.32	60.19	13 490
中职人才结构与产业结构协同度				
	第一产业 C_1	第二产业 C_2	第三产业 C_3	总协同度
2013 年	1.698	0.481	−0.284	2.463
2014 年	2.090	0.307	−0.219	2.616
2015 年	0.515	0.268	−0.171	0.954

数据显示，2013—2015 年，苏州高职教育与三产协同度偏离系数趋近于 0，总协调度虽然有所波动，但都比较小，高职毕业生专业结构与区域产业结构匹配度较好。中职教育第一、第二产业协同系数为正值，说明第一、二产业的毕业生略显出供不应求、人才短缺的状态，这与苏州现代农业与制造业升级转型急需一线技能人才有关；中职毕业生与产业结构的总体协同度从 2013 年的 2.463 下降到 2015 年的 0.954，说明苏州中职教育的专业结构正在得到显著优化。

从苏州职业院校的专业覆盖面看，高职院校开设 17 个专业大类，最多的前三位艺术设计传媒大类、电子信息大类和财经大类，分别占开设专业总数的 15.63%、15.1%和 13.54%；在校学生数前三位分别是财经大类、电子信息大类和制造大类，分别占在校学生总数的 22.53%、17.37%和 16.70%。中职学校共开设 17 个专业类别，开设专业大类最多的前三位分别是加工制造类、信息技术类和文化艺术类，分别占开设专业总数的 16.96%、16.07%和 14.29%；在校学生数前三位分别是加工制造类、财经商贸类、信息技术类，分别占在校学生总数的 22.53%、17.37%和 16.70%。中高职院校招生数最多的专业大类大同小异，从一个侧面反映了苏州新型城镇化建设中对新型工业化、信息化和现代服务业人才的大量需求以及学校在人才培养方面对经济社会发展的有力支撑。2015 年，苏州高职和中职院校设置的专业大类、专业数及其在校生数参见下表。

序号	高职院校			中职院校		
	专业大类	苏州开设专业数(个)	在校学生数(人)	专业大类	苏州开设专业数(个)	在校学生数(人)
1	农林牧渔大类	7	1 923	农林牧渔类	5	942
2	交通运输大类	5	1 575	能源环境类	1	61
3	生化与药品大类	8	1 372	能源与新能源类	1	167
4	资源开发与测绘大类	0	0	土木水利类	10	3 554
5	材料与能源大类	3	337	加工制造类	19	18 425
6	土建大类	13	7 711	石油化工类	5	704
7	水利大类	1	38	轻纺食品类	7	1 144
8	制造大类	15	16 231	交通运输类	5	2 949
9	电子信息大类	29	16 880	信息技术类	18	12 667
10	环保、气象与安全大类	2	437	医药卫生类	—	—
11	轻纺食品大类	10	2 472	休闲保健类	1	81
12	财经大类	26	21 894	财经商贸类	11	16 609

续 表

序号	高职院校			中职院校		
	专业大类	苏州开设专业数（个）	在校学生数（人）	专业大类	苏州开设专业数（个）	在校学生数（人）
13	医药卫生大类	14	8 110	旅游服务类	7	5 551
14	旅游大类	3	3 028	文化艺术类	16	5 039
15	公共事业类	5	548	体育与健身类	1	161
16	文化教育大类	19	4 790	教育类	2	1 224
17	艺术设计传媒大类	29	9 489	司法服务类	—	—
18	公安大类	0	0	公共管理与服务类	2	811
19	法律大类	2	338	其他	1	10
	总　计	191	97 173	总　计	112	70 099

资料来源：熊贵营，等. 苏州区域职业教育规划布局研究[R]. 2017.

二、职业院校专业群建设

专业群通常是指由一个或多个办学理念先进、特色鲜明、办学实力强、就业率高的重点专业为龙头，结合若干个工程对象相同、技术领域相近或专业学科基础相近的相关专业为支撑而组建的一个集合。[12]专业群建设一般基于院校层面，旨在通过对接区域产业的发展，优化调整院校内部专业结构与资源配置，提高人才培养质量，进而提高职业院校为区域经济社会发展服务的能力。2006 年，教育部、财政部《关于实施国家示范性高等职业院校建设计划 加快高等职业教育改革与发展的意见》中指出："中央在 100 所示范院校中，选择 500 个左右办学理念先进、产学结合紧密、特色鲜明、就业率高的专业进行重点支持。形成 500 个以重点建设专业为龙头、相关专业为支撑的重点建设专业群，提高示范院校对经济社会发展的服务能力。"2017 年，国务院印发的《国家教育事业发展"十三五"规划》提出："根据各主体功能区的定位，推动区域内职业学校科学定位，使每一所职业学校集中力量办好当地经济社会发展需要的特色优势专业（集群）。"职业教育专业群建设已成为近些年来各地探索职业教育适应经济社会发展要求、对接产业升级转型提质的一种发展新路径，各省级职教项目由原来对专业的重视和关注转为对专业群的重视和关注，诸如重点专业群、示范性专业群、特色专业群等项目，连续出现在各省市的职业教育重点项目的立项文件之中，各职业院校也都重新调整专业布局，按有关要求将学校的专业整合为若干专业群，提高学校的核心竞争力（专栏 5.6）。

专栏 5.6

江苏省"十三五"期间推进职业学校现代化专业群建设

为契合地方经济发展需要，进一步推进职业学校专业结构调整，江苏省着力提高职业学校专业建设水平，特别是专业群集聚发展水平，推动职业学校人才培养质量的提升。2015 年，江苏省教育厅、财政厅决定启动职业学校现代化专业群建设工作，提出按照"突出优势、聚焦特色、创新机制、打造品牌"的工作思路，进一步深入推进职业教育品牌特色专业建设，"十三五"期间全省建设 350 个对接区域主导产业的现代化中职专业群和一批五年制高职专业群。

专业群是由一个或多个重点建设专业为核心、由 3 个及以上专业或专门化方向组成的、专业基础相通、技术领域相近、工作岗位相关、教学资源共享的一个集合。现代化专业群建设坚持以下基本原则：①有利于优化专业结构。依托产业办专业，不断增强职业学校专业设置与区域经济和产业发展的匹配度；②有利于发挥品牌效应。注重发挥品牌专业的辐射功能和影响效应，以现代农业、先进制造业、现代服务业、战略性新兴产业和社会管理、生态文明建设等重点领域的品牌专业或重点建设专业为核心，带动相关、相近专业的共同发展；③有利于促进资源整合。利用专业之间的互为促进、互为带动、互补共享的关联性，对专业群所涉及专业的组织管理、师资配备、教学资源、硬件设施、校企融合等进行整合，发挥专业群的聚集效应和扩散效应，拓宽服务面向，增强社会适应性，增强职业学校办学活力；④有利于形成育人特色。以育人为核心，以专业群建设为纽带，以专业群相对应的职业岗位群和岗位能力为依据，优化课程体系，优化实训项目。在突出岗位必备能力培养的基础上，加强专业群通用能力的培养，增强学生的岗位迁移能力与可持续发展能力，增强学生的就业竞争力，拓宽学生的岗位适应性，提升学生可持续发展能力。

以三年制中职学校现代化专业群构建标准为例，在目标定位上，学校专业建设规划有效对接区域主导产业、支柱产业、战略新兴产业，尤其是现代农业、先进制造业、现代服务业、社会管理和生态文明等重点领域，专业群建设在学校专业建设规划中地位凸显；专业群构建思路清晰，群内各专业定位明确，适应行业和地区经济发展需求，面向特定的"服务域"。在结构组成上，专业群由 3 个及以上专业或专门化方向组成，其中至少 1 个专业连续招生 4 年以上，专业组合科学、结构稳定，适应职业岗位迁移；核心专业为学校重点建设专业，与产业对接紧密，在专业群中具有引领和核心作用，近 4 年内有省级及以上专业建设与教学改革荣誉、奖励或立项。在建设机制上，建立校企双方参与的专业群组织体系，配备群负责人、专业负责人、群课程负责人，职责明确，运行高效；具有健全的群建设制度，适应专业群的需求；运用信息化管理手段，整合专业教育教学平台，实现教学资源共享与互补。

资料来源：江苏省教育厅. 省财政厅关于推进职业学校现代化专业群建设的通知（苏教职〔2015〕38 号）[EB/OL]. http://www.ec.js.edu.cn/art/2015/12/31/art_4267_186113.html.

职业院校专业群设置主要受两个方面的影响，一是因外部产业经济环境需求而产生的外部驱动力，二是因职业院校自身发展需求而产生的内部驱动力。外部驱动力主要表现在宏观环境驱动和中观产业驱动两个方面，其中前者主要指经济、政治、社会、文化、技术变迁、教育需求等因素的驱动，后者主要指本地区产业经济的驱动。前者是一种间接驱动力，后者作为一种更为直接的驱动力，影响更加明显。随着现代产业集群发展和升级，产业链沿上下游纵向延伸，产业的横向关联度不断提高，产业的劳动分工也不断深入，与此相应，产业集群中具有高度相关性的一系列工作岗位也逐步出现，并产生岗位群集聚现象，尽管岗位群内部的不同岗位有相对独立的人才需求规格和标准，但其对人才的知识、技能和素质要求又具有高度的相关性，产业集群的这种发展促进了职业院校专业的群化发展。同时，相对于传统的专业设置模式，职业院校专业群作为一种新型的专业设置模式，既具有一定的稳定性，又具有较强的灵活性和适应性。由于专业群具有共同的产业集群导向、相近的学科基础、共通的职业技能要求和共享的教学资源，并且往往基于一个通用共享的技术平台和资源库结合多个专业（或职业）方向的课程组织与教学模式，体现和适应现代职业环境下学科交互、知识包容、技术多面的特征，能最大程度地满足学生就业创业和个性化学习与发展需求，而且具有行业特色、区域优势的专业群建设能够打造职业院校特色品牌，提高学校自身的核心竞争力。

产业集群具有明显的生命周期，通常情况下，产业集群的演变会依次经历萌芽、成长、成熟、衰退、退出或者随着转型升级的成功而进入二次创业发展阶段。从时间的角度看，每一个阶段发展演变到下一个阶段的周期依据不同产业的性质而并不完全相同；从空间角度看，相同的产业集群在不同区域内所处的发展阶段可能并不一致，不同业态的产业集群以及产业集群的不同阶段和不同区域对人才需求的结构是不同的。根据经验，产业集群对高、中和低端人才的需求结构更多地表现为金字塔形，但也不排除在某些产业发展阶段表现为倒梯形、纺锤形和哑铃型等，人才需求结构直接决定了区域内职业院校专业或专业群的开设与重组。反过来，由于职业院校的专业设置及其所培养的人才会直接影响所在地区域经济当前及未来几年的人才供给，并进而影响产业经济的健康和可持续发展，因此职业教育对区域经济发展具有引领性和反作用。由于任何产业集群发展都有一个动态演变的过程，而人才培养往往具有一定的滞后性，因此在设置专业群之前，需要根据产业集群产业链发展变化、技术进化和岗位分化状况，对产业（行业）发展现状、趋势和技术技能人才需求进行充分全面调研，在此基础上做好人才需求的分析与预测工作，找准产业人才需求结构中对高、中、低不同层次人才需求的数量，从而对初、中、高三个层面的职业教育专业群设置进行统筹安排并使其合理衔接，适度超前产业集群的发展阶段，对区域经济的发展起到引领作用，有效地促进产业集群转型升级。

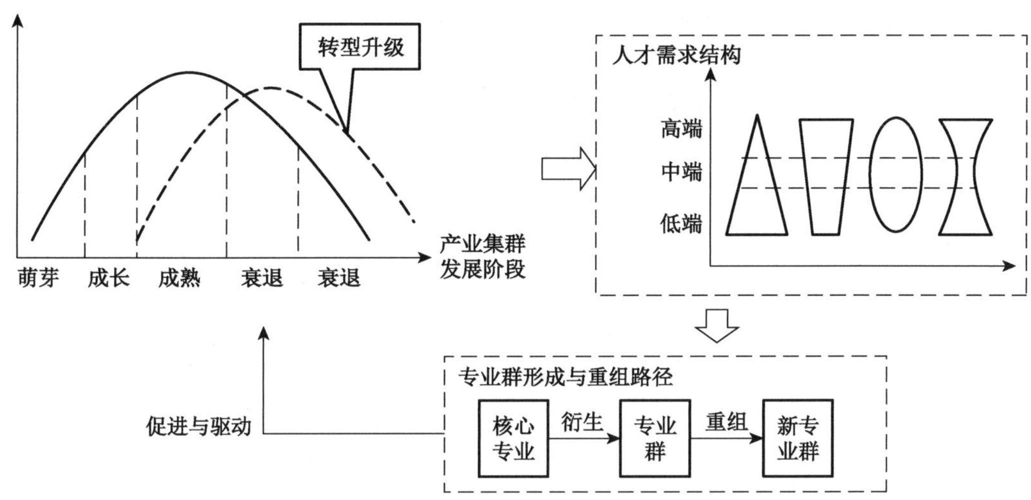

图 5.8　产业集群与专业群的协同机理

资料来源：孙峰. 专业群与产业集群协同视角下的高职院校专业群设置研究[J]. 高等教育研究，2014(7)：46-50.

职业院校专业群作为一个以重点建设专业为龙头、相关专业为支撑的独具特色的专业体系，专业群组建的方法和路径主要有三种方式。[12]

（1）围绕产业链构建专业群。按照产业归属一致性原则，专业群的布局和调整应与产业结构相衔接，通过对产业链所需人才结构进行分析，构建与其发展要求相一致的专业群体系，形成链条式专业群。首先要研究产业结构调整态势，搞清区域内产业结构的发展方向，明确区域内行业发展的重点，预测未来发展的走向。特别是针对那些具有发展潜力的朝阳产业，根据职业院校办学实际，寻找、确定一些行业，作为专业群建设和发展的背景与依托。要重点加以分析，认真梳理产前产中产后、售前售中售后的产业链，寻获相应的专业链，以此作为规划专业布局的前提，使专业链与产业链对接，形成学校的办学优势和特色。东莞市中职学校实施“一校一特色”工程，服务专业镇产业集群发展，专业群内的专业围绕某一行业或支柱产业形成一类专业（专栏 5.7）。

专栏 5.7

东莞实施"一校一特色"工程，服务专业镇产业集群发展

为促进职业教育特色与产业集群特点良性互动，更好地服务地方经济发展，2012年，东莞市印发《实施中职教育资源整合实施方案》，提出创建示范中职学校工程，计划撤并一所条件不达标的公办中职学校，公办中职学校由15所调整为14所，并根据专业镇支柱产业和新兴产业发展状况，结合学校专业特色，统一以"东莞市＋行业（或专业）＋学校"格式命名，分别是东莞理工学校、东莞市经济贸易学校、东莞卫生学校、东莞市体育运动学校、东莞市商业学校、东莞市纺织服装学校、东莞市轻工业学校、东莞市机电工程学校、东莞市电子科技学校、东莞市电子商贸学校、东莞市信息技术学校、东莞市汽车技术学校、东莞市家具学校和东莞市高级技工学校，其中东莞理工学校、市经济贸易学校和市商业学校申请创建国家和省级示范性中职学校。

东莞市纺织服装学校由威远职业高级中学与大朗职业中学合并而成，依托虎门镇和大朗镇特色产业设置了涵盖"研、产、贸"产业链的服装专业簇群和毛织专业簇群。虎门校区以虎门特色产业（服装产业）为依托，专业涵盖面料、设计、工程、营销等产业过程；其中面料包括数码印花、面料检测；设计包括服装设计与工艺、美术设计与制作、网页美术设计；工程包括服装制作与生产管理、网络安防与维护、平面媒体印刷技术；营销包括陈列与展示设计、服装礼仪与营销、电子商务、国际商务、连锁经营与管理、物流管理。经过多年建设，市纺织学校的服装制作与生产管理专业已成为广东省重点建设专业。依托强大的产业基础，市服装学校的学生不仅能做到毕业即就业，更能做到对口就业，实现了四个"80％"：80％的学生以就业为主，就业的学生中80％留在本地就业，80％的学生对口就业，80％的学生在技术和管理一线就业。

资料来源：虎门镇政府. 依托产业资源优势 培育职业教育品牌[Z]. 课题组调研，2016，9.

（2）围绕职业岗位群构建专业群。以职业岗位（群）为依据，或针对一个职业岗位或针对一组相关职业岗位，或针对一些社会通用岗位来设置专业，逐步形成相应的专业群。在专业群中根据不同专业的优势和特色确定品牌专业、特色专业和一般专业，通过品牌专业促进其他专业的发展，从而形成由品牌专业、特色专业和一般专业组成的具有内在联系、相互支撑的专业群结构。专业群的构建总体上要立足本区域的支柱产业集群和特色产业集群，考虑企业岗位的设置背景，针对某个行业一组相关的职业岗位来设置专业，与职业岗位（群）的能力需求相一致，尽可能多地覆盖行业岗位群。佛山职业技术学院根据佛山市"十二五"规划纲要提出的"构建以战略性产业为引领、先进制造业为

支撑、现代服务业为先导、现代农业为基础的现代产业体系”要求，专业设置瞄准佛山的产业集群和专业镇发展，关注区域产业发展的重点行业和领域，面向区域产业集群的共性需求，按照“做优重点专业、培植新兴专业、打造特色专业、争创品牌专业、构建专业集群”的发展思路，进一步做优做强与传统产业相对应的家用电器、装备制造类专业，以服务外包为引领的电子信息技术、金融创新服务类专业，以珠三角为依托进行物流管理类的专业群建设，对接珠三角及周边地区区域经济发展转型需要（专栏 5.8）。

专栏 5.8

佛山职业技术学院专业群建设与区域产业集群融合

佛山是制造业大市，2014 年全市生产总值达到 7603.28 亿元，三次产业结比例为 1.9∶61.6∶36，形成了机械装备、家用电器、金属材料加工及制品、陶瓷建材、纺织服装、电子信息、食品饮料、精细化工及医药、家居用品制造等优势行业，汽车及零配件、光电、新医药、新材料、环保等先进制造业和新兴产业发展迅速，逐步形成配套能力日趋完善的现代工业体系。佛山“十三五”规划提出将“形成与中国制造 2025 相适应的经济结构和产业体系”，将致力于打造中国制造业一线城市、珠西装备制造业龙头城市、传统产业转型升级典范城市、创新驱动先锋城市、制造业服务化领头城，佛山产业核心竞争力、城市综合竞争力、可持续发展能力和人民幸福指数要走在全国前列。

佛山职业技术学院成立于 2000 年，2013 年被确定为广东示范性高等职业院校建设单位，2014 年设有制造、电子信息、旅游、轻纺食品、艺术设计传媒等 6 个专业大类，31 个专业，在校生 8 650 人。计算机辅助设计与制造、汽车检测与维修技术、光伏应用技术、物流管理、数控技术专业为省级重点专业，电气自动化技术专业为省级品牌专业，工业机器人技术、汽车整形技术、物联网应用技术专业为省级特色专业，同时，工业机器人技术、物联网应用技术专业为校级品牌专业。适应佛山产业结构调整和优化升级趋势，佛山职业技术学院专业设置关注区域产业发展的重点行业和领域，面向区域产业集群的共性需求，集合学院相关优势学科，按照“做优重点专业、培植新兴专业、打造特色专业、争创品牌专业、构建专业集群”的发展思路，加速专业结构调整优化，即进一步做优做强与传统产业相对应的家用电器、装备制造类专业，以服务外包为引领的电子信息技术、金融创新服务类专业，以珠三角为依托进行物流管理类的专业群建设，主动对接珠三角及周边地区区域经济发展转型的需要。根据麦可思调查数据显示，2014 届毕业生就业的前十大行业领域分别为，零售商业（9.0%）、电子电气仪器设备及电脑制造业（8.3%）、金融（银行 保险 证券）业（7.3%）、机械五金制造业（6.9%）、媒体、信息及通信产业（6.6%）、其他服务业（除行政服务）（5.4%）、各类专业设计与咨询服务业（5.3%）、家具、医疗设备及其他制成品业(5.1%)、交通工具制造业(4.8%)。毕业生就业较大的城市分别为佛山(32.7%)、广州(27.8%)、深圳(13.2%)。

2015 年佛山职业技术学院主要专业与佛山产业发展契合度分析

<table>
<tr><th>所属院系</th><th>开设专业</th><th>对应行业(群)</th><th>所属产业</th><th>学生人数(人)</th></tr>
<tr><td>机电工程系</td><td>计算机辅助设计与制造
模具设计与制造
机械制造与自动化
数控技术
电气自动化技术
机电设备维修与管理</td><td>装备制造业
精密仪器
机械设备
家电家具</td><td>优势主导产业</td><td>1 895</td></tr>
<tr><td rowspan="6">电子信息系</td><td rowspan="6">计算机应用技术专业
艺术设计专业
物联网应用技术专业
工业设计专业
光伏应用技术专业
光伏产品检测技术专业
电子信息工程技术专业</td><td>软件信息服务</td><td>服务业</td><td rowspan="6">1 864</td></tr>
<tr><td>文化创意</td><td>服务业</td></tr>
<tr><td>物联网</td><td>新兴产业</td></tr>
<tr><td>工业设计</td><td>服务业</td></tr>
<tr><td>光伏</td><td>新兴产业</td></tr>
<tr><td>信息服务</td><td>服务业</td></tr>
<tr><td rowspan="6">工商管理系</td><td>物流管理</td><td rowspan="6">物流业
商贸业
生产性服务业</td><td rowspan="6">服务业</td><td rowspan="6">1 629</td></tr>
<tr><td>商务管理</td></tr>
<tr><td>国际贸易</td></tr>
<tr><td>电子商务</td></tr>
<tr><td>市场营销</td></tr>
<tr><td>工商企业管理</td></tr>
<tr><td rowspan="5">财经管理系</td><td>会计</td><td rowspan="5">金融服务业
旅游业
酒店业</td><td rowspan="5">服务业</td><td rowspan="5">1 635</td></tr>
<tr><td>金融管理与实务</td></tr>
<tr><td>财务管理</td></tr>
<tr><td>旅游管理</td></tr>
<tr><td>酒店管理</td></tr>
<tr><td rowspan="4">汽车工程系</td><td>汽车检测与维修技术</td><td>汽车制造业</td><td>先进制造业</td><td rowspan="4">1 700</td></tr>
<tr><td>汽车制造与装配技术</td><td>汽车服务业</td><td>服务业</td></tr>
<tr><td>汽车技术服务与营销</td><td rowspan="2">食品营养业</td><td rowspan="2">优势主导产业</td></tr>
<tr><td>食品营养与检测</td></tr>
<tr><td></td><td colspan="3">合计</td><td>8 725</td></tr>
</table>

资料来源:1. 赖红清.产业升级背景下高职院校专业设置与区域产业融合的实践研究——以佛山职业技术学院为例[J].当代经济,2016(11):85-87.
2. 麦克思.高等职业教育质量年度报告——佛山职业技术学院(2016)[EB/OL].https://www.tech.net.cn/web/rcpy/articleview_sch.aspx? id=3492.

(3) 围绕学科基础构建专业群。高等职业教育专业是具有一定的学科基础的，依据学科背景相似的优势，延伸与拓展相关专业的知识与技能培养，对于学科基础相同的若干专业可以构建成一个专业群，有助于增强学生在该专业领域的综合素养，更宽泛地涵盖行业需求。如在建筑领域中以数学、力学等学科为基础的建筑工程技术、道路与桥梁工程、水利水电工程等专业可以构建成建筑施工类专业群，以化学、水力学学科为基础的暖通空调、给排水工程、环境工程等专业可以构建成建筑设备类专业群，以经济、管理学科为基础的工程造价、工程监理、房地产经营与管理等专业可以构建成建筑经济类专业群。对于中等职业教育则一般不以学科为基础，专业设置主要面对具体的工作岗位，可以依据专业的学科联系，各种理论知识仅以够用为度。

职业院校专业群建设是一项综合性的发展项目，通常要根据并依托所处的社会环境、地理环境、经济环境和职业院校自身所具有的办学基础条件，结合区域经济发展战略和市场调研，合理组建并逐步拓展专业群，既要注重学科基础，更要体现专业群与产业发展、职业岗位需求的关联性（专栏 5.9），加强包括人才培养模式、课程体系与教学内容、实验实训条件、信息化教学资源、师资队伍与双师型团队等多方面的资源建设和机制改革，以品牌和特色专业的建设为重点，辐射带动群内专业共同发展、共同提高。

专栏 5.9

广州交通职业技术学院采取“三主两辅”三种方式组建专业群

广东交通职业技术学院（简称“广交院”）创办于 1959 年，1999 年经教育部批准由广东交通学校、广东省航运学校合并组建而成，是一所广东省教育厅主管、行业特色鲜明、工科为主的综合性高等职业院校，现有全日制在校生近 14 300 余人，专业设置涵盖土木工程、汽车机械、船舶驾驶、轨道交通、智能交通、运输管理、机电设备、电子信息、商贸等领域。专业发展主要存在以下几方面的问题：一是专业数量偏多，规模偏小，在校生、师资所属体量较小，专业规模效应差，市场竞争力弱；二是专业间学科关联性差，专业间相互支撑作用不够，培养定位不清晰；三是专业特色不够鲜明，专业设置前瞻性较差，新兴产业专业设置明显滞后，交通行业特色有所淡化；四是专业结构与产业结构不匹配，结构性短缺；五是专业岗位对口度较差，毕业生发展后劲不足，职业综合能力有待加强。为解决上述问题，2012 年，广交院根据市场需要和学院发展实际以及各专业人才培养质量，参考各专业一次就业率和第一志愿报考及录取率，将涵盖 11 个大类的 67 个专业进行了调整和优化。按照精简、拓宽、组群、分类的思路，围绕主干专业，采用“行业岗位群”“学科/技术基础群”“产业链群”三种方式组建专业群，即以“职业岗位相关”“技术（技能）基础相近”“学科基础相同”为主、“行业业务相连（产业链）”“教育资源共享”为辅共组建7大专业群，专业总量从67个调至34个，专业大类从11个减少至5个，专业集群度进一步提高；交通特色、工科属性的专业数大幅增加，占比均达70%，在校学生占比达到73%，行业特色进一步凸显，专业品牌实力日益增强，综合实力明显提升。2013—2015年连续三届毕业生初次就业率均超过98%，远超出省平均就业率，连续五年初次就业率均保持在98%以上，排在全省同类院校前列。

附：　　广东交通职业技术学院专业群组建情况表

<table>
<tr><th colspan="2">专业群</th><th colspan="2">专业</th><th>组群依据</th></tr>
<tr><td rowspan="5">1</td><td rowspan="5">土建工程专业群</td><td>1</td><td>道路桥梁工程技术</td><td rowspan="5">学科基础组群</td></tr>
<tr><td>2</td><td>城市轨道交通工程技术</td></tr>
<tr><td>3</td><td>建筑工程技术</td></tr>
<tr><td>4</td><td>工程造价</td></tr>
<tr><td>5</td><td>工程测量技术</td></tr>
<tr><td rowspan="4">2</td><td rowspan="4">汽车专业群</td><td>6</td><td>汽车检测与维修技术</td><td rowspan="4">岗位面向组群为主，学科基础组群为辅</td></tr>
<tr><td>7</td><td>汽车电子技术</td></tr>
<tr><td>8</td><td>汽车技术服务与营销</td></tr>
<tr><td>9</td><td>工程机械运用技术</td></tr>
<tr><td rowspan="5">3</td><td rowspan="5">轨道专业群</td><td>10</td><td>城市轨道交能机电技术(控制技术)</td><td rowspan="5">岗位面向组群为主，学科基础组群为辅</td></tr>
<tr><td>11</td><td>智能交通技术运用</td></tr>
<tr><td>12</td><td>城市轨道交通车辆技术</td></tr>
<tr><td>13</td><td>城市轨道交通运营管理</td></tr>
<tr><td>14</td><td>将高速铁道工程技术改造轨道类专业</td></tr>
<tr><td rowspan="4">4</td><td rowspan="4">航海专业群</td><td>15</td><td>航海技术</td><td rowspan="4">产业链组群为主，学科基础组群为辅</td></tr>
<tr><td>16</td><td>轮机工程技术</td></tr>
<tr><td>17</td><td>船舶电子电气工程技术</td></tr>
<tr><td>18</td><td>港口与航运管理</td></tr>
<tr><td rowspan="6">5</td><td rowspan="6">物流运输与经济管理专业群</td><td>19</td><td>交通运营管理</td><td rowspan="6">科学基础组群为主，岗位面向组群为辅</td></tr>
<tr><td>20</td><td>物流管理</td></tr>
<tr><td>21</td><td>报关与国际货运</td></tr>
<tr><td>22</td><td>连锁经营管理</td></tr>
<tr><td>23</td><td>国际贸易实务</td></tr>
<tr><td>24</td><td>电子商务</td></tr>
</table>

续　表

专业群		专业		组群依据
		25	会计	
		26	会展策划与管理	
6	信息技术专业群	27	计算机网络技术	学科基础组群为主，岗位面向组群为辅
		28	软件技术	
		29	数字媒体应用技术	
		30	物联网应用技术	
		31	电子信息工程技术	
		32	移动通信技术	
7	机电装备专业群	33	机电一体化技术	学科基础组群，岗位面向组群
		34	电气自动化技术	
		35	预留相关专业	

资料来源：1. 朱强，刘喻，等. 高职院校专业群建设的探索与实践——以广东交通职业技术学院为例[J]. 南方职业教育学刊，2017(4)：47-52.
2. 广东省教育厅. 广东省高等教育职业质量年度报告(2018)[R]. 2018，1.

三、职业教育区域专业集群建设

借鉴产业集群与职业教育专业建设的相关理论，基于产业集群的职业教育专业集群是指区域职业教育专业集群化发展的一种模式，是指在某一特定区域中，在政府对区域职业教育发展的宏观统筹、调控、规划与引导下，以区域内某一特色或优势主导产业或支柱产业集群为服务对象，紧密围绕区域产业集群经济发展而形成的以区域内一所或若干所重点建设中等和高等职业院校的品牌特色专业和专业群为核心，形成相关专业与专业群在空间上的集聚。其宗旨是提高技能型与技术应用型人才的培养质量，同时实现人才培养与培训的规模化与集约化，在该专业领域形成人才培养的规模化、专业化优势，推动区域职业教育的协调与一体化发展，为区域经济发展提供有力的人力资源支撑，全面提升区域职业教育发展的竞争力。[15] 与基于院校层面的专业群建设不同，专业集群是基于区域层面的职业教育专业建设，充分吸收了集群关于资源整合、规模化、集约化发展的思想，紧密围绕区域产业布局和特色产业集群发展，对区域内职业院校专业布局结构进行宏观调控，在空间上贴近产业集群，形成对接产业集群建设的职业教育专业集群。专业集群与专业群在涵盖范围、组成要素、目标特点、建设方式、管理体制以及运行发展等方面有所不同(表 5.6)。

表 5.6　　专业群与专业集群的比较

项 目	专业群	专业集群
涵盖范围	分散的、校内的	整体的、跨院校的
组成部分	校内相关专业	专业或专业群、行业企业、社会部门、政府
建设方式	核心(重点)专业带动	部门联动,动态调整
目标特点	集中优势,共同发展	优化结构,差异化发展
管理体制	教育行政部门主管	探索创新型管理
发展运行	单一型发展	合作型竞争

资料来源:魏明. 集群思想下区域职业教育专业建设逻辑[J]. 教育与职业,2014(18):11-13.

产业集聚使各生产部门产生了对相似或同一生产链条各岗位合格人才的集中性或关联性需求,专业集群建设是根据区域产业集群主导产业和新兴产业发展、人才需求状况的分析,从宏观层面统筹规划职业教育的专业结构布局及院校布局,优化配置区域内职业教育资源,整合同类院校的相近专业乃至学院,在某一专业方向上做大做强,实现专业的差异化发展。同时,专业集群的规模化建设扩大了行业企业、职业院校、政府机构和社会部门彼此间交流的平台与渠道,代表了一种更复杂的专业组织形式,各个主体在专业集群建设中履行和承担不同的责任。行业企业作为人才需求和消费的主体,通过参与人才培养过程解决专业与产业不对等、技能培养与行业岗位需求不一致的问题;职业院校要依托区域产业集群合理确定和设置专业、组建专业群和专业集群,与区域内同类中、高职院校共建社会部门如合作招生单位、师资队伍、科研平台、课程教学资源、实训基地等,加强与社会部门如合作招生单位、职业资格培训鉴定部门、就业服务机构以及相关网络运营商等机构的联系合作。政府则必须充分发挥其引导统筹规划协调的功能,紧紧围绕区域内产业选择、集群发展、升级转型的需要,统筹制定职业院校与地方产业集群对接方案,加强区域内职业院校专业布局和结构的调整与优化,使专业的集群发展成为一种主动行为,实现为区域经济社会发展提供充足和适切人力资源的目标。近些年来,我国各地不断基于产业集群的职业教育专业集群空间集聚模式,创造性地开展了有借鉴意义的实践活动,主要有职业教育园区模式和职业教育集团模式。

1. 建设职业教育园区

职业教育园区建设是推进职业教育集群化发展,形成职教园区与产业园区融为一体,实现学校与企业互动,产教融合发展的重要途径。职教园区建设是整合、优化、共享职教资源和提高办学效益的重要手段，不仅包括园区内部职业院校物质资源、空间资源、专业资源、人力资源、教学资源和文化资源的整合，还包括园区外部学校、企业与社会之间的共享平台建设。如广州教育城（职教园区）采取组团进驻的方式，同一组团的院校专业上一般都存在重复设置的现象，入驻前都需要进行专业的优化整合，经教育局批准后实施。天津海河教育园区提出"十三五"期间，深化海河教育园区资源共享机制改革，深化职业院校校际间优势资源互补，开展专业群对接产业群建设，整体优化园区专业结构，最大限度地实现集中办学、集约办学（专栏 5.10）。

专栏 5.10

天津海河教育园区规划开展专业群对接产业群，整体优化园区专业结构

天津海河教育园区作为目前唯一一个国家级职业教育改革创新示范区，自 2009 年 6 月启动建设以来，天津市政府已先后投入资金 300 亿元，建成了公共实训中心、公共图书馆、职业教育国际交流中心等公共设施，聚集了全市 7 所高职院校，分别为天津中德职业技术学院、天津电子信息职业技术学院、天津现代职业技术学院、天津轻工职业技术学院、天津海运职业学院、天津青年职业学院、天津商务职业学院，其中 2 所学院为国家级示范校，2 所学院为国家级骨干校，其余 3 所都是市级示范校。

根据对 2015 年招生专业的分析，园区 7 所高职共设置 14 个专业大类，各校设置专业数最多的两个专业大类，天津中德职业技术学院是"制造大类"和"电子信息大类"，天津电子信息职业技术学院是"制造大类"和"电子信息大类"；天津现代职业技术学院是"制造大类"和"电子信息大类"；天津轻工职业技术学院是"制造大类"和"财经大类"；天津海运职业学院是"交通运输大类"和"财经大类"；天津青年职业学院是"财经大类"和"旅游大类"；天津商务职业学院是"财经大类"和"文化教育大类"，可见各校在专业设置上存在一定的趋同性，特别是"制造大类""电子信息大类"和"财经大类"三个专业大类设置频度最高。按照产业分类视角，7 所高职院校设置的专业所面向的主要是第二产业和第三产业，第二产业涉及资源开发与测绘大类、材料与能源大类、土建类、制造类等 5 个专业大类，7 所高职院校共设置 33 个专业；第三产业涉及交通与运输大类、电子信息大类、财经大类、医药卫生大类、旅游大类、公共事业大类、文化教育大类、艺术设计传媒大类、法律大类等 9 个专业大类；7 所高职院校共设置了 97 个专业，均未设置与"农林牧渔大类"相关的专业，即第一产业的专业数为 0。

根据《天津市国民经济和社会发展第十三个五年规划》，"十三五"期间，天津市将重点发展壮大高端装备、新一代信息技术、航空航天、节能与新能源汽车、新材料、生物医药、新能源、节能环保、现代石化和现代冶金等十大产业，再结合滨海新区经济及产业发

展定位——“全国先进制造研发基地”“北方国际航运核心区和金融创新运营示范区”及“宜居生态新城区”。总体来看，海河教育园区高职院校的专业门类整体上与天津市产业布局基本相符，定位也基本合理，特别是“交通运输大类”“财经大类”“制造大类”与“电子信息大类”等几大类专业的设置，基本体现了职业教育要服务地方区域经济发展要求，但另一方面，海河教育园区高职院校在专业设置上也存在一定的趋同性，在一定程度上体现出部分高职院校在发展特色、发展定位等方面尚不清晰，并且这种趋同性还很大程度上导致高职院校特色带动效应不足。同时，针对文化产业、商业保险理财、股权基金等现代服务业和现代农林牧渔大类相关人才的培养有待加强。

为适应天津市特别是滨海新区现代产业体系发展的整体需要，2016 年，天津市教委印发《天津市教育综合改革方案（2016—2020 年）》，提出深化海河教育园区资源共享机制改革，深化职业院校校际间优势资源互补，开展专业群对接产业群建设，整体优化园区专业结构，赋予海河教育园区管理委员会在园区专业规划方面的职责，“根据园区总体规划，组织编制园区控制性详细规划和各类专业规划，经批准后组织实施”。从整体上布局各高职院校的专业群，形成以现代装备制造与控制技术专业群，电子信息与通信专业群、现代服务与管理专业群、现代农牧渔业专业群等为主要专业大类的专业布局，在此基础上，整体布局各高职院校主导和特色专业群，形成各有特色、错落有致的专业生态圈。目前园区内部分院校已经开始探索专业共建，如天津中德应用技术大学和天津电子信息职业技术学院共同建设“物联网应用技术专业”，天津海运职业学院的“酒店管理专业”与天津现代职业学院的“涉外旅游专业”试点专业共建等。

资料来源：王振刚. 天津海河教育园区高职院校专业设置现状、问题及优化布局策略[J]. 职业教育研究，2016(8)：30-35.

2. 组建职业教育集团

职业教育集团化发展是推动职业教育专业集群建设的重要途径，也是专业集群发展的重要载体。职业教育集团是一种基于集群价值链理论，在政府主导下，以校企合作和资源整合为基本支点，将职业教育机构在地理位置上集中规划，院校之间合理分工，整体上优势互补的职业教育发展模式。职业教育集团化与产业集群殊途同归，最终指向区域核心竞争力的营造和效益的最大化。借助职业教育集团这个平台，集团内各院校针对集团主导产业的专业及相关专业更易于以集群化的方式发展，更易于实现资源的优化整合与共享、结构优化和功能扩展，同时也更易于形成统一的职业教育服务市场。[12]

我国于 20 世纪 90 年代开始进行职业教育集团的实践，在部分发达地区产生并发展，如 1995 年由原苏州市教委批准成立的苏州旅游教育集团，限于教育行业系统内多种资源整合成的资源集约型集团化办学模式。进入 21 世纪以后，在国家大力发展职业教育的背景下，特别是 2005 年国务院印发《关于大力发展职业教育的决定》，提出“推动公办职业学校资源整合和重组，走规模化、集团化、连锁化办学的路子”后，各地出现了各种不同类型的职业教育集团，在实现高职教育与中职教育的共同发展、职业教育与行业教育的深度融合、构建职业教育管理新模式等方面做出了有益探索。2014 年，国务院印发《关于加快发展现代职业教育的决定》提出：“研究制定院校、行业、企业、科研机构、社会组织等共同组建职业教育集团的支持政策，发挥职业教育集团在促进教育链和产业链有机融合中的重要作用。鼓励中央企业和行业龙头企业牵头组建职业教育集团。探索组建覆盖全产业链的职业教育集团。”2015 年，教育部下发《关于深入推进职业教育集团化办学的意见》提出到 2020 年，职业院校集团化办学参与率进一步提高，规模以上企业参与集团化办学达到一定比例，初步建成 300 个具有示范引领作用的骨干职业教育集团，建设一批中央企业、行业龙头企业牵头组建的职业教育集团，教育链与产业链融合的局面基本形成。截至 2015 年 11 月，全国已组建职教集团 1 142 个，共有 4.6 万余个成员单位，涉及中职学校 7 200 所、高职学校 950 所、本科院校 180 所、行业协会 1 680 个、企业 2.35 万个、政府部门 1 630 多个、科研机构 920 个、其他机构 1 450 个，牵头单位以学校为主，在 1 142 个职教集团中，有 1 079 个牵头单位为学校，占 94.5%，政府牵头的职教集团为 54 家，企业牵头的职教集团仅为 9 家。从各地职教集团数量来看，浙江、山东、广东、福建、河南、四川和江苏 7 个省份的职教集团数量接近占全国总数一半(48.6%)，[16]形成了一批有特色、成规模、效果明显、影响广泛的职教集团。如浙江嘉兴欣禾职业教育集团作为浙江规模最大、专业最齐全的综合性大型职教集团，共集合了高职院校 2 家、中职院校 12 家、企业 153 家、园区管理机构 2 家、政府部门 13 家，集团设有理事会和常务理事会及各类产学合作委员会，建有成员单位共享的专业建设指导委员会、应用技术研发与服务机构，已成为全国职业教育集团化办学的典范(图 5.9)。

按照不同的方法或从不同的角度，可以对职业教育集团进行多种分类。按主导关系可划分为：政府主导型、企业主导型、学校主导型、股东主导型等；按照紧密关系划分为：松散型、紧密型、紧密型和松散型相结合；按联结要素可分为：资产联结型、契约联结型、资产—契约混合型；按照联结方式可分为：区域型、行业型、混合型；按照组成对象可分为：校际联合型、校企联合型、多元重组型。[17]职业教育集团要服务国家区域发展战略和主体功能区战略，必须依托区域内或行业内优质的职业教育资源，依据区域规划和产业结构特征，以专业为纽带，以政府为主导，职业院校、行业企业和其他机构共同组建面向区域主导产业、特色产业的区域型职业教育集团，如佛山市顺德职教集团以专业群与

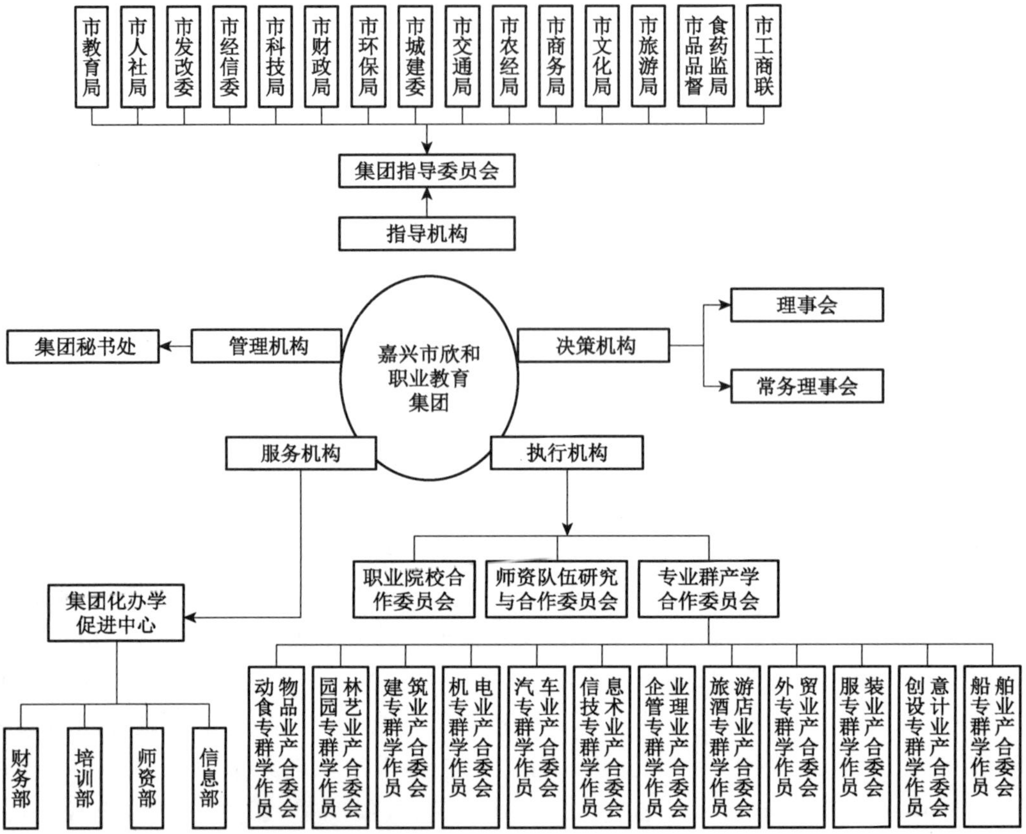

图 5.9 浙江嘉兴欣禾职业教育集团组织结构图

资料来源：韩凤琴，史卫. 协调政府、社会、市场关系 创新职业教育体制机制——基于浙江调研的启示[J]. 经济研究参考，2016(61)：54-64.

产业群协同发展的“集群对接”模式（专栏 5.11），重庆市工商职业教育集团工业园区与职教集团互动发展的“园团融合”模式（专栏 5.12），统筹成员学校的专业布局和培养结构，为各地根据资源禀赋和比较优势发展各具特色的区域经济提供了强有力的人才支撑。

专栏 5.11

顺德打破“一镇一校”建立“一片一团”职教格局

广东省佛山市顺德区专业镇经济发达，现有 4 个街道（大良、容桂、伦教、勒流）、6 个镇（陈村、北滘、乐从、龙江、杏坛、均安），每一个镇（街道）均有各自主导产业，全区范围内形成了“北滘—容桂—勒流”的家用电器、电气、机械和专用设备制造产业链，“龙江—乐从—伦教—容桂”的家具制造、销售和木工机械制造产业链等。在政府主导和资源配置下，顺德10镇街建立起职业中专学校，每所中等职业学校的专业设置各有侧重，瞄准专业镇产业集群，发展特色专业，形成“一镇一校”“一校一品”的职业教育发展格局。具体参见下表。

顺德区中职学校专业设置与专业镇支柱产业发展契合

镇(街道)	主导产业	职业学校	主要(骨干)专业	2016年在校生(人)
大良街道	以房地产、信息科技、汽车交易、商业贸易、金融保险等产业为主导的城市型经济	李伟强职业技术学校	美容美发、电子商务、饭店运营管理、汽车整车与配件营销	3 000
		梁銶琚职业技术学校	数控技术应用、中餐烹饪、会计专业	5 035
		顺德中专、技工学校	机电技术运用、模具设计与制造、电气运行与控制、计算机及运用、电工电子、会计电算化	3 900
容桂街道	以家电、涂料等产业为主导的工业重地	胡锦超职业技术学校	机电、电子、计算机、财经	3 000
伦教街道	以木工机械行业、电子电脑行业为主导的机械重镇	郑敬诒职业技术学校	机械加工技术、珠宝玉石加工与营销专业	
勒流街道	以机械加工业、小家电、小五金行业等为主导的产业基地	勒流职业技术学校	模具制造技术、会计电算化、电子商务、电气运行与控制	2 200
陈村镇	以花卉、机械装备业为主导的产业基地	陈村职业技术学校	加工制造、信息技术商贸物流、花卉园艺	2 600
北滘镇	以家电产业为主导的家电制造业重镇	北滘职业技术学校	机电技术应用专业	2 500
乐从镇	以家具、塑料、钢材为主导的商贸基地	陈登职业技术学校	财经专业	2 600
龙江镇	以家具和建材为主导的家居建材和制造重镇	龙江职业技术学校	家具设计与制作专业	3 605
杏坛镇	以环保材料制造产业为主导的新型产业重镇	胡宝星职业技术学校	机械加工技术、机电技术应用、汽车运用与维修、旅游服务与管理	2 595
均安镇	以服装产业为主导的服装产业基地	均安职业技术学校	服装设计与制造、计算机及应用、财会电算化、机电	1 600

随着顺德经济产业和城镇形态的调整转型，缘由专业镇经济时代的“一校一品”办学模式已难以支撑产业发展，存在中职办学规模偏小、专业重复率高、办学层次偏低及办学机制日益僵化等问题。2016年底，顺德制定《顺德区高中阶段教育发展规划实施方

案》，提出打破“一镇一校”建立“一片一团”职教格局，根据区四大产业集群片区，对全区13所中职学校15个校区进行调整与合并，以国家示范性中职学校为据点，建设北部、东部、中部和南部4个8 000人左右规模中职教育集团，专业整合将成为职业教育集团化办学的重要抓手，特别充分考虑各属校的特色专业，实行专业设置一盘棋，实现每所学校错位发展、优势互补，逐步形成优势专业集群。

（1）北部职业教育集团：围绕北部片区建设产城人融合发展示范区，统筹北滘职校、陈村职校、陈登职校资源，重点建设会展服务、智慧家电、智能楼宇、商贸物流专业群，打造以会展和智能家居为主体的办学特色。

（2）东部职业教育集团：结合加强东部片区与广东自贸区对接、打造顺德高端现代服务业聚集区的发展规划，统筹中专学校、李伟强职校、均安职校资源，重点建设轨道交通、汽修服务、餐饮服务、电子商务等专业群，打造以现代服务业为主体的办学特色。

（3）中部职业教育集团：紧贴中部转型集聚区，重点对接家具全产业链升级带和区域珠宝首饰特色基地，统筹郑敬诒职校、勒流职校、龙江职校资源，重点建设家具家纺、五金家电、数控模具、珠宝加工等专业群，打造以现代精细加工为主体的办学特色。

（4）南部职业教育集团：围绕推动中江顺产业协同发展，统筹梁銶琚职校、胡锦超职校、容桂职校、胡宝星职校资源，重点建设智能制造、信息技术、物联网等专业群，打造以“信息＋智造”为主体的办学特色。

各职教集团按照“属校独立建制不变，属校法人代表归一”的形式进行组建，整体运作模式按照“一个核心、多元共治、供需互动、开放统筹”的基本原则，建立一个领导核心和多元共治的集团管理与运作模式，设置集团党委、校务委员会、顾问委员会三大机构，其中集团党委将作为最高决策机构，负责集团的发展规划、人事任免等事务，促进职业教育人才市场供需各方深层互动，实现各类资源的全面共享和统筹配置。同时改变当前职业院校单一财政供养、单一行政管理的办学体制，推进政府、学校、行业、企业共同参与职业教育，联合政府机构、行业组织、企（事）业单位、职业院校、研究机构和社会组织等不同主体，引导美的学院、联塑学院、碧桂园学院等知名企业内部培训学院，共同组建顺德区职业教育发展集团，职业教育发展集团在理事会领导下，统筹开展多种模式的职业教育办学和校企合作，实现产教深度融合、校企紧密合作，促进优质资源开放共享，构建高效的新型职业教育治理机制。

资料来源：1. 区文化局. 智造热潮下的顺德职教攻坚战[EB/OL]. 2017-02-27，http://www.shunde.gov.cn/sdpubgov/xxgkml/view.php? id=40000017055/2017-05297.

2. 佛山市顺德区人民政府办公室. 关于印发顺德区高中阶段教育发展规划实施方案（2017—2021年）的通知（顺府办发〔2016〕185号）[EB/OL]. http://www.xincunschool.com/upfiles/201703/20170308112358799.pdf.

3. 根据课题组在顺德区的实地调研材料整理。

专栏 5.12

重庆工商职业教育集团实施"园团融合"办学模式

重庆工商职业教育集团(重庆工商学校牵头组建)位于重庆城市发展新区的江津,组建于 2009 年,是一个覆盖渝西、黔北、川南、滇东等西部地区,拥有 36 所职业院校、80 家企业、3 个科研院所、1 个行业协会,在校学生达到 6 万人的跨区域、跨行业的职业教育集团。江津区委、区政府紧邻职教集团布局了工业园区(规划面积 30 平方公里,入驻企业达 60 余家),实施工业园区与职教集团双向互动,探索建立校企利益链和利益共同体,职教集团与职教工业园区一体,为企业输送专业对口、岗位对接、能力对应的下得去、留得住的高素质、高技能应用型人才,提升了区域产业的核心竞争力。

实施园区互动。集团发展和园区建设由江津区委、区政府统筹,区级相关部门主动参与,在土地征用、手续办理、资金筹措等方面给予支持。职教集团在专业设置上,重点建设与园区产业相吻合的专业,工业园区新引进的 20 个项目全部匹配职教集团的专业,实现专业与产业的同频共振和良性互动,重点专业对重点产业的全"覆盖"。江津区依托重庆工商职教集团先后建立了移民培训就业基地和职教创业园,形成了"园团基地一体化"。集团充分发挥师资优势和人才培养优势,为园区产业提供源源不断的技工储备;园区产业链又为学生提供充分的实训条件,形成学校与企业的大互动,专业与产业的同发展,实现了学校与园区之间招生与招工、基地与车间、实习与工作、学校文化与企业文化、教师与技师、学生角色与员工身份、教学科研与产品开发、打造学校品牌与塑造员工楷模等八大融合,集团、基地、园区三位一体为探索"园团融合"的职教办学模式提供了坚实平台。

共建经济实体。集团按照专业基地化、基地产业化的办学理念,积极引进企业资本和设备,采取股份合作制、委托经营管理、厂房出租等形式,组建了重庆相勤机械制造有限公司、重庆大丰工贸有限公司、重庆江津教育工程设计院、重庆阜康工程监理公司等七个集研发、生产、实训为一体的经济实体,年产值近 5 亿元,提供近 1 000 个实习实训岗位,形成了校厂合一、校企一体的办学格局,为集团化办学提供了不竭的资金支持。职教集团以为职教工业园区企业提供技能人才参入园区股份,园区在当年税收中按一定比例提取资金来"反哺"集团,作为集团在园区的股份"分红",探索并提出了"职教股份"的概念。

服务地方发展。集团充分利用人力资源和设备资源优势,与劳动局、人事局、财政局、建委等行业部门开展联合办学,对行业人员实施继续教育,主动对下岗工人、失地农民、外来移民、农村富余劳动力等人员进行实用技术和技能培训,年培训各级各类人员 10 000 余人。集团结合江津工业以机械为主、劳务输出以建筑为主的实际,重点对建筑、机械类20多个工种进行培训，对江津籍外出务工的建筑工实行岗前和职后的全覆盖培训，还远赴北京、深圳、汕头等地进行“送教入企”。10余年来，培训建筑技工近6万人次，铸就了闻名遐迩的“江津建工”劳务品牌。集团针对重庆市打造汽摩之“都”和中国“IT”行业新高地的实际，依据产业设置专业，办好专业促进产业，根据行业标准实施教育教学，实现了人才培养与行业要求的有效对接。集团先后为中国格力集团、金龙精密铜管集团、力帆集团、隆鑫集团、惠普公司等100余家知名企业培养了数以万计的高素质劳动者和技能型人才，增强了区域产业核心竞争力。

职教工业园区管委会由政府、职教集团和企业共同组建。职教集团董事会、教学指导委员会、教学质量评价委员会聘请园区企业技术骨干、管理高层人员、行业协会专家参与。职教集团与职教工业园区实行统一管理，职教工业园区管委会主任兼职教集团副理事长，职教集团理事长兼职教工业园区管委会副主任。理事会是集团的最高决策机构，下设常务理事会、秘书处及5个专委会。秘书处管理日常事务，各成员单位按集团章程的规定承担责任、行使权利，集团建立起决策、共享、保障、激励、监督等一系列机制，保证了集团的高效运行。

资料来源：杨山. 重庆工商职业教育集团：创新“园团融合”办学模式 增强区域产业核心竞争能力[EB/OL]. 2016-12-26，http://www.zjjtw.net/show.asp? id=1293.

职业教育集团化办学涉及政府、行业、企业、职业院校等各方利益主体，要形成稳定的管理和运行机制，实现实质性的联合运营，必须明确各方的责、权、利，引导主体寻求各方的利益结合点，健全联席会、董事会、理事会等治理结构和决策机制。我国职教集团的治理结构主要有三种形式：一是理事会体制，理事会主导的多元主体共同决策制。职教集团以牵头单位（职业院校、行业组织或企业）为主，联合各个相关联的职业院校、企业、行业协会、科研机构等组成，以理事会、常务理事会、秘书处、专委会为基本组织架构。这一体制是我国目前集团化办学的主要体制，院校、行业或企业主导的职教集团多采用此类体制。二是管委会体制，管理委员会领导下的理事长（董事长）负责制。职教集团由地方政府牵头，整合行政区域内的职教资源，对接产业发展需要成立职业教育联合体，以管理委员会、理事会（董事会）、秘书处为基本组织架构，实行管理委员会领导下的理事长（董事长）负责制。政府主导的职教集团多采用此类体制。三是董事会体制，董事会领导下的股东决策制。职教集团不利用国家财政性经费，而由各种社会力量运用股份制手段融合民间资本组建而成，各投资者按照投资额来享受股东权利和承担有限风险，以股东会、董事会、执行层为基本架构，实行董事会领导下的股东决策制，股东主导的职教集团多采用此类体制。[18]职业教育集团化发展需要理顺和健全集团内部治理结构和决策机制，强化职业教育集团化办学的保障机制，加大对职业教育集团化办学投入和财税、土地、金融等政策扶持力度，支持集团内企业成员单位参与职业教育发展，才能提升内部聚集能力，促进集团成员的深度合作和协同发展，不断增强职业教育集团的整体实力和社会服务能力。

参考文献

[1] 赵晓辉，张辛欣．推动产业集群转型升级　引导中小企业集群式发展[EB/OL]．新华网，2015-7-23，http://news.xinhuanet.com/fortune/2015-07/23/c_1116023378.htm.

[2] 符正平，常路等．产业集群升级与转型：珠江三角洲地区的实践与启示[M]．北京：社会科学文献出版社，2016.

[3] 岳芳敏．广东专业镇转型升级：机制与路径[J]．学术研究，2012(2)：81-88.

[4] 珠江三角洲地区改革发展规划纲要（2008—2020年）[EB/OL]．中国网，2009-01-08，http://www.china.com.cn/news/2009-01/08/content_17074210_4.htm.

[5] [英]马歇尔．经济学原理（上卷）[M]．朱志泰，译．北京：商务印书馆，1964.

[6] 陆根尧等．人力资本促进产业集群升级研究[M]．北京：科学出版社，2016.

[7] OECD：技能与全球价值链[EB/OL]．唐科莉，编译．2017-5-4．http://www.bjesr.cn/jyzx/2017-06-02/29501.html.

[8] 张一力．人力资本与区域经济增长——温州与苏州比较实证研究[M]．杭州：浙江大学出版社，2005.

[9] [美]迈克尔·波特．国家竞争优势[M]．李明轩，邱如美，译．北京：华夏出版社，2005.

[10] 经合组织．OECD中国经济调查[M]．官方中文版，巴黎，2015.

[11] 樊平军．知识视野中的中国大学专业设置[M]．北京：北京师范大学出版社，2010.

[12] 高红梅．服务与支撑——基于产业集群的职业教育专业集群建设研究[M]．沈阳：辽宁人民出版社，2012.

[13] 高靓．2016年中职毕业生就业率达96.72%[N]．中国教育报，2017-4-23.

[14] 2016高等职业教育质量年度报告发布会[EB/OL]．2016-7-15，https://www.tech.net.cn/web/index_zlbgh2016.aspx

[15] 赵昕，张峰．基于产业集群的职业教育专业集群基本内涵与特征[J]．职业技术教育，2013(4)：36-40.

[16] 职教集团化办学：高职院校内涵建设的重大战略创新[EB/OL]．2017-05-03，http://www.sohu.com/a/137986823_451178

[17] 徐峰，石伟平．回眸与前瞻——我国职业教育集团化办学研究述评（2006—2015）[J]．当代教育论坛，2016(6).

[18] 白汉刚，刘宏杰．从“集而不团”走向“三链”深度融合[N]．中国教育报，2013-01-16.

第六章

校企合作、工学结合与人才培养模式改革

科技进步、全球化、城镇化发展推动经济结构调整和产业转型升级，并通过职业岗位结构和工作技能要求的变化，更新劳动力市场对人才结构、规格和质量的要求，导致对从业者核心能力和关键能力要求的提高。职业院校承担着培养学生具备企业所需岗位对等能力的职责，按照校企合作、工学结合的总体要求，以培养职业能力为基础，推进人才培养模式改革，健全职业教育与劳动力市场之间过渡、衔接的路径和机制，确保职业教育发展能够转化为技能供应与需求之间的良好匹配。

第一节　以职业能力为基础的职业教育培养目标

人才培养是一个系统工程，职业教育以就业为导向，对劳动力市场中技术技能人才能力标准的认识和解读是构建职业教育人才培养模式的前提，它规定着企业的人力资源开发的方向和职业教育所要达到的人才培养规格和质量要求，并成为确定和实施职业教育教学过程和评量的依据。

一、职业能力概念的历史演变

职业能力的内涵是国际职业教育学术界一直以来关注和研究的主题。对职业能力的不同认识，演绎出了不同的职业教育课程标准、教学模式和评价体系，职业教育机构采取不同的应对策略，各国职业教育呈现出各自独特的风格和特色。

在早期，职业能力等同于“操作能力”“动手能力”，职业教育就是使学生掌握一门技术谋生的手段。但自20世纪70年代起，由于科技进步和宏观经济萧条，企业和研究人员普遍认为个体拥有的职业技能并不足以保持其在劳动力市场和工作场所中持久的位置，劳动者具备市场应变能力，即“可转移的”技能特别重要，可以使被雇用者在不稳定的劳动力市场中减少受到的伤害。1972年，德国劳动力市场与职业研究所所长梅滕斯(D. Mertens)最早提出了“关键能力”的概念，也称“核心能力”或“普通能力”，指的是具体的专业技能和专业知识以外的能力，即从事任何一种职业的劳动者都应具备的能力，常被认为是跨职业的基本能力，关键能力具有相通性和可转换性，对劳动者未来的发展起着关键性作用。[1]“关键能力”被提出以后，在欧盟及澳大利亚等国家和地区引起了极大反响。英国国家课程委员会提出了“核心技能”的观点，即完成任务和解决问题的能力，并将其分解为解决问题、交流、人际关系、数字使用、信息技术和现代语言技能六个方面，这些能力具有通用性、可迁移性和工具性。[1]由于强调关键能力的培养，职业教育特定的岗位技能培训让位于广泛的综合能力的培训，并渗透在职业分析、培养目标、课程开发、教学过程和考试中。

20世纪80年代，“关键能力”逐渐被职业行动能力取代，劳尔·恩斯特(Laur·

Ernst)认为职业行动能力指的是解决典型的职业问题和应对典型的职业情境,并综合应用有关的知识技能的能力。职业行动能力包括了关键能力的所有要素,由专业能力、方法能力、社会能力和个性能力四部分组成。[2]职业教育培养目标必须与学生获得综合应用有关知识和技能的需求相适应,必须使学生能够通过职业教育获取跨专业的能力。“行动导向的职业教育”在德国获得了广泛的认同。1999 年,德国各州文教部长会议通过的《职业相关性课程的框架教学计划制订指南》正式把职业能力划分为专业能力、方法能力和社会能力三类,在职业教育实践中形成了其富有特色的“行动导向”教育思想、教学模式和教学方法。

20 世纪 90 年代,职业能力的概念就更广泛了,演变为一种用工单位和劳动者本人共同分担的责任,越来越多的国家和国际组织关注 21 世纪所需要的技能、能力和素养。美国《职业分类大典》(*Dictionary of Occupational Titles*, DOT)将从事不同职业所需的技能分为三类:与数据打交道的技能、与人打交道的技能、与具体事物打交道的技能。戴维·奥特(David Autor)等人在研究技术进步对技能需求的影响时,在 DOT 分类的基础上,按照计算机技术对技能的取代程度,将技能细分为程序性的认知技能、非程序性的认知技能、非程序性的非认知技能、程序性的身体技能和非程序性的身体技能五类。所谓“程序性”是指一项技能被编写成计算机程序进而被计算机技术取代的程度。例如,同样是认知技能,程序性的认知技能容易被计算机取代,如电话接线员、图书管理员等职业需要的技能;而非程序性的认知技能则难以被计算机技术取代,如律师、医生、教师等职业需要的技能。[3]

国际劳工组织(International Labour Organization, ILO)提出了“技能的便携性”(Portability of Skills)的概念,这种提法的重点是技能应当能够在工作之间转换,并且容易被雇主识别。ILO 将使人获得工作机会并适应劳动力市场变化的知识、技能和态度划分为两类:一类是核心技能,包括认知/解决问题的能力,即使用高层次的思维技巧和运用多种方法有效地分析、解决与技术或业务相关问题的能力;社交能力,即联系他人、在团体中工作、激发并表现出领导力、管理客户关系的能力;交流能力,读、写和处理信息的能力;个人行为/道德,即合适的个人和专业态度与价值观,做出明智的判断以及做出决策的能力;学习能力,即获取知识、汲取经验、开放创新的能力。另一类是职业/技术技能,具有适当的技术、职业或业务知识,以及将这些知识应用到实践中的能力。[4]

联合国教科文组织在分析青年人的就业能力时,将技能分为三类:基础技能、可转移技能和职业技术技能,同时指出了青年获得这些技能的环境。基础技能包括找到薪金能够满足日常需要的工作所需的读写和计算技能,这些基础技能也是接受进一步教育和培训以及获得可转移技能和职业技术技能的前提条件。可转移技能是指可以转移并适应不同工作需求及环境的多种技能，包括分析问题，找到适当的解决办法，有效地交流思想和信息，具有创造力，体现出领导能力和责任感，以及展示出创业能力。在一定程度上，这些技能是在学校环境外培养而成的，但可通过教育和培训来进一步完善。职业技术技能是指从事特定工作需要的特定技能，可以通过与中学教育和正规职业技术教育相联结的工作场所项目获得，或通过包括传统学徒制和农业合作社在内的基于工作的培训获得。[5]

美国国家新兴技术劳动中心2002年开发了“金字塔”技能标准，比较准确地展示了职业技能发展的逻辑关系。劳动者技能金字塔有三层结构：第一层，一系列的基础技能和就业技能，即所在领域的所有劳动者都应该具有的基础知识和能力以及天性本能（例如工作场所所有劳动者需要具备的解决问题的能力和团队合作能力等）；第二层，一系列的专业技能，此产业群里所有劳动者的普遍知识和能力，如熟练地使用软件和硬件工具，解决软硬件问题等；第三层，特定职业工作分类的具体专业技能，即个体企业或组织独有的知识和能力。[6]美国21世纪技能合作研究委员会（P21）提出了复杂且相互依赖的21世纪所必备的技能（21 Century Skills），包括学习与创新技能（具体包括批判性思考和解决问题的能力、沟通与协作能力、创造与革新能力）、数字化素养能力（信息素养、媒体素养、信息与通信技术素养）、职业和生活技能（灵活性与适应能力、主动性与自我引导能力、社交与跨文化能力、生产能力与绩效能力、领导能力或责任感）三大类。[7]21世纪的教育和学校应教会学生运用21世纪的技能去理解和应对真实世界的各种挑战，让学生为服务于工作领域和社会生活做好准备。

经济合作组织提出了包括知识、能力与态度等的“素养”（competency）概念，认为素养不只是知识与技能，它是在特定情境中，通过利用和调动心理社会资源（包括技能和态度）满足复杂要求的能力。可以交互式地使用工具（如语言、技术）、异质群体的相互作用和自主地行动被确定为核心素养（key competency）。[8]欧盟认为“素养”包括知识、技能和态度，提出了促进个人实现、社会包容、积极公民参与和就业的核心素养，包括用母语沟通的能力，用外语沟通的能力，数学、科学和技术方面的能力，数字化能力，学会学习，人际和跨文化的社会能力与公民能力，企业家精神和文化表达能力等八类，这些能力是多功能的、可以转换的和在知识社会中成功生活所必备的能力。[9]

尽管由于各国经济发展与劳动力市场状况不同，对职业能力构成的侧重点有所不同，但普遍都认为职业能力是由知识、技能和个性心理特征构成的一个混合结构。根据工业与组织心理学的理论，可以将这些能力划分为四个维度：思考能力、执行能力、对外连接能力和自我提升能力，国际组织与各个国家和地区对职业能力结构的认识参见表6.1。

表 6.1　　不同国家和组织职业能力评价体系

维度	能力项	联合国教科文组织	经济合作与发展组织	欧盟	美国	加拿大	澳大利亚	新西兰	德国	瑞士	荷兰	芬兰	比利时	奥地利
思考能力	批判性思维		√				√	√	√	√	√		√	√
	问题解决	√		√	√		√			√	√		√	√
	创新能力	√		√	√		√	√	√	√	√		√	√
执行能力	语言与写作	√	√	√	√	√	√	√	√	√		√	√	√
	阅读理解			√		√								√
	应用科学		√	√			√	√	√	√				√
	应用数学		√	√			√		√	√	√		√	√
	信息技术		√	√	√	√					√	√		
	时间管理					√				√	√	√	√	√
对外链接	理解他人	√		√	√	√	√	√	√	√		√	√	√
	演讲能力							√	√	√	√		√	√
	沟通能力	√	√	√	√	√	√	√		√			√	
	冲突管理	√		√	√		√	√		√	√	√	√	√
	团队合作	√		√	√		√	√		√	√			√
	领导力			√	√		√	√	√		√	√	√	√
自我提升	心理弹性			√	√		√	√	√		√	√		√
	责任感与职业道德	√		√	√						√			
	成就动机			√	√		√	√	√			√		√
	学习能力	√					√	√	√			√		√
	积极心态						√	√	√					√

资料来源：黄晓婷. 基于行业需求的职业能力评价研究：以学前师资为例[R]. 2017，5.

我国对职业能力的关注和研究是在改革开放后随着国际职教合作项目的开展而开

始的，特别是以能力为基础的职业教育（Competency Based Education，CBE）和德国双元制典型试验。1998 年，原劳动和社会保障部在“国家技能振兴战略”课题报告中，将职业技能分为三个层面：专业特定技能、行业通用技能和所有行业都需要的关键技能即核心能力，并将核心能力分为与人交流、信息处理、数字应用、与人合作、解决问题、自我学习、创新革新、外语应用八个方面。[10] 2006 年，教育部、财政部下发《关于实施国家示范性高等职业院校建设计划加快高等职业教育改革与发展的意见》明确要求：“各地要引导示范院校科学合理地调整和设置专业，改革课程体系和教学内容，将职业岗位所需的关键能力培养融入专业教学体系，增强毕业生就业竞争能力。”并要求高职院校“积极改革以课堂和教师为中心的传统教学组织形式，将理论知识学习、实践能力培养和综合素质提高三者紧密结合起来，提高学生就业能力。”该文件明确提出了“关键能力”和“就业能力”的概念，具有更加现实的指导意义。2007 年，原劳动和社会保障部职业技能鉴定中心发布《关于颁布职业核心能力培训测评标准（试行）的通知》，该文件将关键能力定义为职业核心能力，并推出了七大模块，即与人交流、数字运用、信息处理、与人合作、解决问题、自我学习和创新能力。2013 年，人力资源和社会保障部编制的《国家技能人才培养标准编制指南（试行）》将“职业能力”界定为在真实的工作情境中整体化地解决综合性专业问题的能力，是人们从事一个或若干相近职业所必备的本领，是通用能力和专业能力的综合。其中通用能力是指从事相应职业所应具备的社会能力和方法能力，包括职业素养、与人交流、与人合作、自我学习、解决问题、信息处理、数字应用、外语应用、创新能力、管理能力等；专业能力是指人们运用知识和技能解决某一特定职业工作中实际问题的能力，包括工作标准的把握、工作方法的运用、劳动工具的使用、劳动材料的选择等。2017 年，国务院印发《国家教育事业发展“十三五”规划，强调职业教育要“以增强学生核心素养、技术技能水平和可持续发展能力为重点，统筹规划课程与教材建设，对接最新行业、职业标准和岗位规范，优化专业课程结构，更新教学内容。”关键能力和核心素养新思维正在引领和推动职业院校对学生职业能力的培养培训工作（专栏 6. 1）。

专栏 6. 1

苏州职业教育学生核心素养调查模型

2016 年，“中国学生发展核心素养”项目组发布了《中国学生发展核心素养》总体框架，以科学性、时代性和民族性为基本原则，以培养“全面发展的人”为核心，分为文化基础、自主发展、社会参与三个方面，综合表现为人文底蕴、科学精神、学会学习、健康生活、责任担当、实践创新六大素养，并具体细化为国家认同等十八个基本要点。苏州市以城市经济供给侧改革为背景，立足于培养“全面发展的终身学习者”这一核心理念，将核心素养的概念引入职业教育领域，界定职业教育学生核心素养是指通过体现终身教育理念的职业教育，学生获得的在其职业生涯中从事任何行业均普遍存在、任何职业或工作岗位都不可缺少的必备品格与关键能力，建构起包含职业理想与意识、职业道德与精神、职业行为与习惯、职业技能与水平、职业情感与态度五个维度的职业教育学生核心素养调查模型，各维度的具体指标为：

——职业理想与意识，包含职业倾向、职业定位、职业价值、责任意识、安全意识、质量意识、服务意识、执行意识、团队意识等要素；

——职业道德与精神，包含职业规范、职业道德、职业法纪、职业自律、职业事业心、敬业精神、精益求精、奉献精神等；

——职业行为与习惯，包含职业形象、职业礼仪、职业交往等；

——职业技能与水平，包含职业知识、职业技能、职业能力（管理能力、沟通协调能力等）、创新能力、创新思维等；

——职业情感与态度，包含职业认同感、归属感、自豪感、成就感等。

通过对苏州市四所分布在不同区域职业学校涉及32个专业1 466名学生的核心素养现状、需求以及培养资源配置情况等进行调查分析发现，苏州学生对职业教育核心素养调查模型的认同度较高，在核心素养维度及具体指标上基本形成共识，群体性差异较小。建议职业院校要对接企业的技术技能人才需求，把核心素养作为教育目标的重点，在课堂中融入核心素养教育，增强学生的创新创业能力和工匠精神。

资料来源：殷建华，宋一丹. 苏州职业教育学生核心素养研究[R]，2017.

二、技术进步与职业能力需求变化

技术进步对生产过程、劳动力分配、劳动技能有着深远的影响，特别是技术变革直接或间接地决定了对给定技能组合的需求，改变了劳动力市场中工人的技能和能力与工作要求之间的配比质量。关于技术变革和技能变化争论的观点主要有三种。一是升级的观点，主要源于工业化理论。工业化从逻辑上要求明确而有效的劳动分工（专门技能），技术变化对技能的层次、种类和平均水平都提出了更高的要求。工业化理论的支持者以职业结构的变化和总量教育水平的提高作为证据，指出了经济中就业技能向专业、管理和技术职业方向的稳步转变和劳动力平均教育水平的巨大提高。该种假设的另一种提法指出了高度自动化的工作环境对于技能要求的影响，一方面，工人们必须表现出更多的灵活性，对产品质量承担更大责任并且在工作中迅速调整一切偏差失误，这意味着对更高技能程度的要求；[11]另一方面，新技术要求与过去不同的新技能，如计算机化和柔性制造系统要求对整个生产过程、团队、交替工作负责，要求更高的抽象技能和计算机知识。二是降级的观点，主要来自就业分级化理论。一种情况是劳动过程性质的变化导致了工作质量和数量上的变化。技术变革和自动化是管理者的战略工具，他们利用科学管理、数字控制、程序自动化以及职业的重新设计等手段，把工作的计划和构想部分与实施部分分离，在降低了对操作工人技能要求的同时，增加了对项目设计和对人力管理的高级经理和专业人员的要求；另一种情况提出正在变化的劳动力队伍的多样化：高技能和低技能的职业、产业分别发展，或者是非工业化——工厂关闭以及国内或国际上的产业转移，导致岗位的消失以及/或者技能下降。三是混合变化的观点和条件的、或然的观点，混合型变化更具经验特征而不是一种理论。由于技术变革的影响，经济中某些部门和工作对技能的要求增加了，而另一些则减少了，其净结果是工作对技能的要求变化很小，更为重要的是技术变革对工作的量和质的影响不是简单、单一和单向的，而是受到市场力量、管理战略、管理行为以及所选组织的制约。[12]

进入21世纪以来，新一轮以信息技术与制造业的深度融合为中心的产业变革正在兴起，这一变革在德国被称为“第四次工业革命”，即工业4.0。以往的工业革命是在产品制造过程中通过技术革新推动的：从纺织机、流水线直到自动化里部署计算机。第四次工业革命不仅包括产品的机械化生产过程以及和它相关联的组织流程，还包含机械及非机械组件的供应链以及整个生产环节，它应用物联网技术将资源、信息、物体以及人员紧密联系在一起，构建一个庞大的信息物理系统（Cyber Physical Systems，CPS），并智能控制生产过程，同时运用大数据手段灵活配置生产资源，实现个性化定制生产，进行差异化管理，以替代传统的固定式流水线生产（图6.1）。强大的智能化、网络化和集成化对人员提出了与先前不一样的要求，在生产过程中由传统行业服务者和机器操作者的角色转变为整个生产过程中可以实现人机对话的多方位行业技术人才。“智能工厂”肯定不会是“无人工厂”，制造业人工工作的转变体现在以下几个方面：从直接劳动到间接劳动；从手工工作到使用高性能的机械；从纸面工作到计算机化工作；从经验制造到基于知识的制造。[13]新型的生产模式不仅要求员工对日益增长的复杂性有一定的掌控能力，熟练工种逐渐减少，能动性岗位变多，对员工的专业水平要求也越来越高。未来的工作岗位将会更加注重技术专业性，还要求员工有认真负责的态度，承担诸如设计、安装、改装、保养以及对“物理信息融合系统”和新型网络组件维护的工作，且进一步对生产设备模式、框架结构和规章条款进行优化，也就是说工作过程去分工化，技能操作高端化。2015年，国务院印发《中国制造2025》，将智能制造作为信息化与工业化深度融合的主攻方向，着力发展智能装备和智能产品，推进生产过程智能化，培育新型生产方式，全面提升企业研发、生产、管理和服务的智能化水平，智能化时代对技能要求的变化必将带来职业教育人才培养模式的根本性变革（专栏 6.2）。

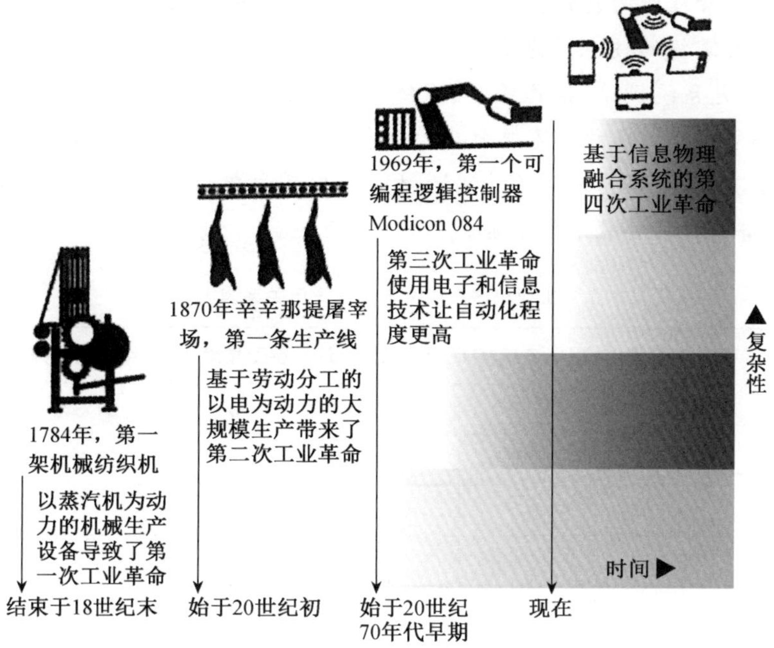

图 6.1　德国工业 4.0 小组描绘的四次工业革命

资料来源：乌尔里希·森德勒. 工业 4.0——即将来袭的第四次工业革命[M]. 邓敏，李现民，译. 北京：机械工业出版社，2014.

专栏 6.2

佛山机器人应用企业技术专业人才及岗位技能需求调查

机器人高端装备产业集聚正在佛山形成，2014 年佛山市核心智能装备制造业企业为 322 家，产值超亿元的企业有 39 家，其中超 10 亿元的有 5 家；全市约有 72 家工业机器人企业，120 家机器人应用企业，涉及汽车制造、陶瓷卫浴、机械制造、家电制造、金属加工等行业，拥有 3 500 台机器人。

根据佛山职业技术学院 2014 年底对 17 家机器人制造和集成企业、36 家已应用和将要应用工业机器人的企业人才招聘计划及其各工业机器人岗位的技能要求等数据的分析发现，17 家工业机器人生产企业需要的专业岗位类型主要有四种，分别是研发工程师、现场工程师、售服工程师及装配技术员；36 家工业机器人应用企业需要的专业岗位主要有两种：设备工程师和操作维护工。53家企业的机器人专业岗位技能要求不尽相同，不少岗位的技能相求是重叠的，如一个优秀的现场工程师要求具备的能力有：编程能力、装调能力、管理能力、组装能力、售后服务能力、协调能力、团队合作能力等。工业机器人岗位所要掌握的技术能力主要有：机器人售后服务、销售、机械和电气装配及现场编程等；其次是系统调试、操作维护、系统总装、结构设计等，专用系统开发与管理等技能则属于高端岗位。各机器人工作岗位对各层次人才学历要求主要集中在本科以上和高职学历层次，高职高专机器人专业人才的岗位又主要面向售后技术服务工程师、现场工程师、设备工程师和装配技术员。

工业机器人岗位与人才学历关系表

学历/岗位	研发工程师	现场工程师	售服工程师	装配技术员	设备工程师	操作工程师
本科以上	100%	45.6%	36.9%	0	61.8%	0
高职高专	0	54.4%	63.1%	38.7%	38.2%	13.3%
中专中技	0	0	0	51.6%	0	54.6%
初、高中	0	0	0	9.7%	0	32.1%

资料来源：罗庚兴，李大成. 基于产业需求的高职工业机器人技术专业人才培养研究——以佛山市为例[J]. 职业教育研究，2016(8)：36-40.

按照工作任务所需要的技术类型和对劳动者技能的要求，可以从两个维度来考察和度量工作任务。首先，如果工作任务是按照既定的设计方案、程序化地解决，则具有例行的特征，称之为常规型任务；反之，如果工作任务具有不确定的属性，需要即时的解决方案或处理、决策，则称之为非常规型的任务。另外一个维度是解决任务时需要认知能力，还是需要操作能力。一般来说，前者需要知识的积累，后者则更多地需要体力上的付出。这两个维度的结合决定了工作任务更加具体的属性，它们形成的矩阵定义了五类工作任务(表6.2)。常规认知型工作任务，主要是指重复性的、非体力的工作任务，例如，数据录入、重复性的客户服务(如收银员)等。非常规认知型任务可以分为两类：非常规分析型任务和非常规互动型任务。前者主要是指具有抽象思考属性的任务，例如医疗诊断、投资决策等；后者则是指需要处理人际关系的工作任务，如销售、人事管理等。常规操作型任务主要是指需要速度、重复运动和体力要求的工作任务，例如分拣、包装等；非常规操作型任务则是指需要适应变化的工作环境的任务，例如驾驶。

表 6.2　　工作任务的属性与分类

<table>
<tr><th></th><th></th><th>常规型</th><th>非常规型</th></tr>
<tr><td rowspan="2">认知型</td><td>分析型任务</td><td rowspan="2">重复性的、非体力的工作任务</td><td>需要进行抽象的思考、操作和决策的任务</td></tr>
<tr><td>互动型任务</td><td>根据人的个性特征和行为从事的互动型任务,如团队合作、人事与客户关系等</td></tr>
<tr><td>操作型</td><td>操作型任务</td><td>需要速度、重复运动和体力要求的任务</td><td>适应变化的工作环境并做出反应,需要操作的灵巧性和空间感觉等技能的任务</td></tr>
</table>

资料来源:都阳,贾朋,程杰. 劳动力市场结构变迁、工作任务与技能需求[J]. 劳动经济研究,2017,5(3):30-49.

然而,在现实世界中,某一个工作岗位往往需要执行或完成多种属性的任务,劳动者也需要多种技能。因此,我们往往更加关注某一工作任务最主要的属性。其次,某一项工作属于哪种类型的任务,往往随着技术可能性边界的推移而不断变化。例如,在没有新的技术出现之前,医疗诊断、投资决策属于典型的非常规分析型任务,但人工智能技术的进步,也可能使执行这样的任务程序化,任务的属性也就随之变化。同样,当无人驾驶技术出现乃至成熟以后,驾驶任务的属性也会发生变化。在美国,无论是通过专家对超过 12 000 种职业每一种工作所需要的各种技能评估还是通过调查采集劳动者的技能和工作任务要求,发现过去几十年中,企业都发生了过去任何时候都不曾发生过的广泛、深刻而又快速的变化,这些变化表现在以"质量更高、距离客户更近、技术更新更快和价格更低"为目标的如精益生产和业务流程重组等新的管理理念上,以及全面质量管理(Total Quality Management, TQM)等新的组织流程方式上。尽管这些理念有多种具体实施方式,但它们对职业的专业人员(包括技术、技师和工程师)有很大的影响,这意味着企业组织越来越要求其专业人员能对未知情境(如客户的特殊要求,市场环境改变等)做出快速和恰当的反应。从企业要求的角度看,劳动个体应具备比之前更为广泛的本领,专业人员主动的、出于企业角度考虑的、自我调节的行为举止等,需要日常手工操作技能和思考技能的工作正在让位要求更高的知识水平以及专家型思考、复杂交流等更高应用技能的新的工作(图 6.2)。

中国社会科学院人口与劳动经济研究所针对城市住户组织实施的中国城市劳动力调查,从 2001 年至 2016 年一共进行了四轮,2016 年的第四轮调查在上海、广州、福州、武汉、沈阳、西安 6 个城市实施,收集了劳动者工作任务与技能的信息,将劳动力在当前工作岗位中需要使用的技能分为非常规、认知型的分析型任务,非常规、认知型的互动型任务,常规认知型任务、操作型任务四类,并统一各种任务的度量方式,取值介于 0 和 1 之间。重点比较分析 2005 年和 2016 年的相关信息,可以发现,非常规、认知型的分析型任务和非常规认知型的互动型任务,随着时间的推移更具比较优势,这两种工作任务

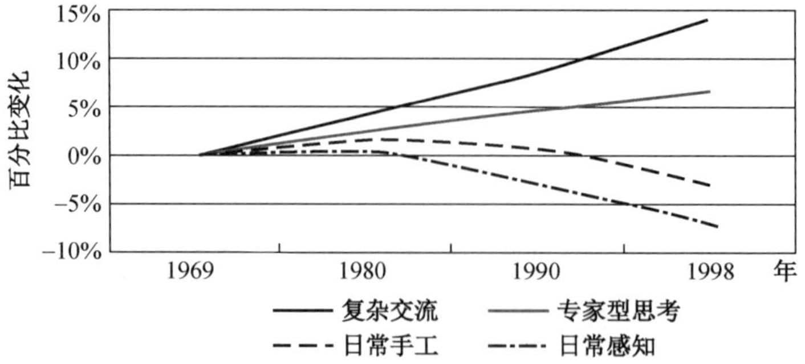

图 6.2　21 世纪工作需要的新技能

资料来源：波尼·特里林，查尔斯·菲尔德. 21 世纪技能——为我们所生存的时代而学习[M]. 洪友，译. 天津：天津社会科学院出版社，2011.

的分布曲线随着时间的变化向右移动，尤其是分析型的任务在高分值的分布区间有比较明显的移动(图6.3)。相比之下，操作型任务分布的变化不甚明显(图 6.4)，两轮调查数据所展示的工作任务分值分布情况变化很小，这意味着对劳动密集型程度最高的工作任务的需求没有发生明显的变化。根据对其他劳动力市场的观察，常规认知型的工作任务最容易被替代，因为替代该类型的工作任务的技术可行性最高。然而，从数据观察，在过去的十余年时间里，这一类型的工作任务分布曲线向右偏移，可能是因为劳动密集型程度非常高的职业和岗位(如理发、护理等)难以被资本替代，其岗位数量随着需求的增加而增长。

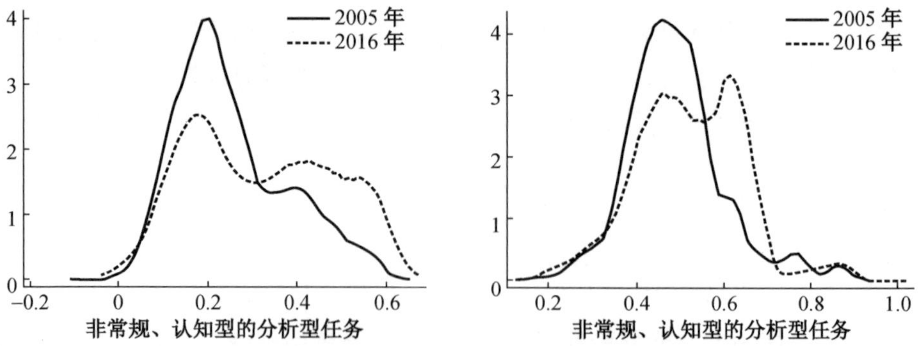

图 6.3　2005 年和 2016 年中国城市劳动力工作岗位非常规任务的分布变化

资料来源：都阳，贾朋，程杰. 劳动力市场结构变迁、工作任务与技能需求[J]. 劳动经济研究，2017，5(3)：30-49.

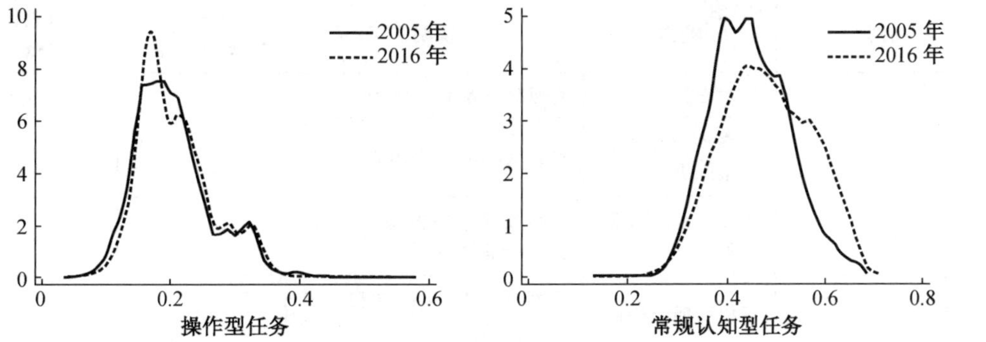

图 6.4　2005 年和 2016 年中国城市劳动力工作岗位操作型和常规认知型任务的分布变化

资料来源：都阳，贾朋，程杰. 劳动力市场结构变迁、工作任务与技能需求[J]. 劳动经济研究，2017，5(3)：30-49.

由于所有工作均要求形成于多种途径和不同环境下的技能组合，职业能力作为在真实的工作情境中整体化地解决综合性专业问题的能力，是人们通过学校教育、工作和培训等多种互动机制学习、获得并形成的。人力资源公司（Manpower Inc.）提出四类"可教能力"（Teachable Fit），以确定求职者的技能差距是否可以通过教育来弥补。这四类能力是知识（固定的）、技能（包括硬能力和软能力）、价值观和心态，以及个性和智力。表 6.3 以软件工程师为例说明，大多数知识和技能不仅是重要的，而且也是"可教的"。然而，学校通常是按照学科来划分的，劳动力市场不仅需要有关学科领域知识和技能的"硬能力"，更需要沟通能力、团队合作、价值观和道德等"软能力"。这些能力通常需要大量的实践来培养，需要企业的深度介入，工作场所学习是学习者发展工作能力的重要途径，现代学徒制成为当前国际上职业教育培养技术技能人才的成熟方法和流行模式。

表 6.3　人力资源公司针对软件工程师的"可教技能框架"

类别	能力	说明	重要性 1—5（低—高）	可教性 1—5（低—高）
知识（业务或学科领域）	计算机系统	需要具备计算机科学、工程学或数学学位/经验	5	1
	工程原理	如果未经过学校培训，需要大量实践	5	3
	工程技术	边做边学	4	4

续 表

类别	能力	说明	重要性 1—5(低—高)	可教性 1—5(低—高)
技能(表现出来的能力与实践,包括"硬能力"和"软能力")	技术设计	可从现有配置中学习	5	3
	系统分析/解决复杂问题	通过大量实践来培养	5	2
	诊断/测试/排除故障	可以快速掌握方法,但非适用于所有情况	5	4
	积极聆听/合作	需要与顾客、供应商和同事一起工作	4	3
	编程	包括操作系统,可教,但需一定经验	4	5
	文件编制	需要细致精确	3	4
价值观和心态(人们带到工作中的和工作所需要的态度)	愿意发展	—	4	2
	愿意学习	—	4	2
个性和智力(基本性格和心理特质)	系统性思考/模式识别	—	5	2
	演绎推理	—	5	2
	归纳推理	—	5	1
	求知欲	—	4	1

资料来源:Manpower Inc. (2010). Teachable Fit: A New Approach for Easing the Talent Mismatch[R]. https://candidate. manpower. com/wps/wcm/connect/b56d5f00431f3e3bb409fe4f3871948a/FP_Teachable_Fit_Framework. pdf? MOD=AJPERES.

第二节　以现代学徒制为范式的职业教育人才培养模式改革

人才培养是一项系统工程,人才培养模式改革涉及理论与实践、工作与学习、校外与校内等复杂关系的处理,涉及学校内部专业设置、课程体系、教学过程、管理制度、质量评价等要素组合方式的变革与重构。以培养技术技能型人才为目标的职业教育与经济界的联系更紧密,更强调学校与经济界、企业的合作,学徒制曾是人们学习技能的最普遍方式,我国在计划经济时代曾形成过非常成熟的厂内学徒制。改革开放以后,我国技术技能人才形成的主要路径由厂内培养转向学校培养,对处于市场供给不足和发展方式粗放阶段的企业和经济运行还算可行,但对定位于高技术、精湛和创新工艺及智能化生产的企业来说则远远不够,而且工作场所学习机会的缺乏给职业院校毕业生的就业带来困难。为此，需要重构基于深度校企合作的现代学徒制，积极探索联合培养、订单培养、工学交替等多样化的人才培养模式，推动专业设置与产业需求、课程内容与职业标准、教学过程与生产过程相对接，使职业院校真正培养出社会生产、建设、服务、管理第一线需要的、具有综合职业能力和全面素质的技术技能人才。

一、国际职业教育模式类型：从学校到工作过渡

工作场所的学习是学生在参与真实任务，并在技术熟练或经验丰富的企业人员直接或间接指导的活动中获得知识和技能的途径，学员在获得所需要的知识、技术和能力之后便可以成功踏入劳动力就业市场。工作场所的学习不仅具有职业教育的价值，而且也可以成为职业生涯教育的组成部分。德国不来梅大学教授费利克斯·劳纳（Felix Rauner）将全球范围内职业教育体系根据学校到工作过渡（School to Work，STW）的模式分为四种，由于时间、制度、内容等方面的差异，四种模式在从普通教育到职业培训（阈限一）和从职业培训到工作（阈限二）中都有各自不同的特点（图 6.5）。

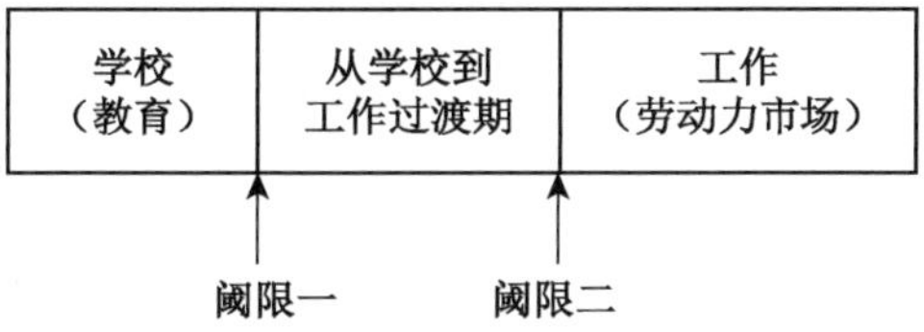

图 6.5　从学校到工作过渡的阈限

资料来源：石伟平. 时代特征与职业教育创新[M]. 上海：上海教育出版社，2006：331.

模式一：直接过渡。学校到工作过渡过程的第一、第二阈限缩减为单一的阈限（图 6.6），公司内部劳动力市场占主导，而职业化的工作形式退居次位甚至消失。这样一为，作为学校体系和聘用体系之间独立的生涯阶段，职业培训可有可无。在这个模式里，培训是公司系统发展规划的一部分，劳动力通过参与有组织的发展计划提升竞争力，而高水平的普通教育、抽象的资格证书、高度的职业道德和企业忠诚度等因素的融合将为其提供坚实的基础。日本的情况最接近这一模式，基础教育在学校中进行，专门教育和特殊技能教育在企业内部教育中完成，企业是从事高技能人才培养的主体。

模式二：非规范化过渡。过渡阶段相对较长而规范度低（图 6.7）。其中，青年人有较长的寻访和定位过程，伴随着青年高失业率和其他社会不稳定因素，以及需求导向的持续弹性化的培训市场，这一模式的第一、第二阈限值也很高，人们参与培训项目就是为了进入职业系统。如在美国很多州的高中辍学率和肄业率高达 40%～50%，即使是

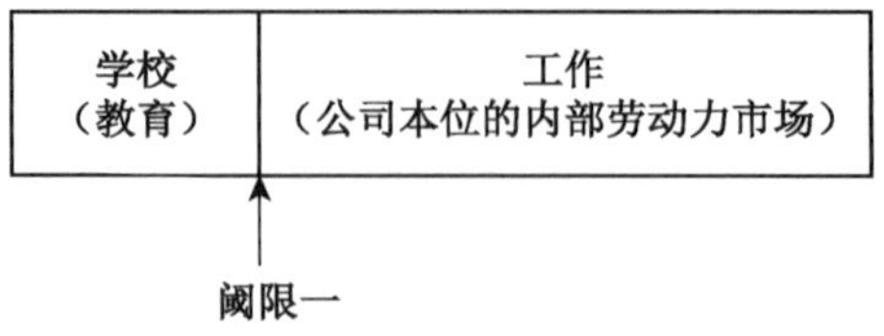

图 6.6　模式一：直接过渡

资料来源：石伟平. 时代特征与职业教育创新[M]. 上海：上海教育出版社，2006：331.

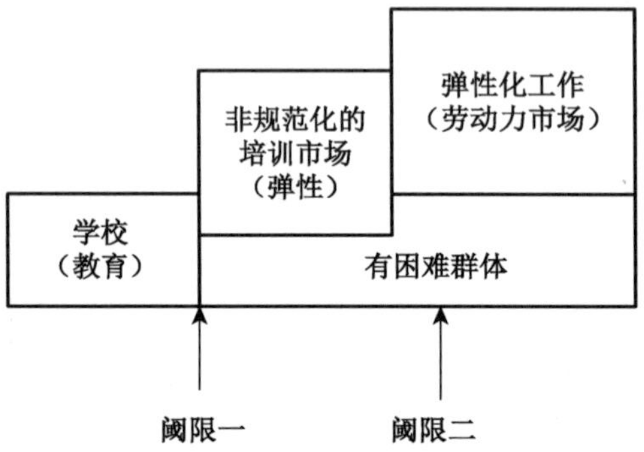

图 6.7　模式二：非规范过渡

资料来源：石伟平. 时代特征与职业教育创新[M]. 上海：上海教育出版社，2006：332.

毕业生也缺乏基本技能和工作技能，这导致了他们的不充分就业或者失业。[6]美国职业教育培训没有独立完整的体系，可以直接由雇主或者经过认可的学校或学院提供。

模式三：规范化重合式过渡。从学校到工作的过渡通过规范的现代学徒制体系来实现(图 6.8)。在这种模式中，青年人有三种身份：受培训者、职业学校的学生、企业中的学徒雇员，第一、第二阈限值都相对较低，由于青年人从学生向熟练工角色转换是逐渐进行的，所以向培训系统的过渡显得平缓，职业培训成为教育系统与工作领域之间的桥梁，在培训期间有机会与雇主建立起雇佣关系，青年失业率也相应较低。这一模式在中欧和北欧国家如德国、奥地利和丹麦占主导。

模式四：更替式过渡。通过学校本位的职业培训体系来实现从学校到工作的过渡(图 6.9)。普通教育完成后，接着就进行与职业相关或以职业为导向的学校形式的教育。这类职业课程结束时，学生通常同时获得学历证书和职业能力证书。在这种模式中，阈限二是从学校向雇佣系统过渡的关键，职业培训以供给为导向。那些拥有发达的学校形式职业培训系统的国家可归于此类。

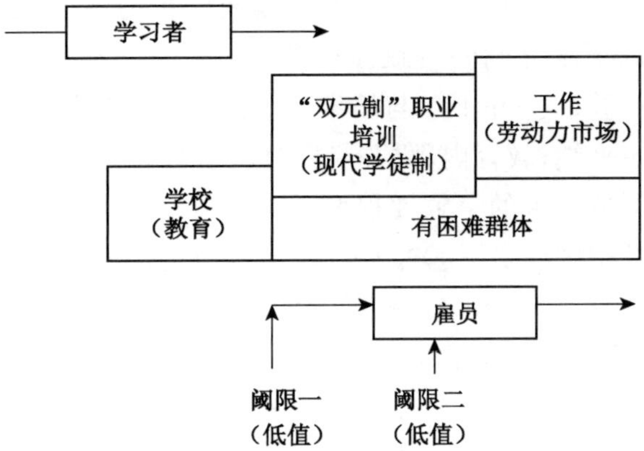

图 6.8　模式三：规范化重合式过渡

资料来源：石伟平. 时代特征与职业教育创新[M]. 上海：上海教育出版社，2006：332.

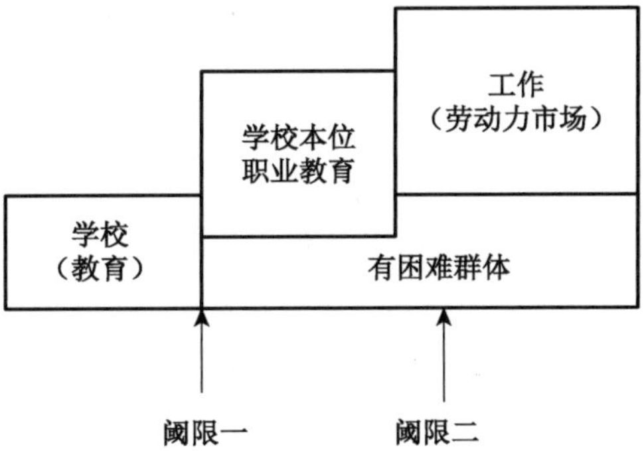

图 6.9　模式四：更替式过渡

资料来源：石伟平. 时代特征与职业教育创新[M]. 上海：上海教育出版社，2006：333.

根据汉南(Damian F. Hanan)构建的关于 STW 的国家比较分析框架，该框架主要包括国家背景、每个国家或培训体系的性质及其与劳动力市场之间的相互联系以及对之产生影响的国家政策、STW 过程本身的结构、过渡的结果等不同维度。通过教育或培训体系的差异及分层程度、教育或培训体系的国家标准化程度、学校—工作联系三个维度对不同国家的教育和培训体系进行比较和定位，可以发现不同国家教育和培训体系与劳动力市场之间的联系模式具有以下五种类型：①紧密联系。在培训过程中雇主与学校、培训者直接联系，并对教育要求达成一致意见；教育的内容与层次都与岗位需求达到很高的一致性。②线性联系。存在大量的岗位劳动力市场，教育和培训的要求非常具体并为学校所明确知道，但很少或几乎没有学校与雇主联合的培训；教育的内容、层次与工作岗位的要求之间的一致性程度也很高。③没有直接联系，但市场信号强、可靠且标准化。尽管雇主并不参与培训，但有提供市场信号的通行的职业资格证书，并在求职时为雇主采纳；教育内部的差异程度低，教育层次与岗位要求的一致性程度高，而教育内容与岗位要求的一致性程度低。④学校安置功能。通过学校就业指导服务，雇主直接到学校招聘雇员。⑤非直接联系且市场信号弱。小学和中学阶段教育没有标准化，且教育差别小，实施综合教育；大部分人进入高等教育，未能进入高等教育的高中职业生或辍学生接受中学后培训的人不多；教育内容、层次与岗位要求之间的一致性程度都很低(表 6.4)。在模式三、模式四、模式五中，其政策通常更强调课程适应性，更强调一般能力(或称关键能力、核心能力)，通过给予职员内部劳动力市场中流动的能力，工作经验或在职培训计划能发生最大效能。

表 6.4　　教育和培训体系与劳动力市场之间的联系模式

模式类型	教育和培训体系标准化的程度	
学校—工作联系	高	低
	教育和培训体系的差异程度	
	高—低	高—低
联系紧密(双元制)	德国、澳大利亚、瑞士、丹麦	
线性联系	荷兰	
非直线联系，但市场信号强	英格兰、苏格兰、法国、爱尔兰、芬兰、瑞典、意大利、以色列	西班牙
学校安置	日本	
非直线联系且市场信号弱		美国、加拿大

资料来源：徐国庆，石伟平. 西方 STW 比较分析框架述评[J]. 教育发展研究，2001(4)：60-63.

二、现代学徒制：职业教育培训的基本方法

学徒制是在近代学校教育之前，手工作坊或店铺中师徒共同劳动，徒弟在师傅指导下习得知识或技能的传艺活动，这种活动是一种高度情境性的学习方式。传统学徒制是一种古老的职业培训方法，从语言、绘画、雕刻、复杂的社会交往技能到某一专业领域的知识和技能都可以通过类似学徒制的方式进行非正式的学习获得。在 19 世纪，许多

欧洲国家的企业内学徒培训需要职业学校的支持，因此出现了生产学校或双元制模式，各种工作中的学习形式与学校教学、特别是职业理论教学联系起来，其中在有些国家保持至今。由于新技术在工作中的推广应用，以及“分散化学习”和行动导向学习理念的出现，学校本位的职业教育模式改革势在必行，工作场所作为学习场所再次被提到重要位置，[14]完整的学徒制学习是最典型、最有效的工作场所学习的形式。在现代职业教育人才培养模式中，学徒制的角色和地位并没有缺失或弱化。凡是拥有发达的和富有成效的职业教育的国家，都有良好的职业教育学徒制人才培养模式，这种形式的学习可使学员、承担培训的企业、职业教育与培训学校或机构，甚至是更广泛的社会领域等的所有者获益，现代学徒制与非正式的学徒制或其他基于工作场所学习形式的区别参见表 6.5。

表 6.5　学徒制与非正式学徒制或其他基于工作场所学习安排的特性比较

类型	工资	法制框架	基于工作场所	学习项目	在职培训	脱产培训	正式评估	认证证书	持续时间
受训	可能	无	有	无	可能	无	无	无	可变
实习	无	无	有	无	可能	无	无	无	可变
非正式学徒制	补贴	无	有	无	可能	无	无	无	可变
工作场所学习	有	无	有	无	可能	无	无	无	可变
学徒制	有	有	有	有	有	有	有	有	固定

资料来源：Steedman，Hillary. Overview of Apprenticeship Systems and Issues：ILO Contribution to the G20 Task Force on Employment[EB/OL]. https://papers. ssrn. com/sol3/papers. cfm? abstract_id = 2283123.

学徒制是促使学习者从初学者成长为实践专家的基本途径。职业教育的作用在于促进个体职业能力的发展，完成从起步者到能手即从新手到专家的转变，而专家区别于新手的地方是他的知识特质，将学科学习中获得的陈述性知识转化为程序性知识，将学术知识转化为行动知识。职业教育本质上是职业新手逐步融合进某实践共同体的过程，掌握实践工作的操作性知识以及专业知识中的内隐性操作知识，在成为能手的路上一步步地接受挑战，在完成职业任务中成长，同时将职业经验的积累过程与系统思考及深化知识的过程相结合，增强其职业认同，增长其职业能力，从而成为实践共同体的一员并拥有专家智能，而这些能力在纯粹的学校本位环境中是难以被激发出来的。职业教育现代学徒制是国际职业教育人才培养模式的改革趋势，特别是在后工业社会，智能化生产、个性化定制带来的对技术综合分析与运用能力的需求，形成了包含理论型技术、实体型技术知识、经验型技术知识、方法型技术知识的人才知识结构，现代学徒制在这种新型技术技能人才培养中具有特殊的价值(专栏6.3)。

专栏6.3

现代学徒制在技术技能人才培养中的价值

美国社会学家丹尼尔·贝尔在他的概念性图式中,以生产方式和技术的变化为中轴将人类社会划分为三个阶段:前工业社会、工业社会和后工业社会。由于生产方式与技术的变革深刻影响着从业人员的知识与能力结构,因此人才知识结构总体上也表现出以下几个阶段性特征:一是前工业社会时期,以技能传承为中介的师徒制,形成了经验型技术知识的单维度知识结构;二是工业社会前期,科学知识的逐步介入及其与经验技术的共存,形成了包含实体型技术知识与经验型技术知识的双维度知识结构;三是工业社会后期,科学理论知识对技术发展的先导作用以及技术作为独立体系的发展,形成了包含理论型技术知识、实体型技术知识、经验型技术知识的三维度知识结构;四是后工业社会时期,智能化生产、个性化定制带来的对技术综合分析与运用能力的需求,形成了包含理论型技术知识、实体型技术知识、经验型技术知识、方法型技术知识的四维度知识结构。其中,经验型技术知识是以手工制造为依托,以双手或借助手工工具开展技术活动;实体型技术知识则是以机器制造为依托,理论化程度比经验型技术知识深,其特点是借助机器开展技术活动,核心是强调控制,它在智能化制造时代还包括自控装置等高端制造元素。经验型技术知识依附于人身和手工工具,实体型技术知识则依附于机器等制造设备,二者都需要在实际工作情境中通过操作来获得。理论型技术知识是在系统性的知识学习过程中获得的,后工业社会的智能化制造对技术工人的理论知识要求加深,主要体现在全产业链的完整性以及智能制造过程的复杂性与专业性。这就要求技术工人完整掌握全产业链的知识结构,并围绕制造对象、制造设备等学习相关的科学原理,了解技术活动背后所涉及的理论知识。学校教育是获得这种知识的最佳方式。方法型技术知识是一种极具个人色彩的知识类型,体现在技术人员根据自身的逻辑、性格、思维等特点整合理论与经验的方式之中,这种知识贯穿技术活动的始终,发挥搜集、判断、决策、设计的过程性功能。所以,获取这种知识的途径只能是通过观察、模仿,以实现情境的迁移与内在顿悟,学员通过与师傅建立稳定的师徒关系,获取与师傅相处学习的机会,并在较长的一段时间内通过观察、共事、揣摩,使师傅的方法型技术知识迁移到自己的知识结构之中,从而调节自己原有的知识结构,以完成自我方法型知识的建构。

现代学徒制是将传统的学徒培训与现代学校教育思想相结合的一种企业与学校合作的职业教育制度。将学校和企业置于人才培养的主体地位,以师徒关系的建立为基础，以现代技术技能的传承与创新为内容，以精湛技艺与技术创新能力培养为目的，是后工业时代技术技能人才培养的有效模式。一是贴近生产情境，使学生获取大量生产一线的信息。现代学徒制强调学生在企业中直接参与一线工作，在具有丰富生产经验和教育资质的企业师傅的带领下围绕生产实践进行技能训练与方法学习，企业成为学生获取有效实践经验的场所。二是以师徒关系为基础，促进学徒方法型技术知识的获得。师徒关系有效保障学生技能学习与师傅技能传承的稳定性，尤其是学徒可以在跟随师傅参与一线工作的过程中学习到师傅独有的方法型技术知识，从而促进学徒理论知识与实践经验之间的互动与转化。三是学校和企业围绕人才培养构筑可持续的利益共同体。在这一共同体中，学校与企业各司其职，在理论型技术知识、实体型技术知识、经验型技术知识和方法型技术知识的培养上发挥各自的优势。同时，政府通过制度设计，明确企业、学校、学徒各方的权利和义务，使得技能传承成为企业和学校建立持久合作关系的纽带，实现人才知识结构的重构、精湛技艺的形成与创新能力的培养。

资料来源：李政．职业教育现代学徒制的价值审视——基于技术技能人才知识结构变迁的分析[J]．华东师范大学学报（教育科学版），2017(1)：54-62．

在世界上的多数国家，学徒制是职业教育和培训领域比较受欢迎的一种方法。国际劳工组织在2012年审议20国集团(G20)国家学徒制培训情况时发现，学徒制对一个国家和该国经济所带来的好处远不只明显增加该国公民的就业机会，“学徒制有效地把技能供给与用人单位所需技能对接，比学校内全日制职业教育体系更高效”。[15]欧洲国家将学徒制培训作为职业教育或劳动力市场政策的组成部分，拥有具备成熟的现代学徒制体系的国家在青年就业方面总体来说做得较好（专栏6.4）。2013年2月，欧洲理事会和欧盟委员会成立了“欧洲学徒联盟”，承诺提供60亿欧元的资金支持失业率较高的国家和地区，规定学生在工作场所学习的时间应达到其总学习时长的50%。[16]德国强调“双元制职业教育是保持和增强德国经济竞争力和创新力的支柱，也是社会稳定团结和谐的核心”（专栏6.5）。2005年至2015年，双元制职业教育的新学习者与全日制学校型职业教育新生比例基本保持稳定在7∶3的水平。2016年，企业提供岗位和职业教育岗位需求分别为54.63万个和54.09万个，供需比为1.042∶1。[17]英国在2009年发布的《为增长而提高技能：国家技能战略》中提出要“扩大学徒制，建立一个新的技术员阶级”，建立国家学徒制服务中心。2015/2016年度期间，英格兰新注册的学徒人数达到50.94万人，提出到2020年英国新注册学徒人数达到300万人。[18]美国奥巴马政府时期劳工部曾实施注册学徒制计划，到2012年约有1.9万个注册学徒制项目和37.5万名契约学徒，且大多数是建筑业工会学徒。[6]为促进就业，特朗普政府计划大力推广学徒制，尽可能扩大到建筑行业以外的医疗、信息技术等更多领域。

专栏6.4

欧洲现代学徒制类型

欧洲学徒制分为需求引导型和供给引导型两大类。需求引导型的学徒制称为高企业合作与低学校整合型，其特点是雇主责任感高、企业培训强大、学徒制与全日制教育结构相分离，如德国、奥地利、瑞士等。供给引导型的学徒制称为低企业合作与高学校整合型，其特点是雇主责任感低、企业培训相对较弱、学徒制与全日制教育结构进行了较为密切的整合，如英国、荷兰、丹麦、法国等。

2005年加拿大生活水平研究中心在研究了德国、法国、爱尔兰、美国、澳大利亚的学徒制实践后，将这些国家的学徒制系统分为北欧系统和盎格鲁撒克逊系统。北欧系统以德国为典型，丹麦、奥地利、瑞士等属于这一类型，这些国家普遍有重视职业教育培训的历史传统，相关立法较为完善，企业参与融入全日制教育结构，学徒部分纳入全日制教育结构，雇主责任感高与热情较高，企业与学校分工、合作明确。盎格鲁撒克逊系统以英国为典型，爱尔兰、澳大利亚、加拿大都属于这一类型。这些国家的企业培训传统一般为“自愿自助”，企业投入职业培训的意愿较低，而且国家比较注重普通教育，职业培训的地位相对较低，人们对学徒制的态度不够积极。但自20世纪末以来，这些国家在政府大力推动下进行大力度的改革，参加学徒制的人数显著增加。

资料来源：吴道槐，王晓君. 国外高技能人才战略[M]. 北京：党建读物出版社，2014：124-125.

专栏6.5

德国双元制初始职业教育与培训

德国双元制职业教育与培训的起源可以追溯到中世纪，涉及手工业的场地培训。随着德国工业化推进，对专业技术工人的需求不断增长，这种培训逐渐拓展到学校培训和更高级的公司培训，这是构成“双元制”的企业职业培训和非全日制职业教育相结合的起点。19世纪末以及20世纪中期，相继出台了一系列的法律条款、备忘录以及立场声明等，使双元制职业教育与培训制度化。例如，1869年的《贸易条例法》引入了一种为学徒提供继续培训的学校，1920年更名为职业学校；1938年，就读职业学校成为一种义务；1964年，德国教育委员会正式提出“双元制”；1969年颁布实施《职业培训法》，涉及德国所有非工艺的学徒培训。

双元制职业教育与培训名称中的“双元”一词，强调了两种相互联系但独立的学习场所：企业和非全日制职业学校。其间的法律框架、责任、资金筹措机制以及教师资格认证模式差异列表如下。

项 目	非全日制职业教育	初始职业教育
法律框架	16个州各自的学校法律	联邦培训法律、企业法规
职责主体	16个州的教育与文化部	企业主，由联邦和工会监督
地点	非全日制学校、教室	企业、工作场所
期限	每周1至2天	每周3至4天
总培训期	一般是3年，有时是2至3.5年	一般是3年，有时是2至3.5年
教师任职资格	两个阶段的任职资格：获得大学学历之后在非全日制职业学校接受两年的实践培训	必须有高级技师资格或通过培训师能力测试；不需要大学学历
教师身份	公务员	雇员或管理人员
课程	框架课程：三分之一的普通教育和三分之二的职业培训。职业相关理论，活动为本的方法	培训是定向性的，与工作相关的职业类课程。活动为本的方法
资金来源	资金来自16个州和市财政收入。学生免费	企业负责提供资金
成本	员工工资、培训资料	员工工资、培训资料和学徒工资
协议	无协议	企业与学徒之间的私人法定协议
指导原则	职业能力	职业能力

双元制的总目标是提供“技术工人从事某一职业所需的广泛的基本职业培训、资格和能力。由非全日制职业学校提供的职业能力在课程框架中有明确规定，与培训指令是一致的；企业所关注的职业能力在培训指令中有明确规定并通过个性化的培训计划来实施。初始职业培训的资金主要由企业负担，主要是培训期间逐年提高的学徒酬金，平均约为熟练技术工人起点工资的三分之一。非全日制职业学校的经费主要使用在教职工工资上，由各州支付。

2011年，约45.5万家培训企业培训了总数为146万名学徒，涉及被认证的344种培训职业，提供了56.9万份新的培训协议。这意味着56.9%的适龄人口参加了双元制的职业培训。几乎所有学徒拥有中等学校毕业证书；42.1%的学徒拥有中级证书，31.9%的学徒拥有初级中学证书，23.1%的学徒拥有高级中学证书或高等教育入学资格证书。

德国的“双元制”初始职业教育与培训令国际组织和许多国家赞赏，包括国际劳工组织、联合国教科文组织、世界银行和经合组织等都高度评价它是一种面向未来的现代化职业教育培训制度。但这种模式深深嵌入或融入德国法律框架、劳动力市场结构和企业文化中，将其转移到其他国家——无论转移的是整个制度，还是部分要素，或仅是其关键方面——都远不只是一个简单的模仿过程，各国的社会、文化和经济条件决定了这一过程中运用的方法和策略。数十年来，德国一直为 80 多个国家提供国际职业教育与培训的合作与援助。实践表明，每一个国家都要立足本国的社会经济条件、法律框架和资金筹措方式，恰当地借鉴、转移和利用德国模式中的双元精神，如政府与私营部门的密切合作，在岗培训，建立社会认可的标准，职业培训师的培养以及制度化的研究和职业指导等，才可能比较成功地指导和推动职业教育与培训项目的实施。

资料来源： Stefan Hummelsheim, Michaela Baur. 德国"双元制"初始职业教育与培训及其向亚洲转移的可能[J]. 教育展望(中文版)，2014(2).

现代学徒制将传统学徒培训与现代学校教育相结合，是现代职业教育制度的重要组成部分，是培养优秀工匠的重要途径。2014 年 2 月，国务院总理李克强主持召开国务院常务会议，部署加快发展现代职业教育，提出开展校企联合招生、联合培养的现代学徒制试点。2015 年 8 月，教育部公布首批 165 家试点单位，人社部和财政部在 12 个省份开展企业新型学徒制试点工作。现代学徒制成为我国职业教育改革和发展的一个重要方向，校企结合、工学结合的人才培养模式改革是现代学徒制试点的核心内容。

三、职业教育人才培养模式多样化探索

学徒制是技术技能人培养的一种重要模式，工作本位学习能够确保青年人获得劳动力市场所需要的技能，解决企业所需的技能短缺问题，有效地提升初次职业教育与培训的质量。多年的实践表明，基于学校本位的职业教育与培训模式尽管存在正规化、规模化、系统化等许多优势，但它也只能让学生获得基础性的技术知识，而在获取实际工作技能的实践环节却难以保证，学生无法获得精深的技术知识和解决实际问题的能力以及对真实工作环境的适应能力。从本质上讲，工业企业采用源于手工业的学徒培训方法，而学校则把为工作世界的准备作为一项专门任务，原则上可以设想，在某种情况下，如在学校接触专业场地和设备模拟实际需要的培训车间、模拟企业等，学校和工作场所同样都可以发生高质量的职业学习。除学徒制外，积极推动企业深度参与，与企业紧密合作的职业教育模式，既可以通过系统的教学及知识学习，也可以通过工作情境中经验导向的学习发展个人完成工作的综合职业能力。

1. 订单培养

订单培养是职业院校与企业就人才供需与培养达成契约或合同关系，由职业院校根据企业提出人才的数量、知识水平以及职业技能等要求，开设专门的订单班或专班（通常以某企业名称命名），培养企业所需相应数量与质量的人才，学生毕业后直接到该

企业就业。双方协商共同制订人才培养计划(包括专业设置、课程建设、教学实施、考核鉴定等),学生的基础理论课和专业理论课由学校负责完成,学生的生产实习、顶岗实习在企业完成,毕业后即参加工作实现就业,达到企业人才需求目标。在实际操作中,企业支付的费用、参与人才培养过程的程度、要求毕业生服务的年限各有不同,也有些企业只是对订单班进行冠名。这种模式能够使职业教育专业设置与企业需求相协调,技能训练与岗位需求相协调,培养目标与用人标准相协调,促进职业教育与产业对接,从根本上解决学生在校学习的职业针对性问题和就业问题,实现生产、教学、科研有机结合。在东莞,全市中职学校均与国内外大型企业组建企业专班,不少企业专班还实行校企联合招生、联合培养,实行招生即招工、毕业即就业(专栏 6.6)。

专栏 6.6

东莞市技师学院企业专班培养模式

东莞市技师学院是位于东莞横沥职教城、隶属东莞市人力资源局的一所公办国家重点技工院校,现有在校生 9 500 多人,其中高技生占在校生比例达到 85%。设有机电工程、信息工程、机械工程、汽车技术、现代服务和管理工程 6 个专业系和 1 个国际合作分院,开展中技、高技 + 大专、预备技师 + 本科和面向企业在职员工的技师 + 本科等多层次办学,学院与 283 家大中型企业建立了良好的校企合作关系,与广东易事特、东莞珠江啤酒、华为等 28 家紧密型的校企合作企业开办了 35 个冠名班。

学院与广东易事特电源股份有限公司自 2013 年起校企合作共同开办易事特专班(电子班 + 机械班,3 + 2 高技 + 大专),最大特色是校企共同承担培养学生的费用。冠名班学生在校学习时每月每人发 600 元生活费用,在企业实习时每月每人发 1 200 元生活费用;学生毕业时到企业就业,企业会奖励部分资金,工作满一年时企业再奖励部分资金。冠名班学生在易事特公司顶岗实习,每天上班 8 小时,晚上和周末还可参加培训。每个月还有 2 500 元左右的补贴。目前技师学院前去顶岗实习的学生中,90%的学生表现不错,能吃苦耐劳,上进好学,职业认同感强。

资料来源: 1. 吕晓敢. 9 家企业冠名 10 个技工班 校企共担学费[N]. 东莞日报,2014-08-30.
2. 根据课题组实地调研资料补充。

2. 教学工厂

这种模式是把工厂的环境和教室融合在一起,将工厂的工作环境、应用技术尽可能多地模仿到学校的教学过程中去,将传统教室教学转变为“教学工厂”,通过在学校建立实验室、车间、厨房、饭店、模拟企业、仿真或者实体企业项目等进行职业教育与培训,实行理论学习与顶岗实训相结合。这种模式把企业的生产车间引进校园，让学生在真实的企业生产环境中学习训练，构成必修课程的一部分，实现学校教学与企业培训、用人标准与培养目标、实训实习与企业生产的有机结合。如顺德职业技术学院与佛山市顺德区工大先行微电子技术有限公司开展“校中厂”合作，建立了面向行业的“校中厂”合作平台，实行以企业运作为导向的教学，有效提高人才培养质量和提升教师专业教学水平（专栏 6.7）。

专栏 6.7

顺德职业技术学院“校中厂”人才培养模式

顺德职业技术学院依托地方家电产业优势，组建了主要由智能家电技术（电子信息工程技术）、应用电子技术和电气自动化技术等专业组成的智能家电专业群。为进一步深化本专业群教育教学改革，2011 年学院与佛山市顺德区工大先行微电子技术有限公司开展“校中厂”合作，该企业主要从事家电、消费电子产品集成电路的设计、开发、制造与销售，具有一定规模和实力。学校以已有的电子产品制造工艺实训室作为合作平台，实训室拥有贴片生产线、插件生产线等一批基本能满足教学的电子生产和检测设备，场地面积约 600 平方米，在不影响教学的前提下，学校提供 200 平方米的场地供企业进行生产活动使用。实训室由校方管理，资产仍然归学校所有，在优先满足教学需要的前提下，企业拥有有偿使用权。

日常运作中，学校结合企业生产和科技开发需要进行课程体系重构和教学改革的实践，整合、完善和新增相应的课程或课程内容，按照“多行安排”的思路创新教学组织方式。以电子产品制造工艺与开发实践课程为例，按照“基础技能训练—专业技能训练—综合项目应用实践”的思路把课程内容分为生产工艺实践、生产设备实践和产品开发实践三个单元，并把学生分为三组并行开展教学。经过近三年的实践，结果表明，学生得到足够的实践机会，完整参与和体验产品生产和开发的各个环节，取得了很好的学习效果。在项目组老师的指导和培养下，有一批学生精英先后获得教育部门举办的电子类技能或设计大赛全国二等奖 2 项、全国三等奖 1 项、全省一等奖 3 项、全省二等奖和三等若干项，2 人获国家一等奖学金。

资料来源：蔡永昶. 面向行业“校中厂”校企合作的探究与实践——以顺德职业技术学院为例[J]. 顺德职业技术学院学报，2015(1)：58-62.

3. 现代学徒制试点

由企业和学校共同推进的一项育人模式，其特点是坚持校企双主体育人、学校教师和企业师傅双导师教学，明确学徒的企业员工和职业院校学生双重身份，签好学生与企业、学校与企业两个合同，形成学校和企业联合招生、联合培养、一体化育人。[19]这是一种以企业为主导的深层次的校企合作模式。到2016年底，教育部备案审核了163家首批现代学徒制试点单位（牵头单位为高职院校的试点单位共计100所），共计参与企业1 878家，院校370所，试点专业535个，涉及学生36 228人，各试点共承诺投入资金5.9亿元，发挥企业重要办学主体作用，联合开展工学交替的育人模式。[20]如顺德陈村职业技术学校2013年和广东科达洁能股份有限公司共同开展机械加工技术专业、机电技术应用专业现代学徒制试点，以校企联合、“双师”培养（即老师＋师傅）、工学交替、岗位成才的全新教育合作模式，共同培养高素质技能型人才，探索出“双轨四段制、一体化、八共同”的人才培养模式（专栏6.8）。

专栏6.8

顺德陈村职业技术学校现代学徒制试点班：科达班

顺德陈村职业技术学校是广东省第一所率先进行“现代学徒制”改革试点的中职学校，2013年与广东科达机电股份有限公司（后改名为广东科达洁能股份有限公司）签订“科达机电现代学徒制度项目”协议。该公司是一家以生产制造陶瓷、石材、墙体材料、节能环保能源等大型机械装备及高端装备零部件高压柱塞泵为主的高科技上市公司。双方协商在机械加工专业设置“现代学徒制班”，科达机电公司全面参与学校机电专业的招生、教学、实训、实习、就业等育人全过程，学徒既是在校正式学生，又是企业的准员工，围绕“职业岗位—工作任务—职业能力”的核心，以“学校对接行业—专业对接产业—课程对接岗位—能力对接标准—评价对接社会”为切入点，开展“教学做一体化”教学改革。现代学徒制的人才培养过程分为四个阶段：学习培训—选拔考核—学徒实践—转正入职。学生第一年重点在学校、第二年重点在科达企业，采取在校跟老师、在厂跟师傅轮流交替的学习方式，期间可享受企业奖学金；第三年全年在科达企业进行带薪顶岗实习，毕业后将优先进入科达企业工作，待遇从优。学生在做学徒期间，根据专业选择3个工作岗位，分别由师傅带领实践学习，企业提供住宿、购买工伤保险以及一定的生活补助（每天不低于60元），每天工作不超过8小时。校企双方在就业、教学、科研、技术服务等方面进行有效合作，共同制定人才培养目标，共同开发课程，共同制定教学计划、共同编写教材，共同建设实训基地，共同培养师资，共同实施教学，共同进行学生评价，校企育人深度融合。2014年7月首批现代学徒试点制班38人毕业，成为科达员工的有25人。

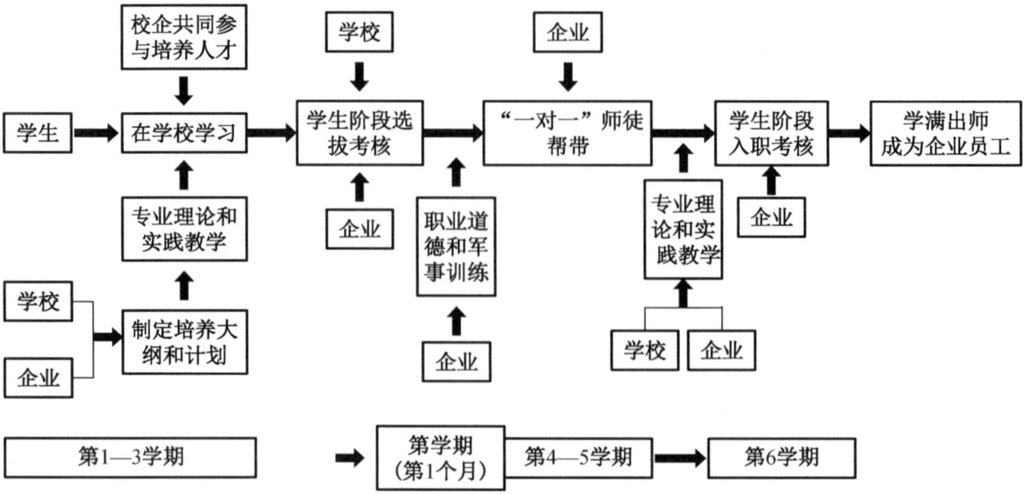

资料来源：根据课题组陈村职业技术学校实地调研材料整理。

4. **国际合作办学**

中外合作办学是引入境外学校、企业和组织的优质资源，特别是引进和借鉴欧美先进、成熟适用的职业标准、专业课程、教材体系、数字化教育资源和职业资格认证体系，以中外合作办学机构和项目的形式联合培养高技能人才。国家鼓励在职业教育和高等教育领域开展中外合作办学，具体形式包括职业院校与国外机构合作举办独立职业教育机构，或合作开办专业课程项目、共建实验室或实训基地，建立教师交流、学生交换、学分互认等合作关系。一些地方和职业院校通过对中外合作办学人才培养目标与学生培养全过程进行系统设计，对引进的教育理念、课程体系和教学模式进行消化、吸收和创新，实现了国外先进职业教育模式的本土化（专栏 6.9）。

专栏 6.9

苏州健雄职业学院“定岗双元”人才培养模式

苏州太仓市是国内德资企业密度最高的地区之一，2015 年德资企业已经超过 230 家，苏州健雄职业技术学院依托区域迅猛发展的经济和集聚的德资企业，借鉴国双元制职教育模式形成“定岗双元”人才培养模式，满足了集聚的德资企业对符合德国职业资格标准的高技能人才的大量需求。

苏州健雄职业学院借鉴德国“双元制”模式探索出校企深度融合的本土化模式——

定岗双元培养模式。2001年，由克里—里伯斯和慧鱼公司发起，江苏省和德国巴符州两地政府合作，与太仓职业教育中心学校（苏州健雄职业学院前身）投资组建德资企业专业技术工人培训中心，引进德国双元制教学模式培养中职层次学生，按德国工商行会标准培训技术工人，中心历届毕业生全部进入太仓德资企业工作，其中一半以上的学生由于工作出色被送往各子公司在德国总部培训成长为技术骨干。2006年，学院与德国舍弗勒公司合作，每年招收三年制高职机电一体化技术专业学生，将双元制人才培养模式拓展到高职层次。2007年，德国工商行会与学院合作建立AHK—上海、健雄职业技术学院专业技术工人培训中心，合作培养高职机电、模具专业人才。

定岗双元培养模式就是学校和企业作为人才培养的共同主体，学生与企业签订职业培训协议成为企业的学徒，以“学生”和“学徒”双重身份接受校企业的共同培养，针对某指一岗位（群）的任职要求，学校和企业共同制订培养方案和计划、确定理论和实践课程体系、开发教材，整合并充分利用校企双方软硬件资源，产学结合、工学交替组织教学。校企双方按照商定的培养方案，让学生在学校、跨企业培训中心和企业生产岗位分段交替接受专业知识、职业能力和岗位技能培养。部分学生进校后的第一年或第二年与企业签订协议，定岗双元培养。其余学生在第三年通过与企业的双向选择，成为企业的员工，进行定岗双元培养。组建政府、学校、企业、行业为主体的董事会，下设教学指导委员、培训管理和考试委员会，分别负责教学标准制定、过程管理和培养质量评价，企业融入教学全过程。

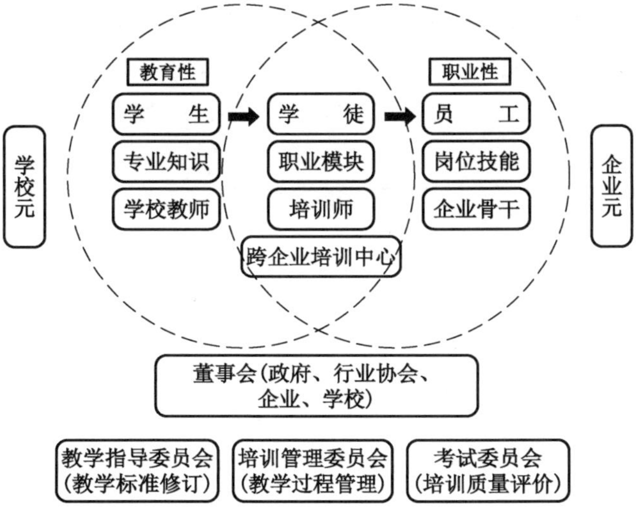

定岗双元培养模式的主要特点有三个：一是真正的德国双元制人才培养模式。由德国工商行会上海代表处提供所有的教学计划、教学大纲，组织毕业考试（中期考试、结

业考试)，给合格的学生颁发德国工商行会(AHK)职业技术证书，同时德国专家和德资企业全程参与学生的培养过程。二是真正的理论实践一体化教学方式。参照德国的教学目标与要求以及教学资料，结合我国高职教育人才培养目标，学历教育与职业培训相结合，采用模块化、项目化的方式，由德国专家全程把关，在教室、培训中心和企业真实岗位三个场所进行教学和技能的培养。三是真正的工学交替、定岗双元。学生与德资企业签订人才培养协议和实习协议，企业培训与学生在学校和中德培训中心学习、培训的时间比例是 3 : 2，企业培训是整个教学环节的重要组成部分，完全参照德国的企业培训教学大纲，在企业真实岗位由企业的德国培训师或培训部门组织实施。

资料来源：魏晓锋. 双元制教育本土化实践探索——以苏州健雄职业技术学院为例[R]. 2017,3.

5. 推进信息技术应用

顺应"互联网＋"的发展趋势，以促进信息技术与职业教育教学深度融合为着力点，加快推进职业教育信息化，是职业人才培养模式创新和提高人才培养质量的重要环节。许多职业院校以建设数字校园、智慧校园为引领，完善宽带、泛在、安全的网络基础设施，重点建设多媒体教室、数字化实验室、网络教室、仿真实训基地、远程教育培训中心等职业教育信息化环境，开展虚拟仿真实训、触控操作、远程辅导等信息化教学革新，如在现场实习安排困难或危险性高的专业领域，开发替代性虚拟仿真实训系统；针对教学中难以理解的复杂结构复杂运动等，开发仿真教学软件，推进优质教育资源共建共享与有效配置，推广教学过程与生产过程实时互动的远程教学，形成微课程、翻转课堂等新型教学模式和个性化学习、自主学习等新型学习模式，促进大数据支持的人才培养全过程质量监控、评估与改进，不断提高技术技能人才培养质量。

专栏 6.10

东莞理工学校建设利用"互联网＋"推进人才培养模式改革

2013 年，东莞理工学校被批准为"国家中等职业教育改革发展示范学校建设计划"第三批立项建设学校，建设数控技术应用、软件与信息服务、会计、汽车运用与维修四个中央财政支持重点专业，学校构建"一核心，二重点，三 A 学习"培养模式，即以学生的可持续发展为核心，重点培养学生的职业素养和专业能力，搭建基于移动互联技术的 3A(Anybody，任何人；Anytime，任何时；Anywhere，任何地)学习平台。在此基础上形成了数控专业的"三平台、三环节"，软件与信息服务专业的"双核双线、分类培养"，会计专业的"岗位对接、真账模拟实操"以及汽修专业的"岗位对接品牌标准，模块培养汽修人才”等各具特色的培养模式。

(1) 以“互联网+”理念创新教学内容。着力构建与行业前沿技术紧密结合的专业课程，增建了移动互联网、数控维修、网络安防、机器人、物联网等专业方向；校本移动互联网课程(对接工信部技术鉴定标准)和职业素养课程列入全体学生必修课，常态化培养学生的互联网思维与职业素养；与企业共同制定课程标准，开发核心课程、精品课程，形成了数控专业基于工作过程导向的课程体系、软件专业的“一二三四式”课程体系、会计专业构建“4+1”课程体系、汽修专业“职业素养+专业技能+品牌对接”的模块化课程体系。

(2) 以“互联网+”技术创新“3A学习”教学方式。构建了“产线学习”“移动阅读”等多个以移动互联网为载体的“理工云”平台，建成了129门课程资源库，如数控“互联网+真岗实训”、软件“教学资源云平台”和会计“云课堂”等，大量碎片化的学习资源成为学生主课堂学习的有效补充，使学生通过智能终端获取学习资源，构建自主、个性化的“3A学习”模式。

(3) 以“互联网+”方法开展多元化评价。建设了将职业素养指标量化的沙盘实训平台，构建行为、态度、能力评价体系，通过移动互联网平台(智能手机App客户端)技术实现“学生自评、互评、老师评价、行业专家评价，专业知识、实践技能、职业素养共评”的立体评价。

(4) 以“互联网+”手段完善教育教学管理。建立了移动信息化平台加强实训管理；开发了实习管理掌上通开展对顶岗实习的全方位监控；建立KPI决策系统和数据中心把脉学校教育教学行为等，打造尊重人性、开放包容的现代管理模式。

(5) 以“互联网+”的融合、跨界思维积极探索职业教育培养体系建设，并推动东莞市职业教育步入国际化合作时代。如与东莞职业技术学院开办数控、软件等专业“中高职连贯培养”试验班，与河源职业技术学院、广东交通职业技术学院等高职院校合作进行“三二”分段培养。与新西兰怀卡托理工学院(公立)合作开设国际班、与东莞台商育苗基金会合作开设机器人、电子商务等“莞台专班”，打通中职学生升读大专、本科和出国留学的直通车。

资料来源：根据课题组在东莞理工学校实地调研资料整理。

6. 学业+创业

与国家提出的“大众创业、万众创新”政策相呼应，深化高等学校创新创业教育改革是推进高等教育综合改革、促进高校毕业生更高质量创业就业的重要举措。职业院校是实施大众创业、万众创新的重要基地，培养大量具有创业精神和创业能力的高素质技能型人才，从就业教育走向创业教育，无疑会增加职业教育的吸引力和生命力，提升职业院校学生走向成功的自信心。许多职业院校纷纷将创业教育工作纳入学生培养体系，通过搭建创新创业实践平台、开设创业教育课程、开展创新创业训练项目、举办各类科技创新、创意设计比赛等形式，提供孵化器和其他现场支持服务，营造人人都能创新的氛围，学生的创新成果不断涌现，毕业生自主创业群体不断扩大。由麦可思和上海教科院联合发布的《2016中国高等职业教育质量年度报告》显示，2015届高职毕业生毕业半年后的自主创业比例为3.9%，相对于2011届增长了1.7个百分点，创业存活的比例也不断提升。2015年毕业半年后自主创业的2012届高职毕业生中，有47.5%的人3年后还在自主创业，比2008届上升了12.7个百分点。[21]浙江省义乌工商职业技术学院紧密依托义乌市场优势，结合办学实际和市场需求走出了一条以“创”立校的特色办学之路，形成了创业教育、创意教育、国际教育三大特色教育，在培育创业创新人才，服务地方经济发展方面取得突出成绩(专栏6.11)。

专栏6.11

义乌工商职业技术学院实施以实践为导向的创业教育

义乌工商职业技术学院坐落在国际商贸名城义乌，前身是创办于1993年的杭州大学义乌分校，下设人文旅游学院、机电信息学院、经济管理学院、外语外贸学院、建筑工程学院、创意设计学院、创业学院、国际教育学院、公共教学部、成教自考学院10个教学单位31个专业，现有正式在编教师472人，中外学生约9 600人。学校建有大学生创业园、创业学院、电子商务学院，开设了电子商务创业班、敦煌班、ebay班，为学生开展创业活动搭建实践平台。据不完全统计，目前95%的在校生有过勤工助学的经历，年收入2 800余万元，1 800余名在校生投身创业实践活动，年收入3 500余万元，有的在校生已成为百万富翁。毕业生就业率连年保持98%以上，创业率连年居全省高校首位，近3年平均每百位毕业生中，就有15位左右的创业者。因在网商培训与教学方面取得突出成效，学校获得“全球最佳网商摇篮”称号，并被省政府确定为“创业型大学”试点院校。创业文化、“创”文化分别于2008年、2016年获教育部全国高校校园文化建设优秀成果奖。

该校的创业学院电子商务专业有着“老板专业”之称，有人称之为“三不像”：学生不像学生、老师不像老师、学院不像学院。然而，这种“三不像”现象打破了课堂教学的传统模式，培养了一批批实干型创业青年。从2008年开始，义乌工商职业技术学院推出学分替代、课程替代的改革举措，学生所开网店的业绩，达到一定的等级、获得一定数量的好评，就可以折算成学分，或者免修相对应的课程。各个实验室，如天猫实验室、京东实验室、亚马逊实验室……其实就是一个公司，而公司的老板就是义乌工商职业技术学院的任课老师，在这里，老师不仅要做出网店业绩，还要手把手指导学生们创出自己的天地，全校有30多位老师都自己创业，或开网店，或整合资源，做得最好的一位老师，单个网店的销售额一年就有1 000多万元。除了在职教师，该校的创业学院甚至邀请了5名创业出色的毕业生来做指导老师。因为并不是所有人都适合创业，整个工商职业技术学院的学生分为三部分，学习型的可以专升本，就业型的毕业了直接上班，剩下15%左右是创业，平均年龄20岁不到。学生们的毕业实习考核也分三种：专升本的学生毕业设计就是写专业学习的感悟，就业的学生就写实习经历，创业学生就写怎么运营店铺。义乌工商学院创业教育的推动者贾少华副院长是土生土长的义乌人，听多也看多了没有上过学的义乌商人、浙商创业的传奇故事，认为要想让自己的学生有尊严、活的精彩，就要创业，让学生有自己的事业，“创业能力是练出来的，不是教出来的，这个思想不改变，创业教育永远都是纸上谈兵。”

资料来源：1. 张丹丹. 义乌工商职业技术学院创新办学模式“三不像”培育“创一代”[N]. 浙江日报，2015-08-27.
2. 义乌工商职业技术学院学校介绍，官方网站，http://www.ywu.cn/News.asp? Id=7029.

四、职业教育“双师型”教师队伍建设

基于职业教育在教育过程中的实务导向，教师作为教学计划设计与执行的关键人员，自身必须具备良好的专业实务能力。鉴于我国相当一批职业院校是从普通学校改设、新设而来，职业教育专业课教师和技能型教师短缺问题尤为突出。1995年，原国家教委在《关于建设示范性职业大学工作的通知》第一次正式使用“双师型”表述，在“关于申请试点建设示范性职业大学的基本条件”中提出，要有“一支专兼职结合、结构合理、素质较高的师资队伍”；“专业课教师和实习指导教师具有一定的专业实践能力，其中1/3以上的达到‘双师型’。”2010年，教育部印发《中等职业学校设置标准》要求专业教师数应不低于本校专任教师数的50%，其中双师型教师不低于30%，聘请有实践经验的兼职教师应占本校专任教师总数的20%左右。教育部、财政部联合下发的《关于进一步推进“国家示范性高等职业院校建设计划”实施工作的通知》提出提高专业教师双师素质，3年建设期内，使具有双师素质专业教师占专业教师比例达到90%；加快双师结构专业教学团队建设，聘任（聘用）一批具有行业影响力的专家作为专业带头人，一批专业人才和能工巧匠作为兼职教师，3年建设期内，使兼职教师承担的专业课学时比例达到50%。2014年，教育部、人力资源和社会保障部等六部门印发《现代职业教育体系建设规划（2014—2020年）》，提出完善“双师型”教师培养培训体系，提出到2020年，有实践经验的专兼职教师占专业教师总数的比例从2012年的35%提高到60%以上。

德国学徒制的质量之所以得到保证，关键在于拥有良好的师傅制度，有着企业内稳

定的师徒关系做保障。正是这种师徒关系，使其技术技能人才能获得大量特殊的技术知识，并能通过师徒传承持续地在某技术领域进行持续创新改进。企业接收及教育学徒必须有一定比率的合格师傅作为前提，规定“只有具备相应人品资质者，才能接收学徒；只有具备相应人品和专业资质者，才能教育学徒。”获得实训教师资格通常要通过师傅证书考试（专栏 6.12）。在我国，对于“双师型”教师标准不统一，认定及评聘存在较大差异。2013 年，教育部制定的《中等职业学校教师专业标准（试行）》明确了国家对合格中等职业学校教师专业素质的基本要求，但各地对“双师型”教师的认识不统一，地方政府出台的“双师型”教师认定和评聘标准存在较大差异，有些地方认为有“双证书”即是“双师型”教师，有些地方把教师参加企业实践和培训的时间作为“双师型”教师的认定指标。当前急需进一步制定和完善“双师型”教师认定和评聘标准，并对不同层次、专业类别的“双师型”教师提出不同要求，比如学历要求、所在专业的实践工作经历、实践能力水平、应用技能水平或培训要求，以保证职业教育的教师水平和职业教育质量。

专栏 6.12

德国双元制中的师傅证书考试

根据《手工业条例》（1953 年颁布，2013 年修订）的规定，通过师傅证书考试可确定，考生是否具备熟练从事一项须经许可的手工业的能力并对其独立经营，亦即是否能按照规定对学徒施教。考生须在四部分相互独立的考试中，证明其熟练从事一项手工业中主要职业活动的能力（第一部分），为此所需的专业理论和知识（第二部分），为此所需的企业管理、商业及法律知识（第三部分）以及职业教育学和劳动教育学知识（第四部分）。

师傅证书考试由师傅考试委员会执行，是国家考试机构在手工业行会的驻地为其管辖内的手工业而设立，并根据手工业行会的建议任命委员及代理委员，最长任期为 5 年。师傅证书委员会由 5 名委员组成，并同时任命其代理委员。委员会主席不需在一项须经许可的手工业中从事工作，为此项手工业下设的师傅证书考试委员会的主席不应从属于此项须经许可的手工业。为一项手工业而下设的师傅证书考试委员会的两名委员，作为固定营利事业独立经营此项手工业至少一年，且在此项手工业中通过了师傅证书考试或拥有教育学徒的资质或在一项须经许可的手工业中担任经营管理者，其自身符合登入《手工业名册》的条件。为一项手工业而下设的师傅证书考试委员会的一名委员应为工匠，并通过师傅证书考试或拥有教育学徒的权力及从事此项须经许可的手工业。对于实施企业管理、商业、法律及职业教育学相关知识的考试，应任命一名熟悉上述考试领域的委员，其不需从属于此手工业。只有在一项或多项须经许可的手工业中通过师傅证书考试的人，才能冠用在此项或此些项手工业中的职业教育称号"师傅"或与其相关的另一职业教育称号。

资料来源：苗晓丹. 创新背景下的德国职业教育体系及质量研究[M]. 北京：光明日报出版社，2017：123-130.

建立促进"双师型"教师专业化发展的校企合作伙伴关系，必须改革教师管理制度，落实职业院校用人自主权，聘请企业管理人员、工程技术人员和能工巧匠担任专兼职教师，是加强职业院校"双师型"教师队伍建设的重要途径。2012 年，教育部、财政部、人力资源和社会保障部等制定的《职业学校兼职教师管理办法》，鼓励和支持职业学校面向企事业单位广泛聘请专业技术人员和高技能人才担任兼职教师，兼职教师可按照相应系列教师评价标准参与职务评价，给予兼职教师从事职业学校相应教学岗位工作的专业身份。2017 年，国务院办公厅印发《关于深化产教融合的若干意见》，提出加强产教融合师资队伍建设。"支持企业技术和管理人才到学校任教，鼓励有条件的地方探索产业教师(导师)特设岗位计划。探索符合职业教育和应用型高校特点的教师资格标准和专业技术职务(职称)评聘办法。允许职业学校和高等学校依法依规自主聘请兼职教师和确定兼职报酬。推动职业学校、应用型本科高校与大中型企业合作建设'双师型'教师培养培训基地。完善职业学校和高等学校教师实践假期制度，支持在职教师定期到企业实践锻炼。"2018 年，教育部、国家发改委、人社部等六部门制定的《职业学校校企合作促进办法》第二十四条明确规定："开展校企合作企业中的经营管理人员、专业技术人员、高技能人才，具备职业学校相应岗位任职条件，经过职业学校认定和聘任，可担任专兼职教师，并享受相关待遇。上述企业人员在校企合作中取得的教育教学成果，可视同相应的技术或科研成果，按规定予以奖励。"东莞建立技能大师工作室(技师工作站)，以拜师结对方式培养高技能人才(专栏 6.13)。

专栏 6.13

东莞实施技能大师育才计划

2015 年 12 月，东莞市发布《东莞市技能人才培养五年行动计划》，提出实施技能大师育才计划，鼓励有条件的企业、行业协会和职业技术院校设立技能大师工作室(工作站)，开展带徒传技、技术攻关等活动，到 2020 年建立 20 个技能大师工作室，培养 200 名高技能人才，并带动 2 000 名技能人才的素质提升。政府对成功建立的市级、省级、国家级技能大师工作室(技师工作站)，由市财政分别给予一次性创办补贴 10 万元、20 万元和 30 万元。对技能大师工作室(技师工作站)实行年度考核制度,对年度绩效考核成效显著的技能大师工作室给予 1.5 万元工作人员经费补贴。

资料来源:关于印发《东莞市技能人才培养五年行动计划》的通知[EB/OL]. http://dgrc.dg.gov.cn/business/htmlfiles/dghrsc/s33142/201512/997310.htm.

五、职业资格认证与职业能力测评

职业资格是指能够完成一系列具体的专业任务所包含的知识、技能和态度,代表着“劳动力市场”层面的培训和就业之间的关系。[14]关于资格对工作的作用,雇主和雇员持不同的立场。对于雇员,资格认证可以为其在劳动力市场增添砝码,并获得职业变更和生涯发展的机会,并希望借助资格确保持续受雇佣状态,在社会、个人和专业层面上得到身份认可,从而免于失业;对于雇主,资格认证降低了企业雇主招聘和筛选的相关交易成本,希望获得认证的劳动力技能水平能够确保在企业生产和相应创新业务中表现出色。职业资格证书包括三个要素:标准、模块和证书。标准是指对职业资格证书等级进行划分的基本依据,反映了雇员必须知道并能应用于专业实践的知识,这些标准要制成文件,获得政府部门和社会团体的认可。模块是指培训课程的构成成分,通过学习这些模块,个体可能获得被专业团体正式认可的职业资格证书,这些模块可被学校和培训提供者用于开发特定的课程,且必须获得专业团体的正式认可。证书是对标准的正式认可,通过一个评价过程,确认个体达到标准后就可颁发职业资格证书,意味着获得了政府认可,可以进入劳动力市场以及获得继续教育的机会。[22]在这三个要素中,核心要素是标准,因为模块实际上是标准的具体化,而证书则是标准的正式认可凭证,技能标准帮助劳动者完成层级式的技能认证。

1. 职业资格证书模式的国际比较

根据职业资格证书等级划分所依据的标准不同,不同国家的职业资格证书可分为三种基本模式:一是基于职业的职业资格证书模式,认为职业资格证书的水平划分应反映职业实践水平,这一模式以荷兰为代表。荷兰的职业资格证书根据职业内涵的责任、复杂性、迁移三个标准进行定义并制成量表,用于确定职业资格证书的水平,具体分成五个等级:水平 1(助手)、水平 2(基本的职业实践者)、水平 3(全方位的职业实践者)、水平 4 和水平 5。二是基于能力本位职业资格模式,把与职业相关的能力的复杂程度作为职业资格证书水平划分的基本依据,职业资格评定的内容主要是工作技能和关键能力,考核方式主要为书面考试、口头答问和现场工作考评。这一模式以英国国家职业资格证书为代表。三是基于教育的职业资格证书模式把接受一定程度的教育作为获得某种职业资格证书的必要条件,申请者为了获得职业资格证书,必须在教育或培训与经验方面达到一定标准，或者两者结合，并对各种职业资格证书所需要的教育与经验做出详细规定。

此外，许多产业要求劳动者拥有相关行业颁发或认可的技能证书，用以衡量、评估和证明劳动者已经获得或掌握了该行业所需的必要技能，在有些就业领域技能证书像大学学位一样获得了认可，甚至在有些领域比大学学位的认可还高。例如在信息技术环境行业，微软认证解决方案专员（Microsoft Certified Solutions Associate，MCSA）、项目管理师（Project Management Professional，PMP）、信息系统安全认证师（Certified Information Systems Security Professional，CISSP）等都是劳动者竞相考取的资格证书。

2. 我国职业资格证书制度

我国职业资格认证制度的雏形是20世纪50年代在工业体系中实行的八级工制度，将工人的技术等级和工资挂钩，按照产业分为八级工制。[23]20世纪80年代，我国开始积极探索国家职业资格认证与职业资格证书制度。1983年，原劳动、人事部制定《工人技术等级考核暂行条例》，恢复了工人技术等级考核升级制度。1993年，原劳动部下发《职业技能鉴定规定》，明确职业技能鉴定实行政府指导下的社会化管理体制。1994年，原劳动、人事部共同制定了《职业资格证书规定》并指出，我国职业资格包括从业资格和执业资格。从业资格是指从事某一专业（工种）学识、技术和能力的起点标准；执业资格是指政府对某些责任较大，社会通用性强，关系公共利益的专业（工种）实行准入控制，是依法独立开业或从事某一特定专业（工种）学识、技术和能力的必备标准。1994年，颁布实施的《劳动法》第八章第六十九条规定："国家确定职业分类，对规定的职业制定职业技能标准，实行职业资格证书制度，由经过政府批准的考核鉴定机构负责对劳动者实施职业技能考核鉴定。"1996年，颁布实施的《职业教育法》第一章第八条规定："实施职业教育应当根据实际需要，同国家制定的职业分类和职业等级标准相适应，实行学历证书、培训证书和职业资格证书制度。"1999年，劳动和社会保障部联合有关部门编制的《职业分类大典》，确定了1 838个细类（职业），2015修订后重新确定为1 481个职业，为国家职业标准的制定及相应的职业资格认证考核提供了依据。2014年，国务院印发《关于加快发展现代职业教育的决定》强调："认真执行就业准入制度，对从事涉及公共安全、人身健康、生命财产安全等特殊工种的劳动者，必须从取得相应学历证书或职业培训合格证书并获得相应职业资格证书的人员中录用。"

国家职业标准是在职业分类的基础上，根据职业（工种）的活动内容，对从业人员工作能力水平的规范性要求，是从业人员从事职业活动，接受职业教育培训和职业技能鉴定以及用人单位录用、使用人员的基本依据，在整个国家职业资格体系中处于龙头位置。由于我国现行职业标准源于计划经济体制下制定的工人技术等级标准，通常采用知识分析法，更多地强调带有学科体系的框架和特征，尽管近年来开始采用工作分析法，但更多的是直接反映或调控劳动者使用的生产技术工艺和设备，而不是直接映射和调控劳动者胜任各种职业所需的综合职业能力（专栏 6.14）。为此，完善国家职业标准编制应当在以职业活动为导向、以职业技能为核心的总原则指导下，运用职业功能分析法，按照模块化、层次化、国际化和专业化的方向发展，使国家标准成为基于职业必备能力，具有动态性、开放性和灵活性的职业标准，以全面满足科技进步、企业生产和劳动就业的需要，以此进一步规范技能人才培养过程和行为，构建以综合职业能力培养为核心的技能人才培养标准和培养模式，并为一体化课程规范的开发提供依据。

专栏 6.14

我国国家职业标准

我国国家职业标准包括职业概况、基本要求、工作要求和比重表四个部分，其中工作要求为国家职业标准的主体部分。

职业概况是对本职业的基本情况的描述，包括职业名称、职业定义、职业等级、职业环境条件、职业能力特征、培训要求、鉴定要求等内容。

基本要求包括职业道德和基础知识，其中职业道德是指从事本职业工作应具备的基本观念、意识、品质和行为的要求，一般包括职业道德知识、职业态度、行为规范；基础知识是指本职业各等级从业人员都必须掌握的通用基础知识，主要是与本职业密切相关并贯穿于整个职业的基本理论知识、有关法律知识和安全卫生、环境保护知识。

工作要求是在对职业活动内容进行分解和细化的基础上，从技能和知识两个方面对完成各项具体工作所需职业能力的描述。包括职业功能、工作内容、技能要求、相关知识。其中职业功能是指一个职业所要实现的活动目标，或是一个职业活动的主要方面（活动项目）。根据不同职业的性质和特点，可按工作领域、项目或工作程序来划分。工作内容是指完成职业功能所应做的工作，可以按种类划分，也可以按照程序划分。每项职业功能一般包含两个或两个以上的工作内容。技能要求是指完成每一项工作内容应达到的结果或应具备的技能。相关知识是指完成每项操作技能应具备的知识，主要指与技能要求相对应的技术要求、有关法规、操作规程、安全知识和理论知识等。

比重表包括理论知识比重表和技能比重表。其中，理论知识比重表反映基础知识和每一项工作内容的相关知识在培训考核中应占的比例；技能比重表反映各项工作内容在培训考核中所占的比例。

这里摘编国家职业标准“模具制造工”的部分内容说明其职业概况。

1.2　职业定义：从事模具结构设计、模具制造、安装以及调试整修的工艺技术人员。

1.3　职业等级：分四个等级。职业资格四级：模具制造中级工（分冷冲模、塑料模）；职业资格三级：模具制造高级工；职业资格二级：模具制造技师；职业资格一级：模具制造高级技师。

1.5　职业能力特征：智力、表达能力、手指灵活性、手臂灵活性、动作协调性较强。

1.6　基本文化程度：高中毕业（含同等学力）

1.7.1　培训期限：职业资格四级（350 标准课时）、职业资格三级（400 标准课时）、职业资格二级（450 标准课时）、职业资格一级（500 标准课时）（注：某些特殊实训环节例外）

1.8.2　申报条件：模具制造中级工（四级）：中等职业技术学校机械冷加工类专业毕业生，或具有机械冷加工类四级职业资格的人员；已获得模具制造工某级别职业资格证书后，再连续从事本工作二年以上（含二年）者，可以申报高一级的模具制造工职业资格；申报二级、一级职业资格者，应具有高职、大专毕业以上的文化程度。

1.8.3　鉴定方式：四级采用知识、技能分别鉴定的方式，知识鉴定采用笔试，技能鉴定采用全真的实例操作（或部分计算机仿真操作）考核方式。二种考核均为 60 分以上者（含 60 分，满分为 100 分），则鉴定合格。三级、二级、一级采用模块化（以技能为重心、知识与技能一体化）鉴定方式，每级各设置若干个模块，每个模块配分 100 分，60 分为合格。相应级别的各模块考试均合格者，为鉴定合格。模块鉴定形式：全真的实例操作考核（或部分计算机仿真操作）考核、口试、笔试。

资料来源：根据相关资料整理。

我国职业资格证书现存在“证出多门”“分头管理”的现象。根据有关部门对专业技术类职业资格的不完全统计，国内所有依据国家单项法律规定和国务院条例设置的职业资格占全部职业资格总数的 20.8%，依据部门和省市文件设置的职业资格占51.2%，其他事业单位、协会、企业等设置的职业资格占 28%。[24]这种对职业资格证书的多方认证与管理，影响了职业资格证书制度的权威性和统一性，抬高了就业门槛，更阻挡了就业创业之路。自 2013 年以来，针对原有职业资格设置缺乏法律法规依据、过多过滥等问题，国务院分七批取消了 434 项职业资格、占总数的 70%以上，[25]有效降低了社会就业创业门槛，减轻各类人才和用人单位的负担，推动职业资格纳入依法管理轨道，更多运用法律的办法和市场的办法对职业资格加以规范，依法设置的职业资格纳入国家清单目录，由国家统一设计和开发全国范围内的职业标准，统一职业（专业）、同一级别的证书标准全国统一，并广泛被行业接受，证书在全国得到承认。同时，建立健全技能人才多元评价体系，加强高技能人才考核评价工作，推进企业技能人才评价，促进教育培训与企业生产活动更紧密地结合，职业资格证书教育紧跟生产与技术的发展（专栏6.15）。引导和支持企业自主开展技能评价并落实待遇，鼓励企业增加技术工人的技能等级层次，拓宽技术工人晋升通道，探索设立技能专家、首席技师、特级技师等岗位。[26]

专栏6.15

东莞探索企业技能人才评价认证体系

为适应地方产业和工业工序发展需求，2015年东莞市出台《企业技能人才评价实施细则》，探索由企业评价技能人才。对于未颁布国家职业技能标准、专项职业能力考核规范的职业（工种）或专项职业能力考核项目的，从《职业大典》中选择相近职业（工种）开展评价；或由企业参与制订技能标准或考核规范并经市职业技能鉴定办公室报送省职业技能鉴定指导中心审核后纳入评价范围。依托行业协会，根据国家职业标准并结合企业自身生产实际和工序要求制定评价标准，员工通过评价考核获得技能证书，可以享受薪酬增加、职业晋升以及技能人才入户等待遇。市财政部门配套安排专项资金，按每个项目2万元的标准向开展评价的企业进行补贴，用于评价命题、建立题库、培训教材开发、专家评审费用及工作人员劳务费用等。

2013年，以东莞金杯印刷有限公司平版印刷为试点，完成《企业技能人才评价总体方案》和配套技术文件，组织首批50名平版印刷工进行评价考核，其中28人取得中级工证书，15人取得高级工证书。2015年在全市范围推开自主评价工作，34家次企业完成评价，涵括24个职业（工种），涉及加工中心、模具、机械设备、电子元器件等一系列智能制造相关行业工种，4 400多人参加初期资格审核，1 224人获得职业资格证书，评价规模居全省前列。截至2016年7月底，全市共有21家企业申报参评，资格审查人数达1 680人，已完成5家企业的技能人才评价工作，参评人数达到845人，涉及陶瓷产品设计师、陶瓷装饰工、电焊工、用户通信终端维修员、印品整饰工等9个职业（工种）。

资料来源：东莞市教育局. 东莞市职业教育情况汇报[Z]. 课题组实地调研，2016，9.

职业资格证书制度是国际上管理劳动力的一种通行做法，伴随着我国进一步扩大对外开放，“走进来”和“走出去”并举，劳动力的国际流动和境外就业更加普遍，况且职业技能鉴定与评价活动本身属于测量学范畴的一项技术性工作，我国在职业技能标准和考评技术领域的研究和使用较发达国家起步晚，开展国际交流合作十分必要，学习和引进国际先进、成熟适用的职业资格证书体系和技能人才培养模式，我国的职业标准及其认证必须与国际相通，积极参与制定职业教育国际标准，开发与国际先进标准对接的专业标准和课程体系，加快培养适应我国企业走出去要求的技术技能人才，提升职业教育服务贸易的国际竞争力。

第三节　职业教育人才培养模式的支撑平台和治理机制

职业教育跨越了职业与教育、企业与学校、工作与学习，跨越了不同主体和内容之间的分界线，跨界是职业教育的重要特征，为此在对职业教育管理与运行模式进行设计时，必须打破单纯依靠学校教育或企业培训的思维定式，以跨界思维谋划职业教育的管理体制和运行机制改革，形成跨界育人的理念和制度设计，确立行业企业在职业教育人才培养中的主体地位，形成政府、行业、企业、学校等相关利益主体的合作伙伴关系。

一、产教融合、校企合作的平台和制度建设

职业教育是跨界教育，吸引各利益相关方参与，推进产教融合、校企合作，需要探寻政府、行业、企业与职业院校互利共赢的利益共同点和结合点。近年来，各地不断探索，通过建立各种形式、多主体的战略联盟、信息平台和制度建设，更好地把职业教育培训与劳动力市场连接起来，增强了人才培养的针对性。

1. 政校行企协同合作育人平台

政校行企四方联动，在政府主导协调下，依托行业和企业，成立工作机构，签订战略合作协议，建立职业教育与产业的对话协作机制，完善校企合作联席会议机制，制定落实推进校企合作的有关政策举措，搭建校企共同培养人才的桥梁。在国家层面，自 2010 年成立及 2012 年重组的 62 个行业职业教育教学指导委员会，受教育部委托，由行业主管部门或行业组织牵头组建和管理，主要职能是：分析研究国家经济建设、科技进步和社会发展，特别是经济发展方式转变和产业结构调整升级对本行业职业岗位变化和人才需求的影响，提出本行业职业教育人才培养的职业道德、知识和技能要求；指导推进相关职业院校与企业校企合作、联合办学，校企一体化和行业职业教育集团建设；指导推进本行业相关专业职业院校教师到企业实践工作，提高教师专业技能水平和实践教学能力；推进职业院校相关专业实施“双证书”制度；研究本行业职业教育的专业人才培养目标、教学基本要求和人才培养质量评价方法，对专业设置、教学计划制定、课程开发、教材建设提出建议；参与本行业职业教育教学基本文件、专业教学标准、实训教学仪器设备配备标准和教学评估标准及方案制定工作；参与职业教育国家级教学成果奖励

实施工作;组织本行业相关专业教学经验交流活动等。[27]

上海早在2007年成立了市高技能人才校企合作培养协调指导委员会,下设若干专业理事会,由相关行业主管部门或行业协会牵头,行业协会、集团公司和企业、教育培训机构代表及有关专家组成,作为推进校企合作培养高技能人才的技术支撑,负责指导、协调相关专业校企合作培养的方案制定、指导服务等工作。佛山市成立职业技术教育改革创新指导委员会,指导委员会下设专业建设委员会,政校行企联合开展专业设置、课程开发、教材建设、实践教学等研究,进行师资培养、师生实习实训、学生就业创业指导、组织技能大赛等多方面活动,形成产教协同发展和校企共同育人的格局。珠三角地区一些职业院校打造政校行企协同创新机制,搭建协同育人平台(专栏6.16)。

专栏6.16

东莞职业技术学院开展政校行企协同创新平台建设

东莞职业技术学院位于松山湖国家级高新技术产业开发区,依托地方经济社会发展优势,强化教学、生产、服务与应用相融合,开展政校行企协同创新平台建设,形成了"政校行企协同,学产服用一体"办学模式。2013年,学院成立"学院政校行企协同育人指导委员会"和"专业政校行企协同育人指导委员会",政校行企共同参与专业设置、人才培养方案制定、课程体系搭建、教学资源建设、教学方法改革等;对接东莞产业(群)成立了1个职业教育集团、4个职教联盟;依托职教联盟(集团)成立4个技术研发与服务中心,1个公共服务平台。

东莞职业技术学院与东莞市、镇街共同实施专业强镇规划,在东莞市10个镇区设立了职业培训基地,分别与东莞市政联学校、东莞市南城名门培训中心、莞城华泰教育培训中心、东莞市现代教育研究所等开展合作共建,为各镇区提供技术培训。学院实施专业强镇战略,开展技术研发与服务,依托"政校行企协同创新平台"成立服装设计技术研发与服务中心、印刷技术研发与服务中心、电子信息技术研发与服务中心、机电一体化技术研发与服务中心、社会发展咨询与服务中心、政府绩效评价中心以及机器人公共服务平台,为政府、行业、企业等开展技术研发、咨询、服务、教育等工作,使职业教育真正地扎根于地方、融于地方,推动地方经济发展。

资料来源:东莞职业技术学院简介,http://www.dgpt.edu.cn/info/1026/1115.htm.

2. 公共服务信息化平台

技能错配是一系列因素造成的,大多数都源于技能市场中主要参与者之间缺乏协作，但产教融合、校企合作存在的信息沟通障碍也不可忽视，由于信息不完整、滞后及不对称，使得技能人才供求几乎处于盲目、无序状态。职业教育供需双方的信息沟通与衔接是供需结构平衡的基本前提，国内一些地区注重公共服务平台的搭建，如广东省人力资源职业开发评价公共服务平台，集职业能力需求调查与分析、职业能力评价认证和职业能力开发应用为一体，使人力资源开发配置所涉及的劳动者、用人单位、教育培训机构、测评机构、职业研究机构都能通过平台进行有效对接和深度合作。宁波市教育局指导建立的"宁波企校通"平台，着力建设职业教育办学成果网上展示中心、校企合作信息咨询服务中心、专业技能人才供需信息发布中心等七大资源中心，推动职业院校和企业在人才、师资、设备、课程、课题等多方面的合作。由全国高职高专校长联席会议委托第三方机构——麦可思和上海教育科学研究院组织的对高职院校的教育质量评价，初步构建起全国、省级和部分院校集数据采集、质量监控、统计分析与反馈应用为一体的人才培养质量保障平台，定期发布年度报告，公布人才培养过程信息、毕业生就业质量信息及企业对毕业生知识结构和实际技能的满意度等，促使职业院校不断关注企业不断变化的人才需求，促进校方与企业合作。

3. 立法和制度建设

通过立法用法律规范职业教育的合作伙伴关系，完善政策、体系和制度建设是促进职业教育校企合作成功的重要保障。尽管我国在 1996 年颁布了《职业教育法》，但主要规范的是学校职业教育，虽然有些条款涉及企业行业的办学，但对行业企业的权利与义务实际上并没有法律意义上的约束权，而且在颁布后一直没有制定实施细则，也没有制定配套的法律规范。[28] 2007 年，教育部、财政部下发了《中等职业学校学生实习管理办法》，国家税务总局下发《企业支付学生实习报酬税前扣除管理办法》的通知，2009 年教育部、财政部等联合推行中职学生实习责任险等。2018 年，教育部、国家发改委等六部门印发《职业学校校企合作促进办法》，对职业学校进行校企合作的合作形式、促进措施及监督办法等做出了规定，明确了校企合作的合作机制为校企主导、政府推动、行业指导和学校企业双主体实施（专栏 6.17）。

专栏 6.17

职业学校和企业开展校企合作的具体形式

《职业学校校企合作促进办法》列出了职业学校和企业开展校企合作的七种形式。

（1）根据就业市场需求，合作设置专业、研发专业标准，开发课程体系、教学标准以及教材、教学辅助产品，开展专业建设。

(2) 合作制定人才培养或职工培训方案，实现人员互相兼职，相互为学生实习实训、教师实践、学生就业创业、员工培训、企业技术和产品研发、成果转移转化等提供支持。

(3) 根据企业工作岗位需求，开展学徒制合作，联合招收学员，按照工学结合模式，实行校企双主体育人。

(4) 以多种形式合作办学，合作创建并共同管理教学和科研机构，建设实习实训基地、技术工艺和产品开发中心及学生创新创业、员工培训、技能鉴定等机构。

(5) 合作研发岗位规范、质量标准等。

(6) 组织开展技能竞赛、产教融合型企业建设试点、优秀企业文化传承和社会服务等活动。

(7) 法律法规未禁止的其他合作方式和内容。

资料来源：教育部等六部门. 关于印发《职业学校校企合作促进办法》的通知[EB/OL]. http://www.gov.cn/xinwen/2018-02/22/content_5267973.htm.

由于法律法规滞后与不完善，企业参与职业教育还未形成有效的制度基础，致使校企合作无法可依。2009 年，宁波市颁布了《宁波市职业教育校企合作促进条例》，是全国首创的“校企合作”的地方性法规，明确了政府在促进职业教育校企合作的工作职责，企业和职业院校在校企合作中的权利与义务，并对预防学生在实习期间发生的意外伤害做了相应规定，要求职业院校为实习学生统一办理意外伤害保险。各省、各地市纷纷出台相关条例或意见，从经费投入、税收优惠等方面支持企业建设实习实训基地，建立企业专业技术人员到职业院校任教及教师到企业锻炼的制度，鼓励企业通过多种形式与职业院校合作，支持职业教育发展。

二、职业教育治理机制

职业教育供给与需求的关系，在传统的二分法下，职业院校是教育的供给方，行业企业是教育的需求方。但在校企合作、工学结合的培养模式下，职业院校和行业企业，其供需双方是不断变动、相互融合的，企业和学校共同为企业培养人才，职业院校和企业都是供给方，成为职业教育供给的行为主体，职业教育出现的办学主体多元化给职业教育的管理提出了新的要求，职业教育仅有政府或教育部门的参与和管理是不够的，积极发展政府、职业院校、行业企业和社会组织之间的伙伴关系，建立广泛的社会对话机制，推动职业教育管理体制由原来政府单一主体的行政管理和职业院校一元办学向由政府、行业组织、职业院校、企业多主体参与的多中心治理模式转变。

1. 转变政府职能，提高政府统筹协调能力

发展职业教育是政府的重要职责，政府要在职业教育发展中发挥主导作用。改善职业教育治理的关键是转变政府职能，从办学者角色向管理者、促进者、投资者角色转变，即从直接办学退出来，重点转向优化发展环境和资源配置。目前职业教育管理职能分散在多个职能部门，中专、职高等由教育部门管理，技工院校和培训机构由人社部门主管，还有一些培训资源与管理职能分散在农业、妇联、工会等部门，多头管理和条块分割使有限的职业教育资源分散，管理成本高。由于相关职业教育校企合作政策的制定往往涉及劳动人事、经济、科技、工商、税务等多个部门的协调，并且不同行业之间还存在较大的差异性，在国家层面，需要提升中央政府对全国职业教育进行立法、规划与宏观政策协调的有效性，有必要成立职业教育综合管理部门，加强对职业教育资源的整合与统筹协调能力。在地方层面，建立了职业教育联席会议制度，成立职业教育领导工作小组，有些地方成立实体管理机构，统筹地方职业教育发展规划、学校布局与专业设置、实训基地等教学资源、中高职衔接与职普融通、毕业证书与职业资格证书、招生与经费、管理与督导等。2010 年，辽宁省鞍山市成立鞍山市职教城管理委员会，将进入职教城的各级各类职业教育机构纳入管委会管理，统筹教育与人社部门职业教育管理职能；2011 年，河南省信阳市平桥区成立了职业教育和就业服务局，级别与教育局、人社局平级，综合了教育局的职业教育和成人教育职能以及人社局的培训和就业职能；2015 年，安徽省淮北市成立淮北市职业教育管理委员会办公室，打破职业教育管理体制分割的体制性障碍，为职业教育资源的统筹奠定基础。[29]

2. 规范行业协会运行机制，加强行业指导能力

行业是连接教育与产业的桥梁和纽带，在促进产教结合，密切教育与产业的联系，确保职业教育发展规划、教育内容、培养规格、人才供给适应产业发展实际需求等方面，发挥着不可替代的作用。从目前我国行业协会参与职业教育管理的情况看，在国家层面，行业协会在参与管理职业资格证书、技能标准等方面发挥了重要作用，但地方行业协会在参与职业教育的日常管理和联系企业与学校的合作上，还远未发挥行业协会应有的功能。同时，也要看到我国行业协会的职责边界不清晰，运行不规范，更多地从政府的角度发挥作用，没有充分发挥行业协会在组织企业方面的社会性和自治性，而有一些行业协会尽管相对独立于政府，由于法律条件、体制条件的限制，再加上自身发育不足，参与社会治理的空间有限。[28]建立有效的职业教育治理体制，需要规范政府与行业协会的关系，充分发挥行业协会的教育管理职能，通过政府授权委托、购买服务等方式，把适宜行业组织承担的职责交给行业组织，给予政策支持并强化服务监管，使原来政府对学校的直接管理转变为通过行业协会而实现间接管理，实现政府职能转变和职业教育"管办评"分离。自2013年,广东省依托行业协会和大型企业,由行业企业、教育研究机构、职业院校共同研制职业教育等级证书标准,开发行业高度认可的职业教育等级证书,在校企合作基础好的数控技术、汽车维修与检测技术两个专业开展职业教育等级证书制度试点工作。[30]行业协会负责职业教育等级证书标准的研制、考核、发布和监督评价,增强了行业企业在职业教育中的话语权,以行业标准引领职业教育发展。

3. 健全企业参与制度,发挥企业重要办学主体作用

我国《职业教育法》二十条规定,"企业可以单独举办或者联合举办职业学校、职业培训机构",明确了企业办职业教育的主体地位;2014年国务院印发的《关于加快发展现代职业教育的决定》进一步提出:"鼓励行业和企业举办或参与举办职业教育,发挥企业重要办学主体作用。"在计划经济时期,我国企业是举办职业教育的主力军,与厂内学徒制结合曾培养了一大批专业技术、技能型人才。进入改革开放时期,随着市场经济发展和企业运行机制改革,很大一部分企业将公益性质的职业学校转移到地方,还有一部分企业举办的职业院校发展面临困难,在人事任编制、教师待遇、经费资助等方面与同类公办普通职业院校存在明显差距。企业办学具有天然的校企合作优势,需要探索在市场经济条件下,推进行业企业办职业教育的有效实现形式。进一步完善法律法规,规范企业参与和举办职业教育的权利与义务,制定税收优惠政策,建立补偿机制,补偿和减少企业参与和举办职业教育的成本,支持企业通过校企合作共同培养培训人才,将企业开展职业教育的情况纳入企业社会责任报告。在德国双元制模式中,就将符合《联邦职业教育法》的规定并经过行业办学资质认定的企业赋予"教育企业"称号,这些"教育企业"同公益性的学校一样,必须承担教育的社会责任而绝不允许通过教育来赢利,从而具有至高无上的社会地位。[31]2017年,浙江省嘉兴市通过认定"教育型企业",让企业直接参与职业教育(专栏6.18),使之成为发挥企业在现代学徒制中的主体作用的有效途径。

专栏6.18

嘉兴市通过认定"教育型企业"鼓励企业参与职业教育

2017年6月,嘉兴市出台《嘉兴市教育型企业认定与管理办法(试行)》,认定教育型企业必须是生产设备设施与工艺水平较高,在区域内同行业中具有一定代表性和影响力的规模以上企业;乐于承担企业的社会责任,积极参与职业院校实训基地、师资队伍和专业课程建设,并且近3年在人才培养、社会培训、技术研发等方面与职业院校开展6项及以上合作。通过申请、评审、公示等认定程序,获得"教育型企业"称号的企业必须履行相应的育人职责，如设立或明确专门机构，落实专职人员，加强与职业院校对接交流；主动参与实训基地、教学团队与专业课程建设；深度参与“轮岗顶岗实习”“订单培养”；积极开展“现代学徒制”“企业新型学徒制”等人才培养模式改革等。对当年评定的教育型企业，政府一次性奖补 10 万元，每 3 年复评符合条件的再一次性奖补 10 万元。同时，企业可以免费使用职校的实验实训设施、图书信息资源、文体设备，优先参与职校开展的人才招聘、优先聘用学校推荐的优秀毕业生等。到 2020 年，嘉兴市本级拟认定 25 家教育型企业，各县（市）分别认定 8 家以上教育型企业。

资料来源：蒋亦丰．补齐人才短板应对“技工荒”让企业直接参与职业教育[N]．中国教育报，2017-06-23.

4．建立现代学校制度，激发职业学校发展活力

建设现代职业学校制度是职业学校一项重要的管理创新，要求政府从职业院校组织特点出发，明确政府与学校权力、权利、责任之间的边界，改变职业学校作为政府附属机构的现状，扩大职业院校在专业设置和调整、人事管理、教师评聘、收入分配等方面的办学自主权，依法制定体现职业教育特色的章程和制度，建立学校、行业、企业、社区等共同参与的学校理事会或董事会，建立健全民主决策的内部管理制度和灵活的教育教学改革机制，全面增强职业学校的办学活力，促进办学特色与多样化，满足社会各种不同需求。苏州工业园区工业技术学校借鉴园区管理机制，推行“事业单位，企业管理”的体制机制创新，探索完善体现职业院校办学和管理特点的人事管理和绩效考核分配机制，充分调动了教职工的 工作积极性，教育教学业绩得到了社会各界尤其是学生家长和社会用人单位的充分肯定和赞誉（专栏 6.19）。

专栏 6.19

苏州工业园区工业技术学校实行“事业单位，企业管理”模式

苏州工业园区工业技术学校建于 2005 年，确立了学校作为管委会直属事业单位的地位，明确了学校是园区管委会所属的公办学校，实行“事业单位，企业管理”的模式和理事会领导下的校长负责制。园区管委会成立了以管委会主任、分管教育副主任为理事长、副理事长，园区教育局、财政局、组织人事局、劳动与社会保障局、人力资源公司和学校校长为理事的理事会，主要职责是决定学校发展的战略规划、经费投入、校长任免、预决算和办学效益评估等学校发展的重大事项。作为实施企业管理的学校，自 2006 年起在经费使用管理上，适当增加经费使用的灵活性，每年预算按大类申报，简化预算审批和调整手续，当年经费结余可转入下一年度预算；人员经费按上级教育部门规定的师

生比进行测算后实行包干使用，保证学校根据职业教育特色，按专业建设需要，聘请行业、企业、院校的专家作为编外教师任教，支出标准由学校按具体情况执行。

园区管委会面向全国公开招聘校长，在订立学校发展目标的前提下赋予校长更多的管理自主权。教师招聘虽列入人员编制计划，但在学校内部实行企业化人员管理，为每个教职工建立一个包括薪资、课时、科研、奖金等特色福利的薪资体系。自2009年起，学校制定并实施《教师专业技术职务高聘和低聘试行办法》和《“双师型”教师和优秀“双师型”教师认定与管理暂行办法》，对取得中等专业学校或高等院校系列助理讲师和讲师职务且聘任已满两年但尚未取得中等专业学校系列讲师和高级讲师职务的教师，在符合相关的情况下，有资格申请高聘讲师和高级讲师职务。取得高聘资格者，由学校发文公布并颁发聘书，聘期为两年，聘期内接受学校职称评审委员会的考核，考核合格享受高一级专业技术职务薪资和上级教育行政部门规定的其他待遇。取消“双师型”教师认定中的中级职称硬性规定，适当放宽对教师职称的要求，增加在课堂教学、教科研、竞赛、职业资格等方面的实绩考核，对取得学校“双师型”教师及优秀教师称号者，在任期内享受绩效加分、优先选派外出学习考察、优先晋级和各项评优等待遇。2010年，实施的《绩效积分考核与薪资方案》，从学历、学位、教龄、职称、管理岗位、兼职岗位、职业资格、荣誉称号、课时、考勤、教科研、竞赛、指导竞赛、对口单招、校长奖励等方面设置基础分值和考核分值，将所有的岗位和绩效以积分形式和相应的收入体现，发挥了能上能下、能高能低的薪资激励作用。

学校借鉴企业经验，先后成立行政事务部、市场开发部、职业培训部、学生工作部、教学工作部、品质管理部、校园保障部、创新创业部等八个中层管理部门和五个教学中心，每个部门只有一名主任，部门办事员全部由教师兼任。校园保障部所属后勤工作不招收一名正式员工，完全走服务外包的社会化途径和学生自我服务的补充渠道。学校实行全方位的6S现场管理，突出安全和细节管理，师生素养在企业管理制度的实施中得到全面提升。学习和借鉴企业管理经验，拉近了学校与企业的相互认同和心理距离，激发出广泛、灵活、深度的校企合作，一批企业落户学校建立教学工厂，参与教育教学，让学生感受到真实的企业环境、企业精神，为提升学生职业素养创设了最佳环境。

资料来源：1. 章亦华. 事业单位 企业管理——苏州工业园区工业技术学校体制机制创新报告[J]. 江苏教育（职业教育版），2012(2)：32-34.
2. 根据课题组在该校实地调研资料补充，2016，11.

参考文献

[1] 翟海魂. 发达国家职业技术教育历史演进[M]. 上海：上海教育出版社，2012.
[2] 徐朔. “关键能力”培养理念在德国的起源和发展[J]. 外国教育研究，2006(6)：66-69.

[3] 曹浩文,杜玉红. 人力资本视角下的技能:定义、分类与测量[J]. 现代教育管理,2015(3):55-61.
[4] 王一丹. 适应变化中的世界:教育的灵活性、技能开发与就业能力[M]. 北京:教育科学出版社,2013.
[5] 联合国教科文组织. 反思教育:向"全球共同利益"的理念转变? [M]. 北京:教育科学出版社,2017.
[6] 杰弗里·A. 康托. 美国21世纪学徒制——培养一流劳动力的奥秘[M]. 孙玉直,译. 北京:中国劳动社会保障出版社,2016.
[7] 波尼·特里林,查尔斯·菲尔德. 21世纪技能——为我们所生存的时代而学习[M]洪友,译. 天津:天津社会科学院,2011.
[8] OECD. The definition and selection of key competencies [Executive Summary][EB/OL]. 2005, Available online at: http://www.oecd.org/dataoecd/47/61/ 35070367.pdf.
[9] European Commission. Key competences for lifelong learning in Europe: Frequently asked questions MEMO/05/416[EB/OL]. Brussels, 2005-11-10, http://europa.eu/rapid/press-release_MEMO-05-416_en.htm.
[10] 陈宇. 职业能力以及核心能力[J]. 职业技术教育,2003(11):26.
[11] 汪春慧,张小闻. 发展中国家的职业培训[M]. 北京:中国劳动出版社,1995.
[12] 马丁·卡诺伊. 教育经济学百科全书[M]. 闵维方,主译. 北京:高等教育出版社,2000.
[13] 恩格尔贝特·韦斯特坎博尔. 欧洲工业的未来:欧洲制造2030[M]. 王志欣,姚建民,译. 北京:机械工业出版社,2016.
[14] 费利克斯·劳耐尔,[澳]鲁伯特·麦克林. 国际职业教育科学研究手册[M]. 赵志群,等,译. 北京:北京师范大学出版社,2014.
[15] Steedman, Hillary. Overview of Apprenticeship Systems and Issues: ILO Contribution to the G20 Task Force on Employment[EB/OL]. 2012. https://papers.ssrn.com/sol3/papers.cfm? abstract_id=2283123.
[16] 欧盟委员会. 欧洲现代学徒制[M]. 孙玉直,译. 北京:中国劳动社会保障出版社,2016.
[17] 刘立新. 德国2017年职业教育报告强调双元制职业教育依然是经济发展支柱[EB/OL]. http://www.de-moe.edu.cn/article_read.php? id=12016-20170509-4414
[18] 刘育锋. 英国学徒制改革政策分析[J]. 中国职业技术教育,2017(18):13-19.
[19] 教育部. 关于开展现代学徒制试点工作的意见(教职成[2014]9号)[EB/OL]. http://www.moe.edu.cn/srcsite/A07/s7055/201408/t20140827_174583.html.
[20] 职成司. 高职创新发展扬帆起航 行动计划落实后程可期——《高等职业教育创新发展行动计划(2015—2018年)》2016年执行情况综述[EB/OL]. http://www.moe.edu.cn/s78/A07/zcs_ztzl/ztzl_zcs1518/zcs1518_zcjd/201706/t20170613_306783.html.
[21] 练玉春. 高职毕业生收入增速超过在岗职工平均水平[N]. 光明日报,2016-7-17.
[22] 石伟平. 时代特征与职业教育创新[M]. 上海:上海教育出版社,2006.
[23] 罗东. 技能人才"八级工"制度[J]. 中国人才,2015(1):62.
[24] 张涵,肖健. 我国职业资格证书制度的现状、问题与发展对策[J]. 职业教育研究,2008(7):7-9.
[25] 李克强再谈清理职业资格:政府要管住那只"闲不住的手"[EB/OL]. 2017-05-24,中国政府网,http://www.gov.cn/guowuyuan/2017-05/24/content_5196545.htm
[26] 中共中央办公厅,国务院办公厅. 关于提高技术工人待遇的意见[N]. 人民日报,2018-3-23.
[27] 教育部关于公布全国行业职业教育教学指导委员会(2015—2019年)组成人员的通知(教职成函[2015]9号)[EB/OL]. http://www.moe.gov.cn/srcsite/A07/moe_953/201507/t20150710_193364.html.

[28] 国家发改委社会发展司，上海市教科院. 中国职业教育发展战略及制度创新研究[M]. 北京：中国计划出版社，2015.

[29] 佛朝晖. 地市统筹职业教育从哪儿发力[N]. 中国教育报，2017-07-04.

[30] 广东省教育厅. 关于开展职业教育等级证书制度试点研究的通知(粤教高函[2013]32号)[EB/OL]. 2013-03-07，http://www.gdjy.cn/show.php?contentid=41398.

[31] 房风文. 现代学徒制下教育型企业的设置探析[J]. 中国职业技术教育，2016(21)：38-41.

第七章

现代职业教育体系与学习型城市建设

现代职业教育是适应现代社会发展和劳动力市场需求面向所有职业人的教育，贯穿每一个学习者的整个职业生涯全程，其结构体系应是纵向贯通、横向兼顾、多层次交叉的动态结构。随着新型城镇化的加快推进，城市成为越来越多的人实现社会价值和全面发展的主要社会活动空间，面对传统产业转型升级和新兴产业发展和职业转换过程中一线劳动者的技术提升、技能深化、城市融入所产生的庞大需求，职业教育发挥着举足轻重的作用。大力发展现代职业教育，完善现代职业教育体系，是推动学习型城市发展的重要途径和必然选择。

第一节　建设现代职业教育体系

职业教育是终身学习体系的重要组成部分，现代职业教育体系应在开放和灵活的结构范围内，以终身教育的原则来考量和设计。教育部等六部门印发的《现代职业教育体系建设规划（2014—2020 年）》提出："牢固确立职业教育在国家人才培养体系中的重要位置，到 2020 年，形成适应发展需求、产教深度融合、中职高职衔接、职业教育与普通教育相互沟通，体现终身教育理念，具有中国特色、世界水平的现代职业教育体系，建立人才培养立交桥，形成合理教育结构，推动现代教育体系基本建立、教育现代化基本实现。"中共中央、国务院颁布的《国家新型城镇化规划（2014—2020 年）》提出："加快现代职业教育体系建设，系统构建从中职、高职、本科层次职业教育到专业学位研究生教育的技术技能人才培养通道，推进中高职衔接和职普沟通。引导部分地方本科高等学校转型发展为应用技术类型高校。试行普通高校、高职院校、成人高校之间的学分转换，为学生多样化成才提供选择。"在新型城镇化加快推进和各级各类教育普及水平全面提升的背景下，现代职业教育体系建设要重点处理好创新发展中等职业教育、中高职教育衔接和地方本科高校转型发展问题，实现我国技术技能人才培养的系统化、人才成长道路的多样化和国家技术技能积累的制度化。

一、创新发展中等职业教育

1. 改革开放以来中等职业教育发展历程

中等职业教育是我国高中阶段教育的重要组成部分，肩负着普及高中阶段教育和培养初中级技能型人才与一线劳动者的责任。改革开放以来，中等职业教育发展历经 1980—2004 年和 2005 年至今"发展—波峰—回落—波谷"为特征的两个周期（图 7.1）。

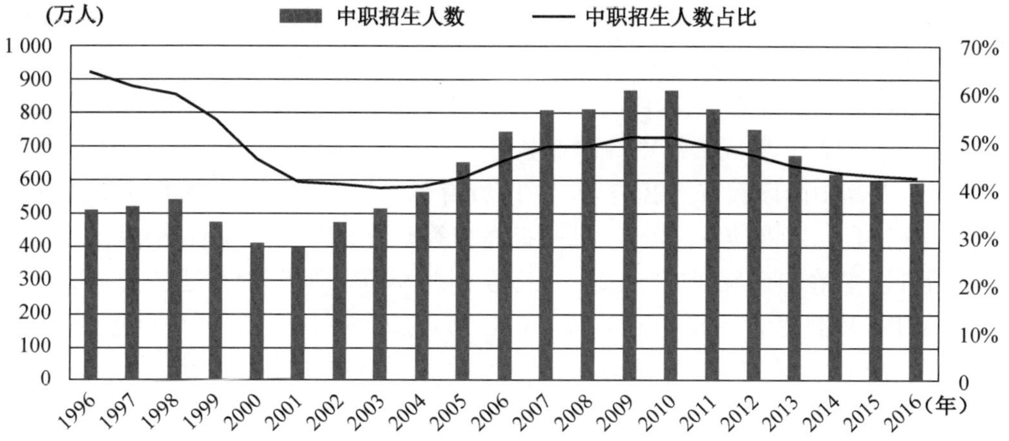

图 7.1　1996—2016 年中职学校招生数和占高中阶段在校生总数的比例

资料来源：根据国家数据库 http://data. stats. gov. cn/easyquery. htm? cn＝C01 提供的数据绘制。

第一个周期以 1980 年恢复发展为起点，国务院批转教育部、国家劳动总局《关于中等教育结构改革的报告》提出，将部分高中改办为职业学校（职业中学、农业学校），各行各业举办职业技术学校，积极发展和办好技工学校，努力办好中等专业学校。1985 年，中共中央印发《关于教育体制改革的决定》提出，大力发展职业技术教育，力争在 5 年左右，使大多数地区的各类高中阶段的职业技术学校招生数相当于普通高中的招生数。1993 年，国务院印发《关于〈中国教育改革和发展纲要〉的实施意见》提出大力发展中等职业教育，逐步做到 50％～70％的初中毕业生进入中等职业学校或职业培训中心，到 2000 年各类中等职业学校年招生数和在校生数占高中阶段学生数的比例，全国平均保持在 60％左右；普及高中阶段教育的城市可达到 70％。中等职业教育招生和在校生规模不断增长，20 世纪 90 年代中后期迎来发展高峰。1998 年，中等职业教育招生人数达到 539. 52 万人，占高中阶段教育招生规模的 60. 01％。1999 年高等学校扩大招生，带动普通高中大发展，中等职业教育招生开始遇冷并连年下滑，并在 2003—2004 年招生比例达到谷底，仅占高中阶段教育招生规模的 40％左右。

第二个周期以 2005 年全国职业教育工作会议的召开为起点，国务院印发《国务院关于大力发展职业教育的决定》提出要加快中等职业教育发展，“到 2010 年，中等职业教育招生规模达到 800 万人，与普通高中招生规模大体相当”。2007 年，中等职业学校招生已达 810 万人，并在 2010 年再次达到峰值，招生 870. 42 万人，占高中阶段教育招生比例的 51％，此后中职招生呈现微弱下降趋势。2010 年，中共中央、国务院颁布《国家中长期教育改革和发展规划纲要(2010—2020年)》提出:“今后一个时期总体保持普通高中与中等职业学校招生规模大体相当。”规划到2015年,中职在校生达到2 250万人。实际上到2015年,中职在校生总数仅为1 656.7万人,占高中阶段教育在校生总数的41%,比规划目标少593.3万人。2014年,国务院印发《国务完关于加快发展现代职业教育的决定》提出,巩固提高中等职业教育发展水平,落实好职普招生大体相当的要求,加快普及高中阶段教育。2017年3月,教育部等四部门印发《高中阶段教育普及攻坚计划(2017—2020年)》提出:“巩固提高中等职业教育发展水平,实现普通高中教育和中等职业教育协调发展。”“到2020年,全国普及高中阶段教育,适应初中毕业生接受良好高中阶段教育的需求。全国、各省(区、市)毛入学率均达到90%以上,中西部贫困地区毛入学率显著提升;普通高中与中等职业教育结构更加合理,招生规模大体相当。”

2. 中等职业教育发展战略争论

伴随中等职业教育发展起伏,近年来围绕中等职业教育发展战略及其规模的争论再次兴起,尤其是保持普通高中和中等职业学校招生“大体相当”的提法受到质疑。应该说,最初国家提出“普职比‘大体相当’”的模糊规定,并没有明确1∶1的刚性要求,而在执行过程中,一些地方政府和教育主管部门将“大体相当”兑换成1∶1的指标,甚至简单地把是否完成或超额完成1∶1的目标当成政绩来考核,即便如此,随着普教热度的持久不退和职业教育社会认可度持续走低,普职比“大体相当”的目标难以为继。进入21世纪以来,随着我国高等教育大众化进程加快,高等教育毛入学率和普通高中毕业生升学率不断提高(图7.2),2016年,高等教育毛入学率已达到42.7%,普通高中升学率达到94.5%,在学龄人口剧减的情况下,招生难已经不限于中职学校,以普通高中毕业生为主要生源的普通高等教育开始出现生源危机,部分高职乃至本科院校出现了招生难现象。

1985年,中共中央《关于教育体制改革的决定》提出,我国广大青少年一般应从中学阶段开始分流:初中毕业生一部分升入普通高中,一部分接受高中阶段的职业技术教育;高中毕业生一部分升入普通大学,一部分接受高等职业技术教育。凡是没有升入普通高中、普通大学和职业技术学校的学生,可以经过短期职业技术培训,然后就业。1993年,中共中央、国务院印发《中国教育改革和发展纲要》提出,基本普及九年义务教育的地区,应以发展初中后职业技术教育为重点;尚未普及九年义务教育的地区,对不能升入初中的小学毕业生应实行职业技术培训;各地要积极发展多样化的高中后教育,对未升入高等学校的普通高中毕业生进行职业技术培训。世纪之交,随着我国九年义务教育基本普及和高等教育扩大招生规模,初等职业教育逐年减少,中等职业教育发展

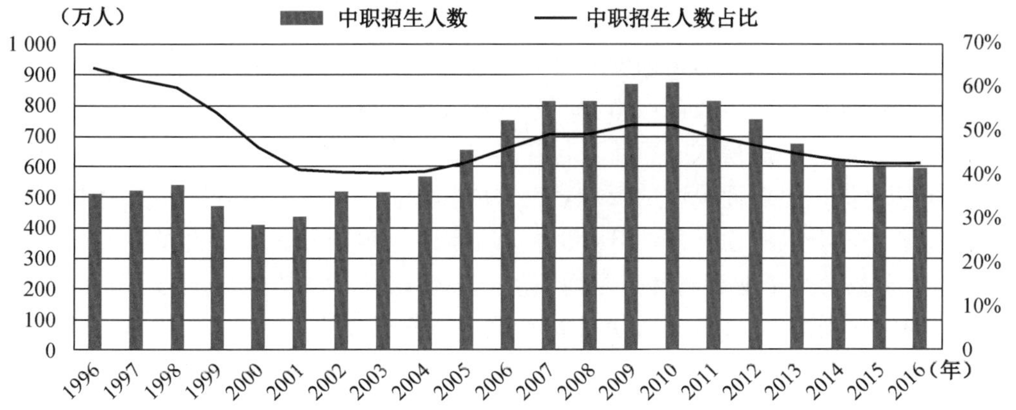

图 7.2　高等教育毛入学率和普通高中升学率

注：普通高中升学率为普通高校招生数与普通高中毕业生数之比。
资料来源：根据中国教育统计年鉴(2017)提供的数据绘制。

出现回落，职业教育发展重心出现后移趋势(表 7.1)。1999 年，世界银行亚太地区人力资开发部发表报告《21 世纪中国教育战略目标》，怀疑中国中等职业教育所占 50%以上的比例是否还适应 21 世纪的实际需要，认为在"中学阶段应实行普通教育，职业教

表 7.1　　我国职业教育发展状况

年份	初等职业教育		中等职业教育		高等职业教育	
	在校生人数（万人）	占初中阶段在校生人数的比例	在校生人数（万人）	占高中阶段在校生人数的比例	在校生人数（万人）	占普通本专科在校生人数的比例
1980	13.5	0.29%	226.2	18.9%	—	—
1985	45.2	0.99%	415.6	32.08%	—	—
1990	47.8	1.22%	763.5	49.05%	74.3	36.00%
1995	69.7	1.47%	939.3	56.8%	126.8	43.63%
2000	88.6	1.42%	1 229.5	49.91%	216.1	38.86%
2005	43.1	0.69%	1 600	39.69%	713.0	45.65%
2010	3.4	0.06%	2 238.5	47.11%	966.2	43.29%
2015	0.5	0.01%	1 656.7	41.0%	1 048.6	39.94%
2016	0.37	0.01%	1 599.01	40.28%	1 082.89	40.17%

资料来源：教育部发展规划司. 中国教育统计年鉴(相应年份)。

育应放在高中之后进行”，甚至提出“今后20年内中国应当把中等职业教育的比例减少为零”。[1]华东师范大学石伟平教授认为，中等职业教育发展不符合城市学生、家长的教育期望和消费需求，“中学后培训即在具有高中文化程度的基础上进行的灵活的短期的职业技术培训才应是今后我国城市中职办学的主要模式”。[2]

学校形态的长学制模式一直是我国中等职业教育办学的主要模式，往往难以对劳动力市场变化做出迅速而灵活的反应，导致中等职业教育学校毕业生很难找到合适的工作。随着中职升高职途径的放开，部分发达地区中等职业教育的升学功能超过了就业功能，大多数学生毕业后选择升学而不是直接就业，许多中职学校甚至以此来吸引生源，部分中职学校开设“高考班”，使得职业学校与普通高中别无二致，背离了职校的办学初衷。根据教育部的统计，2016年全国中等职业学校毕业生人数为474.71万人，升入各类高一级学校就读的占25.10%，中高职衔接为更多中职毕业生接受更高层次教育提供了机会。[3]在有些地区和学校，中职升学的比例已超过50%，中职教育演化为高等职业教育的预备教育。

跳出教育看教育，中等职业教育作为我国高素质产业工人的重要来源，不论是经济发展新常态下加快产业结构调整，高科技发展趋势下适应工作岗位技能的需求变化，还是新型城镇化背景下实现劳动力就业，以培养中级技能型人才为主的中等职业教育仍大有用武之地，都还需要巩固中等职业教育的基础性地位。

在经济发展新常态下，我国产业层次要从中低端走向中高端，产业结构优化升级，向形态更高级、分工更复杂、结构更合理的阶段演化，彻底改变一段时期以来高投入、高消耗、高污染、低效益的粗放发展模式，这些重大变化都将带来人才需求结构和教育结构的深刻变化，需要健全多层次人才培养体系，全面提升劳动力受教育程度和技能水平。同时，由于我国区域经济发展很不平衡，东部地区经济发展水平明显高于中、西部地区，农业经济、工业经济和知识经济等在这些地区多种状态并存，企业的装备水平、产品的技术含量、生产的组织方式、自动化机械化程度都不相同，对人才层次、类型和规格的要求也是多样化的，需要根据不同地区的经济发展水平和教育普及程度确定职业教育的发展重心。除少数发达地区具备条件的可以适当提高职业教育起点外，大多数地区在相当长的时间内对初中级人才和中等职业教育有着巨大的需求，中职毕业生依然是制造业技能人才的重要来源（专栏7.1）。

专栏7.1

中等职业教育毕业生依然是装备制造企业技能人才的重要来源

根据中国机械工业教育发展中心和全国机械职业教育教学指导委员会2016年

对 287 家装备制造企业的调查显示，2015 年各类技能人才占从业人员的比重约为 63.49%，未接受过系统职业教育高中及以下学历人员比例较大，占 34.41%；中职学历人员占 36.35%，其中中专占 18.36%，技校占 17.99%。装备制造企业预测，到 2020 年，技能人员中高中及以下学历人员占比为 28.78%；中职学历人员为 33.09%；本科学历人员占比为 8.18%，由此中职在机械行业企业技能人才中所占的比例依然最大。

资料来源：姜大源. 关于加固中等职业教育基础地位的思考[J]. 中国职业技术教育，2017(12)：5-30.

伴随工业 4.0 时代的到来，我国提出了《中国制造 2025》，推进信息化与工业化深度融合，把智能制造作为主攻方向，机器人技术、感知技术、智能信息技术、先进制造技术快速发展，智能制造成为企业转型升级和自主创新的重点领域，制造企业开始向智能化、网络化、数字化发展，导致技术技能人才的岗位设置、职业能力要求、培养方式都在发生着新的变革。一方面，发展服务型制造，延伸产业链、提升价值链，将服务以各种形式融入制造业研发设计、生产制造、经营管理、销售运维等环节，促使相关领域职业岗位的内涵要求发生改变；另一方面，建立数字化车间和智能工厂，实现制造工艺仿真优化、制造过程数字化控制、状态信息实时检测等，这些智能制造发展形态呈现多门类、多学科专业技术的融合运用和创新，并直接影响企业生产组织形式与工作岗位设置，促使现有岗位不断调整优化，新的职业岗位逐渐显现。根据教育部职业教育技术教育中心研究所“关于工业机器人应用岗位、核心技术和人才需求”的调查研究，这些岗位对人才的核心技术要求存在较大差异，并非所有的岗位对人才都有较高水平的技术技能要求，也并非所有的智能车间岗位人才都需要高等职业教育、应用型本科来培养。研究结果表明，对中职生的需求在现场编程岗位的“指令应用”技术方面，占有 10%的比例；在生产线维护岗位的“机电技术(含编程)”方面，也占有 10%的比例；在销售岗位、仍有 4%的比例，总数为 24%，也就是说在这一高新技术领域，仍然有约 1/4 岗位的技术工作是由中职生来承担的。此外，在 3D 打印技术领域，中职生也承担着大量的打印设备的操作、应用和日常维护工作(表 7.2)。

表 7.2　工业机器人应用岗位、核心技术和人才需求

岗位	核心技术	中职	高职	应用本科	合计
现场编程	指令应用	10%	—	—	10%
生产线维护	机电技术(含编程)	10%	30%	—	40%

续 表

岗位	核心技术	中职	高职	应用本科	合计
生产线改进、维修	机电技术设计(含编程)	—	3%	10%	13%
工作站开发	工艺、机电、夹具开发、通讯	—	2%	5%	7%
工作站方案工程师	仿真、工艺、机电设计	—	3%	2%	5%
销售	—	4%	6%	—	10%
技术支持	生产线维护经验	—	5%	10%	15%
合　计	—	24%	49%	27%	100%

资料来源:姜大源. 关于加固中等职业教育基础地位的思考[J]. 中国职业技术教育,2017(12):5-30.

在新型城镇化加快推进过程中,大量的农民工或失地农民涌入城镇,逐渐由务农为主转向务工为主,加强职业技能培训是有效达成职业转换并最终帮助他们实现市民化的重要途径(专栏 7.2)。2016 年,全国农民工总量达到 2.817 1 亿人,外出农民工占农民工总量的比重达到 60.1%,1980 年及以后出生的新生代农民工已逐渐成为农民工的主体,占全国农民工总量的 49.7%。尽管农民工的文化水平不断提高,但接受过技能培训的农民工比重不高。农民工中未上过学的占 1%,小学文化程度占 13.2%,初中文化程度占 59.4%,高中文化程度占 17%,大专及以上占 9.4%,而接受过农业和非农职业技能培训的农民工占 32.9%,其中外出农民工接受过农业和非农职业技能培训的占 35.6%。[4]在许多地区,中等职业教育成为推进进城务工人员随迁子女在流入地参加考试升学政策的重要突破口,既可以较好地解决农民工随迁子女继续升学和就业问题,也有利于城市职业教育的发展。2016 年,全国义务教育阶段在校生中进城务工人员随迁子女共1 394.77万人,其中在初中就读的达 358.06 万人。[5]此外,在广大的农村和贫困地区,加快发展中等职业教育,可以让更多的人获得工作技能而实现就业,在扶贫脱贫长效机制建设中发挥着不可或缺的作用(专栏 7.3)。

专栏 7.2

苏州市提升新型城镇化质量需要职业教育发挥重要作用

新型城镇化是以人为核心的城镇化,其基本任务是实现农业转移人口的市民化,推动外来务工人员的城市融入和社会融合。2015 年年底,苏州市常住人口为 1 205 万人,其中流动人口达到 698 万人,常住流动人口 538 万人,常住流动人口占常住人口的 50.7%,已成为苏州市民重要的重要组成部分。流动人口的受教育状况为,小学及以下程度的占7.11%，初中及高中程度的占85.28%，大专及以上的占7.61%。加强对苏州农民工群体的职业教育与技能培训，尤其是作为主要对象的570万21～50岁年龄层次的人，关系到苏州新型城镇化建设的进程和质量。为尽快融入城市生活，从职业教育的实践需求看，主要包括以下几个方面：职业工作需要的技能培训、市民素质补偿教育、文化认同的适应教育、市民素质补偿教育、心理素质补偿教育、信息素养补偿教育等。

资料来源：顾月华.城市供给侧结构性改革与职业教育发展路径研究——以苏州市为例[R].2017,2.

专栏7.3

中等职业教育助推南疆经济发展，提升教育脱贫能力

根据中共中央、国务院《关于打赢脱贫攻坚战的决定》(2015年11月29日)中提出的“着力加强教育脱贫”的要求，2016年12月，教育部、国家发展改革委、民政部等有关部门印发《教育脱贫攻坚“十三五”规划》，明确提出加快发展中等职业教育。在扶贫职教办学方面，要“坚持把中等职业教育作为普及高中阶段教育的重点。优化中等职业学校布局结构，在人口集中和产业发展需要的贫困地区建好一批中等职业学校”。在扶贫教育对象方面，要“启动实施职教圆梦行动计划，省级教育行政部门会同人力资源社会保障部门统筹协调国家示范和国家重点中等职业学校(含技工学校)，选择就业好的专业，单列招生计划，针对建档立卡等贫困家庭子女招生，确保他们至少掌握一门实用技能”。在扶贫教育经费方面，要“实施中等职业教育协作计划和技能脱贫千校行动，支持建档立卡等贫困家庭初中毕业生到省(区、市)外经济较发达地区接受中等职业教育，在享受免学费和国家助学金政策的基础上，各地给予必要的住宿费、交通费等补助，帮助这些学生完成学业，实现就业”。

2011年开始，广东省对口帮扶新疆喀什地区，坚持以“职教服务产业，产业带动就业，就业推动脱贫，脱贫促进稳定”的理念，将职业教育作为援疆重点工作之一。佛山市对口帮扶喀什地区伽师县，以帮扶新疆伽师县中等职业技术学校为切入点。2013年8月，由广东佛山选派管理团队到伽师县中等职业技术学校任校长、副校长等职，佛山市选择8所职业院校与伽师职校结成对子，通过一校帮扶一个专业的形式开展“八校对八专业”的团队式帮扶。通过建立“五长”责任制(县长、乡长、村长、校长、家长共同负责，构建网格化控辍保学全员育人体系)、构建“二主轴(品德课、双语课)，多模块(专业课划分模块)”的课程体系、建立师德银行和强化队伍建设等多种机制，采取现代学徒制方式培养学生，引企入校，对接园区，将民间能工巧匠引进课堂，实现职业教育学习与就业、创业和脱贫“紧密结合”，解决学生出口问题，使职业教育与南疆地区的经济发展直接挂钩。在校生

规模由2011年不足500人猛增到现在的4 294人(含技工学校人数),学校组织的职业技能培训及农村劳动力转移培训,2017年达到11 473人次,毕业生已在福州、昌吉、喀什等地就业,就业率达到90%。伽师工业园区企业达到108家,产值达20亿元,形成了以纺纱、服装、电子、电器为主的产业群,稳定就业人数达到了1万人。伽师县农民人均纯收入比2010年翻了一番,贫困人口由2010年的17万人减少到2017年的12.5万人。

资料来源:胡大强. 关于职业教育助推南疆经济发展的研究报告[R]. 2017.

3. 中等职业教育发展模式创新

中等职业教育发展面临困境,根本原因不是社会发展不需要职业教育,而是中等职业教育的吸引力不足,即使在国家为家庭经济困难学生就读中职采取免除学杂费政策的情况下,普职比"大体相当"依然难以维持,值得我们反思。"普职比"保持相当的比例,一方面取决于经济社会发展对技术技能人才的需求层级和程度,另一方面取决于职业教育接受者的选择权及其能否实现自身的可持续发展。现阶段而言,当务之急是转变中等职业教育的发展模式,根据不同地区的经济发展水平和教育普及程度,实施以初中后为重点的不同阶段的教育分流,健全职业学校教育与职业培训并举,并与其他教育相互沟通、协调发展的职业教育体系,拓展服务功能和扩大服务对象,提高中等职业教育的质量,实现中等职业教育在新历史阶段的创新发展。

因地制宜,中等职业教育发展不再固守"普职比大体相当"的硬性规定。从国际比较看,各国职业教育发展固然都基于经济发展和科技进步的人力需求,但每一个国家的职业教育体系和发展模式却嵌入其根深蒂固的文化传统和政治结构之中,深受其不同的国家政治体系和管理模式、经济与劳动力市场结构以及文化与知识传统的影响。在发达国家,普通教育与职业教育分流主要有两种模式:一种是以初中后分流为主,中职比例相对较高;另一种是高中后分流,高职比例相对较高(表7.3)。据世界银行提供的资料,欧洲高技能工人的比例将由目前占技能人才总量的31%增加到38%,到2025年低技能工人将从目前的22%降至14%;在美国,呈现出同样的变化趋势,到2025年,大部分就业机会的增长主要在商业和服务业领域,并且都需要高技能资质。[6]我国基本上借鉴欧盟以初中后分流为主的模式,但20世纪90年代末以来,高职快速发展,占据高等教育"半壁江山",考虑到未来非常规脑力劳动需求显著增加的趋势,考虑到区域的经济发展对人才的需求,充分尊重家长和学生受教育的选择权,普职分流不能搞一刀切的硬性规定,在经济相对发达的地区或城市,职业教育重心应放在高职,中职不必再固守"大体相当"的框框,把一大批技能人才的文化程度从初中水平提高到普通高中毕业水平。[7]

表 7.3　　OECD 国家高中阶段和高等教育阶段职业教育比例(2011 年)

	低于 10%	10%～30%	30%～50%	50%以上
高中教育阶段职业教育导向课程比例(3B、3C)OECD 平均 36%	加拿大(6%)、墨西哥(9%)、	智利(23%)、匈牙利(26%)、日本(23%)、韩国(21%)、新西兰(29%)	澳大利亚(49%)、丹麦(46%)、爱沙尼亚(34%)、法国(45%)、德国(49%)、希腊(32%)、冰岛(34%)、爱尔兰(34%)、英国(36%)、以色列(38%)、波兰(48%)、葡萄牙(42%)、西班牙(45%)、土耳其(42%)	奥地利(76%)、比利时(73%)、捷克(73%)、芬兰(70%)、意大利(60%)、卢森堡(61%)、荷兰(69%)、挪威(53%)、斯洛伐克(71%)、斯洛文尼亚(65%)、瑞典(56%)、瑞士(65%)
高等教育阶段职业教育导向课程比例(5B)OECD 平均 19%	捷克(9%)、冰岛(4%)、墨西哥(3%)、波兰(1%)、斯洛伐克(1%)、斯洛文尼亚(18%)、	奥地利(16%)、丹麦(26%)、爱沙尼亚(28%)、德国(21%)、匈牙利(17%)、爱尔兰(24%)、以色列(27%)、日本(29%)、西班牙(28%)、瑞典(11%)、瑞士(22%)、土耳其(27%)、英国(23%)	比利时(38%)、希腊(31%)、韩国(37%)、新西兰(45%)	智利(59%)

资料来源:经合组织. 教育概览 2013:OECD 指标[M]. 中国教科院组,译. 北京:教育科学出版社,2014:274-275,307.

扩大服务对象,进一步拓宽中等职业学校的生源渠道和区域范围。中等职业教育不等同于 15～17 周岁年龄段的学校学历职业教育,仅仅局限于需要早期接受技能训练或者就业黄金期的技能型人才,或者接受普通教育有困难或缺乏机会的学龄人口。应当引导往届初中毕业生、未升学普通高中毕业生、青年农民、城乡劳动者、退役士兵等接受中等职业教育,乃至高等教育后"回炉"和中年或老年人接受中等职业教育,实现面向所有人的教育。2011 年,全国中等职业学校招生中,城镇下岗职工、进城务工人员、农民和退役军人等非应届初中毕业生合计为 94.2 万人,占中职招生规模的 14.5%。[8]特别是要适应城镇化发展趋势,有序落实进城务工人员随迁子女参加中考、接受高中阶段教育的相关政策,特大城市要降低职业学校招生门槛,向义务教育后的外来人口随迁子女开放,使他们获得职业教育和技能技术培训,这不但可以有效地促进流动人口的市民化,而且能够有效地满足城市经济发展和产业升级对技能人才的需求。支持中西部贫困地区学生到东部地区接受优质中职教育。实证研究表明,增加内地的职业教育投入,不如让内地的学生到沿海地区接受职业教育的回报和效率更高(专栏 7.4)。优化中等职业学校结构布局,推动县区职业教育中心(中等职业学校)成为区域学历教育、技术推广、扶贫开发、劳动力转移培训和社会生活教育的开放平台，将服务网络延伸到社区、村庄、合作社、农场、企业。

专栏 7.4

应该在哪里接受职业教育：来自教育回报空间差异的证据

接受职业教育是大部分农村劳动力进入城市劳动力市场提高自身人力资本的主要途径。目前大部分省份对职业教育外省生源比例加以限制，各学校上报的外省生源名额还需征得生源省份发改委、教育主管部门的同意，除此之外，部分地区高等职业院校的自主招生名额只针对本地区的中职毕业生。此外，农民工子女在享受职业教育优惠政策时也面临歧视，如在部分省（区、市）就读职业学校的农民工子女不能够申请助学金等，上述种类针对外来人口接受职业教育的限制是否应当放开？

现有不少研究表明教育在不同就业地点存在回报差异。陈钊、冯净冰利用 2010 年北京大学中国社会调查中心收集的中国家庭动态跟踪调查的成人问卷数据，调查对象包含 25 个省（区、市）的家庭户以及样本家庭户的 21 572 个样本，研究具有正规学历职业教育回报的空间差异，尽可能剔除就业地因素对教育回报估计的可能影响。研究发现，职业教育特别是高等职业教育的回报与接受职业教育的地点有关，具体而言，在东部或经济较发达地区接受高等职业教育会有更高的人力资本回报。建议经济发达地区应当鼓励外来人口在本地就读高等职业教育，进而提升城市未来产业工人的人力资本含量，有助于中国未来的产业升级以及在城市化进程中实现“人的城市化”。

资料来源： 陈钊，冯净冰. 应该在哪里接受职业教育：来自教育回报空间差异的证据[J]. 世界经济，2015(8)：132-149.

推进普职融合，构建开放而灵活的职业教育体系。高中教育的复杂性，办学目标与任务的多样性以及高中学生需求的多样性，客观上要求高中要将升学目标与就业目标结合起来，鉴于目前普通高中与中等职业学校体制分割，要着力建立普通高中与中职互通机制，实现课程互选、学分互认、资源共享，探索将一部分中职学校并入普通高中，或者改办成综合高中或其他特色高中。普通高中也应增开职业技术课程，使学生根据自己的兴趣、能力和需要，选择适合自己的职业生涯发展计划和课程方案，将课程选择权利还给学生，普通高中与职业学校也不再是泾渭分明的两种完全不同的学校。畅通中等职业学校毕业生的升学通道，中职和高职之间应构建更有效的内部联系，实现专业有所对口、课程有所对应、内容有所区分、知识与技能由浅入深，能力递进应成为中高职衔接的主线。

专栏 7.5

佛山市南海区在广东省率先实施普职融通试点

2013 年，南海区开展普职互通试点，实行学分互认、学籍互换制度。普通高中学生在高一学年结束前，可根据意愿选报专业转入中职学校二年级就读，学生在普通高中一年级所得学分计入中职学校的总学分，剩下两年按照中职学校学习要求，完成职校学习任务并修满学分后，可获得广东省中等职业学校毕业证书；中职学校在第一学年结束前，可以通过区教育部门统一组织的转学考试转入普通高中的二年级就读，同样，学生在中职学校一年级所得学分计入普通高中总学分，完成学习任务并修满学分后，可获得广东省普通高级中学毕业证书。首批参加试点的南海信息技术学校和罗村高级中学计划各招收 50 名学生，但南海信息技术学校转出 25 人，罗村高中转出 3 人，都未达到预期人数。

"普职融通"作为促进普通高中与中职学校资源共享，打破普职阻隔的现状，做到优势互补、学分互认、学籍互换的一种人才培养模式，是希望为学生搭建成才立交桥，改变中考"一锤定音"的现状，让学生有多次选择、接受不同教育的机会，但做好"普职融通"需要克服以下难点：第一是学分互认机制，如果成绩、学分相互不承认则有机制上的障碍；第二是普高和职校评价标准不一样。一个是走知识型评价体系，一个是走向工作的评价体系；第三是社会认同上的困难。

资料来源：林洁. 南海试点"普职融通"普高中职学生互转遭遇寒流[N]. 中国青年报，2013-5-27.

二、优化中高职衔接模式

中高职衔接是指按照建设现代职业教育体系的要求，推动中等和高等职业教育协调发展，系统培养适应经济社会发展需要的技能型特别是高端技能型人才。我国中高职衔接起步于 20 世纪 90 年代，比较典型的模式有高职五年一贯制、高职院校对口招生、中高职衔接"三二分段"等模式。从 2012 年开始，我国部分地区开展了"中职升本"教育模式探索，主要采取两种形式：一种是中职学校和普通本科联合开展"中专 + 本科"分阶段培养，另一种是中职对口本科培养模式。

1. 中高职衔接模式的种类

高职五年一贯制模式。招收参加中考的初中毕业生，达到录取成绩后，直接进入高等职业技术院校学习，进行一贯制培养，完成五年学习，达到毕业条件由学校颁发高职毕业证书。2002 年，教育部下发《关于进一步办好五年制高等职业技术教育的几点意见》提出发展五年制高职，应坚持以独立设置的职业技术学院为主要办学主体，定位在一些特殊行业的相关专业，在自身条件满足不了办学需求的情况下，可利用优质的中等职业教育资源进行五年制高职前三年的教育教学工作，但后两年高职教育阶段必须在高等学校学习，整体教学方案、教学质量控制、学籍管理和证书发放等均由职业技术学院或有关高等学校统一组织和管理。五年一贯制一般 2 学年学习中等职业教育课程，2 学年学习高等职业教育课程，1 学年进行企业顶岗实习。五年制一贯制培养周期长，教学计划整体性强，在课程内容、难度和体系上便于统筹设置，从而避免了课程内容的重复或遗漏，在高规格技能型人才培养方面有更多优势。广东省从 2009 年开始在部分高职院校和普通高校师范学院的教育类、艺术类、体育类、外语类、工业制造类、加工工艺类等专业类群，开展初中起点连贯培养的招生改革试点，2016 年全省共有 20 所高职 26 个专业试点，计划招生 6 680 人，文化科（语文、数学、外语）由省教育考试院统一命题、统一组织评卷，术科（音乐、体育、美术）由招生院校单独组织。[9] 在一些地区，五年制一贯制成为初中毕业生直接接受高等教育的一种重要途径，人才培养的衔接主体主要在中职学校自己举办的高职班，演变为中职的变相升格。

高职对口招生模式。高职院校招收中职生的途径很多，主要有高职单独招生、单独对口招生考试及免试直接/保送升学等，此外，中职生还可以通过自考、成人高考、报读电大、夜大和函授等方式接受高等教育。1985 年，中共中央《关于教育体制改革的决定》提出，高等职业技术院校要“优先对口招收中等职业技术学校毕业生以及有本专业实践经验、成绩合格的在职人员入学”，该规定开高职对口招生政策之先河。2007 年，教育部印发《关于进一步做好高等学校各类招生管理工作的通知》提出，“高校对口招收中职毕业生计划按不超过当年应届中职毕业生 5%的比例安排，并纳入当年普通高校招生计划总规模。”2010 年，教育部印发《中等职业教育改革创新行动计划（2010—2012 年）》，要求“完善职业学校毕业生直接升学制度，拓宽毕业生继续学习通道，扩大中等职业学校毕业生升入高等职业学校继续学习的比例”。2014 年，国务院印发《关于加快发展现代职业教育的决定》提出，“适度提高专科高等职业院校招收中等职业学校毕业生的比例”。从全国范围来看，面向中职生源自主招生的院校是国家示范、国家骨干和省级示范性建设院校。具体招生方式有三种：一是高职对口自主招生。如广东省高职院校突出以技能为核心的职业教育教学特色，在制定培养方案时，根据中职生源情况和技能型人才培养特点，对口招生专业的培养目标、编班、教学计划和教学评价都单独进行，学制两年。在制订实施对口招生方案中，试点高职院校自主制订考试大纲、自主命题、单独考试、提前录取考生。优秀的应、往届中职生皆可报考，所学专业与所报考的高职院校招生专业大类相对应，并取得与所报考的高职院校招生专业大类相关的职业资格技能等级证书。2010 年，广东有 14 所高职院校开展对口自主招生试点，2016 年达到 4 568 人。[9]二是面向“三校生”（中等专业学校、职业高中、技工学校）的全省统一的技能高考，提高中职毕业生升入高职的比例。如山东省自 2012 年率先建立春季高考制度，重点面向中等职业学校毕业生，同时也面向普通高中毕业生，实行“知识 + 技能”的考试模式，由省统一命题，统一组织考试，主要为高职院校选拔合格生源（专栏 7.6）。三是自主招生免试入学。2005 年，天津市率先实行中高职衔接“技能优胜晋升”模式，凡在全市中等职业学校技能竞赛中获得一等奖、二等奖的中职毕业生，可以免试直接保送到高职院校继续深造。这类中高职衔接模式，尽管在一般情况下高职招生专业要求与中职学校专业及技能（证书），但仍存在培养目标、课程内容、教材等方面衔接不紧密的问题。

专栏 7.6

山东省春季高考

山东省普通高校考试招生实行分类考试办法，即分为春季高考和夏季高考。春季高考重点面向中等职业学校毕业生，同时也面向普通高中毕业生的统一招生考试，由省统一命题，统一组织考试，统一评卷。夏季高考为重点面向普通高中毕业生，同时也面向中等职业学校毕业生的统一招生考试。执行全国统一的考试时间，外语和综合科目使用全国卷，语文和数学由省统一命题，统一组织考试，统一评卷。

根据《山东省 2017 年春季高考工作实施意见》，春季高考分为知识和技能两部分，知识部分的考试科目为语文、数学、英语、专业知识，总分为 520 分。技能部分的考试分为农林果蔬、畜牧养殖、采矿技术、土建、机械、机电一体化、电工电子、化工、服装、汽车、信息技术、医药、护理、财经、商贸、烹饪、旅游服务、文秘服务、学前教育共 19 个专业类别，考生只能任选其中一个专业报考，由省教育招生考试院确定的主考院校分别组织实施。“技能”科目考试分值为 230 分，按考生实际得分与“知识”部分各科实际得分一并计入考生总分。同时规定，获教育部主办或联办的全国职业院校技能大赛三等奖及以上奖项、全省职业院校技能大赛一等奖的中等职业学校应届毕业生或具有高级工及以上职业资格并获得县级及以上劳动模范或同等荣誉称号（表彰文件中明确规定享受劳动模范待遇者），且具有中等职业教育学历的在职在岗人员，经省教育招生考试院核实并进行公示后，免予春季高考专业知识和技能考试，只参加语文、数学和英语 3 科文化课的考试。

资料来源：山东省教育厅. 关于印发山东省 2017 年春季高考工作实施意见的通知（鲁教学字〔2017〕2 号）[EB/OL]. 2017-2-17. http://www.sdedu.gov.cn/sdjy/_zcwj/963320/index.html.

中高职“三二分段”贯通培养模式。中职学校和高职院校选取对应专业招收初中应届毕业生，制定中职学段（三年）和高职学段（二年）一体化的人才培养方案，分段开展教学活动，实现了中高职人才培养目标、教学内容等方面的衔接。中职学校按照一体化的专业人才培养方案负责实施前三年的教学和学生管理工作，组织学生参加相关专业技能证书考试，确保教学质量。高职院校负责督导中职学校执行人才培养方案，实施后两年的教学和学生管理工作，高职学段的转段招生选拔考核由高职院校会同对口中职学校自主组织，原则上在中职学段的第五学期到第六学期进行，考核内容包括综合文化知识、专业知识和专业技能，鼓励探索过程考核和综合评价，突出专业技能。广东省从2010 年开始启动中高职“三二分段”试点，有 10 所高职和 48 所中职参加，对口招生8 680人，到 2016 年已发展到试点院校为 49 所高职和 178 所中职，582 个专业点，招生26 000余人。[9] 由于现行国家中职专业目录和高职专业目录并不存在一一对应的关系，专业设置的口径宽窄不一，专业名称、分类、要求也不规范，高职专业数量远大于中职专业数量，故人才培养时会有各自的偏重，导致有的专业无法实现上下的衔接。中高职专业衔接宜以专业群的形式宽口径衔接，以增强中高职相近专业的相容性和衔接性。

专栏 7.7

佛山市中高职衔接“2.5＋0.5＋2”贯通培养模式

2010 年，佛山市中职学校和高职学院首批参加广东省“三二分段”中高职衔接对口自主招生改革试点。按照“高职主导、依托中职、共同实施”的原则，由试点高职院牵头，组织中职或技校试点学校，按照“共同制定培养目标、共同制定教学计划、共同制定评价方法”的思路，制定贯通一体的专业人才培养方案。2013 年试点启动，面向全市 6 所中职学校，在佛山职业技术学院计算机辅助与制造、电气自动化、光伏应用技术、物流管理和汽车检测与维修技术五个专业中开展，主要在专业匹配、学制设置和遴选机制等方面进行创新。

一是在专业对口上规范招生。佛山职业技术学院计算机辅助设计与制造专业对口衔接贯通的数控技术应用、模具制造技术专业，电气自动化对口电气技术应用、机电技术应用专业，光伏应用技术对口电子与信息技术、电气技术应用，物流管理对口物流服务与管理，汽车检测与维修技术对口汽车运用与维修。

二是在学制设置上灵活管理，学制 5 年，实行“2.5＋0.5＋2”分段培养，中职学习年限为“2.5＋0.5”，“2.5”指五个学期的常规学习时间，根据中职专业培养方案，掌握专业知识技能；“0.5”指中高职过渡学习时间，学校提供行业企业交流或实习实践机会，主要了解行业企业对专业技能的要求，从而根据自身特点进行职业生涯规划。

三是在学生考核上动态评价。对试点专业学生的转段考核遴选，采取过程监控和专业水平考试相结合的方式，开设“学分银行”，进行动态化的学分制管理，采取“知识+技能+素质”的考核办法，对中职学段学生的过程学习情况、专业技能测试成绩、以及综合素质测评三方面做出综合评价，通过考核的办法无缝升入佛山职业技术学院对口试点专业学习。

到2016年，中高职贯通分段培养试点学校达到12所，招生人数达到1 060人。

资料来源：谢晓轲，董俊华. 中高职衔接招生及遴选模式研究——以佛山市“三二分段中高职衔接”为例[J]. 广东教育·职教，2013(3)：23-24.

中职直通本科“3+4”分段培养模式。2014年，国务院印发《国务关于加快发展现代职业教育的决定》，提出探索发展本科层次职业教育。高等职业本科教育是培养基础理论扎实的高素质的技术应用型和职业技能型高级专门人才，“3+4”分段模式，即3年上中职、4年上本科，实行“一体化”培养，7年培养期间，由中职学校与本科院校共同制定对口专业理论知识课程和技能训练课程相衔接的教学体系，系统培养本科层次的复合型、应用型技术人才，学生经7年学习毕业考核合格，由本科院校颁发本科教育学历证书。试点中职学校选择国家中职改革发展示范学校，试点专业为省级骨干专业和特色专业；试点本科院校选择有技术技能人才培养经验的省属本科院校；对于试点项目学生的转段升学考试，本科院校应组织中职学校共同研究制定转段升学实施方案，明确过程考核、综合评价、课程考试的内容和要求，以人才一体化培养为核心，推进在人才培养目标、行业指导作用、校企深度合作等方面的衔接。

专栏7.8

上海“中本贯通”在争议中扩容

“中本贯通”是2014年起在上海首推的中职教育到应用本科教育贯通培养模式，入读中职后，考核合格，7年后可直接拿到本科文凭。第一年在3所中职校和2所本科院校试点，首批计划招生120人。2015年，经上海市教委批准，部分上海地方高校以“大学+职校”一对一或一对多的结对模式，拓宽从中职到本科的中本贯通渠道，2017年参与招生的专业点扩大到13个，每个专业点招收40人左右，总约1 500人，涉及的专业点包括机械工程、酒店管理、物联网工程、金融学和食品科学工程等。由此在上海有了更多应届初中毕业生，可在两校学习7年之后，学业合格即获本科学位和国家职业资格证书。

中本贯通教育由“结对校”一体化运行，比起原先“中职—高职—专升本”的“3+3+

2”学制，不仅学制缩短1年，而且在7年整体教学方案中，中职阶段就围绕学科竞赛、创新项目、创新小制作、专利申请授权四方面，开展以创新能力培养为目标的第二课堂活动，进入本科阶段则与相应的应用技术专业对接。根据贯通试点的制度安排，中本贯通制的学生在完成3年中职阶段学习后须参加转段考试，合格后方可升入本科院校就读。转段考试由文化课考试和技能水平测试组成，文化课考试由全市统一组织、命题和评卷，技能水平测试考试则由本科院校单独实施。

贯通培养涉及职业教育体系与高等教育体系，两者之间仍需磨合。有观点认为，中本贯通作为一种高技能、应用型人才的科学选拔，现阶段并不宜逐年大增招生额度，至于“中硕贯通”，更应优中选优，慎之又慎。职业教育的重要属性在于服务产业，与行业需求对接，一旦“迈大步”，控制不好中职、中高职贯通、中本贯通的人数比例，可能会有违初衷。

资料来源：彭德倩，徐瑞哲，龚洁芸. 上海“中本贯通”扩容 中职校招生结构进一步优化[N]. 解放日报，2017-6-16.

2. 探索中高职教育有效衔接的模式

在国家和地方职业教育政策的指导与保障下，我国中高职衔接在实践层面取得了一定的进展，职业教育体系内部中职和高职已在学制和招考制度等形式上实现了接轨，但整体来看，在培养目标定位、课程体系衔接、成果评价机制等实质性方面推进困难重重、问题颇多。构建现代职业教育体系，推进中等和高等职业教育紧密衔接，根本目的在于增强职业教育支撑产业发展的能力，为学生多样化选择、多路径成才搭建“立交桥”，为此需要在深化中高职内涵衔接上寻求新路径。

(1) 基于职业资格标准分级制的中高职衔接模式。中高职培养目标的衔接反映了不同层次的工作岗位对人才所提出的不同要求。国家职业标准作为不同层次的岗位工作人员到不同层次的职业院校接受培养教育的重要参照标准和依据，与中高职衔接范围内的培养目标制定和课程教学等环节密切相关，能够使中高职在培养目标设定上考虑到人才满足市场需求和职业岗位能力要求，实现受教育者在预期岗位上的衔接，招考制度衔接以职业能力为核心、以在工作中完成任务的优劣为考评依据，课程教学会更加关注工作过程和以此为导向的专业核心课程开发，充分利用职业资格标准分级制达到更加契合的衔接效果。英国现代学徒制与基于国家职业标准的国家职业资格制度联系紧密，存在一定的对应关系，国家职业资格为英国现代学徒制培养目标的确定提供了参考作用，同时也显现出不同层次学徒制培训目标的层次性，各级之间可以相互贯通，形成独特的中高职衔接模式（专栏7.9）。我国职业资格证书尚未形成完善的框架体系，由不同部门、不同机构、不同渠道认证的资格证书，其衡量标准各异且缺乏企业引领，职业标准的覆盖率低、权威性不足、实时性差，导致我国职业标准不能全面指导中高职衔接中培养目标的定位。[10]借鉴国际经验，我国应加快完善国家职业资格标准体系，充分发挥行业企业在制定国家职业标准中的重要作用，为实现中等和高等职业教育在培养目标、专业内涵、课程体系等方面的延续和衔接搭建平台。

专栏 7.9

英国基于国家职业资格制度和现代学徒制基础上的中高职衔接模式

英国国家职业资格制度根据与职业相关能力的复杂程度将 11 个行业划分为 5 个等级标准，并建立起以教学单元为基础的职业资格证书与学历教育文凭等值的制度。中高职衔接把中职和高职的课程融合在一起，重新制定若干个相互衔接的教学单元，并设置成 5 个不同的等级，其中前 3 个等级的教育安排在中等职业教育中，后两个等级的教育安排在高等职业教育中。第一等级的教育与初中课程紧密联系，之后的每一相邻的等级由易到难自然过渡、相互衔接，学成后按照所学单元总数的最低值颁发职业资格证书和毕业证书。

英国现代学徒制培训项目主要针对正式就业的人员，分为青年学徒制、前学徒制、学徒制、高级学徒制和高等学徒制五个阶段，每个阶段对应不同水平的国家职业资格证书，学生可由低到高获取资格证书或学位。例如学徒制定位于 NVQ 2 级水平，高级学徒制定位于 NVQ 3 级水平，高等学徒制定位于 NVQ 4 级水平。在英国，行业技能委员会参与了国家职业标准和学徒制框架的制定，成员多为雇主代表，因而学徒制的培训目标更为切合雇主的要求。

附：　英国国家职业资格(NVQ)的五个等级

NVQ	获得该等级证书者需具有的能力标准	相应职务
5 级	具备在难以预测的条件下应用相应的基本原理和技术的能力。个人自主性强，能够负责他人工作和重要资源的分配，并具有独立分析、决断、设计、规划、实施和考评工作结果的能力	高级工程师和工程师，中、高级管理人员
4 级	具备在广泛领域从事技术复杂、专业性强、条件多变的工作的能力，具有很强的责任感和自主性，通常负责分配他人的工作和资源	工程师、高级技术员、高级技工、中级管理人员
3 级	具备在广泛领域从事各种复杂多变的、非常规工作的能力。具有较高的责任感和自主性，经常监督和指导他人的工作	技术员、技工、初级管理人员

续 表

NVQ	获得该等级证书者需具有的能力标准	相应职务
2级	具备在较大范围和多变条件下从事一些复杂的、非常规的工作的能力以及具备团队合作精神	熟练工
1级	具备在一定范围内从事常规的、可预测的工作的能力	半熟练工

资料来源：广东省教育研究院. 广东教育蓝皮书——广东教育改革发展研究报告[M]. 广州：广东高等教育出版社，2017：96-97.

（2）基于现代学徒制的中高职衔接模式。源于西方的现代学徒制是培养职业人才的有效模式。人的职业成长过程包括新手、进步的初学者、有能力者、熟练的专业人员和专家五个阶段。国际上流行的职业教育课程开发技术 KOMET 职业能力模型可以确定对应不同职业发展阶段的能力等级和能力范围（专栏 7. 10）。在德国为实现职业教育的贯通性，为能干的学徒提供进阶的职业通道，开始确立基于能力的大学入学条件，以此作为“双元制”层次的特别通道。2009 年，全德 16 个州的教育部长一致同意，具有高级学位的毕业生，包括硕士学位和技师证书，可不参加额外的能力测试直接进入大学继续深造。为了给学徒提供职业通道，另一种途径是把职业教育设计成两个连续的阶段，两个阶段都提供学分选择，而其他的学习选择应该在大学提供，以便技术工人和实践者用好他们的资格证书。[11]将现代学徒制融入中高职衔接过程，实现学校和企业联合招生、共同培养、一体化育人，一体化的课程将学生由新手到专家不同发展阶段需要掌握的知识、技能和素质融入中职和高职两个教育阶段中，并以知识、技能、素质为课程基本元素重新序化课程内容，工作与学习相结合，企业与学校相结合，促进学习者综合职业能力的发展。我国许多地区已经开始关注企业重要办学主体作用，在不同程度上开展了基于现代学徒制的实践探索，急需引入现代化的职业分析方法，通过职业岗位分析、工作任务分析与职业能力分析，确定出一般技能人才和高级技能人才的不同培养规格，然后再根据知识、能力、素质要求确定出中高职不同层次的课程内容，对学徒完成培训所应该达到的知识技能水平做出明确、细致、统一的评价认证，在一个体系内实现中高职培养目标、课程体系和管理制度的衔接，系统培养高素质技能型人才。

专栏 7. 10

KOMET 职业能力模型

KOMET 起源于德国的职业能力和职业认同感项目测评，德国学者费利克斯·劳耐尔(Felix Rauner)根据新手到专家的职业能力发展阶段，构建了KOMET职业能力发展模型，该模型将职业技能划分为名义性能力、功能性能力、过程性能力和整体化的设计能力四种。名义性能力是职业技能水平的第一层次，要求学习者运用口语的形式理解职业领域的专业术语；功能性能力是开展专业工作的基本技能，包括与工作情境无关的专业技能；过程性能力要求学习者具备职业的工作过程知识和质量意识；整体化的设计能力是最高水平的职业技能，要求学习者在整个系统中认知工作任务，注意工作任务的复杂性、社会环境的多样性以及对工作过程和结果的不同要求。每种能力的掌握都对应相关知识的学习，依次是定向和概括性知识(职业定向的工作任务)、关联性知识(系统的工作任务)、细节和功能性知识(蕴含问题的特殊工作任务)和基于经验的学科体系的深入知识(不可预见的工作任务)，职业技能有自身的发展顺序，并有相应的知识作为技能发展的条件。从新手到专家的知识和能力差异体现在完整的行动过程中，即明确任务、制订计划、做出决策、实施、控制和评价反馈。现代学徒制在推进中高职衔接的过程中，将新手到专家需要的四种知识和技能形态嵌入学生理论学习和实践过程中，通过开发一体化的课程体系帮助学生在中职和高职学习期间，通过持续不断的努力成长为具有专家潜质的技术技能型人才。

资料来源：祝成林. 现代学徒制推进中高职衔接的目标、任务与路径[J]. 教育与职业，2017(8)：13-18.

(3) 基于学分互认及转换的中高职教育衔接模式。学分是对先前学习或经验的认可，中高职院校对学习经历的认可通常用学分来证明，学分转换是将学生以前所学过的科目或取得的经验转换为本校的学分而予以承认。美国为基于课程的单轨制职业教育体系，其典型特征是强大的学分互认及转换系统，为我国中高等职业教育衔接提供了重要参考(专栏7.11)。当前，我国各地积极探索和实践基于学分制的课程体系和人才培养模式，如上海市允许区县、行业所属的学校之间、相近专业之间、学历教育与职业资格培训和各种形式的短期培训之间相互承认学分，探索承认学生已有的学习和职业实践经历折合成学分的途径，并依托教育信息化平台，逐步建立职业学校学生的学习和职业实践经历信息库。江苏省推进区域内学分互认，承认学习者已有学习和职业实践的经历，探索建立职业学校学分累积和转换信息系统。我国应发挥政府的统筹协调作用，通过制定国家资历框架，明确学分互认和转换的依据，对普通教育、职业教育和继续教育进行一体化设计，推动各类学校之间以模块化教学和学分制为基础开展学分认定和转换，并通过构建个人学习账号和学分银行制度，使被认定的学分可累计作为获取学历证书、职业资格证书或培训证书的凭证，形成职业教育与普通教育、学历教育与非学历教育、职前教育与职后教育沟通衔接的机制。

专栏 7.11

美国基于学分制的中高职一体化教学大纲或课程衔接模式

美国的职业教育体系不是很明确，而是以课程、项目的方式分散于不同阶段的教育中来实施，这种职业教育体系是以课程为基础的单轨制体系，典型特点是利用学分互认和转换系统，使以应用为导向的高中综合课程体系与社区学院的实用技术课程建立起内在的连接，依据行业需求制定适合学生就业或升学的课程，并持续更新衔接方案，达到普通教育与职业教育、中等和高等职业教育的有效融合。

美国中高职衔接模式主要包括技术准备教育和职业群两个方面。技术准备教育衔接模式是以学分为基础的中高职衔接项目，即中高等职业教育机构之间互相签订衔接协议来设定各自的职业教育目标、内容，规定同一个专业的相同课程的职业定位与职业能力级别，根据协议的规定选择不同的课程。一般情况下，高中二年级的学生申请参加项目，与高中后两年的学习课程相衔接，完成学习任务后便可获得副学士学位，一体化的职教大纲和课程计划促使中职和高职之间的专业匹配性较高。职业群是指依据产品和服务进行分类的专业集合，联邦教育部职业与成人教育办公室和全美职业技术教育管理者协会共同开发 16 项职业群，各州以此为基础进行修订，中高职衔接以此为载体，制定职业群标准和等级，明确课程、评估及证书相关问题。一般来说，学生在中学阶段选择好职业群，学习相关的课程，经过考核评估之后可以获得更高一级的等级，从低到高不断提高自己在某一领域的技能等级，完成学业后可以获得副学士学位或行业企业认同的资格证书，并帮助学生找到适合个人发展的职业生涯。

资料来源：柳燕，张鑫．中美中高职衔接的比较与启示[J]．职教通讯，2016(13)：44-50.

三、发展本科层次职业教育

我国的高等教育传统上主要按照办学层次进行分类，职业教育止步于专科教育层次。根据构建现代职业教育体系的构想，职业教育作为类型教育，将形成定位清晰、科学合理的层次结构，探索发展本科层次职业教育，建立专业学位研究生培养模式，从而为技术技能型人才成长打通从中职、专科、本科到研究生的上升通道，搭建一线劳动者职业成长的“立交桥”。引导一批普通本科高等学校向应用技术型高等学校转型，不仅适应我国经济发展方式转变、产业结构升级对高层次技术技能人才的要求，也可以缓解甚至解决大学毕业生就业难问题，同时还打破了职业教育存在“天花板”的格局，优化职业教育层次结构，畅通技术技能型人才的成长通道。

1. 普通本科高校转型发展政策

伴随着我国经济社会发展进入新常态，高等教育进入大众化阶段并向普及化发展，人才供给与需求关系发生深刻变化，高等教育人才培养与经济社会发展需求的结构性矛盾日益突出，主要表现为中高级“人才荒”和大学生就业难问题并存，技术工人、专业技术人员、高级工程技术人员的供给不能满足经济发展需求而形成缺口，中高层次经营管理、高端技术技能应用型、精通国际规则外向型的“人才荒”愈演愈烈(专栏 7.12)。

专栏 7.12

中国高技能劳动力缺口日益扩大

由摩根大通支持发起，清华大学和复旦大学共同合作完成《中国劳动力市场技能缺口研究》报告，从技能需求和供给两方面对中国劳动力市场的发展、变化和未来趋势进行了较为系统和深入的研究，发现高技能劳动力供求缺口日益增加，企业普遍存在人才短缺问题，在转型升级过程中会遇到劳动力技能错配。

——劳动力市场对中、高级技能人才有较大需求，且总体上呈上升趋势。目前技能劳动者数量只占全国就业人员总量的 19%左右，高技能人才仅占 5%。

——制造业对人才需求呈现区域集聚效应。2003—2013 年，就业增长最快的制造业行业主要由高技能行业构成，例如核辐射加工业，烘炉、熔炉及电路制造，广播电视设备制造，环保、社会公共安全及其他专用设备制造，医疗仪器设备及器械制造等，高技能行业空间分布向东部沿海地区集中，各类人才的短缺程度基本呈现从东向西逐渐递增趋势。

——大学毕业生技能结构与市场脱节。2016 年中国有 1 200 万本科生和高职院校毕业生求职，尽管中国有如此庞大的劳动力资源，有许多雇主依然很难找到合适的人才。调查显示，大学生毕业半年内的离职率高达 1/3，并且大约有 70%的企业认为“大学生在校期间学到的知识实用性不强”。劳动力市场面临着技能型人才供求不平衡的问题。

要解决技能缺口的难题，必须对中国现有的教育体系、职业培训和认证体系以及影响劳动力市场资源配置的宏观政策进行反思和改革。对于技术性高层次人才的供给，课题组建议以市场需求为导向，赋予高校更大的办学自主权，建设市场、高校和社会共同参与的专业设置路径，建立中高职教育衔接机制，教育机构加强与企业的对接，在学生培养上与企业需求结合，校企联合培养技术性高层次人才。

资料来源：清华大学和复旦大学课题组. 中国劳动力市场技能缺口研究(摘要)[EB/OL]. http://www.essrc.fudan.edu.cn/dofiles/all/20161121155757771.pdf.

引导部分地方普通本科高校向应用型转变即高校转型发展，着力改变高等教育的类型结构和人才培养模式,实质上是我国高等教育供给侧结构性改革。2014 年 5 月,国务院印发《关于加快发展现代职业教育的决定》,提出引导一批普通本科高校向应用技术类型高校转型,重点举办本科职业教育,建立专业学位研究生培养模式。2014 年和 2015 年中共中央、国务院颁布的《国家新型城镇化规划(2014—2020 年)》《关于深化体制机制改革加快实施创新驱动发展战略的若干意见》和《中国制造 2025》都明确要求引导、推动部分地方普通本科高校向应用型高校转型发展。2015 年 10 月,教育部、国家发改委、财政部联合下发《关于引导部分地方普通本科高校向应用型转变的指导意见》强调,坚持试点引领、示范推动、强化评价引导等方式,推动部分普通本科高校转型发展,明确提出了四个转变:一是办学思路要转到服务地方经济社会发展上来;二是办学方式要转到产教融合校企合作上来;三是人才培养定位要转到培养应用型技术技能型人才上来;四是人才培养目标要转到增强学生就业创业能力上来,从而实现转型高校服务区域经济社会发展和创新驱动发展的能力提升,不断完善促进转型发展的政策体系,引导高校从治理结构、专业体系、课程内容、教学方式、师资结构等方面进行全方位、系统性的改革。2017 年 1 月,国务院印发《国家教育事业发展"十三五"规划》,再次强调推动具备条件的普通本科高校向应用型转变,提出到"十三五"末,建成一批直接为区域发展和产业振兴服务的中国特色高水平应用型高校,形成科学合理的高等教育结构。

转型的主体是学校,转型的责任在地方。到 2016 年 3 月,有 20 多个省、200 多所学校开展推进转型试点工作,[12]各地根据区域经济社会发展和高等教育整体布局结构,制定转型发展的实施方案。上海、浙江、辽宁、山东、广东、河北、河北、重庆、四川、湖北、吉林等省市相继出台地方高校转型发展实施方案和实施意见,遴选一批转型发展试点高校、试点二级学院和试点专业(集群),出台了一系列支持政策(表 7.4),促进地方高校走应用转型发展之路。

表 7.4　部分地区推进地方本科高校转型发展的实践方式与做法

地区	转型方式	试点情况	文件
上海市	专业	确定上海第二工业大学的"机械工程"等 26 个专业列入第一批上海市属高校应用型本科试点专业	《上海市教育委员会关于开展上海市属高校应用型本科试点专业建设的通知》(沪教委高〔2014〕43 号)
浙江省	整体	浙江师范大学等 41 所普通本科院校(含独立学院)走应用型发展道路,名单所列高校的应用型专业将占所在院校专业数的 70% 以上,在应用型专业中就读的学生将占所在学校在校生的 80% 以上	省教育厅、省发展和改革委员会、省财政厅《关于积极促进更多本科高校加强应用型建设的指导意见》(浙教高教〔2015〕47 号)

续　表

地区	转型方式	试点情况	文件
辽宁省	整体、专业	2015 年，遴选 10 所左右高校（包括民办高校）、100 个左右专业先期开展学校转型和专业转型	辽宁省人民政府办公厅《关于推动本科高校向应用型转变的实施意见的通知》（辽政发〔2015〕89 号）
山东省	整体、专业	到 2020 年，建成 60 个左右高水平应用型重点专业，进入全国同类专业前 10%，推动 10 所左右高校综合实力排名进入全国应用型本科高校前 10%；培育建设 40 个左右专业，逐步达到高水平应用型重点专业建设标准	省教育厅、财政厅《关于实施普通本科高校应用型人才培养专业发展支持计划试点工作的通知》（鲁教高字〔2014〕14 号）
广东省	整体	大部分普通本科高校原则上要向应用型高校转变，广东金融学院、广东财经大学等首批 14 所普通本科高校将试点转变为应用型本科高校	省教育厅、发展改革委和财政厅《关于引导部分普通本科高校向应用型转变的实施意见》（粤教高〔2016〕5 号）
河南省	整体	黄淮学院、黄河科技学院等 5 所转型发展试点院校	省教育厅、发展改革委 财政厅《关于引导部分本科高校向应用型转变的实施意见》（豫教发规〔2016〕95 号）
河北省	整体	到 2020 年，建成 10 所左右普通本科高校转型发展示范校	教育厅、发展和改革委员会、财政厅《关于印发河北省本科高校转型发展试点工作实施方案的通知》（冀教发〔2016〕40 号）
重庆市	整体	6 所本科院校开展整体转型试点	重庆市教委、发展和改革委、财政局《关于引导市属高校向应用型转变的意见》（渝教计〔2015〕15 号）
四川省	整体	到 2020 年全省建成 15 所普通本科转型发展示范院校、200 个应用型示范专业、400 门应用型示范课程，实现校企合作的应用型专业在转型高校中达到 70% 以上，应用型专业在校生占所在院校在校生的比例不低于 80%	省教育厅、发展和改革委、省财政厅、经济和信息化委员会、省人力资源和社会保障厅《关于引导部分地方普通本科高校向应用型转变的实施意见》（川教〔2016〕17 号）
湖北省	整体、专业（集群）	确定 23 所本科作为试点高校，有 18 所高校整体改革，5 所高校拿出部分本科专业和专业群试点，还有 1 所（武汉轻工大学）开展专业硕士试点	省教育厅《关于在省属本科高校中开展转型发展试点工作的通知》（鄂教发〔2014〕5 号）
吉林省	整体、二级学院、专业（集群）	确定整体转型试点高校 9 所、二级学院转型试点 4 个、专业（集群）转型试点 23 个	教育厅《关于在省属普通本科高校中开展转型发展试点工作的通知》（吉教高字〔2015〕31 号）

资料来源：根据相关资料整理。

2. 地方普通本科高校转型发展的方式

地方本科高校转型发展实践主要有三种方式。

（1）专业转型。指以专业为基础进行的专业或专业群转型，即将高校的部分专业（集群）转型为应用技术型，主要从专业建设与发展的角度再造人才培养模式，着重培养高水平应用型技能人才。如上海市在16所市属高校中遴选26个本科专业开展首批应用型本科专业建设试点工作，计划到2020年，市属高校的60%专业完成应用型人才培养的定位转型，目前试点院校均配有“双证融通”实施的具体方案，全市89%的试点专业均明确了与毕业证书完全挂钩的职业证书。[13]

（2）二级学院转型。指以二级学院为基础转型为应用技术型学院，这种转型方式主要在院系两级管理、重点下移、做强做大二级学院的基础上实施。吉林省在高校整体转型、专业（集群）转型的同时，选择4个二级学院开展转型试点。普通高校与社会力量合作举办的独立学院，部分已转设为民办本科院校，其办学主体是企业或其他社会组织，原则上向应用技术型高校转型，培养应用技术型本科人才。

（3）高校整体转型。指学校整体转型为应用技术型，培养应用技术型人才。地方本科院校为高校转型的主体。这些地方本科院校隶属于各省、自治区、直辖市，以地方财政供养为主，承担着为地方（行业）培养人才、提供服务的职责，包括部委或行业转制地方管理的本科院校、本科办学历史长的地方本科院校和新建的本科院校，其中新建本科院校是指1999年高校扩招后“专升本”高校647所，2015年全国共有普通本科高校1 219（含独立学院275所），剔除116所“211高校”后，一般本科院校1 103所，新建本科院校占全国一般本科院校的58.66%。[14]从这些一般本科高校的专业设置和办学定位看，基本都实行学术型高等教育，多数目标是办成学术研究型高校，培养学术型人才，直接造成高校同质化、“千校一面”的现象。按照国家政策要求，除少量研究型大学和办学历史较长、学术水平较高的本科院校继续培养学术型人才以外，所有新建本科高校、独立学院以及转设的民办本科高校原则上都要向应用技术型高校转型。

3. 地方普通本科高校转型发展的路径

地方本科院校转型发展是深层次的结构性变革，地方普通本科院校的多样性决定了在转型发展的路径上没有唯一和统一的模式。根据所服务区域、行业的发展需求和办学基础、特色与优势，明确办学定位，立足改革创新，找准切入点，探索多样化转型发展的路径。

（1）明确办学定位，加快向应用技术大学转型。地方本科高校转型，本质上是服务面向、办学方向和办学思路的转变。应用技术大学不是一个大学名称，是产业技术转型升级和产业技术进步的产物，是基于实体经济发展需求，服务国家技术技能创新积累，立足现代职业教育体系，直接融入区域产业发展，集职业技术教育、高等教育、继续教育于一体的新型大学类型。[15]在国家高等教育分类体系中，应用技术大学归属于应用型高等学校，即主要从事服务经济社会发展的本科以上层次应用型人才培养，并从事社会发展与科技应用等方面的研究，区别于主要以培养学术研究的创新型人才为主，开展理论研究与创新，学位授予层次覆盖学士、硕士和博士，且研究生培养占较大比重的研究型高等学校；以及主要从事生产管理服务一线的专科层次技能型人才培养，并积极开展或参与技术服务及技能应用型改革与创新的职业技能型高等学校。[16]在我国高等教育科类结构调整中，将应用技术大学作为国家高等教育的重要组成类别部分，置其与普通大学同等地位（专栏 7.13）。

专栏 7.13

应用技术大学的属性与特征

应用技术大学是一个中国化的概念，在国家高等教育分类体系中，应用技术大学与研究型高等学校和职业技能型高等学校相对。目前学界普遍关注的似乎对应于欧洲的应用科学大学。从词源上分析，一般认为应用科学大学这一概念源于德文 Fachhochschulen（FH）。《朗氏德汉双解大词典》将其界定为：这是一种特殊类型的高校，相比综合性大学，这类高校更强调学生实践性培训。同时，朗氏词典将 FH 的中文译名界定为“专科高等学校（大学）”。在促进欧洲高等教育一体化的“博洛尼亚进程”推动下，开始将德文 Fachhochschulen 译作英文“University of Applied Sciences”，即应用科学大学，并于 1998 年通过决议正式使用。此后，奥地利、荷兰、瑞士和芬兰等国陆续袭用了该英文名称，也有国家如爱尔兰译作“理工学院”。

欧洲应用科学大学产生于 20 世纪 60—70 年代，随着各国政治稳定、经济飞速发展，城市化进程大大加速，产业结构调整和升级的需要越来越强烈，高等教育大众化、世俗化呼声日益高涨。原有的学术型大学越来越不能满足民众接受高等教育的诉求，也不适应经济社会发展对科技创新的需要，应用科学大学就是在这样的时代背景下应运而生的。在办学定位方面，应用科学大学坚持以市场为导向，突出专业性、职业性和实践性，致力于将科学知识应用于生产生活实际；在学位授予权限上，欧洲应用科学大学的学位授予一般限于学士和硕士两个层次，但近年也有不少国家的应用科学大学通过与传统学术型大学联合办学的方式，开展博士学位课程项目。学生可以在应用科学大学学习，享受校内的教育资源，在撰写博士论文并通过答辩后可申请由合作院校授予的博士学位。

厦门理工学院董立平博士认为，从本质属性看，应用技术大学具有“高”“专”“技”和“人”的特征。“高”即高等性，应用技术大学和其他类型本科高校一样是建立在受过完全中等教育基础之上的、以本科层次为主的教育机构，是培养高层次专门人才的学校，属于高等教育的范畴。“专”即专业性，目前世界各国的高等教育都仍然建立在中等教育之上的专业教育，是面向社会职业分工、培养高层次专门人才的教育。“技”即应用技术性，应用技术大学人才培养类型、科学研究与社会服务都以应用技术型为主要特征，这是区别于研究型大学的一个显著特征；同时应用技术大学作为直接面向职业岗位群的教育，也区别于低层次的技工学校或职业技术学校、技能培训学校。“人”即人文性，应用技术大学培养的人才要具有人文素养、科学素养、职业素养、生态伦理素养等全面发展的教育，是具有专业技术技能的、身心和谐发展的人。为此，应用技术大学具有以下特征：办学定位以应用性技术研发与应用技术型人才培养为主来服务地方社会经济建设为目标，区别于以基础理论研究、重大攻关项目和培养学术性、研究型人才为主的研究型、学术型大学办学目标；学科专业定位以应用、特色、品牌为导向，根据地方社会经济建设需要和学校自身办学历史与条件，理、工、经、管、文、艺等多学科专业协调发展；人才培养定位为构建以就业需求和素质养成为导向的实践性、创新型、多样化人才培养体系，培养综合素质高、实践能力强、具有创新创业精神和国际化视野的高层次应用技术型专门人才。

资料来源：1. 王硕旺，蔡宗模. 应用型大学的缘起、谱系与现实问题[J]. 重庆高教研究，2016(2)：22-29.
2. 董立平. 地方高校转型发展与建设应用技术大学[J]. 教育研究，2014(8)：67-74.

(2) 调整服务面向，加快融入区域经济社会发展。地方性是应用技术大学的区域特征。一般来说，一个地(市)级城市只有一所地方本科高校，向应用技术大学转型成功的关键在于立足地方、依赖地方、面向地方、服务地方，特别是学科产业结构要与地方支柱产业及产业链(群)紧密对接，与当地创新要素资源对接，与经济开发区、产业聚集区创新发展对接，与行业企业人才培养和技术创新需求对接，适应、融入、引领所服务区域的新产业、新业态发展，形成地方(行业)急需、优势突出、特色鲜明的专业集群。积极争取地方政府、行业企业支持，通过建设协同创新中心、工业研究院、创新创业基地等载体以及科研、医疗、文化、体育等基础设施共建共享，形成高校和区域经济社会联动发展格局，才能真正办好地方高校。在新型城镇化快速发展过程中，地方本科高校作为开展人才培养、技术创新、科技服务的重要平台和基地，增强其职业教育功能是提升劳动者技能与素质的有效途径，开展继续教育和社区教育满足可以人们终身学习的需要，一部分地方本科高校转型发展为新型的城市大学。

专栏 7.14

常熟理工学院地方本科转型的突破口：行业学院

常熟理工学院是2004年从单一师范类教育为主转向以理工应用类为主的新建地方本科高校，坚持地方性、应用型、开放式的办学定位，确立“注重学理、亲近业界”的办学理念，提出“努力将学校建设成为一所综合实力位居全国同类院校前列，特色鲜明、质量著称的应用型品牌大学”的发展目标，实施校地互动、校企合作、产教融合的转型发展路径，主动创新省市共建地方高校、校地互动支撑地方高校的体制机制，并与地方、行业企业建立密切协作关系，建立健全有行业企业和用人单位参与的理事会制度、专业指导委员会制度等。紧紧围绕地方产业发展加强专业建设，探索出与行业企业深度合作，进行应用型人才培养的新机制，为区别于一般的校企合作而称之为“行业学院”。常熟理工学院根据长三角特别是苏南地区新能源、装备制造、服务外包等产业的迅猛发展，学校与企业合作，相继创办了阿特斯光伏科技学院、康力电梯学院、国际服务工程学院等；根据常熟服装产业、汽车产业、金融产业的发展需求，创办了服装学院、汽车学院、金融学院等。依托这些行业学院，相继开设了新能源科学与工程专业、计算机科学与技术专业、软件工程专业、物联网工程专业、机械工程及自动化（电梯工程）专业、车辆工程专业等新专业，从而使学校专业设置与产业发展的技术需求步调一致，为地方产业发展提供重要的人才和技术支撑。

行业学院在常熟理工学院是一个人才培养特区。近年来，汽车相关企业已在苏州地区形成了一个新兴产业集群，至2015年底，落户常熟的汽车相关企业近400家，汽车产业实现总产值超过800亿元。2016年5月，常熟理工学院挂牌成立“汽车工程学院”，与观致汽车公司、奇瑞捷豹路虎公司、丰田研发中心等几十家汽车行业、企业建立了合作关系，签订校企合作共建实践教育基地20余家。汽车工程学院的人才培养方案先由企业根据行业标准提出，再由政府、企业、高校三方审订完成，最后由高校依据本科人才培养规律进一步细化，并依之构建起全新的课程体系。课程体系分为基础课程、专业基础课程、专业选修课程、企业课程四个模块，所有课程都以能力培养为主线。与传统课程不同的是，学生进入大二学年下学期，开始接触校企合作课程；进入大三学年的专业选修课程阶段，大部分课程由企业工程师与高校老师共同授课；而到了大四学年，则完全是企业课程，学生要深入企业参加生产一线的具体工作，由此获得每门课程的学分，并完成自己的毕业设计。在行业学院，学生学习可以突破专业界限，不再局限于“某个专业与某个企业的合作”的教育模式。如在汽车工程学院，针对汽车服务工程专业下设的汽车保险理赔、汽车营销与贸易、汽车服务企业管理等专业方向，设置了若干个合作开发的“课程模块”。其他专业的学生，如自动化、物理、电子专业，甚至德语、日语、财务管理、市场营销等专业的学生，均可报名进入汽车工程学院选修汽车专业课程模块的课程，培养更多能从事汽车行业内相关岗位工作的复合型人才。

在这样的改革中，常熟理工学院培养的应用型人才很接"地气"，人才培养质量不断提升，毕业生也赢得了用人单位的欢迎与好评。每年五千多名毕业生，在苏南地区就业的就占70%左右，全校毕业生就业率连续多年保持在97%以上，就业质量也显著提高。

资料来源：1. 朱士中. 推进地方本科高校内涵式发展[N]. 光明日报，2018-1-13.
2. 江作军. 应用型大学在特色发展中树品牌[N]. 中国教育报，2017-12-11.
3. 储召生，王任，刘志刚. 常熟理工学院：行业学院地方本科转型的突破口[N]. 中国教育报，2016-11-7.

专栏 7.15

地方高校转型发展的"许昌模式"

许昌为河南省辖地级市，位居中原之中，下辖禹州市、长葛市、许昌县、鄢陵县、襄城县、魏都区6个县（市、区）和城乡一体化示范区、经济技术开发区、东城区，总面积4 996平方公里，总人口485万。许昌学院是一所省属本科院校，学校前身为许昌师范专科学校，始建于1942年，2002年升本，开始从师范专科向多科性本科的转型，以2012年教学评估为标志，提出融入地方办学，建设特色鲜明的应用型本科院校。2013年入选河南省首批地方本科高校转型发展试点单位。同年12月，许昌市人民政府与该校签订战略合作协议，市政府投入2亿元专项资金支持整合许昌卫校成立医学院，把许昌市中心医院等最好的三家医院作为许昌学院附属医院，加强应用型医学人才培养。在政府的引导和支持下，学校与许继集团等30余家地方企业签订了产学研合作协议，与瑞贝卡集团联合成立了瑞贝卡学院，启动了校地人才共建"双百工程"。2014年11月，市委市政府决定五年内再投入1.3亿元支持学校转型发展，在高层次人才引进、行业学院建设、大学科技园建设、科技成果转化等方面给予了一系列政策倾斜。目前，学校有57个本科专业，90%都是应用型专业，理工科专业28个，机电信息、土建园林、生物食品、能源材料、医药卫生、文化传媒、管理经济等专业群初步形成，有4个省级重点学科，有2个省级创新团队，省级重点实验室、工程实验室、工程技术中心各有1个，还有院士工作站、博士后研发基地等，初步构建起"市场导向、政府指导、行业引导、企业参与、校企互动、社会联动"的政产学研合作长效机制。

学院转型发展的目标和定位是坚持"地方性、应用型、服务性、国际化"的办学定位，建设特色鲜明的高水平应用技术大学；基本思路是"三个坚定不移"：一是坚定不移地走融入地方经济社会和文化生态的办学发展之路，围绕地方主导产业着力打造契合地方需要的特色专业群，着力为地方培养应用型人才，突出办学的“地方性”；二是坚定不移地走政产学研用相结合的办学发展之路，构建应用型人才培养体系，打造双师型教师队伍，实现产教融合、校企合作、工学结合，突出办学的“应用型”；三是坚定不移地走开放办学发展之路，积极创建资源共享的协同创新平台，探索成立具有鲜明行业背景的创新型行业学院，积极引进国外优质办学资源，增强办学活力，突出办学的“服务性”和“国际化”，规划通过五至十年的努力，构建起以培养高层次应用型人才为任务，与区域重点产业、主导产业、特色产业和区域文化高度融合，具有明显优势和鲜明特色的应用型学科专业体系，把学校建设成为高层次应用型人才培养基地、政产学研协同创新基地、先进技术转移基地和高等教育、职业教育、继续教育联合体，建成特色鲜明的高水平应用技术大学。

资料来源：陈建国. 坚持以内涵提升和创新引领为核心的转型发展[EB/OL]. 2015-06-01，http://xcuzx. xcu. edu. cn/info/1189/1284. htm.

（3）加强内涵建设，构建应用型人才培养体系。在我国高等教育进入以质量提升为核心的内涵式发展新阶段，转型院校要从盲目追求培养层次升格和学生规模扩张转变为注重培养质量和提高办学效益，以产教融合、校企合作为突破口，实现学科专业建设、人才培养模式、科学研究、社会服务、师资队伍建设等方面的整体转型。围绕产业链、创新链调整专业设置，形成根据社会需求、学校能力和行业指导设置新专业的机制，集中力量办好地方（行业）急需、优势突出、特色鲜明的专业；重组以培养学习者技术技能和创新创业能力为重点的人才培养流程，人才培养目标与行业需求对接，人才培养规格与工作岗位要求对接，课程内容与职业标准、教学过程与生产过程对接，建立校企一体、产学研一体的大型实验实训实习中心；制定多样化人才培养方案，根据学习者来源、知识技能基础和培养方向的多样性，探索有利于技术技能人才职业发展的考试招生制度，适当扩大招收中职、专科层次高职毕业生和在职技术技能人员的比例，全面推进模块化教学和学分制，建立与普通高中教育、中等职业教育和专科层次高等职业教育的衔接机制；科学研究以解决生产实际问题的应用技术研究为主，将企业技术革新项目作为人才培养的重要载体，主动承接地方继续教育任务，成为区域和行业的科技服务基地、技术创新基地、继续教育基地。调整教师结构，积极引进和聘请行业企业优秀专业技术人才、管理人才和高技能人才作为专业建设带头人、担任专兼职教师，通过教学评价、绩效考核、职务（职称）评聘、薪酬激励、校企交流等制度改革，增强教师提高实践能力的主动性、积极性。

专栏 7.16

重庆文理学院探索“政产学研结合新机制，构建应用型人才培养新模式”

重庆文理学院作为一所新建本科院校，2007 年通过本科教学工作水平评估后于 2008 年初开启向应用型转型的发展之路，提出以“应用为本、管理创新、开放办学、特色发展”的办学思路，调整专业结构，实现服务对象的转型；构建以学生为中心的应用型人才培养体系，实现人才培养模式的转型；瞄准产业需求进行科技创新和成果转化，实现基础研究向应用研究的转型。在转型发展实践中，以探索产教融合、合作育人新机制为突破口，以构建多元应用型人才培养模式为重点，以提高学生的实践能力和就业竞争力为目标，系统研究，整体设计，有序推进综合改革试点。

对接产业调结构推动转型发展。为满足区域经济社会的多样化人才需求，学校对接重庆市支柱产业、战略性新兴产业和现代服务业，重点发展了材料机械类、电子电气类、化工制药类、农林类、文化创意类等专业集群，七大专业集群专业占学校专业总数的 60%以上，学生人数占在校学生数 62%；重点建设三级特色专业，三级特色专业占专业总数的 1/3，形成了与区域经济社会发展需求高度契合的专业结构，实现了服务对象的转型。为支持专业结构调整，近三年，投入了一亿元重点建设教学实验实训室。

构建多元开放的应用型人才培养模式。一是校企合作育人模式。与安博教育、深圳固高等企业建立紧密联系，共同研制专业人才培养方案，共同设计课程，共同开发教材，为学生提供实践操作条件，并选派专业人员到校兼课，构建起多样化的校企深度合作育人模式。二是创新创业教育模式。与万学科技全面合作，开发创新创业教育校本课程教材，建设专兼结合教学团队，建设孵化基地和服务体系，开办创业先锋班，构建了制度、课程、平台、训练与竞赛、成果孵化、服务“六位一体”的创新创业教育模式。三是高技术人才培养模式。学校与重庆市渝北职教中心、重庆市农业机械化学校、重庆市育才职业教育中心三所中职学校对接开展对口贯通“3 + 4”分段人才培养改革试点；每年招生高职院校“专升本”学生 800 余人进行“3 + 2”分段培养，开展本科层次职业技术教育，探索在普通本科院校中开展职业技术教育的新模式。四是卓越人才培养模式。与重庆市教科院、名优中小学联合开办“卓越教师教育实验班”，构建了高校 + 市教科院 + 名优中小学“三位一体”的人才培养模式。与重庆渝西园林集团有限公司等企业共同开展国家级卓越农林人才培养模式实验。五是应用文科人才培养模式。与凤凰数媒、长航集团、区县文化馆等开展多种形式合作，建立起复合型的数字媒体、旅游服务、非物质文化遗产传承等应用文科人才培养模式。六是科教结合的应用创新人才培养模式。依托学校四大科技创新团队，组建了卓越材料工程师、靶向新药、特色植物技术等实验班，每年培养 100 余名高素质应用创新型人才，形成“3 年专业学习 + 1 年科研院所实践”的科教结合人才培养模式。这六种合作育人模式分别形成了定制培养、课程嵌入、校企共建学院、共建专业和实验班等合作育人方式，运行效果显著，有效提升了学生的实践能力、创新创业能力和就业竞争力。

科技协同创新牵引转型发展。坚持“以应用研究为导向，以团队建设为抓手，以协同创新为载体，以机制改革为突破，以成果转化为目标”的科研工作思路，立足服务地方产业发展需求，与地方政府、支柱产业、科研院所开展深度合作和协同攻关，培育了新材料研究院士团队、靶向新药研制团队、特色植物种苗研发团队、非遗传承与保护团队等四个有较大影响的科技团队，获得了两个重庆市协同创新中心，引进了一大批国内外学术拔尖人才，实施了校内科技人才特聘教授制度[特聘一级教授（研究员）年薪 50 万元，二级教授年薪 30 万元，三级教授年薪 20 万元]，首批 11 位特聘教授已聘任到岗。对科技人员实行年薪制、项目薪酬制、股权制等多样化的分配机制。按照成果完成人、学校、研究院所 7∶2∶1 的比例分配，使成果转化收益分配政策落地。四个科研团队建设成果丰硕，学校综合实力显著提升。

2017 年 4 月 24 日《中国教育报》刊发“创新应用型人才培养模式，探索育人新路径”一文，指出重庆文理学院“实现了由‘新建院校’向‘新型院校’的华丽转身，为新建本科院校的转型发展提供了一个典型范例，为地方本科院校的分类发展提供了一个好样本”。

资料来源：重庆文理学院转型发展的探索与实践汇报[Z]. 课题组调研，2017，4.

(4) 强化省级统筹，加大政策和经费支持力度。充分发挥省级政府统筹权，加强区域内产业、教育、科技资源的统筹和部门之间的协调，制定校企合作相关法规制度和配套政策，共同建设技术技能人才培养体系和技术技能积累创新体系。结合国家高等教育分类体系框架和本地区高等教育事业发展实际，因地制宜地构建符合本地省（区、市）情和发展需要的高等教育分类体系，积极探索建立不同类型高等学校的拨款标准、质量评估、人事管理、监测评价等管理制度（专栏 7.17）。落实和扩大试点高校的专业设置、考试招生、教师聘任聘用、教师职务（职称）评审、财务管理等方面的自主权，建立起行业企业参与的治理结构。加大对试点高校的政策支持，支持试点高校符合产业规划、就业质量高和贡献力强的专业扩大招生，将试点高校“双师双能型”高水平师资培养纳入中央和地方相关人才支持项目。制定应用型高校评估标准，开展转型发展成效评估，强化对产业和专业结合程度、实验实习实训水平与专业教育的符合程度、双师型教师团队的比例和质量、校企合作的广度和深度等方面的考察，鼓励行业企业等第三方机构开展质量评价。中央财政根据改革试点进展和相关评估评价结果，通过中央财政支持地方高校发展等专项资金，适时对改革成效显著的省（区、市）给予奖励，推广一批试点方案科学、行业企业支持力度较大、实施效果显著的试点典型高校，并加大政策和经费支持力度。

专栏7.17

上海建立基于人才培养主体功能定位和学科专业结构二维的高等教育分类体系

2015年，上海市教委、发改委等有关部门编制的《上海高等教育布局结构与发展规划（2015—2030年）》确立上海高校"二维"分类管理体系。一是按照人才培养主体功能和承担科学研究类型等差异性，将高校划分为"学术研究、应用研究、应用技术和应用技能"四种类型；二是按照主干学科门类（本科与研究生）或主干专业大类（专科）建设情况，将高校划分为"综合性、多科性、特色性"三个类别。"学术研究型"高校以培养学术研究人才为引领，可授予博士、硕士和学士学位，学校以"综合性""多科性"为主；"应用研究型"高校以培养应用研究与开发的人才为重点，可授予博士、硕士和学士学位，学校以"多科性""特色性"为主；"应用技术型"高校以培养专门知识和技术应用人才为主体，一般可授予专业研究生和学士学位，学校布局面向行业以"特色性"或"多科性"为主；"应用技能型"高校主要培养专科层次的操作性专业技能人才，学校面向行业、职业以"特色性"为主。

通过分类管理和分类评价引导学校自主明确发展定位。按照"政府政策引导、高校自主选择、社会参与评估"的基本原则，根据全市高等教育发展的整体布局和各高校发展规划，科学确定各高校在"二维"分类体系中的目标定位，鼓励高校找准服务面向的领域和行业，基于自身基础能力建立特色专业群，培养适应经济社会发展需要的特色人才，实现上海高校从"一列纵队"向"多列纵队"发展。根据国家构建现代职业教育体系要求，结合区域经济社会发展及高等教育改革发展实际，重点引导并鼓励一批市属本科高校向应用型转变，在招生考试、学科专业建设、人才培养模式、社会科技服务、产学研协同创新等方面全面推进改革。

确立不同类型高校的分类评价指标导向。研究设计高校分类发展、分类评价指标体系。依据高校发展定位和建设的不同目标，对学术研究型高校、应用研究型高校、应用技术型高校和应用技能型高校给予不同侧重的评价导向，明确每一类别高校的发展要求和评价指标，并以此建立和逐步完善高校办学科学评价体系，引导和激励各类高校立足不同的办学定位办出特色、办出水平。

资料来源：上海市教委，等. 上海高等教育布局结构与发展规划（2015—2030年）》（沪教委发〔2015〕186号）[EB/OL]. http://www.shanghai.gov.cn/nw2/nw2314/nw2319/nw12344/u26aw45954.html.

第二节　建设学习型社会和学习型城市

随着我国知识化、信息化和城镇化进程加快，尤其是技术与组织发展带来的职业结构和工作岗位变化，个人的职业生涯成为一个终身发展的过程，长期且充满变数的职业生涯，只在人生初期靠集中学习或强加更多的教育是不够的，获取新技能必须贯穿人们终生，需要持续不断并与工作交织的终身学习来建构可持续发展的职业生涯。2010 年，国务院印发《关于加强职业培训促进就业的意见》，2018 年印发《关于推行终身职业技能培训制度的意见》，提出构建劳动者终身职业培训体系，推行终身职业技能培训制度，大规模开展职业技能培训，着力提升培训的针对性和有效性，建设知识型、技能型、创新型劳动者大军。劳动者实现就业创业并贯穿学习和职业生涯全过程的技能储备，不仅需要职前正规教育或认定资格为目前的工作变化进行准备，赋予劳动者进入劳动力市场的基本条件，更需要继续教育和在职培训为组织学习和生产能力提升以及工作所面临的持续性和根本性变化做准备，职前教育教会的技能需要在持续几十年的职业生涯中反复更新。同时，工作场所、城市社区、互联网等其他情境或形式的非正规教育或非正式教育成为接受再培训和技能升级的重要途径，企业、城市和社会成为学习的实体，演化为消费者导向的学习型组织，职业教育和培训模式向更具整体性、包容性的终身学习模式转变，从关注教育和教学层面到关注学习和能力发展，从关注学校职业教育活动到关注工作相关、工作本位或工作场所的学习活动。打通正规教育、继续教育、职业教育与培训之间的界限，建立沟通和衔接各级各类教育的国家资历框架体系，为全民学习、终身学习提供个性化的、灵活有弹性的终身学习立交桥和成长阶梯，是我国学习型社会建设的必然要求和重要保障。

一、终身学习的理论基础与实现路径

终身教育、终身学习是 21 世纪的生存和生活方式，已为世界各国普遍接受并成为很多国家教育改革的指导思想。终身学习是提供和实施教育与培训的连贯的、有意义的框架，职业教育是贯穿人的一生的终身学习中最为活跃和多样化的组成部分，在全民学习型社会建设中发挥着重要作用。学习发生在不同的层面上，有个体学习、集体学习和区域学习等，发展学习型组织/企业、学习型地区/城市能够帮助个人、企业和区域发展其应对新环境的技能，培养人们共同的价值观并积累社会资本，促进社会融合和谐。

1. 终身学习与学习型经济、学习型区域、学习型社会

终身学习与经济社会发展紧密相扣，超越了传统的教育与培训的界限，并从一个教

育学概念向经济学、社会学、空间地理学渗透，衍生出学习型经济、学习型社会、学习型区域等概念，这些概念构成终身学习重要的社会性学习空间，从而将颠覆传统的教育与学习理论，将个体与组织的学习、与人类经济发展和社会变革的命运紧密地联系在一起。

终身学习与终身教育相伴而生。终身教育概念产生于20世纪60年代，是在联合国教科文组织倡导和推介下进入全球推进平台的。1972年，联合国教科文组织国际教育发展委员会在《学会生存——教育世界的今天和明天》提出了终身教育的教育改革指导原则，指出，“每个人必须终身不断地学习，教育必须按照每一个人的需要和方便在他的一生中进行。”[17]1996年，联合国教科文组织国际21世纪教育委员会的《教育：财富蕴藏其中》报告认为：“终身教育是进入21世纪的关键所在，也是必须适应职业界的需要和进一步控制不断变化的个人生活的节奏和阶段的条件。”教育围绕四种基本学习即学会认知、学会做事、学会共同生活、学会生存加以安排。[18]20世纪90年代以后，“终身学习”代替“终身教育”，更多地强调学习者在终身学习中的作用，而且更多指的是重新培训和学习新技术，使个体得以应对来自快速变化的工作场所的要求。1996年，经济合作与发展组织教育部长会议提出了“全民终身学习”目标，强调学习发生在人的生命的各个阶段，正规教育有利于个体学习，而在家庭、工作场所、社区及社会中进行的各种非正规和非正式教育同样有助于个体学习。[19]世界银行认为终身学习是面向知识经济的教育战略，一个终身学习的框架应涵盖从幼儿期到退休后的整个生命周期中的学习，包含正规学习（学校、培训机构、大学），非正规学习（有组织的在岗培训）以及非正式教育（从家庭成员和社区民众学到的技能）。[20]2000年，欧盟在《培养高素质公民的终身学习备忘录》中指出：“终身学习不再是教育或培训的某个方面：它必须成为贯穿整个学习过程的指导原则。在接下来的十年中必须看到它的实施效果。所有欧洲公民将无一例外地获得平等适应社会和经济变化以及自主参与欧洲未来改革的机会。”[21]许多国家和地区在联合国教科文组织、经济合作与发展组织等国际组织的支持下，制定并实施适合本地区的终身学习政策和活动，发达国家和发展中国家体现出了一些普遍特征：如倡导终身学习文化建设；建立国家资格框架以整合各种学习路径及学习成果；发现并拓展终身学习的机会；重视终身雇佣能力培训；倡导多元利益主体共担的财政制度，等等。[22]

“学习型经济”是瑞典经济学家伦德威尔（B. A. Lundvall）最早提出来的。聚焦于学习，是因为深信经济的本质已从劳动密集型经济向知识密集型经济转变，而知识是最重要的资源，学习是最重要的过程。[23]托马西尼（M. Tomassini）从理论角度对信息经济、知识经济和学习经济进行了比较，认为学习型经济是全球化影响的结果，也是组织和地方的知识创造利用和交换的结果，两者相互交织，强调学习具有价值，学习和适应新环境的能力决定个人、企业、区域和国家的成功，经济成败的关键在于适应快速转变的市场条件、经济主体和生产者利用知识和信息的能力以及创新能力的发展，而组织正式知识产生和学习形成的地方，组织间系统、产业区或其他网络是知识创新和发展的重要源泉，而教育和培训正面临着能力构建所带来的质量转型的挑战。[23]

“学习型区域”概念是研究创新的经济地理学家佛罗里达（Richard Florida）最先提出来的。他认为在全球化与信息化背景下，“区域本身正变为知识创造和学习的焦点，区域构建经济优势主要通过转化与利用知识和创意，事实上也就表现为学习型区域，即发挥知识和创意的收集者和储存者功能、提供有利于知识、创意和学习流动的基础性环境或基础设施的区域”。[24]伯克玛（F. Boekema）、摩根（K. Morgan）和路敦（R. Rutten）从知识关系角度提出了区域的新类型，他们认为：“学习型区域是对经济增长依赖于创新、而创新反过来又依赖于知识的创造、扩散和运用的区域的自然表达，因为扩散和运用通常是指学习，而学习过程是与空间相关联的。”“如果区域中的主体——商业社团、中介组织、研究和教育中心以及区域政府——在同一制度层面上，为了完成和履行区域创新战略而相互合作，我们可称这样的区域为学习型区域。”[25]学习型区域的显著特征就是不同部门的协作，即教育机构、研发机构、法定机构、企业和非政府组织（公民社会）的共同协作，设计有效的路径和产生新知识，从而满足当地需求，在此境遇下，教育机构在课程开发方面扮演着更加重要的角色，需要采取新策略，在不同经济、社会和文化角色中建立新型关系。[26]凯廷（Keating）从实践角度出发，认为实现经济和社会一体化的两种主要途径是教育、培训和就业，强调知识积累要适应不断变化的社会和经济现实，倡导终身学习，建设具有高度参与率的、遍及各阶层的教育系统，树立为经济发展而学习的目标的区域就是学习型区域。[23]

学习型社会的初期设想来自美国教育学家罗伯特·哈钦斯（R. M. Hutchins）在1968年出版的《学习型社会》，他所描述的学习社会便是“除了为成长过程中每一个阶段的男男女女提供在职的成人教育之外，这将是一次成功的价值转变，那就是把学习、自我实现，以及成为真正的人设计为教育的目标，并且所有的教育机构都瞄准这个方向。”[27]1972年，联合国教科文组织国际教育发展委员会在《学会生存——教育世界的今天和明天》中明确提出“向学习化社会前进”，“这样一个社会的出现，只能把它理解为一个教育与社会、政治与经济组织（包括家庭单位与公民生活）密切交织的过程。这就是说，每一个公民享有在任何情况之下都可以自由取得学习、训练和培养自己的各种手段，因此，从他自己的教育而言，它将基本上处于一个完全不同的地位。教育不再是一种义务，而是一种责任了”。[17]1994年，欧洲工业圆桌会议（the European Round Table of Industrialist）论坛通过《迈向欧洲学习型社会》报告，指出学习型社会需要与信息或知识社会共同发展,提出了学习型社会的五项基本原则,即学习被视为整个生命的持续活动;学习者对自己的发展负责;关注实在的进步,而不是沉湎于失败;能力、个性和共同的价值观、团队合作与知识追求同样重要;学习通过学生、家长、老师、雇主和社区的齐心协力,从而提高学习绩效。呼吁在欧洲国家政府采取积极行动的同时,工业界应该积极采取措施建设学习型社会。[26]美国经济学家约瑟夫·斯蒂格利茨(Joseph E. Stigliz)和布鲁斯·格林沃尔德(Bruce C. Greenwald)认为人类生活水平的提高主要来自科技进步和学习,这在人类社会进入知识经济时代之后体现得越发明显。学习被视为持续增长与发展的关键动力,学习发生在社会的各个层面——个人在学习,企业在学习,甚至政府都在学习,而学习的速率及方向是内生的,因国而异,因时而异,并且受个体、企业和政府的决策影响,经济政策的重要目标之一,就是制定能够促进学习和学习溢出效应的经济战略和经济结构,创建一个学习型的社会。发展中国家和发达国家的人均国民收入水平的差异主要来自知识水平的差异,制定将经济和社会转型为"学习型"的政策,将有助于发展中国家缩小这一水平差异,并带来显著的收入水平提升。[28]1990年,彼得·圣吉(P. Senge)发表了《第五项修炼》,从全球管理趋势中看到了人的创造性作用,并认定人天生就是终身学习者,建立学习型组织,以提升组织学习力并最终给组织带来广泛的利益。尽管圣吉的学习型组织与倡导全民终身学习、促进人的全面发展为基本目的学习型社会全然没有什么学术上的姻缘和逻辑关系,但很快被认为是实现学习型社会的基本途径之一,各种学习型组织因此被逐渐演绎出来,如学习型企业、学习型政府、学习型团队、学习型家庭、学习型学校、学习型社区、学习型地区、学习型城市等,成为创建学习型社会的载体。[22]

2. 推进工作场所学习与创建学习型企业

随着知识经济时代的来临,工作世界变得日趋复杂和充满不确定性,快速的发展使得人们很难预测到职业的未来和非常特殊的技能需求,工作场所不仅被视为工作生产的场域,而且被视为一种学习和发展的重要环境,工作场所学习被视为企业人力资源开发和员工个体职业能力提升的重要途径,它以个体(成人)、群体或组织为学习本体,广义上包括一切"与工作相关的学习、关于工作的学习、为了工作的学习、通过工作的学习和在工作中学习等等"。[29]史蒂芬·比利特(Stephen Billett)认为:"工作场所学习是一个在参与真实任务并有熟练成员直接或间接指导的活动中获得知识和技能的途径。"[30]霍利迪(Holliday)和雷塔利克(Retallick)认为"工作场所学习是员工以个人或团体的方式,在特定的工作场所中的学习过程与成果。"[31]工作场所学习的内涵和内容已远远超出了人们离开学校进入职场后个体持续发展和组织不断进步的培训范畴,学习不再是需要从生产中抽取出时间来进行的活动，而是把学习视为一项生产活动，把生产活动视为一项学习活动，"工作组织"向"学习组织"转变，学习领域由传统企业培训转向各类人员的持续开发与学习、生涯开发与管理、组织开发与组织学习等多方面，且将培训和企业教育活动的焦点超越了个体员工，转到为组织培养学习能力，从一次性培训活动（这种活动用以培养个人的技能）转向建立持续学习的文化（员工互相学习，分享创新和最佳实践，并着眼于解决实际的经营问题）（表 7.4）。当然，个体学习是组织学习的基础，组织的学习依赖个体学习，组织内部学习过程起源于个体的知识创造，但组织学习并非组织个体成员知识的简单相加，组织学习是基于知识的动态过程，包括从个体到群体、进而到组织各个层面的知识的流动以及从组织到个体的回馈，尤其是一些实践性知识或隐性知识都是通过干中学或经验学习获得的，在企业内部形成良性的知识分享、创造和积累机制。[32]创建学习型组织成为一种促使企业获得竞争优势的手段，特别是在员工的招聘和培养、创新实践的发展和新知识的生产等方面具有重要意义。此外，基于工作场所学习能够满足个体自主发展和工作适应的需求，而且是诸如交际、问题解决、团队工作、信息技术、客户服务等技能发展的关键场所，在德国、芬兰、澳大利亚等一些国家，将工作场所学习作为职业教育系统的重要组成部分，以促进学生职业知识和技能的获得，帮助学生快速进入和适应劳动力市场。

表 7.4　从培训到学习的范式转变

项　目	旧的培训范式	21 世纪的学习范式
地点	大楼	根据需要学习——任何地点
内容	提高专业技能	培养核心职场能力
方法论	通过听来学习	从行动中学习
接受者	企业内部个体员工	员工、顾客和产品供应商等整个团队
教师	外部的大学教授或顾问	内部高层管理者、大学教授和顾问的联盟
频率	一次性活动	持续的学习过程
目标	培养个人技能	解决实际的经营问题并改善工作绩效

资料来源：珍妮 · C. 梅斯特. 企业大学——为企业培养世界一流员工（修订版）[M]. 北京：人民邮电出版社，2005：21.

由于很多的学习都发生在组织内，同时很多的知识都留在了企业内部，约瑟夫 · 斯蒂格利茨和布鲁斯 · 格林沃尔德在分析影响学习决定要素和企业外部宏观环境的基础上提出了学习型企业的主要特征，这些特征使得企业在学习中存在比较优势。[28]学习的主要决定因素包括：①学习能力。个人学习的主要决定因素是他们自身的学习能力，而学习能力最重要的决定因素是教育。设计良好的教育体系是教会学生学习，提高终身学习的能力，而且正规教育与在职培训应是互补的，前者的目的是提高后者的生产力。②知识的获取。知识的获取对学习和进一步增进知识至关重要，如知识产权在获取知识方面扮演着矛盾的角色，可能在为研究提供更大动力的同时，限制知识的获取和使用。③学习的催化剂。促进个人和组织学习的激励机制，技术进步是学习最重要的催化剂。④建设性思维的创造——正确的认知框架。个人和企业必须采取一种有利于学习的认知框架和心态，一个设计良好的教育体系可以帮助人们构建正确的认知框架。⑤人与互动对象之间的联系，它可以促进学习，有助于建立正确的认知框架，并且提供学习过程中至关重要的投入，有组织的互动、地理邻近、共同的语言、共享的教育体系、全球化、互联网等都可以促进思想的流转。⑥学习的环境。企业的结构和文化，宏观经济政策如社会保障、劳动立法及金融和投资相关的法律等，社会平等状况、信任程度及文化心态都可以影响学习，更具活力和变化的社会创造了更多的学习需求，并会奖励那些更具学习能力和创新的个人，并促使个人发展出使他们适应社会的学习能力。学习型企业通常具有以下特征：①企业规模大。大型企业可以更多地内化学习带来的外部性，通常风险厌恶程度更低，研发动力更大，资本约束更小，研发投资更高，当然，这并不一定意味着工业行业中最大的企业最具有创新性，关于大型企业还是小型企业更有利于创新的争论一直在持续。②稳定性和连续性。生产力增长所依赖的知识技能必须是可积累的，这在很大程度上取决于组织是否稳定、能否保存和传播相关的知识，也取决于工作和人员是否连续、能否支持上述过程，更加长久和稳定的企业更加珍惜学习的长期收益。③人力资本的积累。存续时间长且稳定的企业往往有更大的动机去推动人力资本的提升，以提高企业的生产率和适应不断变化的环境。同时，人力资本积累也是创新活动的关键因素，人力资本的积累也是创新产生和传播的过程，创新随着员工在公司内部、公司之间以及行业之间的流动进行传播。④跨企业间知识的集中和扩散。劳动力密度大、规模大的企业（通常生产差异化的产品）更能有效扩散知识，地理上接近促进了跨企业间的流动性，这种流动性是学习的重要催化剂和学习传播的重要途径，本地交互联系的沟通优势为聚集经济提供了主要来源。西方主要发达国家工业化进程中出现的“低技能均衡”（Low-Skill Equilibrium）与“高技能均衡”（High-Skill Equilibrium）两种技能积累模式，反映了不同国家的技能形成体系和企业的组织学习模式受其所处的特定社会环境的影响，并对产业竞争优势和社会收入分配变化产生了重要作用（专栏7.18）。

专栏 7.18

低技能均衡和高技能均衡

芬戈尔德(D. Finegold)和索斯凯斯(D. Soskice)在 1988 年提出了“低技能均平衡”和“高技能平衡”的概念。在西方工业化进程中,低技能平衡路线以英美两国为代表,其主要特征是:个人感到职业教育和培训的成本超过收益,因为他们偏好于短期的收益效应,或者因为资本市场的原因而得不到资助培训的机会;企业感到提高技能的成本或风险太大,害怕任何管理控制的减少,偷猎技术工人或者打破现存工作组织;政府认为职业教育培训的成本太高,任何变化将导致预算紧张或者与市场理念冲突。高技能平衡路线以德国、日本为代表,其主要特征是:获取高工资和其他工作报酬的个人感到职业教育培训的收益大于成本;管理者通过短期的灵活性和长期的创新寻求竞争优势的改善;政府的目标是避免实际工资率的减少和控制由于工人竭力利用名义工资的增加而反对实际工资的下降所导致的工资推动型通货膨胀。低技能平衡路线容易形成高技能精英和低技能劳动者两极分化的总体劳动力技能格局,高技能路线构建起高技能与高工资之间的关联,容易增强企业的竞争力。

格林(A. Green)在 1996 年提出现代社会维持高技能发展路线的制度化框架,认为一个国家的教育和培训体系必须满足六个必要的条件,其经济增长和发展遵循的就是高技能发展路线:①国家必须致力于高技能的开发和生产体系的创新目标并提供坚实的基础教育,避免教育市场制度所带来的不平等和精英主义。②教育系统本身必须培养学生在语言、科学、数学和信息技术方面具有高水平的基本能力,作为未来工人工作技能持续发展的基础。③雇主组织也必须致力于高技能形成的目标,因为高技能的形成离不开工作场所,学校和课堂中的职业教育的有效性的局限必须在工作场所中才能克服。④在工作场所技能形成的过程中,需要制定规则和责任以调控培训的数量和质量,维护培训的社会效益和质量,限制机会主义。⑤采取奖励和激励的手段促使劳动力个人愿意致力于高技能形成的目标。⑥建立在职学习与脱产培训互为补充的培训制度,有利于高技能形成所需要的经验与理论的结合。

资料来源:1. Fingold, D. and Soskice, D. The failure of training in Britain: analysis and prescription[J]. Oxford Economic Papers, 1998, 4(3): 21-53.
2. Green A. Models of High Skills in Nation Competition Strategies [M]. Oxford: Oxford University Press, 2001: 56-62.

新中国成立至改革开放初期,我国的企业一直是职业教育的重要办学主体,主要以职工大学、职工中专、技工学校和企业培训中心的形式存在和发展,面向企业在职职工和社会人员,承担着学历教育和技能教育的双重任务。随着 20 世纪 90 年代建立市场经济体制过程中劳动力市场政策调整、政府机构改革和企业分离办社会工作的推进，多数由中小国企举办的技工学校或关闭或改制为民营惨淡维持，大型国企举办的职工大学或转为企业培训中心或单独举办职业技术学院。进入 21 世纪，随着知识经济时代来临，经济转型升级、产业结构调整使得人才资源成为转型发展的第一资源，国家实施科教兴国战略、人才强国战略和创新驱动战略，鼓励行业和企业举办或参与举办职业教育政策密集出台，发挥企业作为重要办学主体作用，出现了校中厂、厂中校、职教集团、企业冠名学院与科技产业园等校企一体化办学形式。同时，承担企业员工技能培训的企业培训机构成为成人职场教育及终身学习的重要途径，其中一些转变为具有人才培养、知识创新、文化传承、前瞻研究、变革管理、价值链整合、提升竞争力等多重功能价值的企业大学，自 1998 年海信集团和春兰集团分别创建自己的企业大学，到 2013 年，中国企业大学的数量已超过 2 000 所，近 5 000 万人接受了企业大学的教育。[33] 企业自身则向学习型组织转变，通过组织学习实现员工知识更新和保持企业创新能力，并使组织绩效得到提高。

考察我国企业推进工作场所学习和构建学习型组织的实践，主要有三种模式：岗位胜任能力导向的模式、绩效技术导向的模式、职业生涯发展导向的模式。胜任能力是指能将某一工作（组织、文化）中表现优异者与表现一般者区分开来的表层特征与深层特征，主要包括知识、技能、社会角色、自我概念、特质和动机的个体特征。[34] 胜任能力模型是工作场所学习的基础，由于职工的能力与其当前岗位或预期岗位所需要的能力有一定差距，因此需要进行学习。绩效技术是一种实现预期效果的工程方法。绩效技术导向的学习模式是在对当前人力绩效和绩效差距进行现状分析的基础上，寻找最有效、最具成本效益的解决方案和策略。一个组织、部门或者一位职工的绩效下降的原因有多种，如果其原因是由知识、技能的缺乏或者态度的不足引起的，那么就可能通过学习与培训来改进绩效。职工从入职到退休，职业生涯是一个动态的、不断上升变化的过程，职工的学习规划也需要针对职工不同的发展阶段而做出不同设计，基于职业生涯发展的学习模式为职工的职业生涯服务，最终为企业的战略服务。华为技术有限公司作为由知识型员工构成的高新技术企业，在创建学习型组织的过程中，将绩效、能力与职位三方面打通，通过目标管理和任职资格评价构建了一个基于绩效的员工管理体系，为其他企业提供了一个具有普遍性的借鉴和参考（专栏 7. 19）。

专栏 7. 19

华为知识型员工管理体系

华为技术有限公司成立于 1987 年，是一家生产和销售通信设备的民营通信科技公司，为世界各地的通信运营商及专业网络拥有者提供硬件设备、软件、服务和解决方案。截至2015年年底，华为员工已达17万人，其中46%为研发及开发人员，33%为前端策划与销售人员，9%为管理人员（包括后勤支持系统），12%为负责生产的一线人员，华为员工以知识型员工为主，从招聘、培训、绩效管理和激励，展现出华为采取的管理行为和映射出的企业文化。

(1) 华为的企业文化。“以客户为中心，以奋斗者为本，长期艰苦奋斗。”前六字是针对华为的员工行为而言，中间六字是针对华为的员工管理而言，后六字是针对所有华为人而言，三个方面形成了一个坚固的铁三角。

(2) 招聘。在华为看来，“选对人”比“改变人”更重要。因此，华为在选聘人才时主要考虑两点：企业需要何种类型的员工；岗位需要什么样的员工。企业在选择员工时重点关注员工与企业的匹配度，更多考查应聘者的态度、个性和兴趣，选择那些与之文化相配的人。从岗位需求的角度考虑，华为主要考查应聘者的“硬实力”，即应聘者的技能、经验和学历等。

(3) 培训。华为大学具有完善的培训体系，可为其员工和客户提供方便有效、各式各样的培训课程。同时，华为大学拥有庞大的师资力量，内部有专职和兼职讲师1 700余名，其中既有高级培训师，又有经历丰富的专家和技术人员。首先，华为大学采取收费学习模式，旨在激发学生主动学习。其次，注重案例教学。案例学习包括四个阶段：阶段一为启发式学习，学习者读教材并考试；阶段二为演讲，演讲内容是学习者自己的亲身经历，且其经历必须有3个证明人；阶段三为大辩论，学习者可针对公司文化提出反对观点；阶段四为论文和答辩，要求学习者写出自己真实的行为实践而非理论。全员导师制即“一对一”的帮扶前进模式。除了新员工以外，所有华为人都会有导师。为了保障“导师制”更好地推行和执行，华为出台了四项制度。①导师激励制。华为采取物质激励方式提高导师的积极性，每个月下发300元的导师费用于师徒沟通感情，被评为“优秀导师”的导师还可另外获得500元的奖励。②能上能下制。华为内部实行轮岗制，这使得某个岗位的资深员工不论其工龄长短、履历深浅、成就高低，在被分配到新的岗位后都会成为“新员工”，也就会被分配导师。③责任连带制。华为规定，如若徒弟在工作中出现问题，则导师不能被提拔，甚至会被降职。此举旨在督促导师全心全意、兢兢业业地培养和帮扶徒弟。④晋升激励制。职位晋升的前提和必要条件之一是担任过导师。

(4) 绩效管理：目标管理和任职资格制度。华为在考核员工时不重视其学历和工龄，而是将焦点放在员工的自我成长及其实际贡献和所创造的商业价值上。华为的目标管理包括两个部分——目标细分和指标分配。为了做好目标细分，华为组建了跨部门管理团队，多维度地对企业目标进行细分。高级管理者负责制定战略性目标；中层管理者负责制定战术性目标；基层管理者负责制定初级目标；员工负责制定具体方案和任务。任职资格制度基本涵盖了所有岗位的任职资格标准。以此为参照,员工便可知道"升级"需要做什么——关键行为、所需的素质和所要掌握的知识技能等。一般来讲,华为员工的任职资格需要一年认证一次,半年复核一次。员工只有达到了级别的标准,才可以申请相应级别的岗位。

(5) 激励。华为的内部股权计划始于1990年,至今为已实施了5次大型的股权激励计划。除了进行以高薪为主要内容的物质性激励外,华为还十分重视非物质性的情感激励。"少将连长"破格提名,是一种职权激励,旨在引导更多的优秀人才长期奋斗在一线。除了职位晋升权,华为还会赋予优秀员工荣誉权,如"蓝血十杰"奖励和"明日之星"奖励。那些获奖员工会成为华为人学习的标杆。

华为通过全员参与制定目标,将企业上下力量拧成一股绳,使每个员工在自己的节点处完成相应的目标并获得利益,而企业全部员工的努力又使得企业获得丰厚的利益。绩效计划是绩效管理的第一步,绩效沟通是第二步,而目标管理将这两个步骤打通联合,在提高效率的同时提高了员工的积极性。华为通过目标管理使企业内部高层领导和低层员工共同参与目标制定及指标细分,再通过指标分配共同达成企业目标及每个员工的目标。绩效评价和绩效诊断为绩效管理的第三步和第四步。利用知识型员工自我激励的特性,华为采取任职资格管理体系,使员工可以自我攀爬,在达到一定考核水平后,可通过培训使自身能力得到提升,同时实现职位晋升。通过目标管理和任职资格评价构建了一个绩效管理循环框架,图示如下。

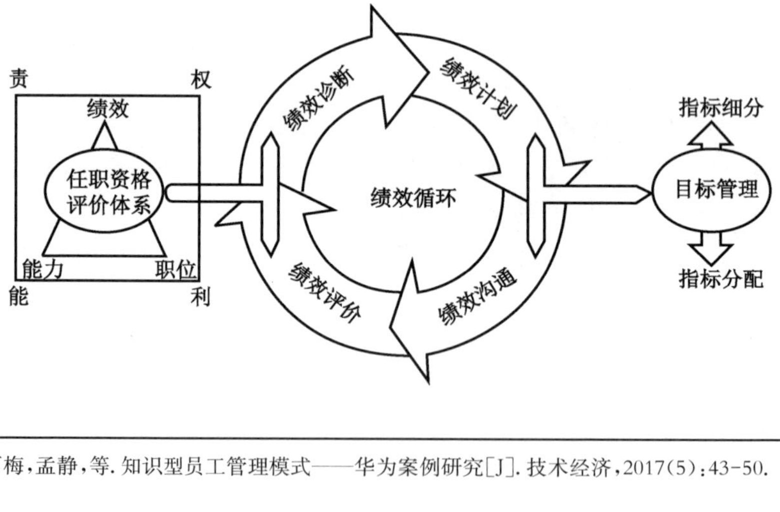

资料来源:蒋石梅,孟静,等.知识型员工管理模式——华为案例研究[J].技术经济,2017(5):43-50.

3. 建设学习型城市

学习型社会作为一个全纳性的术语,可以适用于不同的地理区域,用来描述一个国家或地区的学习共同体，[26]但国家作为整体，本质上是由地区、城市及社区一起形成的共同体，在不同的地区、城市及社区才是建设学习型社会的实施层面，一个国家的学习型社会只能通过逐个省份、逐座城市、逐个社区依次建立。[35]学习型城市的概念起源于20世纪70年代初期的“教育型城市”。1973年，经合组织启动了“教育型城市”项目，资助其成员国所属的七座城市（加拿大的埃德蒙顿，欧洲的哥德堡、维也纳、爱丁堡，日本的挂川，澳大利亚的阿德莱德，美国的匹兹堡），探索将教育纳入城市发展战略之中，分别从发展继续教育、员工培训、职业规划、社区建设等作为切入点，以期解决不同城市发展面临的瓶颈问题。1993年，经合组织出版《终身学习的城市战略》在总结提炼这七座城市的做法时指出，尽管每个城市都是独特的，都成形于不同的经济条件、不同的社会制度、不同的政治结构以及不同的学习传统，但它们都通过推动终身学习来达成促进经济的可持续发展和市民的幸福生活。提出创建学习型城市的五大原则：促进城市内所有相关机构的联系与协作、协调教育和培训、鼓励各年龄层人群共同学习、培养市民对学习机会的识别能力、将建设学习型城市视为改变城市未来的途径。[36]这些参与城市在1994年成立了国际教育城市协会。1998年，欧盟启动“迈向欧洲学习型社会”项目（TELS），主要目标是开发综合性的学习型城市审计工具，指导学习型城市、城镇和地区开展终身学习行动，然后对自身的绩效与进步进行测量和监控，相关研究结果促进了欧盟委员会更为完整的终身学习政策《通往欧洲学习区》的出台。此后，欧盟又开发“终身学习地区网络”项目（R3L），旨在促进欧洲城市网络发展中学习型城市专业化的进程。

进入21世纪，面对发展中国家城市化的快速发展，建设学习型城市逐渐成为世界范围内较为普遍的实践。2008年，历史上第一次，超过一半的世界人口居住在城市和城镇，到2030年，60%的世界人口将居住在城市。伴随城镇化进程的深入，几乎所有城镇都将面临诸多困难和挑战，包括管理失善、社会不公、性别歧视、失业、贫穷、腐败、冲突、暴力、疾病、消费和生产方式不可持续、环境退化、气候变化、水资源短缺等。[37]学习型城市建设遂被认为是应对这些问题的基本策略。2013年，联合国教科文组织邀请102个成员国代表在北京召开“首届国际学习型城市大会”，会议通过的《建设学习型城市北京宣言——全民终身学习：城市的包容、繁荣与可持续发展》指出：“城市在促进社会包容、经济增长、公共安全和环境保护中发挥着重要作用，因此城市应该是终身学习和可持续发展战略的设计师和践行者。”其主要特征是：“学习型城市调配其资源，促进从基础教育到高等教育的包容性学习，重振家庭和社区学习活力，促进工作场所学习，推广运用现代学习技术，提高学习质量，培育终身学习文化。”[38]会议发布的《学习型城市主要特征》参考文件，构建了一个山形墙、立柱以及基座阶梯的学习型城市框架（图7.3），为探讨和制定学习型城市关键指标评估体系提供参照依据。到2012年，估计世界上超过

1 000个城市已经成为或者承诺要建设成为学习型城市/教育型城市。[35]

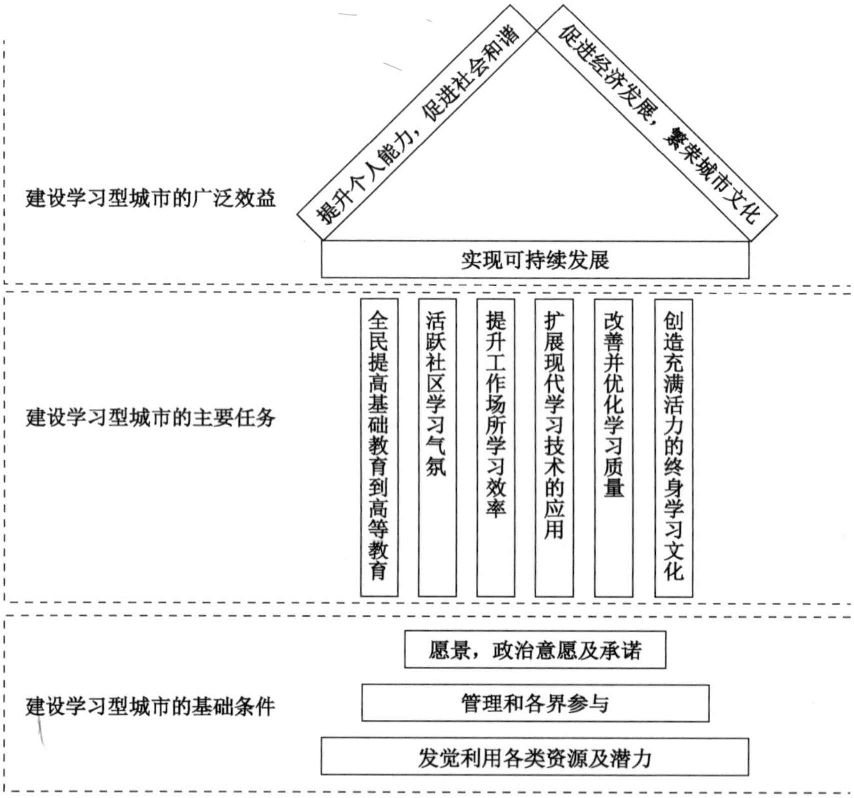

图 7.3　学习型城市主要特征框架

资料来源：联合国教科文组织终身学习研究所. 学习型城市主要特征[J]. 职业技术教育，2013(33)：44-48.

20 世纪 90 年代末至 21 世纪初，我国沿海发达地区的部分城市如上海市(1999 年)、北京市(2001 年)、大连市(2001 年)和常州市(2001 年)等，开始纷纷开展建设学习型城市实践探索。2002 年，党的十六大报告明确提出："形成全民学习、终身学习的学习型社会，促进人的全面发展。"自此国内掀起了建设以城市空间形态为特征的学习型城市热潮。2010 年，中共中央、国务院颁布的《国家中长期教育改革和发展规划纲要(2010—2020 年)》提出："到 2020 年，基本实现教育现代化，基本形成学习型社会，进入人力资源强国行列。"2014 年，教育部、中央文明办、国家发等七部门联合印发《关于推进学习型城市建设的意见》提出，推动全国各类城市广泛开展学习型城市创建工作，形成一大批终身教育体系基本完善、各级各类教育协调发展、学习机会开放多样、学习资源丰富共享的学习型城市。到2020年，东中西部地区市(地)级以上城市开展创建学习型城市工作覆盖率分别达到90%、80%和70%，各区域都要有一大批县级城市开展创建工作，由此促进我国的学习型社会建设。目前，全国已有100多个城市开展了学习型城市创建工作，其中北京、上海、杭州、常州等一大批城市的建设成效十分显著，一些地处中西部的城市，如内蒙古的巴彦淖尔市、陕西省宝鸡市、新疆克拉玛依市等城市的学习型城市建设工作也很有起色，走出了具有自身特色的学习型城市发展之路。[39]

根据联合国教科文组织全球学习型城市网络制定的《学习型城市建设指南》，[40]建设有活力且可持续的学习型城市，需要重点关注以下六大关键行动领域。

(1) 制定学习型城市建设的规划。根据每个城市面临的发展中的挑战和工作重点的不同，城市领袖和代表应参与确定该城市需要解决的主要问题，列出改善城市学习状况所采取的行动。我国城市正在经历一系列前所未有的新问题，如大量外来流动人口涌入城市，不仅使城市人口激增，其中有很多没有受过技能培养和受教育水平低的农民工，以及居住在郊区或棚户改造区未能就业的大学毕业生都渴望能找到工作和融入城市社区，还有非常迅速的人口老龄化等，学习型城市项目的引入与社区教育的具体实践成为寻求新的解决方案的一部分。[35]

专栏7.20

北京市学习型城市建设行动计划(2016—2020年)

2016年，北京市14个委办局联合发布《北京市学习型城市建设行动计划(2016—2020年)》提出，到2020年建成以完善的终身教育体系和学习型组织为基础，以广大市民的良好素质为支撑，学习资源丰厚、学习氛围浓厚、创新活力涌现的学习型城市，重点推进“十大工程”：一是学习型示范城区建设推进工程，在已有4个示范区的基础上，分阶段培育建成一批学习型示范城区，使得示范区比例达到70%以上。二是实施市民终身学习示范基地建设工程，分阶段建成100个市级及一大批区级“市民终身学习示范基地”，并给予每个基地一定的专项经费支持。三是终身学习数字化网络平台建设工程，支撑500万级用户服务，提供大规模、个性化定制学习服务。四是学分银行建设工程，分阶段为500万市民建立终身学习账户，发放“京学卡”。五是学习型组织培育工程，分阶段培育和认定100个示范性学习型组织。六是创新职工素质提升工程，建设50个职工继续教育基地，每年参与素质工程的职工达到100万人次。七是新型职业农民培训工程，分阶段建设100所示范性成人学校，重点支持50个新型职业农民培训基地建设。八是老年教育“夕阳圆梦”工程，满足老年人对文化生活和社会对涉及养老服务业人才培养的需求。九是家庭教育和家风建设工程，开发建设家庭教育和家风建设的资源库和宣传平台。十是社区教育指导服务系统建设工程，分阶段选拔和培训100名市级高水平、专业化学习指导师。

资料来源：北京市推出加快建设学习型城市“十大工程”[EB/OL]. 2016-08-17, http://www.moe.edu.cn/jyb_xwfb/s6192/s222/moe_1732/201608/t20160818_275587.html.

(2) 创建包含所有利益相关方的协调机制。在学习型城市中，所有组织和市民都是利益相关方，建立一个由各部门代表组成的学习型城市建设委员会，就学习型城市的建设、实施、监测和资金供应达成共识，保证所有利益相关方在学习型城市规划的设计和实施过程中都拥有明确的角色和职责，与教育部或其他任何相关部门保持强有力的联系，将地方的发展与全国的发展相结合，与国内外其他城市建立联盟，以便交流经验、知识、理念和最佳实践。政府主导是我国学习型城市建设的优势和特点，普遍建立多部门共同参与的学习型城市建设领导协调机制，形成党委领导、政府统筹、行业部门联动、社会协同、全民参与的学习型城市建设工作格局（专栏7.21）。

专栏7.21

上海市学习型社会建设与终身教育促进委员会的法定职责

上海市为推进全市学习型城市的创建工作，于2006年率先在市政府层面成立了由精神文明委领导，市委宣传部、市委组织部、市精神文明办、市教委等十三个单位组成“上海市学习型社会建设与终身教育促进委员会”，根据2011年开始实施的《上海市终身教育促进条例》规定，其职能是负责统筹、协调、指导全市终身教育和学习型社会建设，市教育行政部门是本市终身教育工作的主管部门，发展改革、人力资源和社会保障、公务员管理、农业、财政、税务、工商、人口和计划生育、统计、民政、文广影视、公安等有关行政部门按照各自职责，协同做好终身教育工作。区、县终身教育协调机构负责辖区内终身教育工作的协调、指导，乡镇人民政府、街道办事处应当按照各自职责组织开展终身教育工作。

工会、共产主义青年团、妇女联合会以及残疾人联合会、科技协会等其他组织协助开展终身教育促进工作。鼓励社会团体按照各自章程，开展终身教育工作。鼓励各类学习型组织开展本组织成员的终身学习活动。鼓励市民为终身教育提供志愿服务。

资料来源：《上海市终身教育促进条例》，上海市第十三届人民代表大会常务委员会第二十四次会议通过，自2011年5月1日起施行。

(3) 启动并通过组织系列活动推进学习型城市建设。加快发展继续教育，广泛开展企业职工教育和农民继续教育，倡导全民阅读，推进学习型城市、学习型社区、学习型乡镇(街道)、学习型家庭等学习型组织建设,广泛开展城乡社区教育和老年教育,举办旨在鼓励所有市民参与的实践性活动。

专栏 7.22

北京市西城区:学习型城市建设的区域样本

作为全国首批社区教育示范区与北京市首个建设学习型城市工作示范区,北京市西城区通过构建网状社区教育服务体系、建立终身学习成果认证制度、推动职业教育走进社区等项目,打造百姓身边的学习平台,满足和保障了市民终身学习的权利与需求。

西城区社区教育品牌项目"市民终身学习积分卡",其呈现方式是"学分银行",以数字化存储、认证、兑换为手段,通过建立个人学习账户,实现个人学习与终身学习的信息存储、学分认证、学分积累、学分兑换、学习信用管理等功能。凡在西城区工作、学习、生活的全体人员、各类学习型组织均可申请"市民终身学习成果认证"学习账户,无论是在西城区普通教育、职业教育、继续教育中的哪一类教育机构学习,学习者都有望通过学分的积累和兑换,获得如学习费用减免、升学就业和社区服务优先以及商品和服务优惠等相应奖励,不同类型学习成果之间还可以互认和衔接。截至目前,已建成市民学习认证站点 113 个,注册个人学习账户达到 8 万多人。

建立较为系统、完善的区街居三级社区教育培训网络。区级层面,西城区社区学院建立了社区教育三级教育管理网络协调中心、市民终身教育学习中心、社区教育指导中心、学习型城区研究中心、终身学习成果认证中心为居民提供综合性教育服务;街级层面,"实体化社区教育学校体系项目"是西城区的重要创新项目。2005—2013 年,西城区政府先后利用教委资源为每个街道建立了一所实体化的社区教育学校,由教委和街道双重管理。除了纵向的社区教育网络,横向的教育网点也星罗棋布,正在拓展中的认证点不仅覆盖了西城区的主要街道、社区、社区教育学校,还涵盖了职业学校及部分文化单位和企业,正在转型中的职业学校开始面向企事业单位员工开展订单式培训。

走进社区的职业教育。从 2000 年开始,西城区陆续有职业院校教师走进社区,开展生活、就业技能等培训。到 2012 年,西城区专门将"职业教育进社区"项目列为创建学习型城区示范项目之一,建立了外事学校、实美职业学校、财会学校、实验职业学校、西城区青少年科技馆、宣武青少年科技馆六所职业技能培训基地,形成了四校两馆、覆盖全区的培训网点,辐射西城区 15 个街道及社区教育学校,突出发挥了职业学校和科技馆的软、硬件优势,有效弥补了目前社区教育学校资源不足的现状。

资料来源:朱敬一. 学习型城市建设的区域样本:来自北京西城的实践探索[N]. 人民政协报,2016-10-13.

(4) 保证所有市民均可参与学习。建立一个包容性的社会，提供平等机会，为所有市民提供充分的信息、指导和支持，创建、推广和维护以社区为基础的学习空间，识别和响应市民的学习需求和兴趣，制定鉴定、验证和认可学习成果的流程，特别是非正式学习成果。以灵活的形式为边缘化群体提供支持，包括有流动人口背景的家庭、有特殊学习需求的市民和失业人群。

专栏 7.23

杭州市萧山区"10分钟学习圈"助力新市民

2016年1月，杭州市政府出台《关于构建市民学习圈 大力推进终身教育工作的意见》，提出要统筹全市社区教育资源，着力构建全纳、开放、多样的终身教育体系，提升市民素养与生活品质，推动学习型城市建设；规划到2020年完成市、区县市、街道（乡镇）、社区（村）四级市民学习圈的构建，建成50个市级示范性"街道（乡镇）市民学习圈"。近年来，萧山区城市化发展迅速，大量进城农民成为新市民，为帮助新市民更好地适应、融入城市生活，萧山区根据经济、社会发展需要，以新市民为重点人群，以"10分钟学习圈"为载体，大力推进社区教育，助力新市民融入城市生活。

开展社区教育，学校是平台和基础。萧山区坚持"学有其校，校有保障"的思路，区和镇街两级政府每年投入2 000万元，构建了以萧山社区学院为龙头，镇街社区教育中心为骨干，行政村（社区）市民学校为基础的三级社区教育网络。同时，整合中小学教育资源，广纳博物馆、文化馆、图书馆、科技馆等公共文化资源，建成了100家农村文化礼堂以及信息平台"萧山学习港"，形成了融社区教育和自主学习、实体学习和网络学习、社区教育和社区文化于一体的"10分钟学习圈"，确保了居民步行10分钟可到达社区学校，车行10分钟可到达镇街教育中心。萧山区还积极创新学习载体，通过讲师团、成人高等教育、成人职业教育等方式建立了成人职业教育体系。自2010年以来，每年举办各类技能培训班8 700余个，培训新市民40余万人次，发放各类职业资格或技能等级证书1.8万张，转移农村劳动力1.4万余人。每年帮助3 000人获得本专科文凭、4 500人获得高中文凭及技能证书，12 000人摘掉了文盲帽子。

资料来源：杭州市萧山区"10分钟学习圈"助力新市民[N]. 中国教育报，2016-10-22.

(5) 建立监测与评估程序。对城市实施全民终身学习方面取得的进展和工作绩效进行持续监测和评估，建立记录进程、评估市民兴趣和需求及收集数据的机制，授权并定期发布报告，总结经验教训，并提出改善建议，确立一套通知所有利益相关方并收集反馈信息的共同战略(专栏 7.24)。

专栏 7.24

佛山市学习型城市综合评价

佛山市在学习型城市建设中把社区教育作为重要的抓手,2007 年创建了广东省内第一家市级社区大学,广播电视大学与社区大学融合发展,构建社区教育共同体,形成市、区、街镇、村居四级社区教育体系,建有完善的终身学习支持服务体系,开办的“南风讲坛”“南方创新论坛”“十五分钟阅读圈”“全民终身学习活动周”等活动特色突出,形成品牌。佛山市广播电视大学承担的中国成人教育协会“十二五”成人教育科研规划课题“学习型城市模糊综合评价模型研究”,根据佛山市经济、社会、科技发展的特点以及开展和实施学习型城市的现状,构建了包括 5 个一级指标和 15 个二级指标的评价体系(附录),通过应用多层析模糊综合评价方法和专家打分的方式,对佛山市学习型城市建设的阶段成果进行测量,计算出衡量学习型城市学习水平的综合评价值,更好地为佛山市学习型城市建设提供决策依据。

研究结果显示:学习资源值最高,说明不但传统学习资源比例增长,很多人学会使用新媒体,政府和相关教育机构不断对相关网站的内容多样化和增加新的学习方式,使学习变得更加容易;人均教育文化娱乐服务支出的增加,说明从业人口参与培训的比例增加,居民学习意识的增长。教育培训值最低,说明政府应该增加人们的教育培训机会,增加对培训机构的建设与投入。人口素质、城市竞争力和科技创新能力指标显示,佛山市进行学习型城市建设的人文基础较好,创建学习型城市取得一定成果。但佛山市城市竞争力和科技创新能力偏低,是当前佛山市学习型城市发展的薄弱环节。

佛山市学习型城市综合评价指标体系

一级指标	二级指标
人口素质	1. 大专以上人口比例 2. 平均受教育年限
学习资源	3. 公共图书馆藏书占总人口的比例 4. 每百户拥有电脑数(台) 5. 每百户居民家庭拥有移动电话数(部)
教育培训	6. 教育支出占地方财政支出的比例 7. 教育从业人口占总人口的比例 8. 人均教育文化娱乐服务支出(元)

续 表

一级指标	二级指标
城市竞争力	9. 人均地区生产总值(元) 10. 第三产业占 GDP 的比例 11. 信息传输、计算机服务和软件业增加值占第三产业增加值的比例
科技创新	12. 科学技术支出占地方财政支出的比例 13. R&D 内部经费支出占 GDP 的比例 14. 从事科技活动人员数占总人口的比例 15. 每万人专利申请授权量(项)

资料来源:郑飞. 学习型城市模糊综合评价模型研究[J]. 价值工程,2015(13):241-243.

(6) 保证资金供应的可持续性。拓宽学习型城市建设经费投入渠道,并以公平方式分配。加大对学习型城市建设的财政投入支持力度,企业依法履行职工教育培训和足额提取教育培训经费的责任,鼓励社会资金积极投入学习型城市建设,逐步形成政府、用人单位和学习者分担学习成本、多渠道筹措经费的投入机制,为进城农民工、新型职业农民、现代产业工人和退役军人等重点人群提供优质的继续教育服务。

4. 拓展“互联网+教育”下学习新空间

随着信息技术的快速发展,互联网与经济社会各行业、各领域之间的融合愈发深入,深度改变着人们的生产、生活和学习方式,基于互联网的新兴业态和服务供给模式不断涌现。“互联网+教育”创造和发展教育新生态,正在变革教与学的方式,在教室、学校、大学和其他教育机构之外出现了新的学习空间——在线教育和数字化学习。2015 年,国务院印发《关于积极推进“互联网+”行动的指导意见》提出加快发展基于互联网的教育服务,探索新型教育服务供给方式。“鼓励学校通过与互联网企业合作等方式,对接线上线下教育资源,探索基础教育、职业教育等教育公共服务提供新方式。推动开展学历教育在线课程资源共享,推广大规模在线开放课程等网络学习模式,探索建立网络学习学分认定与学分转换等制度,加快推动高等教育服务模式变革。”

“互联网+职业教育”通过互联网与职业教育的跨界链接,跨越了线上虚拟教育和线下教育实体的界限。第一,职业教育以培养技术技能人才和高素质劳动者为己任,使支撑经济转型和产业结构调整的重要基础,职业院校必须主动适应“互联网+”这一技术进步和生产方式变革的新趋势,紧跟“互联网+”对业态改造的逻辑,适应产业环境的变化和技术环境的变化,及时调整办学定位和思路,培养适应经济社会发展需求的高素质技术技能型人才。第二,职业教育横跨产业界和教育界,涉及许多不同的参与主体,有作为需求者的企业、作为接受者的学习者、作为投入者及监督者的政府、作为运营者的职业院校、作为评价者的第三方机构等，这些参与者的多元协同互动构成了职业教育的立体生态体系。“互联网+”在渗透和改变传统行业的同时，也改变着职业教育不同参与主体之间的关系，借助互联网技术和信息平台深化产教融合和网络化校企合作，采用虚拟技术再现企业生产真实场景，与真实生产场所实现远程同步教学等，提供开放的学习环境和优质的学习资源，打造全方位、立体化的学生实习、实训、培训、就业、创业及孵化等功能于一体的综合型“互联网+”职业教育平台。第三，传统的职业教育服务主要以线下服务为主，“互联网+教育”则使职业教育服务方式从线下服务转向线下与线上服务相结合成为一种必然选择。传统的以教师为中心的授课模式逐渐淘汰，职业教育应该更多是基于知识库、交互平台等为学生提供全方位、多元化、个性化的学习支持服务，教学大数据的集成、挖掘和使用，推动更深层次的教育教学信息化，大幅提升职业教育管理服务水平和质量。现代远程教育因其拥有大容量的优质资源平台、网络教学和学习环境，方便、快捷的双向交互手段以及教学过程的智能化和个性化等特征，将为职业教育适应互联网作用下的变革提供巨大的想象空间，职业教育与远程教育有效联结将成为职业教育发展的创新模式，通过加强两者间的沟通和交流，实现职业教育开放性、共享性、服务性，提升职业教育的教学质量和吸引力。

专栏 7.25

全国职业院校互联网学习专项调查表明职业教育信息化比较薄弱

为充分了解职业教育信息化建设及职业院校学生互联网学习现状，2016 年教育部职成司组织了专项调研，从职业院校的互联网学习可接入性、学习环境、学习服务、学习动机、学习类型、学习效果、学习体验等七个维度，开发全国职业院校互联网学习监测信息系统，实现在线采集关键数据和动态信息，通过数据挖掘形成研究支撑资源。调研覆盖全国 29 个省(区、市)，参与调研的中高职学校共 1 967 所，参与调研的学生人数 198 744 人，其中有效的院校问卷 1 611 份，有效的学生问卷 197 303 份，有效率分别达 81.90%和 99.27%。调查表明：

——职业学校支持互联网学习的基础建设还不到位，职业院校校园主干带宽、无线校园覆盖率、百名学生拥有计算机数量、可上网教育占比、网络教学/学习平台、在线课程数量等多项指标，与职业教育信息化建设目标、满足互联网学习规模需求的空间相比，还有较大的差距。校园互联网接入率(88.14%)接近 90%，但还未达到“运行流畅、功能齐全”的要求；无线校园覆盖比例(66.60%)还需要提高；37.71%的学校每百名学生拥有计算机台数在 15 台标准以下。

——参与调研学生对互联网学习途径、学习方式与方法等方面还存在相当大差距。有17.01%的学校没有网络教学平台、教学资源管理平台、网络考试系统等教学资源应用系统;在线课程学习资源还很有限,只有5.21%的学校提供的在线课程数量占学校所有课程的比例超过50%;职业院校学生互联网学习的比例,仅有32.50%的学生经常(每周4天以上)通过互联网学习。在校园网上选择提供的课程进行学习的学生比例为37.31%,这部分学生只选择上课课程的占50.32%,会选择本校其他课程的占39.11%,会选择其他学校课程的10.56%,27.61%在公共网络学习平台上浏览及选择课程。只有36.37%的学校教师给学生提供线上线下辅导,64.68%的学校教师没有线上辅导。74.18%的学校校本在线课程或教学资源无共享服务而只在本学校范围内使用;只有12.73%学校完全开放共享;12.35%学校在共建共享单位之间共享。

资料来源:耿洁,刘宏杰.职业教育互联网学习的现状与对策研究——基于全国职业院校互联网学习专项调研的分析[J].中国电化教育,2017(6):30-34.

职业教育作为一种旨在提升个体职业素质和职业胜任力的教育,基于互联网的工作场所学习即数字化学习可以成为职工终身学习的主要方式。工作场所数字化学习是面向成人的学习,具有问题导向性、自我导向性、经验主义学习的特征,其学习过程是通过学习者与计算机、网络之间的信息交互完成的具有人力资源开发属性,提升个人的知识与技能,最终提升个人绩效和组织绩效,具有提高职工培训的覆盖率、解决工作与学习之间的冲突、降低培训成本、促进个性化学习、实现智能化培训管理等方面的价值和优势。[41]虚拟现实技术的飞速发展,具有高仿真功能的三维互联网软件的诞生,使得学习者能够依赖于网络平台的虚拟工作场所去体验各种情景下的工作能力,通过模拟演示,还可以有效减少由真实环境代价高、危险性大及不可重复等因素而导致体验学习效果受制约的现象。不仅如此,通过网络虚拟平台,不同经验层次的人员可以聚集在一起,来实现组织学习需要的满足,在线学习成为学习型企业一种有效的培训途径。

专栏7.26

中国邮政集团公司"基于互联网的实操技能训练系统"项目获得2014年度美国人才发展协会(ATD)"卓越实践奖"

随着中国邮政企业经营和业务处理信息化程度的不断提高,这就需要员工熟练掌握企业的生产业务系统操作,如采用传统的集中讲授+机房训练模式,其培训人数、培训时效性和经济性都无法满足企业要求。中国邮政集团公司面对庞大而分散的员工队伍,为降低培训成本、解决工学矛盾,集团公司应用现代信息技术与远程培训技术,在邮政远程网的基础上，于2010年7月开通了中国邮政网络学院，通过建设一个大规模、低成本的业务操作模拟训练环境，在正式系统外搭建一套与正式系统完全一致的系统，并开发一套基于PC机浏览器的访问方式。员工在已设置好的安全网络环境中，使用自己在中邮网院培训系统上注册的账号和密码，利用仿真终端软件登录各模拟操作系统进行岗位模块化练习及考评工作，系统对学员操作的全部信息进行收集分析。该系统通过建立与生产系统相同的仿真应用环境，打破了原有业务系统对终端设备和特定网络的限制，给员工提供了一种低成本、便于访问且能快速有效提高员工上岗操作水平的大规模培训解决方案。自2013年3月上线至今，共完成56.7万人次的业务模拟训练。通过训练，93.2%的员工和81.6%的经理都认为该项目大幅提升了参与员工的系统操作熟练程度，99.8%的用户认为项目对自己的系统操作水平提高有帮助。经估算，该项目每年为企业节约培训成本2 000万元，按目前邮政企业的平均人工成本投入折算，相当于每年为企业节约人工投入305人。

美国人才发展协会评价："这是一个相当出色的项目。需求分析阶段的成果为后续开发建设提供了动力。实践设计的层级很适合于本组织。实践的设计不仅获得了内部实施团队的支持和认可，也获得了员工的认可。"

资料来源：我们捧回"全球培训业的奥斯卡"啦！[N]. 中国邮政报，2015-5-27.

互联网技术应用到学习型城市建设中对社区教育发展起到了重要的推动作用。互联网技术的介入，使社区教育体系中的教育资源可以实现网络化、数字化，以学习者为中心，个性化的推送学习资源，实现学习者的差异学习，能实现终身学习随时、随地、随需的理念，方便社区成员可以随时随地地上网查询和学习相关资料，激励更多的社区成员自觉学习（专栏7.27）。

专栏7.27

杭州市利用信息技术助推学习型城市建设

杭州市结合智慧城市建设，推进在线学习，慕课、微课等学习方式更加流行，市民学习更加便捷、个性和信息化。2015年10月，杭州市数字化学习平台正式上线，对社区学院网上学习资源和杭州图书馆平台资源进行整合，通过征集新创、整理改造、买断移植等途径，组建贴近市民实际需求的终身学习课程资源库，课程内容涵盖文化涵养、职场发展、家庭教育、投资理财、养生保健等十大类别，通过举办讲座、微课制作大赛、与媒体合作开展学习策划与推广等途径，积极鼓励市民参与网上学习。到2016年7月，已有注册学员 22 930 人，提供 387 门在线免费课程，让市民享受到了便捷的学习服务。据统计，杭州使用电脑网络和手机终端等的人群占到了 90%以上，共有 89%的市民选择媒体进行数字学习或数字阅读。

资料来源：1. 杭州市教育局. 杭州市稳步推进市民数字化学习服务平台建设工作[EB/OL]. http://www.zjedu.gov.cn/news/146831197933524213.html.
2. 慕课、微课将使学习更加便捷和个性化[N]. 商报，2016-11-16.

二、终身学习"立交桥"与学分银行制度

在终身学习框架下，学习和教育可以通过多种途径和形式在不同的场合中进行，国外都在积极探索和实践如何认证人们在非学历、非正规、非正式和无一定形式学习中所获得的学习成果。经合组织在《资格认证体系：通向终身学习的桥梁》报告中强调，学习成果认证是终身学习政策制定和推行中最为关键的，构建终身学习成果认证制度可以使人们的学习成果得到公平、正当的评价和尊重，对于激发人们的学习动机、加速学习型社会的构建具有重要意义。[42]联合国教科文组织终身学习研究所研制并发布了《非正规与非正式学习成果的识别、验证和认证指南》(2012)，以指导各国的相关研究和实践。[43]欧盟委员会也出台了类似的认证指南。

目前有关学习成果认证制度，世界上主要有三种模式：第一种是国家资格框架制度模式，是在对各类学校的学历资格与社会各种职业所需要的资格证书进行整合的基础上，实现普通教育、职业教育与继续教育之间的学分积累、互认以及转换，由此搭建灵活弹性的终身学习阶梯。如欧盟的欧洲终身学习资格框架(EQFL)和学分转换与累积系统(ECTS)。资格框架设置从低到高八个等级资格水平，每一级资格水平均从知识、技能和素养三个维度进行描述，对与该级资格水平相关的学习结果的界定，能有效地认证正规、非正规和非正式学习成果，从而促进公民在不同国家、不同工作和不同教育机构之间流动。到 2015 年，世界上已有 154 个国家和地区建立了或正在建立国家资历框架。[44]第二种是高等学校之间通过签订协议，建立学分互认和转换的模式。如美国从社区学院向四年制本科大学的转学通道和学分认可机制，在州一级政府的协调下，学校之间的转学课程协议或合作协议、通用课程编码体系、选课平台等为学生流动和学分认证提供便利条件。第三种是始于韩国的"学分银行"模式，通过设立国家学分银行(ACBS)，将正规教育系统之外的六类学习成果进行认证并授予学分，这六类学习成果包括经认证的教育/培训机构学习的课程、职业资格证书、通过学士学位自学考试、修读高校非全日制课程、获得高校本科/专科学分、掌握重要非物质文化遗产相关技能等，认证标准是以专业为单位的标准化课程体系，学生累计的学分达到一定要求，即可获得由教育部长或协议大学校长签发本、专科文凭证书。到 2016 年，韩国学分银行中的学习

者已达到 1 276 607(包括大专和本科),具有鉴定学分资格的学分银行机构达 492 家。[45]

近年来,我国也在不断探索终身学习体系建设,积极开展终身学习成果认证、积累与转换工作试点。2010 年,中共中央、国务院颁布《国家中长期教育改革和发展规划纲要(2010—2020 年)》提出了 2020 年基本形成学习型社会的目标,并提出要促进各级各类教育纵向衔接、横向沟通,搭建终身学习"立交桥",为学习者提供多次选择机会,满足个人在终身发展中对学习多样化的需求。同时,还提出建立继续教育学分积累与转换制度、实现不同类型学习成果的互认和衔接等。2014 年,国务院印发《国务院关于深化考试招生制度改革的实施意见》提出:"探索建立多种形式学习成果的认定转换制度,试行普通高校、高职院校、成人高校之间学分转换,实现多种学习渠道、学习方式、学习过程的相互衔接(图 7.4),构建人才成长'立交桥'。"同年,教育部等七部门下发《关于推进学习型城市建设的意见》提出推进各级各类学校(教育培训机构)实行学分制,积极开展终身学习成果积累与转换工作试点,拓宽终身学习通道。2016 年 3 月,全国人大四次会议审议通过的《国民经济和社会发展第十三个五年规划纲要》提出:"建立个人学习账号和学分累计制度,畅通继续教育、终身学习通道,制定国家资历框架,推进非学历教育学习成果、职业技能等级学分转换互认。"2016 年 9 月,教育部印发《关于推进高等教育学分认定和转换工作的意见》提出,普通本科院校、高职院校与成人高校等各类高校学生,除学习本校课程获得学分外,还可通过学习外校课程、参加高等教育自学考试、转换非学历学习成果等方式获得学分,其他社会成员可通过学习高校课程、参加高等教育自学考试、转换非学历学习成果,经所申请的高校认定后获得学分。到 2020 年,高等教育学分认定和转换体系将更加完善,国家级公共服务平台初步建成,人才成长"立交桥"逐步完善,继续教育、终身学习资源更加丰富、方式更加灵活、渠道更加畅通,为基本形成全民学习、终身学习的学习型社会提供有力支撑。

目前一些省(区、市)、高校或行业企业已先行开展学习成果认证方面的探索,北京市、上海市、江苏省、广东省、云南省以及国家和上海、北京、江苏等地广播电视大学作为改革试点单位,正在探索开放大学新的建设模式和尝试建立不同类型学习成果的认证、评估与转换制度,取得初步成果。其主要路径和经验如下。

(1) 出台区域性的政策法规,建立组织管理机构。以立法形式推进和实施终身学习,可以确保学习成果认证的合法性、有效性和权威性。如上海市《终身教育促进条例》作为规范终身学习的地方性法规,提出:"本市逐步建立终身教育学分积累与转换制度,实现不同类型学习成果的互认和衔接。成人高等教育同等学力水平同类课程的学分可以在各类成人高等教育机构之间相互转换。普通高等学校的普通高等教育课程的学分,可以转换为电视大学、业余大学等的成人高等教育同等学力水平同类课程的学分。”2012 年，上海市教育委员会《关于成立上海市终身教育学分银行的通知》明确学分银行是面向全体上海市民，开展继续教育学习成果认定、积累和转换的平台，市民学习能力认证的平台，市民终身学习成果记录平台。学分银行管理委员会是学分银行的决策机构，学分银行专家委员会是学分银行的咨询机构，学分银行管理中心设在上海开放大学，各区县设立学分银行分部负责受理相关业务。作为国内首家成立并运行的省级学分银行，到 2017 年 8 月，全市建有 20 个分部和 68 个网点，储户人数达 232 万人。[46]

(2) 制定认证标准体系，明确工作流程。学习成果认证、积累和转换制度标准体系包括基础标准和工作标准两部分，基础标准主要包括资格标准、认证单元标准、学分标准、转换规则等；工作标准包括业务规范、规程和流程等。为此，需要建立科学、公正的学分认定（包括考核评价标准、评价结果的审核、登记、复查）制度、学分登录（包括注册开户、学分存入登记等）制度、学分查询制度、学分完成后的毕业制度和在不同学习教育机构之间的转换等有关制度。[47]如国家开放大学学分银行建设选择基于资格框架为引领的制度模式和“框架 + 标准”的技术路径，形成了操作工具和方法，包括手册类、规程类、办法类和评价标准类，推进了非学历与学历教育学习成果的转换和不同层次学历教育之间的纵向衔接。学习成果框架共分 10 个等级，从第一至第十，第一级为最低级，第十级为最高级。各个等级的成效特性，由一套学习成果等级指标加以描述，根据我国国民经济行业分类标准，框架中的学习成果分属于 20 个行业领域。同时，根据学习成果的不同呈现形式，可将其分为学历教育学习成果、非学历教育学习成果和无一定形式学习成果三种类型。学习成果框架中各个等级学习成果的成效特性，由一套学习成果等级指标加以描述，等级指标描述指明该等级对应的每个学习成果所承载的知识、技能以及能达到的能力水平。学习成果参照等级指标描述，确定其在学习成果框架中的等级。学习成果框架通过相关标准和规范，有效提高了学习成果的透明性，可比性和转换性。目前国家开放大学正在重点推进的项目包括教师终身教育学分银行建设项目、继续教育学习成果认证、积累与转换试点、高等职业教育学习成果积累与转换试点等。

(3) 构建终身学习服务平台，建立个人终身学习账户。搭建信息技术系统平台，实现教学、管理、服务一体化，为学生注册、学习、考试、学分存储等提供一站式在线服务。整合各类学习资源和平台，形成优质课程“超市”，方便学习者选择学习；搭建学习成果学分存储、认定和转换公共服务平台，建立个人学习账户，如实记录、存储学习者在不同学校或渠道获得的学习成果；建设质量保障体系，监督在线平台的课程质量、教学与学习过程、学分认定和转换结果，保障学习者权益。如北京市于 2016 年开始启动“学分银行”建设工程，分阶段为 500 万市民建立终身学习账户，发放“京学卡”，建立市民终身学

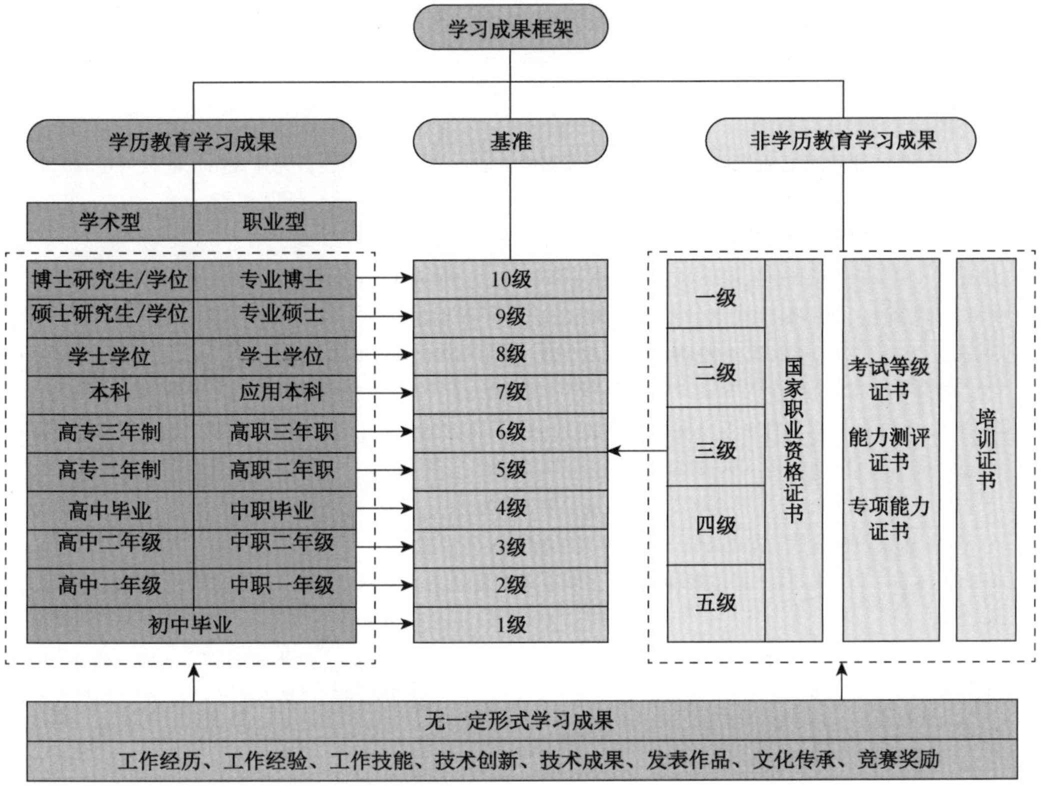

图 7.4　国家开放大学学习成果框架

资料来源：国家开放大学学分银行. 学习成果框架[EB/OL]. http://cbouc. ouchn. edu. cn/gkcms/wwwroot/cbank2/kj/xxcgkj/index. shtml.

习档案，为普通高校、职业院校、成人高校之间学分积累与转换提供平台。同时，与行业企业合作共同开发行业能力标准，作为课程标准和学习成果认证的基础，推动办学主体之间学习成果的合理互认和相互衔接，提供学习成果积累与转换服务。[48]

总的来说，我国在终身学习和建立不同类型学习成果的认证、评估与转换制度方面，还处在起步和摸索阶段，目前主要是对普通学校、职业学校学历教育所获得的课程学分认定、累积与转换做了一些工作，而对学习者通过培训、自学等非学历和非正规教育以及通过实践等途径获得的学习成果的认证、累积及与学校相关专业学历教育学分的沟通、转换则基本上还未进行，需要在部分地区和教育机构试点的基础上，研究和借鉴国外先进经验，在国家层面加快推进资历框架、学分认定、评估、转换制度（包括总体设计、标准、技术方案等）的研究和制定工作，加强各类教育机构所提供的课程质量的监督与评估,完善与终身学习理念和学分银行制度相配套的人才选拔、使用和评价机制,促进全体国民学有所教、学有所成、学有所用,加快形成全民学习终身学习的学习型社会。

参考文献

[1] 周正. 消极发展论与积极发展论之争——大力发展中等职业教育的必要性研究述评[J]. 职教论坛,2006(5):17-20.

[2] 石伟平. 比较职业技术教育[M]. 上海:华东师范大学出版社,2001.

[3] 教育部. 2016 年中职毕业生就业率达 96. 72%[EB/OL]. 2017-4-21,http://www. moe. edu. cn/jyb_xwfb/gzdt_gzdt/s5987/201704/t20170421_303035. html.

[4] 国家统计局. 2016 年农民工监测调查报告[EB/OL]. 2017-4-28,http://www. stats. gov. cn/tjsj/zxfb/201704/t20170428_1489334. html.

[5] 教育部. 2016 年全国教育事业发展统计公报[EB/OL]. 2017-7-10,http://www. moe. gov. cn/jyb_sjzl/sjzl_fztjgb/201707/t20170710_309042. html.

[6] 于志晶. "十二五"以来我国职业教育重大政策举措评估报告[J]. 职业技术教育,2017(12):10-32.

[7] 欧阳河. 未来职教重心应放在高职[N]. 中国青年报,2016-12-2.

[8] 国家发改委社会发展司,上海市教科院. 中国职业教育发展战略及制度创新研究[M]. 北京:中国计划出版社,2015.

[9] 广东省教育研究院. 广东教育蓝皮书——广东教育改革发展研究报告[M]. 广州:广东高等教育出版社,2017.

[10] 邵元君,匡瑛. 国家职业标准:中高职衔接中培养目标定位的重要依据——基于美英的经验[J]. 职教论坛,2012(28):51-54.

[11] Stefan Hummelsheim, Michaela Baur. 德国"双元制"初始职业教育与培训及其向亚洲转移的可能[J]. 教育展望,2014(2).

[12] 袁贵仁. 全国两百多个高校正在积极稳妥地推进转型试点工作[N]. 人民日报,2016-3-11.

[13] 徐瑞哲. 上海计划到 2020 年市属高校的六成专业完成应用型人才培养的定位转型[N]. 解放日报,2017-3-15.

[14] 教育部发展规划司. 高等教育学校(机构)数[EB/OL]. http://www. moe. gov. cn/s78/A03/moe_560/jytjsj_2015/2015_qg/201610/t20161011_284372. html.

[15] 应用技术大学(学院)联盟,地方高校转型发展研究中心. 地方本科院校转型发展实践与政策研究报告[R]. 2013-11,https://www. sogou. com/link? url = DSOYnZeCC_rLeEdbJ8z_pgzG6-3UXO0a6v75rjAyPHH9zGR_OaqRt01F_26FbsbLf8Cekb1q9iAdouMFti24HlK53QgBhpJDAR7mG_leOWg.

[16] 教育部. 关于"十三五"时期高等学校设置工作的意见(教发〔2017〕3 号)[EB/OL]. http://www. moe. edu. cn/srcsite/A03/s181/201702/t20170217_296529. html.

[17] 联合国教科文组织国际教育发展委员会. 学会生存——教育世界的今天和明天[M]. 北京:教育科学出版社,1996.

[18] 联合国教科文组织国际 21 世纪教育委员会. 教育——财富蕴藏其中[M]. 北京:教育科学出版社,1996:87.

[19] 经济合作与发展组织. 教育政策分析(2001)[R]. 谢维和,等,译. 北京:教育科学出版社,2003.

[20] 世界银行. 全球知识经济中的终身学习——发展中国家面临的挑战[M]. 国家教育发展中心组译. 北京:高等教育出版社,2005.

[21] 诺曼·朗沃斯. 终身学习在行动——21世纪的教育改革[M]. 北京:中国人民大学出版社,2006.
[22] 朱敏,高志敏. 终身教育、终身学习与学习型社会的全球发展回溯与未来思考[J]. 开放教育研究,2014(1):50-66.
[23] 张林. 学习型区域:信息时代区域发展新时代[M]. 北京:科学出版社,2006.
[24] Richard Florida. Toward the Learning Region[J]. Future, 1995,5:527.
[25] F. Boekema, K. Morgan, R. Rutten. Knowledge, Innovation and Economic Growth. The Theory and Practice of Learning Regions, Edward Elgar[J]. Cheltenham, 2000(25):3.
[26] 诺曼·朗沃斯. 学习型城市、学习型地区、学习型社区——终身学习与地方政府[M]. 欧阳忠明,马颂歌,陈晓燕译. 北京:中国人民大学出版社,2016.
[27] 罗伯特·哈钦斯. 学习型社会[M]. 林曾,李德雄,等,译. 北京:社会科学文献出版社,2017.
[28] 约瑟夫·斯蒂格利茨,布鲁斯·格林沃尔德. 增长的方法——学习型社会与经济增长的新引擎[M]. 陈宇欣,译. 北京:中信出版社,2017.
[29] 马颂歌,吴刚. 工作场所学习的类型辨析——历史渊源与理论模式[J]. 远程教育杂志,2016(1):19-27.
[30] Billett S. R. Authenticity and a culture of practice[J]. Australian and New Zealand Journal of Vocational Education and Research,1993(1).
[31] 周涛. 工作场所学习概念的解读与思考[J]. 职业技术教育,2011(7):53-56.
[32] 傅慧,朱仁宏,代吉林. 基于知识和学习能力的企业竞争优势研究[M]. 北京:经济科学出版社,2009.
[33] 赵怡雯. 中国企业大学数量已超2 000所[N]. 国际金融报,2013-12-11.
[34] 李鸿. 社会转型背景下的职业技能培训研究[M]. 苏州:苏州大学出版社,2014.
[35] 迈克尔·奥斯本. 彼得·凯恩斯. 学习型城市——发展包容、繁荣和可持续发展的城市社区[M]. 苑大勇,译. 北京:教育科学出版社,2016:2.
[36] 国卉男,吴遵民,韩宝磊. 中国学习型城市建设:从国际到本土的嬗越与重构[J]. 开放教育研究,2015(6):112-118.
[37] 张创伟,高志敏. 全球、全民与全面:《可持续学习型城市墨西哥声明》述评[J]. 教育研究, 2017(4):136-145.
[38] 联合国教科文组织终身学习研究所. 学习型城市主要特征[J]. ,2013(33):44-48.
[39] 刘建同. 建设有中国特色的学习型城市:进展与任务[J]. 职业技术教育,2015(34):57-59.
[40] 联合国教科文组织全球学习型城市网络. 学习型城市建设指南[EB/OL]. http://www.goschool.org.cn/d/file/zt/jkw/px/20160719/83df74982dd85b13c7edcd9ea78aa10f.pdf
[41] 吴峰,江凤娟. 工作场所数字化学习:特征、价值与模式[J]. 教育研究,2017(3):83-90.
[42] OECD. Qualifications systems: Bridges to Lifelong Learning[M]. Education and Training Policy, OECD Publishing: Paris, 2007.
[43] Unesco Institute for Lifelong Learning. Unesco Guidelines for Recognition, Validation and Accreditation of the Outcomes of non-formal and Lifelong Learning [EB/OL]. 2012-12-07, Http://unesdoc.unesco.org/images/0021/002163/216360e.pdf.
[44] 王海东,韩民. 学习成果认证制度相关概念及问题探讨[J]. 开放教育研究,2016(5):61-67.
[45] 张伟远,张璇. 推进终身学习和建立学分认证制度的最新发展与实践探索[J]. 终身教育研究,2017(2):11-16.
[46] 学分银行为终身学习架设"立交桥"[N]. 文汇报,2017-8-30.
[47] 郝克明. 终身学习与"学分银行"的教育管理模式[J]. 开放教育研究,2012(1):12-15.
[48] 牛伟坤. 北京将建终身学习"学分银行"为市民发"京学卡"[EB/OL]. 北京晚报,2016-11-04.

第八章

职业教育服务供给与投融资体制改革

新型城镇化发展对劳动者技能和素质的要求越来越高，而且在终身学习框架下，对提供更多、更好的职业教育服务的需求和支出都在不断增长。当然，这些支出不可能单靠公共资源得到满足，需要在公共和私人部门之间建立合作伙伴关系，明确政府、个人和社会在不同性质和领域的职业教育和培训服务中的作用和职能定位，同时适应城镇化进程中产业集聚和人口流动的特点与趋势，创新职业教育财政转移支付与学生流动相适应的管理机制，提供多样化的投资选择和服务供给方式，满足社会和个人多层次、多样化的职业教育需求。

第一节　职业教育的财政投入政策与成效

经费投入是职业教育发展的物质基础，按照公共产品的判定标准衡量，职业教育兼具公共产品和私人产品的性质，通常被界定为准公共产品，要求政府、社会和个人等利益相关者按照受益程度进行成本分担。职业教育类型多样，不同阶段的职业教育的准公共产特性不尽相同，以此决定能否纳入基本公共服务的范围，或者政府、社会和个人成本分担的比例差异。义务教育阶段的职业教育属于纯公共产品，如职业初中，由公共财政出资、免费向社会提供；义务教育阶段后的职业教育都属于准公共产品，其中属于高中阶段教育重要组成部分的中等职业教育，具有明显的外部效应，公共性较强，公共财政应承担较大比例；而属于高等教育的高等职业教育、高等专科教育，虽然具有一定的外部效益，但与受教育者的内部收益相比，则要小得多，私人产品的属性要强一些，为此个人应是高职类教育的主要负担者。[1]“十三五”期间，中等职业教育国家助学金、中等职业教育免除学杂费、职业技能培训和技能鉴定等被列入基本公共服务清单（表 8.1）。自改革开放以来，在宏观政策和法律法规的引导下，中央和地方不断加大职业教育投入力度，逐步形成了覆盖学校能力建设、学生资助、教师素质提升等全方位、普惠与特惠相结合的职业教育财政政策框架，有力地推动了职业教育改革发展。

表 8.1　“十三五”国家基本公共职业教育和培训服务清单

序号	服务项目	服务对象	服务指导标准	支出责任	牵头负责单位
5	中等职业教育国家助学金	中等职业学校全日制正式学籍一、二年级在校涉农专业学生和非涉农专业家庭经济困难学生；六盘山区等 11 个集中连片特困地区和西藏、四省藏区、新疆南疆	国家助学金每生每年 2 000 元，中央财政按区域确定家庭经济困难学生比例，西部地区按在校学生的 20%确定，中部地区按在校学生的 15%确定，东部地区按	中央和地方财政按比例分担：西部地区（不分生源地）以及中部、东部地区（生源地为西部的），中央与地方分担比例为 8∶2；对中部地区（生源地不是西部的）以及东	财政部、教育部、人力资源社会保障部

续　表

序号	服务项目	服务对象	服务指导标准	支出责任	牵头负责单位
		四地州中等职业学校农村(不含县城)学生	在校学生的10%确定	部地区生源地为中部的,中央与地方分担比例为6∶4;东部地区(生源地不是西部、中部的)分担比例分省(市)确定	
6	中等职业教育免除学杂费	公办中等职业学校全日制正式学籍一、二、三年级在校生中所有农村(含县镇)学生,城市涉农专业学生和家庭经济困难学生(艺术类相关表演专业学生除外),符合条件的民办职业学校学生	按各省(区、市)人民政府及其价格、财政主管部门确定的学费标准免除学杂费。公办中等职业学校,中央财政统一按平均每生每年2 000元标准,与地方按比例分担免除学杂费补助资金。符合条件的民办职业学校学生参照当地同类型、同专业公办学校免除学杂费标准予以补助	中央和地方财政按比例分担:西部地区(不分生源地)以及中部、东部地区(生源地为西部的),中央与地方分担比例为8∶2;对中部地区(生源地不是西部的)以及东部地区生源地为中部的,中央与地方分担比例为6∶4;东部地区(生源地不是西部、中部的)分担比例分省(市)确定	财政部、教育部、人力资源社会保障部
14	职业技能培训和技能鉴定	城乡各类有就业创业、提升岗位技能要求和培训愿望的劳动者	贫困家庭子女、毕业年度高校毕业生、城乡未继续升学的应届初高中毕业生、农村转移就业劳动者、城镇登记失业人员,以及符合条件的企业在职职工可按规定享受职业培训补贴;按规定给予参加劳动预备制培训的农村学员和城市低保家庭学员一定生活费补贴;符合条件人员享受职业技能鉴定补贴	地方人民政府负责,国家给予适当补助	人力资源社会保障部、财政部

资料来源:国务院关于印发"十三五"推进基本公共服务均等化规划的通知(国发〔2017〕9号)[EB/OL]. http://www.gov.cn/zhengce/content/2017-03/01/content_5172013.htm.

一、改革开放以来职业教育经费投入政策的简要回顾

回顾改革开放以来我国职业教育投入政策的发展,国家发展战略和教育政策再三强调政府作为推动职业教育发展的责任主体,加大财政投入力度;在组织实施中采取分

级推进、地方政府为主的原则，除公共预算外，中央财政先后以专项投入的方式，引导和支持地方不断加大投入力度（表8.2）。

表8.2　　改革开放以来职业教育投入相关政策

<table>
<tr><th rowspan="2">政策文本</th><th colspan="4">表述关键词</th></tr>
<tr><th>总体要求</th><th>中央人民政府</th><th>省级人民政府</th><th>其他</th></tr>
<tr><td>《国务院批转教育部、国家劳动总局关于中等教育结构改革的报告》（国发〔1980〕252号）</td><td>职业技术教育应有专项经费开支</td><td>—</td><td>各省、自治区、直辖市可根据实际情况，制定具体开支规定</td><td>—</td></tr>
<tr><td>教育部、劳动人事部、财政部等《关于改革城市中等教育结构发展职业技术教育的意见》（〔83〕教中字006号）</td><td>—</td><td>1983年中央财政对教育部门办的职业技术教育追加一次性补助费5 000万元</td><td colspan="2">各级人民政府在安排地方财政支出指标时，也应积极支持发展此项教育事业</td></tr>
<tr><td>国家教育委员会《关于职业中学经费问题的补充规定》（1986）</td><td>职业技术教育经费应列入地方教育事业费预算</td><td>—</td><td colspan="2">职业中学的基建投资亦应在地方教育事业基本建设投资中，统筹安排使用</td></tr>
<tr><td>国务院《关于大力发展职业技术教育的决定》（国发〔1991〕55号）</td><td>各级政府、各级财政部门、各有关业务主管部及厂矿企业等要从财力和政策上支持职业技术教育的发展，努力增加对职业技术教育的投入</td><td colspan="2">各级各类职业技术学校的业务主管部门要根据财力可能和事业发展的需要，商同级财政部门，制定本地区、本部门（行业）职业技术学校的生均经费标准</td><td>提倡利用贷款，有关部门要为职业技术学校使用贷款创造条件，并鼓励集体、个人和其他社会力量对职业技术教育捐资助学</td></tr>
<tr><td>《职业教育法》（1996）</td><td>国家鼓励通过多种渠道依法筹集发展职业教育的资金</td><td>国务院有关部门应当会同国务院财政部门制定本部门职业学校学生人数平均经费标准</td><td>制定本地区职业学校学生人数平均经费标准；决定开征的用于教育的地方附加费，可以专项或者安排一定比例用于职业教育。制定职业学校、职业培训机构对接受中等、高等职业学校教育和职业培训的学生收取学费的办法</td><td>—</td></tr>
</table>

续　表

政策文本	表述关键词			
	总体要求	中央人民政府	省级人民政府	其他
国务院《关于大力推进职业教育改革与发展的决定》(国发〔2002〕16号)	县级以上地方各级人民政府和国务院有关部门用于举办职业学校和职业培训机构的财政性经费应当逐步增长；在安排使用农村科技开发经费、技术推广经费和扶贫资金时，要安排一部分农村劳动力培训经费；安排农业基础设施建设投资时，要安排一部分农村职业学校和成人学校的建设经费	中央财政增加职业教育专项经费	制定本地区职业学校生均经费标准，依法督促各类职业学校举办者足额拨付职业教育经费	县级以上各级人民政府应支持企事业单位、社会团体、其他社会组织及公民个人按照国家有关规定设立职业教育奖学金，奖励学习成绩优秀的学生，资助经济困难的学生
国务院《关于大力发展职业教育的决定》(国发〔2005〕35号)	各级人民政府逐步增加公共财政对职业教育的投入；各级财政安排职业教育专项经费	—	制定本地区职业院校学生人数平均经费标准	中央和地方财政要安排经费，资助接受中等职业教育的农村贫困家庭和城镇低收入家庭子女
财政部、教育部《关于完善中等职业教育贫困家庭学生资助体系的若干意见》(财教〔2006〕74号)	地方财政投入为主，中央财政适当补助，加大对中等职业学校贫困生的资助力度	从2006年起，中央财政安排专项资金，建立中等职业教育国家助学金	各地财政要安排相应的专项资金设立助学金	
《国家中长期教育改革和发展规划纲要(2010—2020年)》(2010)	健全多渠道投入机制，加大职业教育投入	—	中等职业教育实行政府、行业、企业及其他社会力量依法筹集经费的机制	完善高等职业学校和中等职业学校家庭经济困难学生资助政策体系
财政部、发改委、教育部、人社部《关于扩大中等职业教育免学费政策进一步完善国家助学金制度的意见》(财教〔2012〕376号)	免学费补助资金由各级财政共同分担	中央财政统一按照每生每年2 000元的标准与地方财政按比例分担，其中，对西部地区，不分生源，中央与地方分担比例为8∶2；对中部地区，生源地为西部地区的，中央与地方分担比例为8∶2，生源地为其他地区的，中央与地方分担比例为6∶4；对东部地区，生源地为西部地区		—

续　表

政策文本	表述关键词			
	总体要求	中央人民政府	省级人民政府	其他
		和中部地区的，中央与地方分担比例分别为 8∶2 和 6∶4，生源地为东部地区的，中央与地方分担比例分省（市）确定。地方各级财政承担的免学费补助资金，由省级财政统筹落实		
国务院《关于加快发展现代职业教育的决定》（国发〔2014〕19 号）	各级人民政府要建立与办学规模和培养要求相适应的财政投入制度	—	地方人民政府要依法制定并落实职业院校生均经费标准或公用经费标准，改善职业院校基本办学条件。地方教育附加费用占职业教育的比例不低于 30%。 县级以上人民政府要建立职业教育经费绩效评价制度、审计监督公告制度、预决算公开制度	
财政部、教育部《关于建立完善以改革和绩效为导向的生均拨款制度加快现代发展高等职业教育的意见》（财教〔2014〕352 号）	坚持政府投入的主渠道作用，优化财政支出结构，不断加大财政投入力度，新增财政投入要向包括高职教育在内的职业教育倾斜	从 2014 年起，中央财政建立“以奖代补”机制，激励和引导各地建立完善高职院校生均拨款制度，提高生均拨款水平。举办高职院校的国务院有关部门是建立完善所属高职院校生均拨款制度的责任主体，并负责落实相关经费	统筹推动本地区全面建立完善公办高职院校生均拨款制度。2017 年各地高职院校年生均财政拨款水平应当不低于 12 000 元	鼓励企业和社会力量采取直接投资或捐赠等形式参与举办职业教育。 加大对农村和贫困地区职业教育支持力度
财政部、教育部、人社部《关于建立完善中等职业学校生均拨款制度的指导意见》（财教〔2015〕448 号）	建立完善中职学校生均拨款制度	中央财政通过“以奖代补”方式，引导各地建立完善中职学校生均拨款制度	地方是建立完善中职学校生均拨款制度的责任主体。建立完善省内中职学校生均拨款制度，明确经费分担责任，加大对辖区内困难地区的转移支付力度，督促和引导举办中职学校的市、县，落实生均拨款所需经费	覆盖全部所属独立设置的公办中职学校（包括普通中专、成人中专、职业高中、技工学校），以及高等职业学院附属中专班

续　表

政策文本	表述关键词			
	总体要求	中央人民政府	省级人民政府	其他
《国家教育事业发展"十三五"规划》(国发〔2017〕4号)	进一步完善各类教育预算拨款制度和投入机制，合理确定并适时提高相关拨款标准和投入水平	规范中央对地方的教育转移支付，着力加强重点地区、关键领域和薄弱环节	到2020年，各省要制定和落实区域内各级教育生均财政拨款基本标准	强化地市级人民政府对中等职业教育的统筹规划
《国务院关于推行终身职业技能培训制度的意见》(国发〔2018〕11号)	做好公共财政保障，多渠道筹集经费，建立政府、企业、社会多元投入机制	—	地方各级人民政府要加大投入力度，落实职业技能培训补贴政策	通过就业补助资金、企业职工教育培训经费、社会捐助赞助、劳动者个人缴费等多种渠道筹集培训资金

资料来源：根据相关资料整理。

占小梅、马树超将1980年以来我国职业教育经费投入政策方面的发展划分为四个阶段。[2]

(1) 1980—1991年：国家确立职业教育投入政策的初级阶段。在这一时期，国家明确提出要调整中等教育结构、发展职业教育，一是中央财政首次安排对职业教育一次性投入，并倡导企事业单位、业务部门、集体和个人等多元投入；二是首次在事业费中单列"职业教育经费"科目；三是首次提出各地应制定职业学校生均经费标准；四是首次明确提出适当收取学费用于职业教育的开支。

(2) 1992—2001年：逐步确立职业教育多渠道经费投入政策的具体化阶段。这一阶段的主要特征是从法律角度明确了多渠道投入的政策，使职业教育经费投入更加明确化和具体化。一是提出了通过收取学生学杂费、校办产业收入、社会捐资集资和设立职业教育发展基金等多种渠道筹措职业教育经费的政策；二是在法律上明确规定了地方教育费附加安排一定比例用于职业教育，地方应制定职业学校生均经费标准，并继续鼓励多元投入；三是提出政府和相关部门要逐步增加职业教育专款数额，在筹措职业教育经费方面形成了政策框架。

(3) 2002—2009年：形成中央财政引导、地方财政投入为主的多渠道投入政策阶段。这一阶段的主要特征：一是地方政府和国务院有关部门用于职业教育的财政性经费应逐步增长；二是中央财政增加职业教育专项经费，重点补助农村和中西部地区，重点支持技能型紧缺人才专业建设和师资队伍培养，强调落实企业职工工资总额的1.5%～2.5%用于职业培训；三是中央财政设立专项资金对职业院校实训基地进行扶持，实施国家示范性高职院校建设计划；四是进一步落实一般地区城市教育费附加用于职业教育的比例不低于20%，普及义务教育的地区不低于30%；五是建立了体现教育公平的国家奖、助、减、免等资助制度。

（4）2010年至今：期待职业教育经费保障机制形成的历史阶段。在这一时期，在职业教育经费筹措机制中以政府投入为主的财政投入机制、职业院校生均拨款制度、职业教育学生资助政策体系、公益性农民培养培训制度等制度性保障开始逐步健全，中央和各级地方政府在发展职业教育中的责任进一步明确，促进职业教育公平和有质量地发展。

二、职业教育财政投入概况与成效

在中央财政的引领下，地方各级财政持续加强职业教育投入，政府投入的主渠道作用日趋明显，职业教育促发展、促公平、保民生的目标日益达成。下面重点考察2005—2014年我国职业教育经费的投入总量及结构变化状况。

1. 职业教育财政投入总量大幅度增长，占教育经费总投入的比例逐步提高

2005—2014年，我国包括中职和高职高专在内的职业教育财政性教育经费从426亿元增长到2 557亿元，十年间增长了5倍，占国家财政性教育经费的比例从8.25%提高到9.68%，占职业教育经费总投入的比例从45.34%提高到74.67%（图8.1）。中职

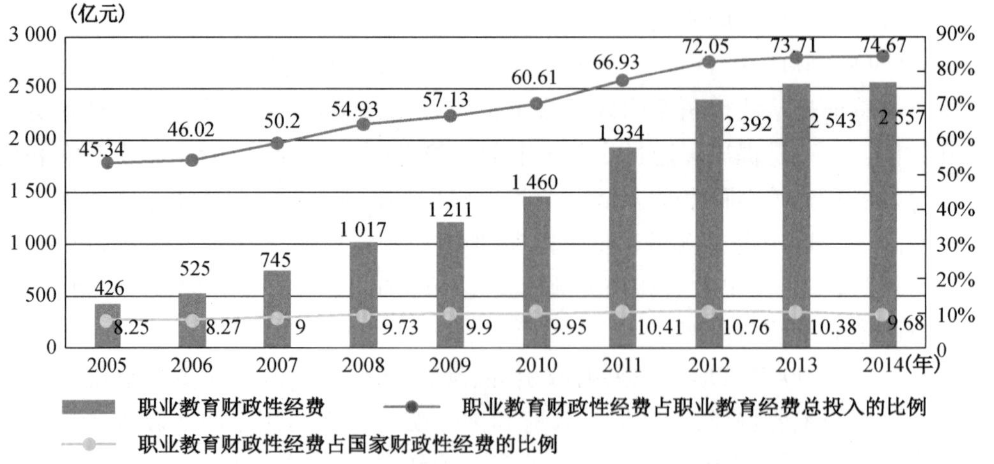

图8.1 职业教育财政性投入状况

资料来源：根据《中国教育经费统计年鉴》（2006—2015年）提供的数据绘制。

和高职财政性教育经费投入分别从 171 亿元、119 亿元增长到 1 647 亿元、909 亿元，分别增长了 8.6 倍和 6.7 倍。“十二五”期间，国家将“为农村学生、城镇家庭经济困难学生和涉农专业学生提供免费中等职业教育”纳入基本公共服务范围，2014 年中职财政性教育经费投入比重已达到 86.41%，比高职高出 16 个百分点以上（图 8.2）。

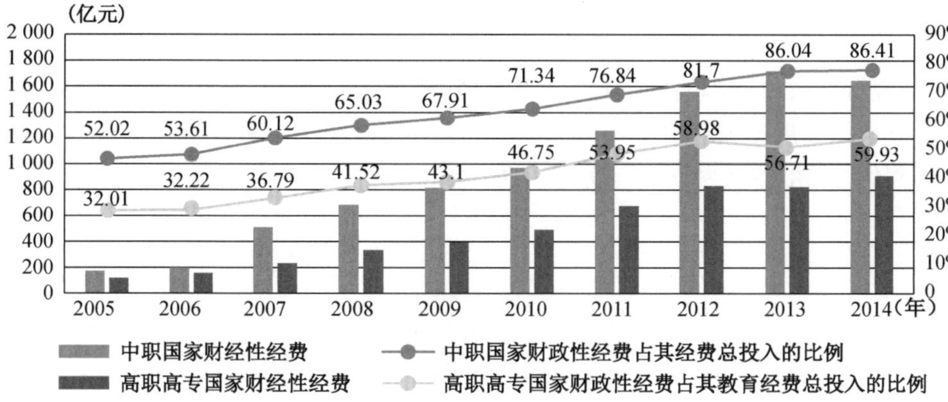

图 8.2　中职和高职专业教育财政性投入状况

资料来源：根据《中国教育经费统计年鉴》(2006—2015 年)提供的数据绘制.

2. 职业教育生均公共财政拨款制度基本建立，生均预算经费大幅增长

我国《职业教育法》第二十七条规定：“省、自治区、直辖市人民政府应当制定本地区职业学校学生人数平均经费标准；国务院有关部门应当会同国务院财政部门制定本部门职业学校学生人数平均经费标准。职业学校举办者应当按照学生人数平均经费标准足额拨付职业教育经费。”国务院在 2002 年、2005 年和 2014 年三次发布的发展职业教育的决定中，都明确各级地方政府要制定生均经费标准。2014 年 6 月，教育部、国家发改委、财政部等六部门印发《现代职业教育体系建设规划（2014—2020 年）》明确提出：2015 年底前，各地依法出台职业院校生均经费标准或公用经费标准。同年 10 月，财政部、教育部下发《关于建立完善以改革和绩效为导向的生均拨款制度 加快现代发展高等职业教育的意见》提出，2017 年各地高职院校年生均财政拨款水平应当不低于 12 000 元，从 2014 年起，中央财政建立“以奖代补”机制，综合奖补包括拨款奖补和改革绩效奖补两部分。2015 年 11 月，财政部、教育部、人社部联合下发《关于建立完善中等职业学校生均拨款制度的指导意见》提出到 2016 年底，各地应当建立完善中职学校生均拨款制度，并逐步建立生均拨款标准动态调整机制，中央财政通过“以奖代补”方式，引导各地建立完善中职学校生均拨款制度。截至 2015 年 12 月，全国所有省份均已出台了高职生均拨款制度，26 个省（区、市）出台了中职生均拨款制度。[3] 2005—2014 年，全国中职和高职高专生均公共财政预算经费支出分别从 2 859.24 元、2 959.08 元增长到 9 425.66元和 10 155.61 元，分别增长了 2.3 倍和 2.4 倍。[4] 职业教育生均拨款制度的建立为职业教育发展提供了刚性的制度保障。

3. 国家保障职业教育发展的政策工具更加多元化，中央财政专项经费投入不断加大

按照现行财政体制和职业教育“分级管理、地方为主、政府统筹、社会参与”的管理体制，地方承担发展职业教育的主体责任。近些年来，中央财政先后以专项投入方式，建立“以奖代补”机制（专栏 8.1），实施一系列重大项目，激励、引导乃至强制地方不断加大职业教育投入。[5]

专栏 8.1

中央财政建立“以奖代补”机制，激励和引导各地建立完善高职院校生均拨款制度

从 2014 年起，中央财政建立“以奖代补”机制，激励和引导各地建立完善高职院校生均拨款制度，提高生均拨款水平。中央财政根据各地生均拨款制度建立和完善情况、体现绩效的事业改革发展情况、经费投入努力程度和经费管理情况等因素给予综合奖补。综合奖补包括拨款标准奖补和改革绩效奖补两部分，由地方统筹用于支持高职教育改革发展。

拨款标准奖补根据各地提高高职院校生均财政拨款水平的具体情况核定。2017 年各地高职院校年生均财政拨款水平应当不低于 12 000 元。年生均财政拨款水平是指政府收支分类科目“2050305 高等职业教育”中，地方财政通过一般公共预算安排用于支持高职院校发展的经费，按全日制高等职业学历教育在校生人数折算的平均水平，包括基本支出和项目支出。中央财政统一以省份为单位考核，不要求对辖区内高职院校平均安排。2017 年以前，对于年生均财政拨款水平尚未达到 12 000 元的省份，中央财政以 2013 年为基期对各地生均财政拨款水平增量部分按一定比例给予拨款标准奖补。具体奖补比例，根据东部地区 25%、中西部地区 35%的基本比例以及各省财力状况等因素确定。对于年生均财政拨款水平已达到 12 000 元且以后年度不低于这一水平的省份，中央财政给予拨款标准奖补并稳定支持。2017 年，对于年生均财政拨款水平仍未达到 12 000 元的省份，除不再给予拨款标准奖补外，中央财政还将暂停改革绩效奖补；教育部将在下一年度招生计划安排时予以必要限制，并对其高校设置工作予以调控。财政部、教育部将从生均财政拨款制度建立与完善、预算安排等方面，加强对各地高等职业

教育投入情况的监测。

改革绩效奖补根据各地推进高职院校改革进展情况核定。从2014年起，教育部每年从优化专业结构、深化校企合作、加快教学改革与产业转型升级衔接、加强双师型教师队伍建设、鼓励社会力量兴办高职教育、提升高职院校社会服务能力等方面，对各地推进高职院校改革的进展情况进行监测。中央财政依据监测数据和相关统计资料，选取体现改革绩效导向的因素分配，并适当向高等职业教育改革成效显著的省份倾斜、向年生均财政拨款水平率先达到12 000元且稳定投入的省份倾斜。2014—2017年，改革绩效奖补资金规模根据中央财政财力状况和各地高等职业教育改革进展情况等因素确定。2017年以后，当各地年生均财政拨款水平全部不低于12 000元时，中央财政将进一步加大改革绩效奖补力度。

鉴于地方是建立完善中职学校生均拨款制度的责任主体，省级要统筹推动本地区全面建立完善公办中职学校生均拨款制度；中央财政通过"以奖代补"方式，引导各地建立完善中职学校生均拨款制度。

资料来源：财政部，教育部. 关于建立完善以改革和绩效为导向的生均拨款制度加快现代发展高等职业教育的意见（财教〔2014〕352号）[EB/OL]. 2014-3-30, http://jkw.mof.gov.cn/zhengwuxinxi/zhengcefabu/201411/t20141128_1161021.html.

（1）加强基础能力建设，提升职业教育质量。一是支持职业院校实训基地建设，改善职业院校落后的实习实训设备条件，提高学生实践能力。2004—2013年，中央财政共安排资金79亿元，支持建设了4 556个实训基地。二是支持职业学校教师队伍建设。2006—2014年，财政部会同教育部先后两期启动实施"职业学校教师素质提高计划"；2006—2014年，中央财政累计安排资金28.3亿元，在全国范围内对职业学校专业骨干教师进行培训，支持国家职业教育师资基地重点建设300个职教师资专业点。三是支持高等职业学校提升专业服务能力。2011—2012年，中央财政安排专项资金40亿元，推动全国独立设置公办高职院校重点专业建设，共支持974所独立设置公办高职学校重点建设了1 816个骨干专业。四是启动实施现代职业教育质量提升计划。2014年起中央财政建立"以奖代补"机制，激励和引导各地建立完善高职院校生均拨款制度，提高生均拨款水平。2014年，中央财政安排综合奖补资金64.9亿元。同时通过"以奖代补"方式安排40亿元，支持改善中职学校（包括民办学校）基本办学条件。

（2）支持中高职示范性学校建设，推进职业院校办学模式改革。从2006年起，财政部会同教育部启动实施了"国家示范性高等职业院校建设计划"，分两期共遴选了200所高水平高职院校进行重点建设。从2010年起，财政部会同教育部、人力资源社会保障部启动实施了"中等职业教育改革发展示范学校建设计划"，重点支持1 000所中等职业教育学校在校企合作、工学结合、顶岗实习等方面的改革。2006—2014年,中央财政累计安排示范院校建设资金150.8亿元,主要用于示范院校建设探索校企合作办学体制机制、工学结合人才培养模式、单独招生试点、增强社会服务能力、跨区域共享优质教育资源等方面。

(3) 建立健全国家助学制度,进一步增强职业教育吸引力。目前我国已逐步形成“以免学费为主,国家助学金为辅,顶岗实习、校内奖学金相结合”的中职国家助学制度框架。免学费覆盖范围已扩大到公办中等职业学校所有农村学生、城市涉农专业学生和非涉农专业家庭经济困难学生,占在校生的91.5%,一、二年级涉农专业学生和城乡家庭经济困难学生可以获得国家助学金。全国每年约1 000万名学生享受免学费政策,约320万名中职学生获得助学金资助。从2015年春季学期起,中职国家助学金资助标准由原来的年生均1 500元提高到2 000元。在高等职业教育阶段,符合条件的高职院校学生可以获得国家奖学金、国家助学金、助学贷款贴息等方面的资助。

(4) 加大支持力度,调动行业参与职业教育积极性。从2014年起,中央财政在教育部的部门预算中安排专项资金,支持职业教育行业指导委员会开展行业人才需求预测与专业设置研究、制定学生顶岗实习标准及指导教材编写开发等工作,充分调动行业参与职业教育的积极性,促进行业指导能力的建设。

4. 新型城镇化进程中人口流入和产业集聚区技能需求旺盛,推动地方政府不断加大对职业教育的财政支持力度

新型城镇化的核心是人口的非农化和市民化,提供技能和素质的职业教育起着关键性作用。一些实证研究表明,职业教育对城镇化发展具有明显的促进作用,提高了地方政府对职业教育的财政努力程度。杨顺光、李玲和刘雅奇基于2000—2013年全国31个省级面板数据的研究发现,城镇化进程推动了地方政府对中等职业教育的重视和财政投入努力,城镇化水平越高的地区,当地政府对中等职业教育的投入努力程度越高。[6]以2014年全国31个省级面板数据,分析地方政府对职业教育的重视和财政投入努力程度,以排除中央财政的转移支付的地方职业教育公共财政预算安排的经费投入占地方一般预算财政支出的比重来体现,发现在城镇化水平较高的东部沿海发达地区,地方政府对职业教育财政投入的努力程度较高(图8.3)。进一步对各地区职业教育财政投入占地方一般预算支出的比例和城镇化率之间关系的拟合分析发现,在诺瑟姆S曲线的城市化加速阶段(30%~70%),随着城镇化水平的提高,地方政府对职业教育的财政努力程度在提升(图8.4)。在现行财政体制下,地方政府承担主要的财政投入责任,因而地方政府的财政能力和努力程度决定了职业教育的发展水平。东部沿海地区一些人口流入和产业集聚的城市，面对"技工荒"和"人才荒"困境，地方政府已经意识到职业教育在城镇化进程中的重要作用，不断加大对职业教育的财政支持力度(专栏8.2)。

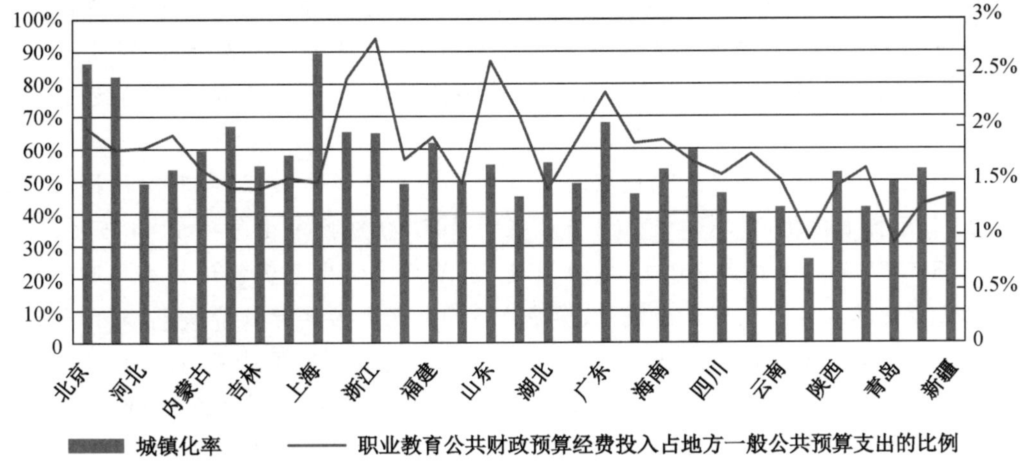

图8.3　全国各地区城镇化率与职业教育公共财政预算经费投入占地方一般预算支出比例之间的关系

资料来源：根据《国家统计年鉴》(2015)和《中国教育经费统计年鉴》(2015)提供的数据绘制。

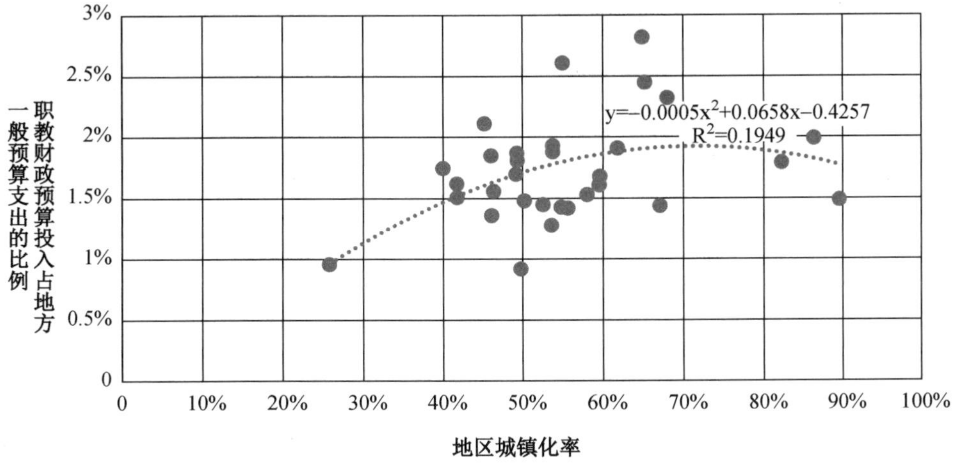

图8.4　全国各地区城镇化率与职业教育公共财政预算经费投入占地方一般预算支出比例之间关系的拟合图

资料来源：根据《国家统计年鉴》(2015)和《中国教育经费统计年鉴》(2015)提供的数据绘制。

专栏8.2

东莞市加大对职业教育财政支持力度为职业教育发展提供了有力保障

东莞是知名的"全球制造中心",产业基础雄厚,已形成一批集聚程度高、产业链条长、配套能力强的产业集群,发展职业教育对东莞人才培养和产业转型尤其重要。把发展职业教育、培养高素质技能人才纳入"人才强市"战略,加大财政投入为东莞职业教育发展提供了有力保障,为东莞产业技术人才供给和储备奠定了良好基础。

从2012年起,对公办职业院校实施全口径生均教育成本管理,高职院校按每生每年2.53万元标准拨款,中职学校根据专业耗材情况,分别按每生每年1.44万元、1.49万元、1.54万元的标准拨款。2013年9月起,东莞户籍学生免费就读公办中职。户籍学生读民办中职业可以获得部分减免,学费在3 500元内按实际收费减免,超出部分学生自付。在公办中职就读的外地学生,享有与本市户籍学生同等待遇,符合条件的按每生每年3 500元的标准减免学费。从2014年起,连续5年每年安排约3 000万元专项资金用于中职学校购置专业实训设备。2015年,东莞高职院校有3所,在校生23 800人;中职学校25所,在校生63 200人。

自2006年启动"创业东莞"工程,实施全民就业技能培训计划,依托职业院校、培训机构等,广泛开展各类职业技能短期培训,包括户籍农民转移就业培训、城镇失业人员转岗就业培训、新东莞人技能培训、企业职工岗位提升培训、退役士兵既能培训、大中专毕业生创业培训等。2011年,东莞市印发《关于进一步促进城乡居民就业创业的实施意见》提出,对户籍城乡劳动力(机关事业单位的公务员、管理人员、专业技术人员、工勤人员不纳入补贴范围,普通聘员及未转为普通聘员的临时工作人员纳入补贴范围)五年内提供累计最高额度为5 000元的培训资助,每次培训资助的额度在定额内扣减。

资料来源:根据东莞市实地调研材料整理。

三、职业教育财政投入面临的困难与问题

尽管近年来国家持续加大对职业教育的经费投入,但无论是投入的总量和投入的区域分布,还是职业教育的经费来源和支出结构,与职业教育事业发展还存在较大差距,尤其是财政资源分配与快速城镇化进程中的流动人口教育需求错位,降低了职业教育财政资金的使用效益。

1. 职业教育经费投入仍不能满足事业发展需要，与同阶段普通教育相比偏低

尽管近年来财政对职业教育的经费投入持续加大，但职业教育经费投入总量与事业发展规模不匹配。2014 年和 2005 年相比，尽管中等教育和高等教育学历教育在校生所占比例与公共财政预算内教育拨款所占比例趋向协调，中职在校生所占比例有所下降，财政预算内拨款占比有所提升，且中职生均财政预算内拨款数量一直略高于普通高中。高职高专与普通本科相比，在校生规模所占比例相差不大，但财政预算内教育拨款所占比例相差极大，且生均公共财政预算内教育拨款只有普通本科的 60.74%（表 8.3）。然而，世界银行 20 世纪 90 年代的研究表明，职业教育的生均成本应是同级普通教育的 2.53 倍，[7]职业教育经费投入严重不足。

表 8.3　　普通高中与中职、普通本与高职高专学生规模与财政拨款比较

类别	学历教育在校生数构成		公共财政预算内教育拨款构成		生均公共财政预算内教育拨款（元）	
	2005 年	2014 年	2005 年	2014 年	2005 年	2014 年
普通高中	9.36%	7.85%	10.03%	9.86%	2 114	9 283.81
中等职业学校	6.06%	5.70%	5.74%	6.11%	2 410	9 425.66
普通本科	3.30%	5.01%	20.06%	15.34%	6 795	16 719.34
高职高专	2.77%	3.27%	2.36%	3.39%	2 959	10 155.61

资料来源：根据《中国教育统计年鉴》（2005，2014）、《中国教育经费统计年鉴》（2006，2015）数据整理。

2. 省域间经济发展水平差异大，职业院校生均拨款执行标准差异悬殊

由于省域之间经济发展水平差异较大，一些地方基本上按照本地财力投入情况制定和执行生均拨款标准。2014 年，中职和高职高专生均公共财政预算经费支出，最高的北京和最低的河南分别相差 3.7 倍和 6 倍，总体上呈现出“中部凹陷”的东西中分布格局（图 8.5）。2015 年，在“分级办学、分级管理”的体制下，省域内中职由地市、县管理，各地市之间以及地市内县市之间生均经费拨款水平差异较大（图 8.6）；近半数的高职归地市管理，由市级财政负责，省级财政统筹力度不够，地市高职院校大多生均拨款水平不高。2015 年全国职业教育工作专项督导检查发现，个别省份有些县级职业高中经费补贴仅为省定标准的 32%；少数省份的市属高职院校生均经费只达到省定标准的三分之一。[9]

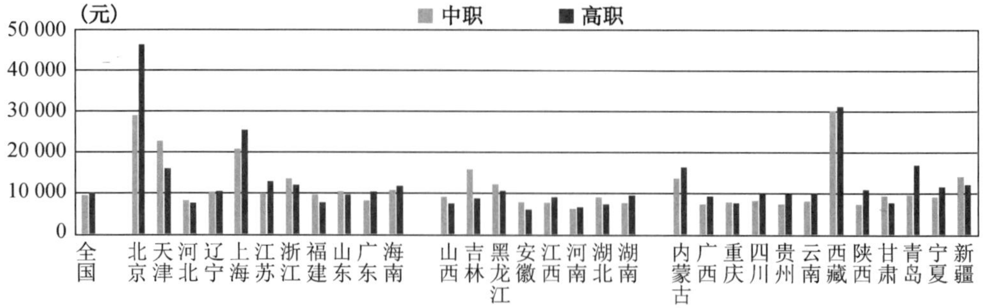

图 8.5　2014 年全国与各地中职和高职学校生均公共财政预算经费支出

资料来源：根据《中国教育经费统计年鉴》(2015)提供的数据绘制。

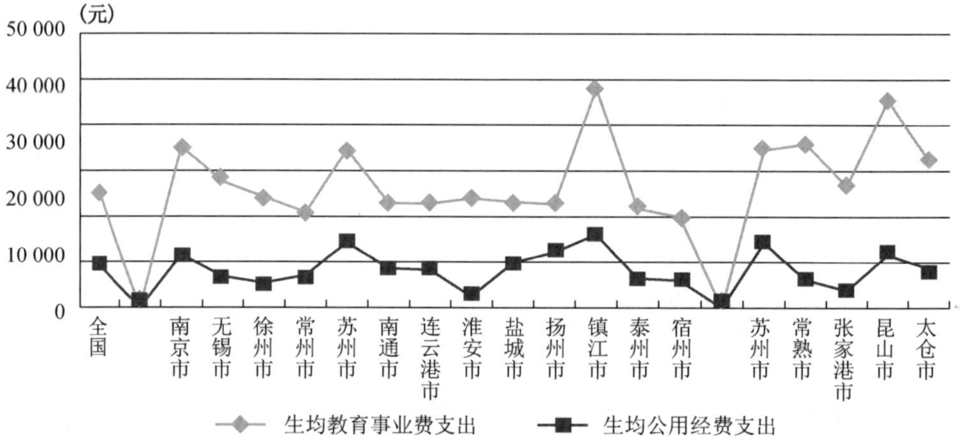

图 8.6　2015 年江苏省地市之间以及苏州县市之间中职财政拨款水平

资料来源：江苏省教育厅，江苏省统计局，江苏省统计局. 关于 2015 年江苏省地方教育经费执行情况统计公告(苏教财〔2016〕16 号)[EB/OL]. 2017-6-19，http://www.jsjyt.gov.cn/art/2017/6/19/art_4270_212325.html.

3. 中央财政职业教育投入方式改变，地方存在资金使用不合理现象

随着财政体制改革和教育领域综合改革推进，从 2013 年起，中央财政改变以往项目管理方式，采用“以奖代补”的形式，一次性下拨职业教育补助资金，具体分配使用由各省统筹。但省级在分配资金时，往往根据扶优扶强的原则，重点支持区域内发挥引领作用的公办职业院校，重点用于省属高职院校建立生均拨款制度和支持每个县重点办好 1 所标准化的中职学校；有些省份资金分配较为分散，存在“碎片化”和“撒胡椒面”现

象，甚至有的地方产生上进下退的“挤出效应”。[9]

4. 全面推进中职免学费政策进度不均衡，实施效果与政策预期存在差距

在中等职业教育逐步实现免学费的背景下，各地对中等职业教育的投入总量逐年递增，但在这背后存在着投入结构不合理、办学经费紧张、区域差异等问题。到2015年底，只有15个省(区、市)出台中职学生全部免学费政策。[3]地方财政作为中职教育的支出责任主体，受地方财政承受能力限制，一些地方落实情况不尽如人意。就总体情况来说，中职免收学费后，财政对职业学校的支出总量并没有同步增加，而是进行了结构性调整，相应减少了对学校基础设施类的项目支出，政府拨付的免学费补助主要用于保障学校的日常运转，包括水电气、维修、劳务、差旅等，很难再有经费用于学校专业建设和改善办学条件，很多发展中职内涵、提升软实力的政策措施变成“无米之炊”。有些外来人口流入地区为了减少本地财政负担，往往缩减了本地优质中职教育对非户籍学生的开放空间。[10]以江苏省为例，中职生均事业费支出与普通高中的比例在2008年为90.45%，随着2009年中职免费政策逐步实施后该比例呈逐年下降趋势，到2014年该比例仅为67.51%。[11]在佛山市，将中等职业学校纳入一类公益事业单位管理，主要或全部依靠政府财政拨款运行(表8.4)，原学校收费和服务社会收入中部分可以用于对师资的绩效补助项目取消，导致教师收入水平降低，学校服务社会的积极性下降。

表8.4　佛山市中职免费后部分学校经费来源结构

中职学校	2016年收入(万元)	来源结构				
		财政拨款	上级补助收入	事业收入	经营收入	其他收入
顺德区北滘职业学校	4 180	63.5%	29.76%	1.65%	4.94%	0.11%
顺德区陈村职业学校	4 160.12	97.15%	—	2.85%	—	—
顺德区容桂职业学校	3 750.95	98.7%	—	1.3%	—	—
南海区信息技术学校	8 263.17	8 263.17%	100.00%	—	—	—

资料来源：根据各学校网站信息公开资料整理。

5. 基于户籍制度的属地办学和投资体制，职业教育财政资源分配与产业集聚和进城务工人员职业教育需求之间存在空间错位

目前我国职业院校分布基本上是按照行政层级和区划进行设置，在基于户籍制度的属地办学和投资体制下，一方面，在农民工户籍所在地尤其是劳动力人口输出最多的中西部地区，地方政府及其所举办的职业学校正在为达到高中教育阶段大体相当的普职比要求、争取国家职业教育免学费补助资金而苦苦寻觅生源；另一方面，在

农民工的流入城市，基于户籍的公共教育服务制度却阻挡农民工不能就读当地政府举办和财政支持的职业院校，不能享有国家中等职业教育免学费补助等优惠政策，特别是中职免学费政策加重地方财政负担，导致流入地职业学校招收外地生源的动力不足。这种属地模式的职业教育发展布局与流动性的进城务工人员分布存在空间上的错位，尤其是以户籍为基础的职业教育投入体制既影响教育公平，更影响教育资源配置效率。

四、构建适应新型城镇化发展的职业教育经费保障机制

职业教育作为准公共产品，其所具有的公益性和普惠性特征，决定了职业教育是一种公共性程度较高的准公共产品，决定了国家财政要加大力度支持其发展。同时，在新型城镇化进程中，进城务工人员及其随迁子女对职业教育和培训的需求不断增加，且其流动性导致其受教育地域不再固定，职业教育的办学体制及其财政支付方式也应灵活调整。

1. 构建中央、省、市三级财政共担的新型职业教育财政体制，加大中央财政转移支付的力度

在我国现行的“分级管理、地方为主、政府统筹、社会参与”职业教育管理体制中，地方为主的政府统筹主体不断变化，如中职强化市级统筹，高职强化省级统筹，但并没有清晰界定各级政府统筹的职责范围尤其是财政责任。鉴于中等职业教育已纳入基本公共服务体系，中等职业教育经费保障机制的构建可以借鉴农村义务教育经费保障机制的经验，构建中央、省、市三级财政共担的职业教育财政体制。在强化市县政府承担职业教育经费责任的同时，适当加大中央财政分担职业教育投入的责任，加大中央和省级财政对产业集聚地区的职业教育的转移支付力度，根据各城市吸纳农业转移人口定居的规模，定向给予财政补助，补偿其由于招收流动人口而承担的成本，缓解由于人口跨区域流动给地方政府造成的财政压力。[12]国务院办公厅《关于印发基本公共服务领域中央与地方共同财政事权和支出责任划分改革方案的通知》，明确将包括中等职业教育国家助学金、中等职业教育免学费补助等 7 项基本公共服务领域列入中央与地方共同财政事权的支出责任，实行中央与地方按比例分担。自 2019 年 1 月 1 日起，实行中央分档分担办法：第一档地区包括内蒙古、广西、重庆、四川、贵州、云南、西藏、陕西、甘肃、青海、宁夏、新疆 12 个省(区、市)；第二档地区包括河北、山西、吉林、黑龙江、安徽、江西、河南、湖北、湖南、海南 10 个省；第三档包括辽宁、福建、山东 3 个省；第四档地区包括天津、江苏、浙江、广东 4 个省(直辖市)和大连、宁波、厦门、青岛、深圳 5 个计划单列市；第五档地区包括北京、上海 2 个直辖市。第一档地区中央和地方分担比例统一为 8∶2；第

二档，生源地为第一档地区的，分担比例为8∶2，生源地为其他地区的，分担比例为6∶4；第三档、第四档、第五档，生源地为第一档地区的，分担比例为8∶2，生源地为第二档地区的，分担比例为6∶4，生源地为其他地区的分担比例分别为5∶5、3∶7、1∶9。同时，调整完善转移支付制度，在一般性转移支付下设立共同财政事权分类分档转移支付。省级政府要考虑本地区实际，根据各项基本公共服务事项的重要性、受益范围和均等化程度等因素，结合省以下财政体制，合理划分省以下各级政府的支出责任，加强省级统筹，适当增加和上移省级支出责任。高等职业教育要进一步加强省级政府统筹力度，对高等职业教育投入给予普通本科"同等待遇"，中央财政通过转移支付、援助项目等重点支持中西部省份和东部困难地区，同时在保基本、补短板、体现公平的基础上，扶强扶特，推动地方政府加大职业教育投入，形成正确的导向机制和激励约束机制。

2. 制定职业院校生均经费拨款标准和动态调整机制，建立与办学规模和培养要求相适应的财政投入制度

制定实施职业院校生均拨款经费标准是建立健全职业教育投入保障机制的关键，省级政府要对区域内年生均拨款水平进行清晰的定义，明确生均拨款的构成、合理增长的路径和模式，通过多指标参数设计兼具公平和绩效的精细化拨款办法，针对不同类型学校、不同专业进一步细分生均拨款标准和系数，并进一步体现绩效导向，实行适度差异拨款政策，并保持动态增长机制。如江苏、浙江、河北、河南等地都探索实行差异化的生均拨款系数或引入绩效拨款系数，鼓励和引导职业院校加强内涵建设，注重办学效益（专栏8.3）。

专栏8.3

浙江省中职实施差异化生均公用经费拨款标准

浙江省在综合考虑全省职业教育实际投入水平和职业教育发展需求的基础上，以教育支出分类改革试点数据为依托，从2016年开始，确定全日制公办中等职业学校生均公用经费标准为2 500元/生×年，本标准将根据经济社会发展、物价水平变动等因素进行动态调整。各地要在省定基本标准的基础上，结合本地区经济社会发展水平、职业教育发展状况、专业成本差异、办学质量和规模、财力状况等因素，因地制宜、科学合理确定本地区中等职业学校的生均公用经费标准。具体计算公式如下：

某县（市、区）某校某专业生均公用经费标准＝省定基本标准×地区差异系数×专

业差异系数×其他系数

（1）地区差异系数。地区分类参照省与市县财政体制关于两类地区分类办法执行，一类地区系数为1，二类地区系数为1.2。

（2）专业差异系数。对同一地区不同类型的专业，根据其教学特点和办学成本等因素，确定三类不同的专业差异系数。一类：旅游服务类、财经商贸类、司法服务类、教育类、公共管理与服务类和其他类，系数为1；二类：轻纺食品类、农林牧渔类、资源环境类、信息技术类、休闲保健类、体育与健身类、医药卫生类、交通运输类、土木水利类、石油化工类，系数为1.3；三类：加工制造类、文化艺术类、能源与新能源类，系数为1.5。新设立专业系数按相近专业类别参照执行。

（3）其他系数。主要是规模系数、质量系数、办学特色系数。由各地自行确定。

各地已出台生均经费制度的，要确保实际生均公用经费水平不低于省定基本标准和目前实际投入的水平。未出台生均经费制度的，要抓紧按要求建立制度和出台标准。2016年底未出台政策的，将扣减相关教育专项转移支付。

资料来源：财政厅，教育厅，人力资源和社会保障厅. 关于中等职业学校生均公用经费标准的通知（浙财教〔2016〕3号）[EB/OL]. 2016-4-20，http://www.tzcs.gov.cn/zhengcefagui/zuixinzhengce/caizhenglei/shengji/45169.html.

3. 构建基于"税籍"和需求方为主的职业教育财政投入体制，建立职业教育转移支付与学生流动相适应的管理机制

从公共财政的受益原则而言，政府收取的税收本质上是其提供公共服务包括教育服务的价格，纳税人（包括居民和企业）在当地纳税，便有权利享受当地政府提供的教育服务，而且产业集聚地区往往经济发达，地方财力雄厚，主动向进城务工人员尤其是其中的常住人口开放当地的职业院校，将持有居住证的人口纳入基本公共服务保障范围，提供灵活多样的职业技能培训，由此形成的人力资本优势也能够推动本地产业升级和城市经济社会发展。对于跨区域教育问题，在职业教育事权和支付责任归地方的基本框架下，适当通过建立中央、输出地、流入地分摊费用机制，加大中央财政和省级财政对职业教育的财政转移支付或经费补助，应随职业教育对象的流动而流动，职业教育减免学费和学生资助利用信息化手段实现跨地域"可携带"、跨年份"可结余"。[12]支持集中连片特殊困难地区、限制开发区和禁止开发区初中毕业生到省（区、市）内外经济较发达地区接受职业教育，支持东部地区职业院校扩大面向中西部地区的招生规模。推进职业教育集团化办学，统筹成员学校的专业布局和培养结构，强化区域合作、城乡一体，支持优质职业教育集团开展跨区域服务，深化招生就业、专业建设、课程开发、资源共享、学校管理等合作，促进区域间职业教育协调发展。完善面向农民、农村转移劳动力、在职职工、失业人员、残疾人、退役士兵等接受职业教育和培训的资助补贴政策，积极推行以直补个人为主的支付办法或教育券制度，通过补助职业教育的需求方实现财政资源的合理配置。

专栏 8.4

成都市实行中等职业教育券，钱随券走、券随人走

成都市自 2009 年 9 月开始向具有成都市户籍的全日制中等职业学校在校一、二年级学生发放"中等职业教育券"，标准为每人每学年 1 200 元，当年惠及全市 8.9 万余名中职学生。学生持券到成都区域内具有招生资格、有资格收取中等职业教育券的全日制中等职业学校就读，学校按照物价部门核准的中等职业学校收费标准然后扣除学生所持中等职业教育券的面值收取学费。教育券所需经费根据区域经济状况，由市、区(市县)两级财政分担。

中等职业教育券发放及使用，对于中等职业学校一年级新生，成都户籍学生愿意就读中等职业学校的，于中考结束后(7 月 1 日至 7 月 30 日)登录成都市招办的成都招生考试网，同时打印中考成绩和成都市中等职业教育券，凭本人户口原件、中等职业教育券和中考成绩单到户口所在区(市)县乡(镇)政府、街道办事处确认户籍并加盖公章，生效后到学校报到注册。对于中等职业学校二年级学生，由就读的中等职业学校统一打印和发放第二学年的中等职业教育券，学生凭中等职业学校一年级学习成绩单和本人户口原件，在每年七月回户口所在地区(市)县乡(镇)政府、街道办事处确认户籍并加盖公章，生效后到学校报到注册。

资料来源：中职助学金问题解答[EB/OL]. 成都市教育局在线办事平台，http://service. cdedu. gov. cn/web/guest/fwzx-zyjy/-/articles/33158. shtml.

4. 完善职业教育投入督导检查和绩效问责机制，提高经费使用效益

加强对教育投入管理和使用情况的督导检查是教育督导的重要督政职能，教育部、财政部等部门应联合开展职业教育经费投入年度检查，相关部门实施审计监督公告制度和责任追究机制，制定职业教育经费投入绩效评价体系，对职业教育经费在预算分配、使用过程和投入效果方面进行监督、监控和评价，将绩效评价的结果作为上级政府财政转移支付和项目安排的重要依据，并与地方政府特别是主要责任人的政绩考核挂钩，督促地方政府切实履行教育投入责任。全面建立职业院校教育质量年报，公开办学条件、培养质量、经费使用等方面的信息。建立职业院校绩效拨款制度，根据企业用人单位对职业院校毕业生的评估、政府或第三方评价机构对职业院校办学

质量的绩效评价,决定政府拨款计划和资助力度,激励职业院校提供高质量的教育培训服务。

第二节　职业教育多元化投入的渠道和机制

改革开放以来,我国职业教育逐步建立和完善了以政府投入为主、受教育者合理分担、其他多种渠道筹措经费的投入机制,政府投入为主的主渠道作用在职业教育改革发展中起到了重要作用。但是,国内外经验表明,职业教育总体而言是全体社会成员都需要的一项准公共产品,需要充分调动多元主体的潜力和积极性,使国家、社会、企业和个人四个主体共同受益。2014 年 2 月召开的国务院常务会议部署加快现代职业教育,提出要“发挥好政府引导、规范和督导作用,充分调动社会力量,吸引更多资源向职业教育汇聚。”[13]整合社会资源,健全多元化经费投入制度,关键在于将相关主体的投入责任和权益尽可能明确,完善各项资金投入的相关体制机制。

一、完善企业举办和投入职业教育的体制机制

根据教育经济学成本—收益分析,职业教育主要的收益是学生在培训过程中以及培训结束后为社会产生的额外社会价值,如果受训者或者雇主得到了职业教育的收益,那么他们就要承担成本,但事实上经常有第三方,如其他工人、企业行业乃至整个社会受益。鉴于这种外部相关性,如果工人和雇主承担所有成本,那么职业教育将会出现供应不足的情况,因此职业教育需要其他渠道的支持,特别是政府,在一些职业教育主要以学校为形式存在的国家,政府会在资金筹措中起到很大的作用,雇主分担一部分的培训工作以及具有实习或学徒性质的教育培训费用。

1. 国际上鼓励雇主增加培训投资的机制

在国际范围内,主要有四种鼓励雇主增加培训投资的机制。①自由放任式机制。以盎格鲁—撒克逊国家(澳大利亚、英国、美国和加拿大)为代表,几乎不对雇主的培训行为进行任何强制规定,雇主根据自己的业务需求决定是否进行培训。②雇主高投入机制。以挪威、芬兰等斯堪的纳维亚国家为代表,法律明确规定了雇主有进行培训的义务。③行业培训基金。以荷兰为代表,针对具体的行业,以雇主和政府间达成的行业协议为基础创建的基金,为雇主开展培训提供资助。④征税方案。有两种方法:一是普遍征税,要求所有雇主或多数雇主向一项培训基金缴税,但同时它们也可以向该基金申请资金支持自己的培训活动,即征税—授予机制。二是要求那些没有达到特定培训投资标准的雇主向某项基金缴纳税款,即税收免除机制。如澳大利亚的“培训保障规划”即

是一种税收免除式方案，依据法案规定，发放工资额超过二十万美元的企业必须从其工资总额中至少拿出1.5%用于合格的培训，如果培训投入达不到这一标准，就要将差额部分交给澳大利亚税务局。[14]企业培训的筹资方式在很大程度上受各国不同经济社会结构和政策制度模式的影响（专栏8.5）。

专栏8.5

技能供给制度：职业培训“征税—补助”制度的十个逻辑步骤

英国学者克里斯·爱德华兹(Chris Edwards)提出了技能供给制度的分析框架，用来解释一些国家的职业教育培训模式差异及其存在的优势和不足，从政府和市场作用以及雇员、企业和政府合作关系的角度推论出最终导致职业培训“征税——补助制度的十个逻辑步骤：[15]

理论预设（第一步—第四步）：

第一步，竞争力 = f(全要素生产率)。即一个企业的竞争力是其单位产品成本的(减)函数，后者又是生产率的(减)函数。

第二步，在资本强度既定的情况下，生产率（和工资）= f(劳动力技能)，即对于既定的物质资本存量，劳动生产率是劳动力技能的函数。

第三步，劳动力技能 = f(培训，技能资格)。劳动力技能是培训或资格的函数。

由第二步和第三步推出第四步

第四步，生产率（和工资）= f(培训，技能资格)。生产率（和工资）是培训和资格的函数。为此，就必须存在一个促使雇主和雇员投资培训和获取技能资格的激励机制。而这种机制依赖特定的劳动力市场的作用，以及技能/资格的获取由谁来资助。

第五步，对于雇员？

- 通过低工资的学徒培训，或
- 通过支付工作场所外的培训（假定资格是普遍被接受的）

第六步，对于雇主？

- 更有可能的是较低的培训成本，相对于雇主的比较特殊的技能和较低的劳动力流动率。如果
- 没有低工资的学徒制，和
- 不确定的资格的价值，和如果
- 技能不是企业的特殊技能，和较高的劳动力流动率，那么

第七步，培训很可能是在社会理想水平以下，并存在鼓励搭便车、挖墙脚、偷猎的

现象。

第八步，政府提供和支付培训？

• 优势：这种集中的以供给为导向的培训

——能够利用培训的规模经济效益；

——可能会拣到“胜利果实”（预测新技能）；

• 不足：这种以供给为导向的培训可能与雇主（无论是公共部门还是私营部门）的需要不匹配。

第九步，雇主提供但政府支付培训

• 优势：

——能够提供相匹配的培训（以需求为导向）；

• 不足：

——“道德风险”问题（雇主能够可能以公共资助经费提供过度的培训），或者如果技能是雇主的特殊技能，政府可能会资助这个雇主提供的任何技能。

所以

第十步，征税—补助制度是最后的解决办法？

• 这种制度是或者雇主或者政府（二者密切联系起来）提供培训，但雇主通过工资税或者税收支付培训，然后通过补助的形式偿还准许或可以鉴定的培训的部分或全部成本。

• 优势：

——培训是“需求导向”型的；

——企业有采取“培训文化”的积极性，因为无论如何必须支付培训；

——在确保培训是“准许”方面，即适度水平时的管理费用问题。

资料来源：Chris Edwards. State Failure or Market Failure? The Ten Steps to a Levy-grant System of Vocational Training Skill Development for international Competitiveness, 1997.

2. 我国企业举办职业教育的投入政策与状况

企业参与职业教育是企业利用自身的资源参与职业教育的教育教学过程中，参与的形式有很多种，企业举办职业教育是其中之一，并在我国由来已久，企业举办职业教育曾是我国职业教育发展中的重要组成部分。1958 年，中共中央、国务院《关于教育工作的指示》提出“国家办学与厂矿、企业、农业合作社办学并举”的方针，开始将中央各部建立并直接领导的中等专业学校和技工学校下放给各部所直接领导的厂矿、企业管理，企业资金成为企业办职业学校的主要经费来源。1978 年技工学校恢复办学时，财政部颁布的《关于技工学校经费管理和开支标准的暂行规定》提出：“专业公司举办的技工学校，在公司经费中开支；大型企业举办的技工学校，在‘营业外支出—技工学校经费’项目中开支。”1981 年，中共中央、国务院《关于加强职工教育工作的决定》提出，企业职工教育的经常费用，大体可按工资总额的 1.5%掌握使用，在企业成本中开支。在计划经济时期，企业办职业学校经费来源于企业。1992 年，企业办学校教育经费为 48.50 亿元，占全国教育经费支出的 6.88%；财政预算内职业教育事业费 14.03 亿元，占国家财政预算内教育事业费支出的 3.09%。[16]

20 世纪 90 年代中期以后，随着市场经济体制改革深化和企业转换经营机制，推进企校分离，明确提出分离企业自办普通中小学，但许多企业也将其举办的职业学校转移到地方。2002 年，国务院颁布的《关于大力推进职业教育改革与发展的决定》强调：“要充分依靠企业举办职业教育。企业要根据实际需要举办职业学校和职业培训机构。”“城市教育费附加安排用于职业教育的比例不低于 15%，已经普及九年义务教育的地区不低于 20%，主要用于职业学校实验实习设备的更新和办学条件的改善。”“一般企业按照职工工资总额的 1.5%足额提取教育培训经费，从业人员技术素质要求高、培训任务重、经济效益较好的企业可按 2.5%提取，列入成本开支。”到 2005 年，《国务院关于大力发展职业教育的决定》提出：“依靠行业企业发展职业教育，推动职业院校与企业的密切结合。”“企业要强化职工培训，提高职工素质。要继续办好已有职业院校，企业可以联合举办职业院校，也可以与职业院校合作办学。”2010 年，中共中央、国务院颁布的《国家中长期教育改革和发展规划纲要（2010—2020 年）》提出建立健全政府主导、行业指导、企业参与的办学机制，鼓励企业加大对职业教育的投入。2014 年，国务院印发《关于加快发展现代职业教育的决定》提出“鼓励行业和企业举办或参与举办职业教育，发挥企业重要办学主体作用。”“企业要依法履行职工教育培训和足额提取教育培训经费的责任，一般企业按照职工工资总额的 1.5%足额提取教育培训经费，从业人员技能要求高、实训耗材多、培训任务重、经济效益较好的企业可按 2.5%提取，其中用于一线职工教育培训的比例不低于 60%。”

至此，企业举办职业教育在我国相关的政策文本中的表述经历了“与国家办学并举”到“充分依靠”“参与”再到“重要办学主体作用”的演变。而在实践中，企业举办的职业院校数量在减少，企业办学中企业拨款占全国教育经费的比例连年下降（图 8.7）。2014 年，企业举办学校拨款总数为 375 860 万元，在向各级各类教育机构的分配中，主要投入幼儿园和高职高专，分别为 31.16%和 28.78%，对中等职业学校的投入比较少（图 8.8）。

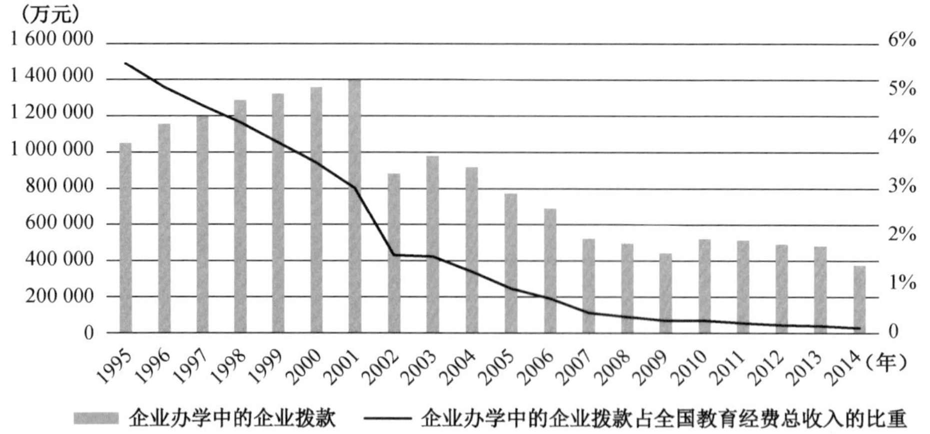

图 8.7　企业办学中企业拨款状况

资料来源:刘红. 经费投入视角下企业举办职业教育发展研究[J]. 教育学术月刊,2017(4).

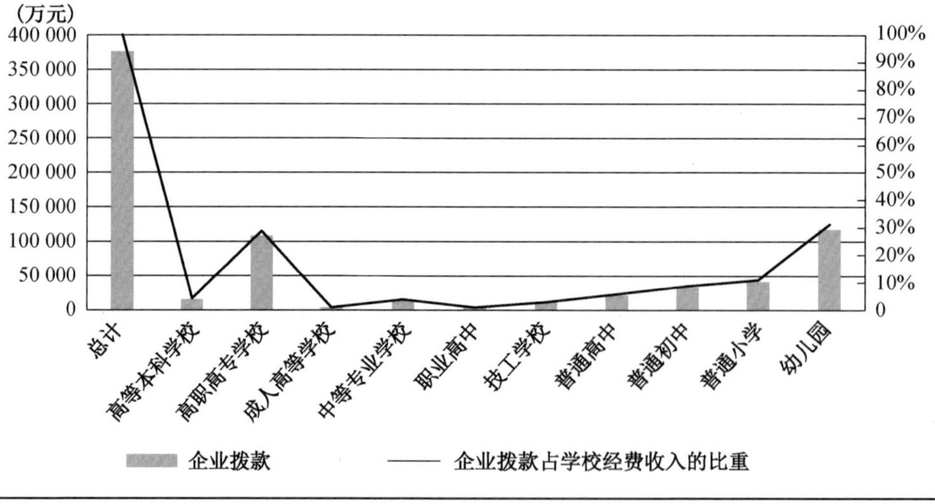

图 8.8　企业办学中各级各类学校中的企业拨款状况

资料来源:根据《中国教育经费统计年鉴》(2015)提供的数据绘制。

3. 促进企业参与和投入职业教育的政策

企业作为职业教育的办学主体,企业办职业教育已被证明在校企合作、学生实习实训、就业、师资队伍培养培训等方面具有天然的优势,属于优质的职业教育资源,值得珍惜和重视，需要通过完善法律法规和模式创新充分将这一部分职业教育资源利用起来，鼓励企业加大对职业教育的投入。

（1）完善职业教育法律法规，明确企业在职业教育中承担投入等责任。1996年颁布实施的《职业教育法》第二十八和第二十九条规定："企业应当承担对本单位的职工和准备录用的人员进行职业教育的费用，具体办法由国务院有关部门会同国务院财政部门或者由省、自治区、直辖市人民政府依法规定。""企业未按本法第二十条的规定实施职业教育的，县级以上地方人民政府应当责令改正；拒不改正的，可以收取企业应当承担的职业教育经费，用于本地区的职业教育。"这些规定比较笼统、操作性和约束力不强。强制性的法律措施比企业自律更有效，有必要尽快修订《职业教育法》，明确行业和企业参与职业教育的职责权利；制定促进校企合作办学法规，推进校企合作制度化。同时，完善执法监督机制，增加和细化执法监督和违法处理的程序，加大对违法行为的惩罚力度，保障政策的有效执行。

（2）完善企业参与和投入职业教育的激励机制，推动一批深度参与职业教育的"教育型企业"发展。在德国，雇主一直是双元制职业培训的主要投入方，培训费用高昂，企业之所以愿意承担，不仅是考虑到学徒生产性工作所带来的回报，也考虑到采用内部培训而非外部招聘员工节约下来的经费即所谓的"机会回报"（专栏8.6）。企业的最终目标是追求利益最大化，有利益企业才能有动力，才能愿意承担职业教育的社会责任。为了调动企业参与职业教育校企合作的积极性，政府要出台相关政策文件，对积极参与校企合作和加大教育培训投入的企业给予一系列的政策倾斜，包括财政补贴、税收优惠和信贷激励政策，企业发生的职工教育经费支出、职业教育投入和捐赠，在一定额度或比例内准予税收上的扣除，使企业能够得到经济上的回报。通过财政资助、政府购买等奖励措施，引导企业和职业院校积极开展现代学徒制试点。

专栏8.6

德国双元制职业教育投入模式

德国拥有一套完整的职业教育法规体系，以《联邦职业教育法》为基础，综合相关法律法规以及各部门、行业和地方与之配套的条例及实施办法，对职业学校、企业、教师、学徒几个方面都有明确的规定，以法律形式保证了职业教育在管理上的完善及其顺利运行。国家和企业对职业教育经费投入的责任明确，公共经费和私人经费相互补充。职业教育产生的费用由三个部分组成：在提供教育的企业（农场）里产生的费用，在企业外的培训机构产生的费用，在职业学校里产生的费用。这些费用将由教育提供方（企业）承担，联邦政府和州政府则通过补助金的形式进行资助，职业教育对学生是免费的。

双元制模式下职业教育经费由企业和国家(联邦及州政府)共同承担,如果职业学校与企业形成协作关系,企业要承担约 3/4 的费用,职业学校的费用由州政府承担。企业承担的费用包括支付给学徒的报酬、学徒的社会保险费及培训材料费。2000 年,双元制职业教育的总经费为 218 亿欧元,其中来自企业的经费为 147 亿欧元,约占总经费的 67.5%;来自联邦政府和州政府的经费为 34 亿欧元,约占总经费的 15.5%;来自联邦就业服务部的经费为 37 亿欧元,约占总经费的 17%。在德国,雇主一直是双元制职业培训的主要投入方,培训费用高昂,为什么企业要承担高昂的培训支出?

1971 年每年人均培训费为 3 500 欧元;1980 年攀升至 8 500 欧元;1991 年为 14 700 欧元;2001 年骤升至 16 435 欧元。当然,由于培训领域、培训年限、培训企业规模、培训职业和不同学习场所教学时间分配等方面的差异,投入有所变化。如果只考虑培训的直接投入,那么 2001 年的人均投入为 10 178 欧元。如果扣除培训生在培训期间(在工作场所)承担的生产性工作所带来的回报,那么 2001 年人均纯投入为 8 705 欧元,而直接性的投入仅为 2 448 欧元。倘若不采取企业培训方式而从外部劳动力市场招聘新人,那么成本远高于企业培训方式。采用内部培训而非外部招聘节约下来的经费就是所谓的"机会回报"。据估计,这种回报每年人均为 5 765 欧元。如果扣除机会回报,那么每年的人均培训总成本就剩下 2 940 欧元,而人均年度直接成本不但完全被抵消,还产生了 3 317 欧元的净收益。当然,在实践中,无论是机会投入还是机会回报都不能作为流动资金,这也许是企业往往只关注培训总体投入的原因所在。

资料来源:1. 苗晓丹. 创新背景下的德国职业教育体系及质量研究[M]. 北京:光明日报出版社,2017:21-22.
2. 菲利克斯·劳耐尔,[澳]鲁珀特·麦克林. 国际职业教育科学研究手册[M]. 赵志群,等,译. 北京:北京师范大学出版社,2014:338.

(3) 设立不同类型的职业教育发展基金,筹集更多的职业教育经费,平衡企业间的经济负担。设立企业职业培训基金,由国家设立,以法律形式固定向国有和私营企业筹措经费,规定所有企业无论培训和非培训企业在一定时期内都须向该基金缴纳一定数量的资金,通常按企业员工工资总额的一定百分比提取。国家根据经济发展状况确定并不断调整比例,中央基金由国家统一分配和发放,并规定了一套严格的分配制度和资金申请使用条件,举办培训的企业可申请得到这些资金。[17]基金可由专门机构进行投资运作,投资收益用于资助职业教育发展。

二、实施民办职业教育分类管理和差异化政策扶持

民办教育是我国改革开放以后恢复和发展起来的,始发于 20 世纪 80 年代的文化补习、职业技能培训和助学性的民办高等教育,90 年代以后逐步进入学历教育和各级普

通教育领域。进入21世纪以来，伴随着《民办教育促进法》的颁布实施，民办教育快速发展，已经成为社会主义教育事业的重要组成部分。然而，由于《民办教育促进法》制度设计回避了民办教育营利性和非营利性分类管理问题，在深入实施过程中一些潜在的矛盾和问题开始显露并日趋尖锐，导致该法规定的相关扶持政策难以有效落实。2016年11月，第十二届全国人大会常委员会审议通过了《关于修改〈中华人民共和国民办教育促进法〉的决定》，核心是实施分类管理，从法律层面破解民办教育发展面临的法人属性、产权归属、扶持政策、平等地位等方面的突出矛盾和关键问题，为进一步鼓励社会力量兴办教育，促进民办教育健康发展提供制度保障。

1. 民办职业教育发展基本情况

民办教育职业包括民办中等职业教育、民办高等职业教育和民办继续教育。2003年以来，在规模、师资、经费来源方面呈现出不同的特点。

(1) 发展规模。2003—2016年，民办中等职业教育发展包括学校数和在校学生数呈现出先增长后减少的趋势，在2008年达到峰值后逐年下降。到2016年，全国共有民办中等职业学校2 115所，在校生184.14万人，约占全国中等职业在校生总数的11%左右；高等职业教育(专科)在校生数呈现递增趋势，到2016年，全国有民办高职高专317所，在校生达到242.46万人，占全国高职高专在校生总数的22%左右；继续教育稳步发展，2016年有社会民办培训机构1.95万所，有846万人次接受了培训(表8.5)。

表8.5　民办职业教育发展状况

年份(年)	民办中等职业学历教育			民办高职高专学历教育		社会培训	
	学校数(所)	在校生人数(万人)	占全国同级同类教育在校生人数的比重	在校生人数(万人)	占全国同级同类教育在校生人数的比重	机构数(万所)	培训(万人次)
2003	1 382	79.38	6.32%	49.2	10.26%	2.90	889.5
2004	1 633	109.94	7.80%	63.32	10.63%	2.35	876.84
2005	2 017	154.14	9.63%	94.76	13.29%	2.23	884.68
2006	2 559	202.63	11.20%	121.25	15.34%	1.96	834.76
2007	2 958	257.54	12.96%	141.94	16.49%	1.94	844.93
2008	3 234	291.81	13.98%	178	19.42%	1.83	929.78
2009	3 198	318.1	14.49%	193.66	20.07%	2.14	955.46
2010	3 123	306.99	13.71%	195.7	20.26%	2.02	860.64
2011	2 856	269.25	12.21%	193.25	20.15%	2.01	943.56
2012	2 649	240.88	11.40%	191.94	19.91%	2.00	867.94

续 表

年份（年）	民办中等职业学历教育			民办高职高专学历教育		社会培训	
	学校数（所）	在校生人数（万人）	占全国同级同类教育在校生人数的比重	在校生人数（万人）	占全国同级同类教育在校生人数的比重	机构数（万所）	培训（万人次）
2013	2 482	207.94	10.81%	195.85	20.12%	2.01	898.66
2014	2 343	189.57	10.80%	212.28	21.09%	2.90	889.5
2015	2 225	183.37	11.07%	227.52	21.70%	2.35	876.84
2016	2 115	184.14	11.52%	242.46	22.35%	1.95	846

资料来源：教育部. 全国教育事业发展统计公报(2003—2016).

(2) 师资状况。2015 年，全国民办中等职业学校共有专任教师 7.21 万人，生师比为 25∶1(图 8.9)，而教育部制定的《中等职业学校设置标准》规定，中等职业学校生师比标准为 20∶1；2016 年，全国民办高职高专专任教师总数为8.10 万人，在校学生226.61 万人，生师比约为 28∶1，2014 年全国高职高专学校生师比平均为 18∶1。显然，民办中等职业学校和高职高专学校拥有的专任教师队伍与各自的办学规模不相适应。

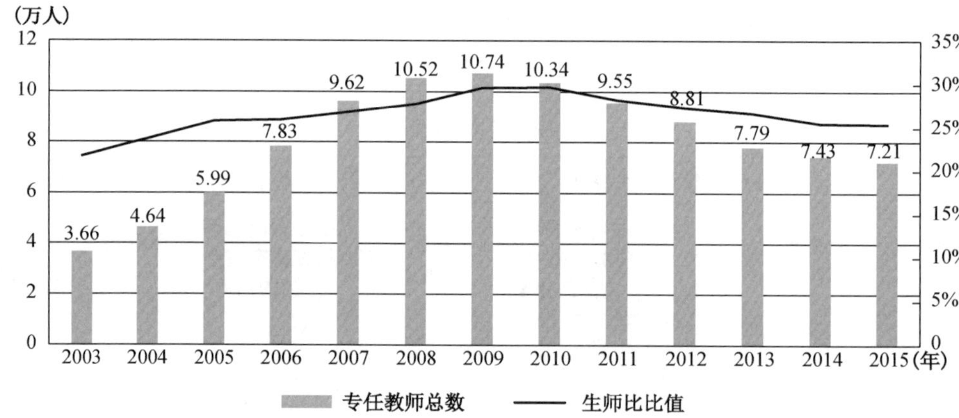

图 8.9　民办中等职业教育专任教师数量和生师比

资料来源：根据《中国教育统计年鉴》(2003—2015)提供的数据绘制。

(3) 经费来源。我国民办职业教育办学经费中，民办学校举办者投入所占的比例较小，并且呈逐渐减少的趋势，学杂费则是主要的收入来源。2007—2014 年，民办中等职业学校经费收入中，国家财政性教育经费所占的比例大幅度增长，学杂费所占的比例逐步下降，2014 年两者分别为 39.5%和 40.68%，而举办者的投入仅占 5.76%(图 8.10)。

民办高职高专学校的经费来源主要是学杂费，2014 年学杂费占经费总收入的比例为 72.52%，国家财政性性经费所占比例占 10.35%，而举办者的投入比例下降到 5.54%（图 8.11）。总之，民办职业教育主要依赖学费生存，对社会资金的吸引力不强。

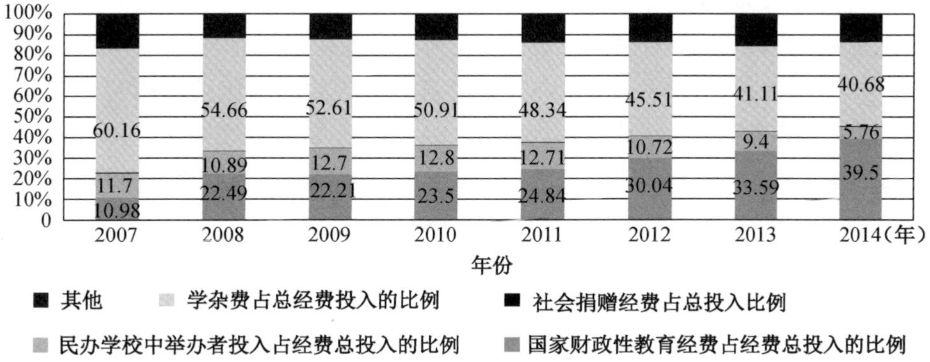

图 8.10　民办中等职业学校经费来源结构

资料来源：根据《中国教育经费统计年鉴》(2008—2015)提供的数据绘制。

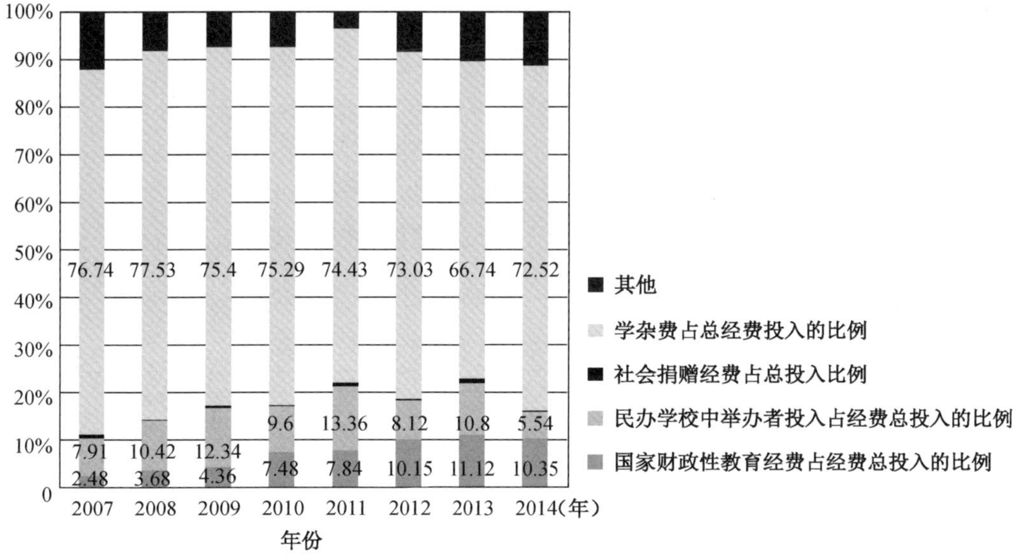

图 8.11　民办高职高专学校经费来源结构

资料来源：根据《中国教育经费统计年鉴》(2008—2015)提供的数据绘制。

2. 民办教育分类管理制度和差异化扶持政策

我国民办教育是在恢复和发展的过程中逐步规范起来的，1997 年出台的《社会力量办学条例》规定："社会力量举办教育机构，不得以营利为目的。"政府倾向于将民办教育机构界定为非营利的公益性事业组织。然而，20 世纪 90 年代中后期开始，各地为鼓励社会、个人和企业投资办学采取了不同程度的优惠政策和措施，民办教育逐渐成为一个新的投资领域。2002 年 12 月，第九届全国人大常委会审议并通过的《民办教育促进法》删除了"不以营利为目的"的表述，允许办学者在法律规定的范围内取得合理回报，但取得合理回报的具体办法一直未能出台，且此项规定与非营利性组织法律制度不衔接，影响了相关扶持政策的落地。2016 年 11 月，第十二届全国人大常委会审议通过《关于修改〈中华人民共和国民办教育促进法〉的决定》，于 2017 年 9 月 1 日开始实施，明确对民办学校实行非营利性和营利性分类管理，并针对其各自特点制定相应的扶持政策和监管措施。2017 年 1 月，国务院印发《关于鼓励社会力量兴办教育促进民办教育健康发展的若干意见》，全面部署民办教育改革发展的各项政策措施。教育部、人力资源社会保障部等五部门联合印发《民办学校分类登记实施细则》，规定了民办学校设立审批、分类登记、变更注销登记、现有民办学校分类登记等方面的内容。教育部、人力资源社会保障部、工商总局联合印发《营利性民办学校监督管理实施细则》，对营利性民办学校的设立、组织机构、教育教学、财务资产、信息公开、变更与终止、监督与处罚等内容做出制度安排。

《民办教育促进法》修改的核心是实施非营利性民办学校和营利性民办学校分类管理，非营利性民办学校的举办者不得取得办学收益，学校的办学结余全部用于办学。营利性民办学校的举办者可以取得办学收益，学校的办学结余依照公司法等有关法律法规的规定处理。两者的区别在于，学校存续期间举办者能否取得办学收益、学校终止时能否分配办学结余，两者在法人属性和登记、产权归属和扶持政策等方面存在一定的差异，具体参见表 8.6。

表 8.6　　非营利性民办学校和营利性民办学校差异性比较

项　目	非营利性民办学校	营利性民办学校
法人属性	非营利性法人	营利性法人
登记机构	1. 民政部门或者编办登记； 2. 民办非企业单位或事业单位	1. 工商部门登记； 2. 企业法人
投资回报	1. 不取得办学收益； 2. 办学结余全部用于办学	1. 可以取得办学收益； 2. 办学结余依据国家有关规定进行分配

续　表

项　目	非营利性民办学校	营利性民办学校
产权处理	1. 捐资举办的民办学校终止时，清偿后剩余财产统筹用于教育等社会事业； 2. 新法颁布前的学校，按照国家有关规定给予出资者相应的补偿或者奖励，其余财产继续用于其他非营利性学校办学	1. 新法颁布前设立的民办学校财产依法清偿后有剩余的，依照《公司法》有关规定（出资比例和股份）处理，具体办法由省、自治区、直辖市制定； 2. 新法颁布后设立的民办学校终止时，财产处置按照有关规定和学校章程处理
会计制度	1. 民间非营利组织会计制度； 2. 事业单位会计制度	企业会计制度
税收政策	1. 非营利性民办学校与公办学校享有同等待遇； 2. 按照税法规定进行免税资格认定后，免征非营利性收入的企业所得税	1. 征收企业所得税； 2. 所得税税率待定
土地政策	享受公办学校同等政策，按划拨等方式供应土地	1. 按国家相应的政策供给土地； 2. 只有一个意向用地者的，可按协议方式供地
扶持政策	政府补贴、政府购买服务、基金奖励、捐资激励、土地划拨、税费减免	政府购买服务、税收优惠
收费政策	1. 通过市场化改革试点，逐步实行市场调节价； 2. 具体政策由省级人民政府确定	1. 实行市场调节价； 2. 具体收费标准由民办学校自主确定
法人治理结构	理事会领导下的校长负责制，建立监事（会）制度	出资人（股东）会议未来将是最高权力机关，董事会为执行机构，强化监事会制度

资料来源：根据相关资料整理。

3. 民办职业教育发展方向与趋势

随着我国经济发展进入新常态，技术进步、经济转型和消费结构升级加快，对从业者的专业知识和实践技能都提出了较高的要求，学校教育模式和企业实际用人需求存在严重的脱节，越来越多毕业生谋求更好的职业机会需要通过相应的职业技能培训来弥补这一缺陷。修改后的《民办教育促进法》明确了民办教育的分类管理办法，且全面开放非义务教育阶段的营利性民办教育，必将有更多社会资金进入职业教育领域，将极大地拓展教育产业、教育融资、办学激励等方面制度创新的空间。从发达国家的经验看，营利性教育主要集中在办学成本较低、经济回报较高的职业教育和培训领域（专栏 8.7）。

专栏8.7

美国营利性教育通常主要集中在职业教育

在19世纪,组织良好的营利性职业学校在美国建立,同时营利性教育成为高等教育的一种重要形式,私立营利性教育与公立教育、私立非营利性教育三分天下。自从1976年美国国家教育统计中心开始追踪营利性教育入学人数以来,营利性高等教育经历了指数式的发展。营利性高等教育入学人数在20世纪90年代中期开始加速,并维持快速增长速度直到现在。2008—2009学年度,美国有超过6 700个高等教育机构,其中有大约2 900个是营利性学校;营利性学校占到所有机构数的40%,其招收学生占到所有学生的9.2%。营利性高等教育机构提供各个层次的教育,2005年,在各个层次的注册学生人数占比为:在少于两年制教育层次,占到83.08%;在两年制大学生层次,占到5.77%;在四年制大学生层次,占到6.93%;在研究生层次,占到8.20%。

值得指出的是,20世纪90年代营利性高等教育的加速发展部分源于华尔街对营利性教育的兴趣。从此,美国营利性高等教育机构多由公众持股拥有并经营,使之完全不同于过去由家庭拥有的营利性大学。1991年只有一所可授予学位、经认证的、在证券市场上市的营利性后中等教育机构。1999年在教育行业有超过70家公众持股公司。当许多公立大学和私立非营利大学陷入财政困境的时候,大多数营利性高等教育机构则在财政上非常成功。大多数大型营利性高等教育机构的股票都在美国主要的证券市场上交易。2009年底,12个最大教育公司的市值为306亿美元。仿照标准&普尔500指数,一研究机构构建了一个包括12个最大的教育公司的营利性高等教育股票交易指数。从1996年6月到2009年12月,该指数的增长超过700% ,而同期标准&普尔500指数仅增长了56%。与成功的资本收益相适应,在提供的教育服务方面,营利性高等教育也有其特色。它们聚焦于那些具有可测量技能产出、更可能通过学生成本—收益考量的教育项目,主要强调学生获得能直接在劳动力市场实现增值的技能。与此同时,营利性高等教育机构在营销方面的支出大约占到其收入的15% 。

资料来源:魏建国.教育公益性、非营利性教育与营利性教育[J].教育经济评论,2016(2):23-38.

(1) 分类管理和差异化扶持引导民办职业院校分流转型发展。实施民办教育非营利性和营利性分类管理,是促进民办教育健康发展的基础性制度建设,对规范、促进和扶持民办教育转型发展具有重要意义。以往在民办学校的定位和定性上存在混淆,既认同为非营利性事业,又允许取得合理回报,但对“合理回报”的法律和经济属性的争议给民办学校的规范管理和政策落实带来很大困难。分类管理改革通过对非营利性教育与营利性教育的清晰界定，从法律层面破解了民办教育发展面临的法人属性、产权归属、扶持政策、平等地位等方面的矛盾和问题，有利于与其他法律制度相衔接，有利于制定非营利性和营利性民办学校在财政、税收优惠、用地、收费等方面的差别化扶持政策。非营利性民办教育会在政策上逐渐向公办教育看齐，享受更多财政、税收、土地等方面的优惠政策；营利性民办教育则会在管理方面具有更高的自主性，充分利用其市场化的优势吸纳人才、筹集资金，实现多样化发展（表 8.7），民办学校的举办者可以自主选择设立非营利性或者营利性民办学校。在国家政策、就业形势、产业升级以及信息技术发展等诸多驱动力量的共同作用下，职业教育发展规模将进一步扩大，并向产业化、集团化方向发展，将有更多的民间资本参与举办职业教育，发展为营利性教育的空间和潜力很大。同时，发挥政府保基本、促公平的职能，加大公共财政对民办非营利性职业院校的扶持力度，给予公办学校同等待遇和竞争机会，可以有效地提高资源利用率，有力促进教育公平乃至整个社会的公平。

表 8.7　　分类管理改革前后公办教育与民办教育政策趋势

类型			财政	税收	土地	收费	招生
公办教育	改革前后		财政为主的国家投入作为其经费的稳定来源	优惠的税收政策	较多的土地优惠政策	根据政府制定的收费项目进行收费	基本根据国家标准统一招生
民办教育	改革前		政府可以给予支持，财政补贴相对较少	部分优惠政策没有得到落实	未指明是否享有土地优惠政策	学历教育报有关部门批准，其他教育报有关部门备案	招生具有一定的自主权
	改革后	非营利性民办教育	财政补贴增加，逐步与公办教育接近	税收减免政策增加，减轻资金负担	较多的土地优惠政策	由省、自治区、直辖市人民政府制定	接受一定的管理和监督，招生自主权有所下降
		营利性民办教育	难以申请财政补贴，其他融资渠道	税收减免政策较少	基本难以拥有土地优惠政策	市场调节，由学校自主决定	具有充分的招生自主权

资料来源：德勤中国教育行业团队. 风口上的教育产业[EB/OL]. https://www2.deloitte.com/cn/zh/pages/technology-media-and-telecommunications/articles/golden-age-of-the-chinese-education-market.html.

（2）资本进入拓展营利性职业教育成长空间。基于教育行业良好的成长性，越来越多的商业机构选择跨界进入职业教育、高等教育和继续教育领域，也意味着更多的资本进入教育行业，通过投资、并购以及上市三种形式直接或间接参与教育产业，资本强势进入教育市场，而且可能更偏向营利性。根据德勤中国教育行业团队的研究，中国教育产业正迈入"黄金时代"，无论从整体行业规模还是市场活跃度来看，皆处于扩张阶段。一是投资跨越式增长。2016 年，来自教育行业内的投资案例数量达到 234 例，投资总额达到 118.61 亿元，特别是培训领域，包括早教、K12 培训以及职业培训都将成为未来的主力增长点。二是跨界与同业并购齐头并进。2016 年，中国教育行业的并购总金额超过 126 亿元，2013—2016 年年复合增长率高达 78%。三是教育资产证券化提速。截至 2017 年 5 月，教育类上市公司包括新三板的 184 家挂牌公司，A 股市场 55 家上市公司，海外市场 34 家上市公司，职业教育成为资产证券化的优先领域(图 8.12)。预计 2017 年职业教育包括学历职业教育与非学历职业教育二者的市场规模将分别达到 2 225 亿元和 5 281 亿元，至 2020 年中国职业教育市场规模将达 1.24 万亿，上市为营利性教育注入强大动力。[18]

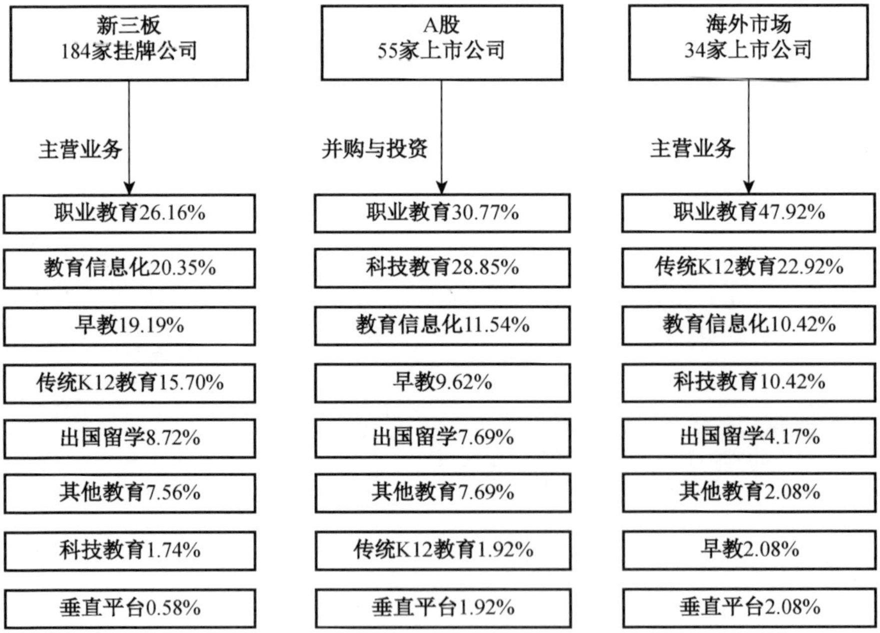

图 8.12 我国教育类企业资产证券化状况(截至 2017 年 5 月)

资料来源：德勤中国教育行业团队. 迈向新高度：2017 年德勤教育行业报告[R]. 2017-8，https://www2.deloitte.com/content/dam/Deloitte/cn/Documents/technology-media-telecommunications/deloitte-cn-tmt-education-industry-report-2017-zh-170821.PDF.

(3) 监管制度的落实与推进使职业教育市场规范化运行。民办教育实行非营利性和营利性分类管理，除了明确分类标准外，更为重要的是加强规范管理和强化监管。非营利机构的价值主要依赖能否有效地实施那些与非分配约束相关的法律与管制规则，执行效果差往往会导致出现"伪装成非营利性机构的营利性组织"，退化成为获取公共支持和消费者信任的一种工具，因此必须建立高效的执行机制以确保非营利性机构遵守非分配约束。在依税法具体认定非营利性与营利性民办学校的条件下，若政府不能对两类民办学校实施经常有效的监管，又不能给予非营利民办学校一定的补助，不仅会使营利性民办学校设法逃漏税违规办学，而且其兴办与停办完全由市场决定，像企业一样。学校发展不稳定，以营利为目的、追求利润最大化，可能严重侵害学生受教育权，也会出现非营利性民办学校暗中或变相分配盈余，从而使一部分非营利学校变为事实上的营利性学校。政府监管、社会监督和行业自律是民办教育外部监督的三种手段，其中政府监管是最重要的外部监督力量，社会监督和行业自律在我国现阶段还显得非常微弱。[19]政府作为教育行业的监管者，必须建立更加透明的教育行业准入标准、年度报告和年度检查制度，完善民办学校办学许可和注册登记制度、资产管理和财务会计制度、审计监督制度、法人治理和内部管理制度、风险防控和退出机制和信息强制公开制度，对民办学校办学行为、教师资质准入、教育服务标准等进行监管，建立民办学校信息公示、信用档案制度和违规失信惩戒机制，加快培育教育中介组织，扩大社会参与和监督，强化行业自律，开展民办学校第三方质量认证和评估，促进不同性质和类型的民办学校规范发展。

三、加快职业教育领域政府和社会资本合作

政府和社会资本合作(Public Private Partnership, PPP)是指政府采用竞争性方式选择社会资本方，双方订立协议明确各自的权利和义务，由社会资本方负责基础设施和公共服务项目的投资、建设、运营，并通过使用者付费、政府付费、政府提供补助等方式获得合理收益的活动。[20]2013 年，党的十八届三中全会审议通过的《中共中央关于全面深化改革若干重大问题的决定》提出"加强中央政府宏观调控职责和能力，加强地方政府公共服务、市场监管、社会管理、环境保护等职责。""允许社会资本通过特许经营等方式参与城市基础设施投资和运营。"2014 年，国务院印发《国务院关于创新重点领域投融资机制 鼓励社会投资的指导意见》提出建立健全政府和社会资本合作(PPP)机制，加强政策引导，在公共服务、资源环境、生态保护、基础设施等领域，积极推广 PPP 模式，规范选择项目合作伙伴，引入社会资本，增强公共产品供给能力。2015 年，党的十八届五中全会审议通过的《中共中央关于制定国民经济和社会发展第十三个五年规划的建议》提出："创新公共服务提供方式，能由政府购买服务提供的，政府不再直接承办；能由政府

和社会资本合作提供的,广泛吸引社会资本参与。”2016 年,国务院下发《关于鼓励社会力量兴办教育 促进民办教育健康发展的若干意见》提出:“推广政府和社会资本合作(PPP)模式,鼓励社会资本参与教育基础设施建设和运营管理、提供专业化服务。”2017 年,国务院办公厅印发《关于进一步激发社会领域投资活力的意见》,提出引导社会资本以政府和社会资本合作(PPP)模式参与医疗机构、养老服务机构、教育机构、文化设施、体育设施建设运营。2017 年 7 月,国务院法制办、国家发展改革委、财政部起草《基础设施和公共服务领域政府和社会资本合作条例(征求意见稿)》向社会各界征求意见,对开展政府和社会资本合作(PPP)的总则、合作项目的发起、合作项目的实施、监督管理、争议解决、法律责任通过立法进行规范。

1. PPP 模式的主要特征和职业教育应用领域

当前政府在基础设施和公共服务领域里大力推进的 PPP 模式,其运行有四个主要特征:伙伴关系、利益共享、风险分担及全生命周期管理。[21]

(1) 伙伴关系。在政府与社会资本合作过程中,政府与社会资本是两个平等的合作主体,双方的合作关系以市场机制为基础,通过合同或者协议条款约定各方的责任、权利和义务,并建立激励相容的机制,充分发挥双方各自的优势,从而把政府在公共服务供给领域的政策、社会和公共利益等目标和社会资本在运营管理、技术创新等方面的优势结合起来,提高公共服务产品供给质量与供给效率。

(2) 利益共享。在公共服务领域开展政府与社会资本合作,提高公共服务供给质量和效率是首要目的,而不能以利益最大化为导向。政府和社会资本通过合同条款约定收益分配原则,对社会资本的经营和利润进行调节。当社会资本在满足绩效评价却不能获得合理利润时,政府按照合同约定通过可行性缺口补助等形式确保社会资本获得合理收益;当社会资本通过运营获得超额利润时,政府则根据合同约定实现收益共享或让利于社会公众,从而控制公众利益与社会资本收益间的均衡。

(3) 风险分担。在政府与社会资本之间建立合理公平的风险分担机制,在受制于法律和社会公共利益的前提下,将风险分配给最有控制力的一方,有利于控制项目整体风险。通常而言,政府部门对政治、法律等风险的控制能力较强,而企业则对设计、建设、经营和财务等风险控制能力较强,因此在具体操作过程中,通过对项目风险进行系统分析,根据项目具体情况在政府和社会资本之间合理分配风险。

(4) 全生命周期管理。PPP 项目的合作周期一般较长,是政府与社会资本之间建立的一种长期合作关系,涉及包括项目投资、设计、建设、运营、维护和移交在内的全生命周期管理。《基础设施和公共服务领域政府和社会资本合作条例(征求意见稿)》提出,除法律、行政法规另有规定外,合作项目的期限一般不低于 10 年,最长不超过 30

年。在合作过程中,通过合同明确界定双方在全生命周期内的权利和义务,并依法承担违约责任。政府部门从社会公众利益角度出发,对 PPP 项目实施全生命周期的监督管理与绩效评价,并依据绩效评价结果向社会资本支付相应对价。

在职业教育领域开展政府与社会资本合作,不仅可以拓宽融资渠道,激发民间投资活力,形成可持续的多元化投入机制,而且有利于政府职能转变,全方位对接行业企业贴近市场需求,提升职业教育服务的供给水平和管理效率。2014 年,国务院印发关于加快发展现代职业教育的决定》提出:“创新民办职业教育办学模式,积极支持各类办学主体通过独资、合资、合作等多种形式举办民办职业教育。”2018 年 2 月,教育部、国家发改委等六部门印发《职业学校校企合作促进办法》第二十条提出:“鼓励各地通过政府和社会资本合作、购买服务等形式支持校企合作。鼓励各地采取竞争性方式选择社会资本,建设或者支持企业、学校建设公共性实习实训、创新创业基地、研发实践课程、教学资源等公共服务项目。”明确在职业教育领域推行 PPP,引导社会力量兴办职业教育的发展方向。

职业教育领域政府与社会资本的合作内容可以包括校园基础设施、教学楼、图书馆、宿舍楼、食堂、实训基地建设、设备器材的采购等“硬件”内容,也可以包括与教学相关的师资安排、课程设计、就业指导以及后勤服务等在内的“软件”内容。具体实施过程中,可以根据需求,将软硬件的部分内容分别打包进行局部合作,也可以将学校的所有软硬件内容联合整体打包进行合作。按职校类型,可以分为已建公办职校和新建职校;按合作领域可以分为教学服务、硬件设施及整体运营;合作模式包括委托经营、改扩建—运营—移交(ROT)、移交—经营—移交(TOT)、建设—运营—移交(BOT)等。具体操作中,根据合作项目的内容,可以将职业教育 PPP 模式分为教育服务类、基础设施类和整体运营类三大类型,具体形式参见表 8.8。

表 8.8　　职业院校 PPP 实施模式

合作领域	合作模式	具体操作方式	适用条件	社会资本类型
已建职业院校				
教学服务领域	委托经营管理	政府将职业院校教学服务经营管理权委托给社会资本,并基于绩效评价结果通过购买服务的形式以运营补贴等作为社会资本提供公共服务的对价	适用于基础设施条件较好,但办学相对困难、教学质量不高或与市场需求对接不畅的现有职业教育学校	(1) 办学质量高、社会声誉好的优质民办职业院校; (2) 规模化运作和专业化经营的职业教育集团; (3) 具有人才需求的大型生产型企业

续 表

合作领域	合作模式	具体操作方式	适用条件	社会资本类型
教学服务领域	ROT	社会资本对职业院校的教学服务相关管理运行机制进行重建，并承担相应的运营管理责任，政府基于绩效评价结果通过可行性补贴、购买服务付费等方式作为社会资本提供公共服务的对价	适用于基础设施投入不足，办学条件较差，发展模式僵化、教学体制机制以及学校运营管理机制难以适应市场需求、入学吸引力不足的已建职业院校	—
硬件设施领域	TOT/ROT	社会资本通过购买（或购买＋改造）的方式获得基础设施经营权，承担基础设施管理、运营、维修等责任，由相关使用基础设施的单位向社会资本支付费用，不足部分政府基于绩效评价结果通过财政补贴的形式支付	适用于经费投入不足或基础设施运营管理水平较差的已建职业院校	（1）既具有资金实力又具备相关设施建设与运营管理能力的企业； （2）存在人才需求的技术密集型生产企业（主要参与实训基地运营管理）
后勤服务领域	委托经营管理	由专业化的后勤服务公司承担学校后勤服务与管理工作，以准公益性的使用者付费、政府购买服务、可行性补贴等多种方式保障社会资本收益	适用于社会化程度较低、后勤服务管理成本较高、服务水平较差、规模效益难以体现的传统公办职业院校	具备学校或类似大型组织后勤服务运营管理经验及能力的后勤服务集团或管理公司
整体运营	TOT	政府将学校运营管理权转让给社会资本，社会资本承担职业院校的全部管理经营活动，职业院校获得的财政经费、学费收入作为社会资本主要收入来源，不足部分由政府根据绩效评价结果予以补贴。政府鼓励社会资本在合作过程中开拓新的创收项目，减少财政补贴、提高投资人的收益水平	适用于财政经费投入不足、基础设施条件较为落后、学校整体运营困难、教学质量不高、与市场需求对接不畅的已建职业院校	在资金实力、办学经验、市场资源、社会声誉、规模化经营等多方面具备较强综合实力的社会资本，或是多个社会资本组成的联合体
新建职业院校				
教学服务领域	政府购买服务/委托经营管理	由社会资本为职业院校提供教学服务，对于教学服务中的公益性服务，政府以运营补贴等作为社会资本提供公共服务的对价，以绩效评价结果作为对价支付依据；对于教学服务中的准公益性服务，以使用者付费为基础，政府以绩效评价结果为依据，不足部分给予适当运营补贴	适用于职业教育财政经费相对充足，但政府职业教育办学经验不足、效率低下、管理人员有限或对市场需求把握不清的地区新办职业院校	（1）办学质量高、社会声誉好的优质民办职业院校； （2）规模化运作和专业化经营的职业教育集团； （3）具有人才需求的大型生产型企业

续　表

合作领域	合作模式	具体操作方式	适用条件	社会资本类型
硬件设施领域	BOT/BOO/BOOT	由社会资本承担基础设施的融资、设计、建设、运营、维修等责任及相应风险，政府基于对项目的建设标准以及运营维护标准进行监督和评估，并根据绩效评价结果，通过财政拨款、学费以及相关单位使用基础设施的付费向社会资本支付费用	适用于新建的体量较大的职业学校、职业教育园区，或存在改扩建需求的现有职业教育院校	既具有资金实力又具备相关设施建设与运营管理能力的企业
后勤服务领域	政府购买服务/委托经营管理	由专业化的后勤服务公司承担学校后勤服务与管理工作，以准公益性的使用者付费、政府购买服务、可行性补贴等多种方式保障社会资本收益	适用于社会化程度较低、后勤服务管理成本较高、服务水平较差、规模效益难以体现的职业院校	具备学校或类似大型组织后勤服务运营管理经验及能力的后勤服务集团或管理公司
整体运营	BOT/BOO/BOOT	社会资本承担职业院校战略规划与定位、基础设施建设与维护、教学培训及后勤服务管理与运营等全部职责。职业院校获得的财政经费、学费收入作为社会资本主要收入来源，不足部分由政府根据绩效评价结果予以补贴	适用于财政经费投入不足、政府融资难，同时职业教育办学经验不足、效率低下、管理人员有限或对市场需求把握不清的地区新办职业院校	在资金实力、办学经验、市场资源、社会声誉、规模化经营等多方面具备较强综合实力的社会资本，或是多个社会资本组成的联合体

资料来源：中国财政科学研究院课题组. 职业教育领域推进政府和社会资本合作研究[J]. 经济研究参考，2016(61).

2. PPP 模式的实践探索

我国自 2014 年开始推动新一轮 PPP 改革，并在全国得到迅速发展。从实践看，PPP 模式主要在交通设施和市政设施等领域运用比较广泛，而在公共服务领域特别是教育领域运用比较少，且具体形式比较单一，仅限于在学校基础设施建设领域引进社会资本进行合作。从国家发改委 2015 年 5 月公布的 PPP 项目库中可以看到，全部 1 043 个项目中，涉及教育的 PPP 项目一共有 47 个，其中涉及职业教育的 PPP 项目一共有 11 个(表 8.9)。这些项目主要集中在职业院校的基础设施建设等非教学类功能上。

表 8.9　　国家发改委 PPP 项目库中涉及职业教育 PPP 项目一览表

序号	项目名称	建设内容及规模	拟使用的 PPP 操作模式
1	江苏省连云港徐圩新区职业技术学院	占地面积约 444 亩	组建混合所有制公司

续 表

序号	项目名称	建设内容及规模	拟使用的 PPP 操作模式
2	山东海洋科技大学园山东(潍坊)公共实训基地	总建筑面积 31 万平方米,包括生产实训中心、教学实训中心、比赛场馆、中试研发、模拟工厂、公共学院、标准厂房、展示中心、图书馆、综合服务楼、生活配套等内容	建设—拥有—运营(BOO)
3	山东省峡山现代教育园区项目	建设幼儿园、小学、初中、高中和大学等系列学校,包括职业学校培训中心和接待中心,教师公寓、专家公寓,教师发展研究院,学生实践基地等	合资或合作
4	山东省高新区职业学校	占地 150 亩	BOT 或 BOO 或合资或参股
5	山东省临朐县职业教育中心学校二期工程	总建筑面积为 1.1 万平方米,新建 2 座学生公寓	BOT 或 BOO 或合资
6	山东省北部职教园区一期	主要建设内容包括新建教学实训用房、办公用房、学生公寓、单身教师公寓、食堂、地下停车场等建筑物 21.1 万平方米,改造轻工学校现有建筑约 2.7 万平方米	BOT
7	贵州省黔南州瓮安县中等职校整体迁建项目	用地面积 3.38 亩,新建校舍 52 424.44 平方米	TOT
8	云南省红河州卫生职业学院	建设规模 133 809.74 平方米	BOT
9	甘肃省产教融合实训基地	共建共享与兰州新区产业发展对接匹配的综合性实习实训基地,建筑面积 15 万平方米	BOT
10	甘肃省兰州商贸职业技术学院	在校生 1.5 万人,建筑面积 40 万平方米	BOT
11	哈尔滨职业教育园区项目	拟在园区二期建设中使 PPP 中的 BOT 操作模式建设校企合作项目,总建筑面积 16.5 万平方米,总投资 11 亿元	BOT

资料来源:陈晟,韩凤芹.中等职业教育领域推进 PPP 模式的思路研究[J].经济研究参考,2016(61):37-44.

在职业教育领域推行政府与社会资本合作是职业教育公共服务供给方式与机制的一种创新,在项目实践中,政府围绕推进 PPP 模式开展包括项目识别、评估论证、采购、实施和移交等全生命周期操作流程,具体包括以下几点。

(1) 项目识别与发起。可以采用政府和社会资本合作模式的基础设施和公共服务项目一般是政府负有提供责任,需求长期稳定,适宜由社会资本方承担,一般以政府发起为主。就职业教育领域而言,地方政府(县级以上人民政府)可根据该地区经济社会发展需要和职业院校发展的实际情况,选择将计划开办的职业院校或是已建成的职业院校开展与社会资本的合作。合作内容可以涉及教育服务类、基础设施类和整体运营类等领域，有关主管部门应当拟定合作项目实施方案，合作项目实施方案应当包括合作项目建设运营内容及标准、运作方式、预期产出、合作项目期限、社会资本方回报机制、政府和社会资本方的风险分担、合作项目期限届满后项目资产的处置等内容，涉及政府付费、政府提供补助或者补偿以及政府分担风险等财政支出事项的，应当提请同级财政部门进行财政承受能力评估。社会资本也可以作为发起方，对于一些办学质量高、社会声誉好的优质民办职业院校，或者规模化运作和专业化经营的职业教育集团，可以选择适宜的地区和职业教育院校，以项目建议书的方式向政府提出开展 PPP 模式的建议。

（2）科学开展项目评估论证。对于所选定的职业院校是否适宜采用 PPP 模式建设或运营，需由地方政府开展科学的项目前期评估论证工作，除传统的项目可行性论证外，针对 PPP 模式还需从定性和定量两方面开展物有所值评价和财政承受能力论证，在项目全生命周期内，是否能够起到提升职业院校教学服务质量与管理效率、提高职业教育公共服务水平、降低财政支出成本的作用，同时测算地方政府 PPP 财政支出责任，科学评估项目实施对地方政府当前及今后年度财政支出影响。

（3）审慎选择社会资本。PPP 项目采购方式包括公开招标、竞争性谈判、邀请招标、竞争性磋商和单一来源采购。就职业教育领域 PPP 而言，对于硬件设施、后勤服务、教学服务等单一领域的合作，社会资本选择的目标比较单一，可以采用公开招标的方式进行采购；对于整体运营类合作，需要的是专业化的教育管理机构，需要对社会资本投资人的资金实力、背景资源、学校运作计划、教学管理模式、服务价格等进行综合对比，并就长期的价格管理、回报方式、绩效评价、退出机制等与社会资本进行充分的沟通，更适宜采用竞争性谈判、竞争性磋商等方式选择社会资本。

（4）合理分配项目风险。政府与社会资本合作项目需要按照风险分配优化、风险收益对等和风险可控等原则，合理分配项目风险，原则上风险应由最适宜的一方来承担。政府在确定拟推行 PPP 模式的职业教育项目后，需自行或委托中介机构对职业教育院校建设与运营的全生命周期内的风险进行系统分析，不同类别的职业院校以及不同的 PPP 合作范围，所面临的风险均存在差异，因此需结合项目自身特点进行风险划分。一般而言，项目设计、建设、财务、运营维护等商业风险原则上由社会资本承担，政策、法律和最低需求风险等由政府承担，不可抗力等风险由政府和社会资本合理共担。

（5）规范项目合作协议。政府实施机构与其选定的社会资本方应当在协商一致的基础上签订合作项目协议，明确约定合作项目的运作方式、合作项目期限、质量标准或者要求、价格管理、回报方式、风险分担、政府承诺和保障、变更和退出机制、违约责任、争议解决方式等。合作项目期限根据行业特点、项目生命周期、公共服务需求、投资回收期等因素确定，一般不低于 10 年，最长不超过 30 年，法律、行政法规另有规定的，依照其规定。

(6) 项目运作模式与付费方式。开展政府与社会资本合作的实质是政府以支付公共服务对价的方式向社会资本购买服务,购买服务包括委托运营、BOT、TOT等多种模式,付费方式包括使用者付费、政府付费及可行性缺口补助(运营补贴)等,政府需根据项目自身特点针对性地选择运作模式与付费方式。当前我国职业教育发展中引入的生均拨款制度,可以作为政府与社会资本合作的利益基础,未来社会资本运营管理职业院校获得的财政经费,以生均拨款和学费收入作为社会资本主要收入来源。对于不含基础设施建设等固定资产投入的服务领域合作项目,可以选择委托经营管理的模式,政府将相关服务经营管理权委托给社会资本,准公益性服务以使用者付费为基础,不足部分予以政府补贴,公益性服务以政府付费为基础,基于绩效评价结果向社会资本支付公共服务的对价。对于包含硬件设施建设的整体运营类合作项目,新建职业院校可以选择BOT/BOO/BOOT等模式,社会资本承担职业院校战略规划与定位、基础设施建设与维护、教学培训及后勤服务管理与运营等全部职责;已建职业院校可以选择TOT/ROT等模式,社会资本通过购买(或购买+改造)的方式获得学校运营管理权,社会资本承担职业院校的全部管理经营活动。

(7) 设计合理的退出机制。PPP模式常见的退出机制是通过"移交"的方式完成,合作项目期限届满按照约定需要进行项目资产移交的,政府实施机构应当根据法律、行政法规和合作项目协议约定,对设施、设备和其他财产的状况进行检查评估。因社会资本方原因致使设施、设备和其他财产的价值非正常减损或者使用寿命减少的,应当根据合作项目协议约定,相应扣减社会资本方的收益或者由社会资本方以其他方式补偿。

(8) 建立并完善科学的监督评价体系。政府作为PPP项目的监督者,加强对项目公共产品或服务质量和价格的监管,建立政府、服务使用者共同参与的综合性评价体系,对项目的绩效目标实现程度、运营管理、资金使用、公共服务质量、公众满意度等进行绩效评价。对于在建的或已完成的PPP项目,除了由教育行政部门主持并组织实施监督评价外,还以考虑引入第三方监督评价主体,从职业教育服务提供的过程、效果到基础设施的设计、建造、维护和运用等方面进行全过程监督,并通过回应社会公众的诉求,设计评价指标体系,督促社会资本按照协议约定按时保质完成项目。

(9) 明确合作项目协议履行争议解决程序和方式。因合作项目协议履行发生争议的,协议双方应当协商解决,协商达成一致的,应当签订补充协议。因合作项目协议中的专业技术问题发生争议的,协议双方可以共同聘请有关专家或者专业技术机构提出专业意见,可以依法申请仲裁或者向法院提起诉讼。但合作项目争议解决期间,协议双方应当继续履行合作项目协议约定的义务,不得擅自中断公共服务的提供。

专栏 8.8

济源职业教育中心高职、中职校区建设 PPP 项目

济源职业技术学院高新校区项目于 2012 年 3 月开工建设，是当年河南省重点工程项目之一，由济源市政府投资建设，截至 2015 年 9 月项目总投资 6.5 亿元，一期工程建设基本完成。为加快二期工程项目建设，该学院主动适应国家推进投融资体制改革新形势，在二期建设上采用 PPP 模式。2015 年 6 月该 PPP 项目申报、9 月入选财政部第二批 PPP 项目示范库。2017 年 3 月项目落地。整个项目合作期限 17 年，其中项目建设期 2 年，运营期 15 年。社会资本方联合体河南省济源市建设投资有限公司、华南理工大学建筑设计研究院、郑州市第一建筑工程集团有限公司投资 2.8 亿元，将完成济源职业技术学院高新校区大学生活动中心、旅游实训中心和汽车实训中心等建筑单体及其室内外相关配套设施，并通过政府可行性缺口补贴和项目运营收益获得投资回报，成为河南省高校签约的首个以 PPP 模式推进的基础设施建设项目。

根据中国 PPP 服务平台财政部项目库提供的信息，济源职业技术教育中心高职、中职校区建设项目由政府发起，项目总投资为 2.7 亿元，全部为社会资本方投入，其中支付完工项目未付工程款 1.1 亿元，新建项目 1.6 亿元。新建项目由旅游教学实训中心、汽车实训中心和大学生活动中心三个建筑单体构成，建筑面积分别为 1.9 万平方米、1.8 万平方米和 1.6 万平方米。采取 BOT 运作方式，合作期限 15 年(不含建设期)，本项目采取可行性缺口补助模式。

根据济源市改革和发展委员会提供的预成交结果公示，济源职业教育中心高职、中职校区建设 PPP 项目采用竞争性磋商采购方式进行采购，磋商最终报价：投资回报率 6.48%，新建工程预算下浮比例 5%。预成交项目包含存量和新建两方面内容，存量项目为中、高职校区已完工项目应还款资金约 11 000 万元，新建项目为高职校区大学生活动中心、旅游实训中心和汽车实训中心三个建筑单体及其室内外相关配套设施，新建项目概算投资 16 000 万元，项目总投资为 28 172 万元(含建设期利息)。本 PPP 项目通过竞争性磋商以 BOT 模式引入社会资本组建项目公司进行建设和运营，建设期 2 年，运营期 15 年，运营期满后整体资产移交给市政府或其指定部门。主要通过对项目的运营和政府的可行性缺口补助资金取得投资收益。市财政缺口性补贴每年不突破 2 283 万元，运营收益为 810 万元。

资料来源：1. 王小萍，成利军. 河南省高校首个 PPP 项目签约 由社会资本投资 2.8 亿元[N]. 2017-07-06.
2. 济源职业技术教育中心高职、中职校区建设项目[EB/OL]. 2016-05-09，http://www.chinappp.cn/Project/ProjectDetail/12093.html.
3. 济源职业教育中心高职、中职校区建设 PPP 项目预成交结果公示[EB/OL]. 2016-12-16，http://fgw.jiyuan.gov.cn/ztbgg/jggs/201612/t20161216_315925.html.

四、探索发展股份制、混合所有制职业院校

股份制和混合所有制是经济领域的专业术语，党的十八届三中全会通过的《中共中央关于全面深化改革若干重大问题的决定》提出，“积极发展混合所有制经济”，其核心特征是“国有资本、集体资本、非公有资本等交叉持股、相互融合”。2014 年，国务院印发《关于加快发展现代职业教育的决定》提出：“探索发展股份制、混合所有制职业院校，允许以资本、知识、技术、管理等要素参与办学并享有相应权利。”2015 年，教育部下发《高等职业教育创新发展行动计划（2015—2018 年）》提出探索混合所有制办学。“深化办学体制改革，鼓励社会力量以资本、知识、技术、管理等要素参与公办高等职业院校改革。试点社会力量通过政府购买社会服务、委托管理等方式参与办学活力不足的公办高等职业院校改革。”“鼓励企业和公办高等职业院校合作举办适用公办学校政策、具有混合所有制特征的二级学院。”分任务（项目）承接省份启动情况一览表显示，有 22 个省（区、市）提出关于“混合所有制”的项目，19 个省（区、市）于 2016 年正式启动。[22]

1. 混合所有制职业院校的主要特征与分类

股份制、混合所有制职业院校区别于传统的公办和民办职业院校，可以理解为两个以上不同性质的所有制主体通过以资本、场地、设备、人员等有形或无形资产“入股”的方式共同举办的职业院校，即国有资本与集体资本、私有资本、外资等不同资本中的一种或几种混合，共同举办职业院校，实现产权主体多元化。其核心要素应包括两个方面：一是国有资本与非公有资本中的一种或几种的混合；二是混合所有制的主体必须为独立法人，参与各方按出资比例享有相应股份，产权明晰，实行董事会管理等。[23]这就排除了不涉及实质性产权合作或资金投入的职教集团、合作联盟或协作组织之类的松散型校企合作。国家鼓励探索混合所有制办学，虽然有吸引社会资本投入职业教育发展的初衷，但主要还是从激发办学活力、提高人才培养质量出发，深化办学体制改革，优化职业院校的治理结构，推动公办职业院校与企业建立持久深入的利益纽带关系，解决目前职业教育校企合作缺乏资本纽带、机制保障的难题。[24]

根据所有制混合程度的基本表现，可以将混合所有制职业院校办学模式分为深度混合、部分混合两类。深度混合包括三种模式：一是公办高职学校引入社会资本；二是民营高职院校引入国有资本；三是各方资本合作组建新的高职院校。部分混合模式，大致也可分为三种：一是二级单位混合，一般表现为“多形式参股”联办二级学院、共建专业、共建课程、共建实践基地等；二是 PPP 模式，是政府与市场组织、非政府组织、个人合作提供公共产品的一种制度设计，一般为政府供地与提供师资力量，企业投资收取学费而获得投资回报；三是委托管理，一般是好的院校或管理公司托管一般院校。在深度混

合情况下，公有资本与社会资本融合程度较深，高职院校的股权结构有较大变化抑或控制权发生转移。[25]有学者认为，PPP模式有别于混合所有制，不能等同于混合所有制（专栏8.9）。还有学者将职业院校混合的层面划分为"大混合"和"小混合"两个层次。大混合是指国有资本与集体资本、私有资本、外资这三种资本中的一种或几种共同出资举办学校，在院校法人层面实现混合；小混合则是指学校内部二级办学机构层面或具体合作项目层面的混合。[26]

专栏8.9

PPP模式有别于混合所有制

PPP模式不等同于混合所有制，就职业教育领域而言，PPP模式与混合所有制的区别主要体现在以下三方面。

一是合作关系不同。职业教育领域的混合所有制院校，是指由国有资本、集体资本、民营资本、境外资本等不同所有制中两个及以上主体共同举办的新型教育模式，其本质特征是产权主体和治理结构的混合，使不同性质的产权主体相互渗透融合成一个新的利益共同体。混合所有制院校代表政府的国有资本和社会资本之间，是一种投资者之间的合作关系。在职业院校建设和运营过程中，各出资方依据各自的出资比例享有相应的权利和义务，政府的出资比例可大可小，视具体情况而定。在PPP模式中，政府和社会资本之间通过合作协议建立的是长期合作的伙伴关系，社会资本依托其拥有的资金、技术和管理等方面的优势，为职业院校提供更多资金渠道和更专业化的管理，提升职业院校的公共服务供给水平；政府作为合作关系中的监督者与评价者，基于绩效评价结果通过运营补贴等形式作为社会资本提供公共服务的对价，维护公共服务的公平性，政府一般出资比例较小或不出资。

二是合作目的不同。不管是代表政府的国有资本还是社会资本，组成混合所有制职业院校对其而言是一种投资行为，作为利益共同体的一方，在为公众提供职业教育公共服务的同时，以追求投资回报为目标并承担投资风险。然而，在PPP模式下，政府作为合作者和监督者，代表的是社会公众的利益，与社会资本开展合作的目的是提高职业教育服务供给水平与管理效率，而不是追求利益，政府出资部分甚至可以不要回报。政府通过合同约定和绩效监管对社会资本的经营和利润进行调节，确保社会资本在正常情况下有一定盈利但不暴利，最大程度维护的是公共利益。因此，PPP的本质是政府购买公共服务。

三是伙伴选择方式不同。PPP项目的社会资本投资人应采用竞争性方式，通过综合评估项目合作伙伴的专业资质、技术能力、管理经验、财务实力和信用状况等因素，依法择优选择诚实守信的合作伙伴。这种伙伴的选择属政府采购行为。就职业教育领域PPP项目而言，对于硬件设施、后勤服务、教学服务等单一领域的合作，社会资本选择的目标较为单一，特殊性不强，可以采用公开招标的方式进行采购；对于整体运营类合作，需要对社会资本投资人的资金实力、背景资源、学校运作计划、教学管理模式、服务价格等进行综合对比，并就长期合作以及价格管理、回报方式、绩效评价、退出机制等与社会资本进行充分的沟通，更适宜采用竞争性谈判、竞争性磋商和单一来源采购等方式。但职业教育院校混合所有制改革，包括股权转让、资本并购、员工持股、合资建设等多种途径和方式，其合作伙伴的选择也就呈现出多种多样的灵活性方式。

四是管理方式有所不同。PPP是公共服务领域，其管理特点是全过程实行透明管理、信息公开，如现在列入财政部第一批、第二批示范项目的，这些项目将来所有的识别信息、招标信息、合同信息以及后续的运营绩效表现都要对社会公布。实施混合所有制，是通过产权结构多元化实现经营管理科学化、利润最大化的目的，其合作及经营信息无须向社会公开。

资料来源：韩凤芹，尤伯军. 职业教育领域如何推进PPP？[N]. 中国财经报，2016-04-27.

2. 探索混合所有制职业院校的主要实现形式

探索发展混合所有制职业院校具有多种途径，一些混合所有制职业院校是在混合所有制办学概念提出之前，因各自需要自发先行进入该领域探索与实践。各地职业院校的混合所有制办学改革主要通过以下三种方式去探索：一是公办职业院校引入社会资本；二是社会力量举办的职业院校引入国有资本；三是不同资本合作投资举办职业院校，各种方式又有不同的实现形式。[23]

公办职业院校引入社会资本。公办职业院校通过改制主动引入民营、个体等社会资本，举办混合所有制的职业院校，以充分激发公办职业院校的活力。这是一种以“以公为主、民有为辅”的混合所有制办学模式，具体有三种实现形式。一是优质公办职业院校吸引社会资本实现院校法人层面或二级办学机构层面包括二级学院、实训基地、研发中心等载体层面的混合。如杭州职业技术学院与达利有限公司、友嘉实业集团等企业合作共建达利女装学院、友嘉机电学院等7个具有混合所有制性质的二级学院。二是公办职业院校通过股权让渡改制为混合所有职业院校。如苏州工业园区职业技术学院开办之初属公立性质，后经过一系列改制、兼并、重组、转让，由上海翔宇教育集团、苏州光华集团、苏州市教育局等六家股东按比例占股，完全按股份制运作（专栏8.10）。三是公办职业院校接管弱势民办职业院校，民办职业院校可以将校舍、设备等资产折合成股份入股公办职业院校。

专栏 8.10

苏州工业园区职业技术学院混合所有制办学及其产权变革历程

苏州工业园区职业技术学院成立于1997年底，在发展过程中，产权结构经过多次裂变，先后经历了公办股份制、民营化和股权混合化多个阶段。

（1）公办股份制（1997年12月—1999年12月）。1997年，苏州工业园区仿照新加坡南洋理工学院办学模式成立苏州工业园区职业技术学院，当时开办资金为8 000万元，其中园区管委会以年度事业经费拨款、基建投入折算“股份”，占比高达97.5%；苏州市教育局、人力资源和社会保障局各出资100万元，各占1.25%。原有的72亩办学用地中方与新方财团所持股份占比35%：65%，园区学院的性质明确属于公办股份制。

（2）公私共同持股（1999年12月—2003年4月）。1999年，由于政府财政性拨款不足，学院举办者尝试引进民间资本，苏州光华教育投资公司以代建学院三期工程（造价约5 200万元）方式收购了园区学院65%的股份，成为学院第一大“股东”，学院股权结构调整为光华公司65%，园区管委会32.5%，市教育局1.25%，市人力资源和社会保障局1.25%。

（3）民资一股独大（2003年4月—2005年8月）。2003年，园区管委会以投资价格加上同期银行利息，将所持的学院32.5%股份转让给光华公司，学院产权结构变成民资“一股独大”。

（4）股权多元化（2005年8月—2007年8月）。首先，光华公司收购上市公司吉林化工，将所持学院32.5%的股份转入上市公司；随后，光华公司以原价800万元向学院管理层和骨干教师转让了10%的股份；然后，苏州沸点教育咨询公司成为学院新股东，折算股比为9%；最后，光华公司向上海翔宇教育集团以溢价方式作价5 380万元，转让其持有的学院39.825%的股权，翔宇教育集团成为学院第一大股东，苏州市教育局、人力资源和社会保障局各占1%。

学院按股份制运作，实行三权分离的治理结构。股东会主要负责学院投资和重大建设；董事会重在进行学院运行管理决策；职业校长独立负责教育教学和行政管理事务；监事会为学院规范治理提供制度保障。

资料来源：董圣足. 混合所有制职业院校治理模式新探——以苏州工业园区职业技术学院为例[J]. 江苏教育，2015(12)：26-30.

社会力量举办职业院校引入国有资本。社会力量举办的职业院校吸引国有资本投资共同举办混合所有制的职业院校。此种模式一般是以“民有为主、公有为辅”的混合所有制，主要有以下两种实现形式：一是国有资本直接注资民办职业院校，并享有民办职业院校的一定股份。如江苏紫琅职业技术学院,2000 年成立时的办学主体为江苏江海科教开发公司,2012 年引入了江苏省教育发展投资中心资本,成为有国资参与的"混合所有制"院校(专栏 8.11)。二是民办职业院校托管低效公办职业院校,受托管理的公办职业院校按其折合股份的占比享有一定的管理权,并保持国有资产的保值增值。例如,民办齐齐哈尔工程学院接受委托,代管公办的黑龙江省甘南县职教中心,前者选派管理团队进入后者,并植入先进的管理模式。

专栏 8.11

南通理工学院引入国有资产参与实行混合所有制办学

南通理工学院是 2014 年 5 月经教育部批准在原紫琅职业技术学院基础上升格建立的一所全日制普通本科院校。学院创办于 2000 年 6 月,当时的办学主体为江苏江海科教开发有限公司和陈明宇。2012 年 6 月开始由江苏江海科教开发有限公司、江苏省教育发展投资中心(成立于 2001 年,系江苏省教育厅直属事业单位)和陈明宇共同举办,2013 年 4 月学院成为江苏省第一所登记为事业单位法人的民办高校。

江苏省教育发展投资中心作为国有投资方参与民办的紫琅职业技术学院的办学,具体实施步骤为:

第一步,江苏省教育发展投资中心委托有关会计师事务所对学院办学以来的财务资产状况进行了专项审计。通过审计发现,学院使用的资产都登记在学院名下,由学院依法管理和使用;学院的财务管理严格执行了会计制度,账目清晰;学院办学以来未发生任何抽逃办学资金的情况;学院举办者未从办学中获取回报。

第二步,学院举办方与江苏省教育发展投资中心在反复沟通的基础上,于 2012 年 6 月就引入国有资产合作办学签订了协议。签订协议前,学院的股权结构为:江苏江海科教开发有限公司出资 60%,陈明宇出资 40%。签订协议后,学院的股权结构为:江苏江海科教开发有限公司出资 58.64%,陈明宇出资 36.36%,江苏省教育发展投资中心出资 5%。江苏省教育发展投资中心持有的 5%的股份属于参与办学的国有资产。随后,学院到江苏省民政厅办理了股权变更手续,并在江苏省教育厅换发了办学许可证。

第三步,学院向江苏省编办提交了登记为事业单位的申请,编办委派审计机构对学院的资产状况进行了审计后,于 2013 年 4 月为学院核发了事业单位法人登记证书,成为江苏省率先登记为事业单位法人的民办高校。江苏省教育发展投资中心作为学院股东之一,选派 1 人进入学院董事会担任副董事长,参与学院发展重大问题的决策,充分发挥自身的影响力帮助学院发展,如帮助学院在全省范围内物色专家、名师到学院任职等。

由于有国有资产参股，并被登记为事业单位，学院作为江苏省高校体制机制创新的典型，得到了全省乃至全国民办高校的关注，在社会上的美誉度上升，招生计划难以完成的问题得到了一定程度的缓解，生源质量也有所提高，在学院后来的升格评估过程中，教育部考察专家给予了极高的评价，认为江苏在高校所有制改革、支持民办高等教育方面走在了全国前列。

资料来源：陈斌，唐永泽. 民办高职院校实施“混合所有制”的探索与思考[J]. 职教论坛，2015(3).

不同资本合作投资新办职业院校。公办院校、社会资本、外资等不同资本共同投资新办一所混合所有制的职业院校。此种模式以国有资本所占比例来区分办学性质，参与办学主体以土地、设备、知识、管理等要素作价入股，参与办学并享受相应的权利。主要有以下三种实现形式：一是地方政府、公办院校和行业企业混合办学。例如，温州职业技术学院与瑞安市人民政府及区域骨干企业共建具有混合所有制性质的瑞安学院，瑞安市政府划拨土地并完成 2.5 亿元的基本建设投资，温州职业技术学院以管理和师资团队入驻办学，行业企业出资建设企业急需的人才培养实训基地，各方根据协议承担责任并享有相应的权利。二是地方本科、职业院校和行业企业混合办学。例如，广西理工职业技术学院由广西理工职业技术学校与广西左江水泥厂、广西信尔房地产投资有限公司、南宁驰晨信息科技有限公司等企业以股份制方式联合成立，投入资金 1 亿多元，学校与左江水泥厂拥有 50%的股份，其他民企（个人）拥有 50%的股份（专栏 8.12）。三是职业院校与境外职业教育机构开展混合办学。如天津渤海职业技术学院与浙江亚龙集团共同出资在泰国大城技术学院建立“鲁班工坊”，成为一种混合所有制办学的尝试。

专栏 8.12

广西理工职业技术学院混合所有制办学

2006 年，广西理工职业技术学校在崇左与广西左江水泥厂、广西信尔房地产投资有限公司、南宁市忠振工贸有限责任公司、南宁驰晨信息科技有限责任公司等 6 家企业（含 2 个人）以股份制方式联合成立了“广西理工职业技术学院”，左江水泥厂以土地 600 亩入股，学校及另外 5 家企业、个人投资 6 000 万元用于办学。在股份上，左江水泥厂占 40%，学校占 10%，合计国有部分占 50%，另外的企业及个人投资部分占 50%，共投入 1 亿多元进行基础设施建设。2008 年开始招生，当年招生量达到了近 1 000 人，这几年的招生都保持在 1 500 人左右，目前在校生规模达到近 6 477 人，开创了国内中职学校办大专的先河，大胆探索出了一条公办学校与民办学校集于一身，互为依存、互相促进、共同发展的办学模式。

广西理工职业技术学院，其治理的主要基础是公司法，运作模式参照公司法管理。学院建立了法人治理的董事会、执委会、监事会，实行董事会领导下的院长负责制，一企业负责人担任该董事长，广西理工职业技术学院院长梁辉兼任该学院院长，相关重大决策的表决按照股份的表决方式进行。

在管理体制方面，原中职学校——广西理工职业技术学校为工信委所属学校，在业务上接受教育部门指导。由于广西理工职业技术学院的办学性质被定性为纯粹意义上的民办高职院校，因此学校内没有公办院校的编制，除一些根据学校办学情况给予的奖补资金、重点专业支持专项这两项经费外，几乎不再有其他的经费，其业务主管部门为广西省教育厅，学校真正的决策机构是董事会，人事、投资等方面的重大事项由董事会决策。

广西理工职业技术学院与广西理工职业技术学校均独立设置、独立法人、独立核算，尽管在办学上、股权上、管理上有不少的交叉，相关资源在实际使用过程中能够做到调节使用、确保资源优化配置，做到产权明晰，“公”与“私”的界限分明。从利益相关方的投资回报角度来看，作为占50%股权的学校及其二级机构左江水泥厂，在混合所有制办学过程中，主要目标在于化解左江水泥厂的债务，妥善安置相关人员，将其土地等资源有效盘活，服务于学校办学发展。伴随着学校的发展，这一原始目标顺利实现。

资料来源：徐桂庭. 混合所有制办学：政策分析与实践探索——对广西理工职业技术学院混合所有制办学模式的调研与思考[J]. 中国职业技术教育，2015(13)：34-41.

目前，职业院校混合所有制办学仍处于试点阶段，尚有诸多亟待解决的理论、法律、体制等问题，需要国家政策的顶层设计、法律法规的修订完善，包括制定混合所有制学校试点意见，明确混合所有制学校的法律地位、机构属性、管理体制及退出机制，建立起相应的注册登记、资产管理、收益分配、质量监控及风险防范等具体制度，同时尽快制定针对混合所有制学校的财政扶持、税费优惠、金融信贷等配套政策。在此之前，更需要地方政府和职业院校举办方的实践探索、试点突破，并及时将成功经验上升为制度和政策。

五、探索利用国(境)外资金发展职业教育

教育对外开放是我国改革开放事业的重要组成部分，2003 年颁布实施的《中外合作办学条例》明确提出国家鼓励在高等教育、职业教育领域开展中外合作办学。“中外合作办学者可以用资金、实物、土地使用权、知识产权以及其他财产作为办学投入。中外

合作办学者的知识产权投入不得超过各自投入的 1/3。”国家发改委和商务部发布的《外商投资产业指导目录(2017 年修订)》将“非学制类职业培训机构”列入鼓励外商投资产业目录，高等教育机构列入限制外商投资产业目录，仅限于中外合作办学、中方主导。同时借“一带一路”倡议东风起飞，国家鼓励职业院校配合企业“走出去”，稳妥推进境外办学，为提升职业教育开放水平和扩大教育出口提供了契机。

职业教育是我国教育对外开放最为活跃的领域之一，职业教育中外合作的项目逐渐增多，吸引跨国职业教育机构、相关行业、企业，以资金、技术、管理等要素参与合作办学。根据教育部职业教育中心研究所提供的数据，在 21 世纪前十年 374 个职业教育重大国际合作与交流项目中，德国达到 102 个，澳大利亚为 81 个，美国 18 个，其中有 26%属于合作办学，16%开展合作项目。[27]外资不断渗透中国教育培训市场，庞大的教育产业对外资的吸引力日益增强。2016 年，普华永道在上海自贸区成立了国内首家非学制类的外资职业培训机构，属于营利性的外商独资职业培训机构。[28]

我国职业教育的国际化“出口”处于起步阶段，有些职业院校已经伴随中国企业“走出去”，在境外开设分校或与境外企业建立项目合作。在国外建校的通常模式为：通过政府引导、学校响应牵头、企业支持合作，多方投入，共同建设。2012 年 5 月，无锡商业职业技术学院与柬埔寨西哈努克港经济开发区有限公司签订了共同建立培训中心的协议书；同年 6 月，西港培训中心正式开班上课，主要教授汉语、英语、企业管理等相关课程。截至 2015 年底，无锡商院已经累计开办了 18 个培训班，培训柬埔寨员工 22 000 多人次。这一切皆源自 2009 年，江苏太湖柬埔寨国际经济合作区投资有限公司(红豆集团控股)投标获得西港特区的共建资质，从而给当地带来了大量的汉语与中方培训需求。[29]宁波职业技术学院于 2016 年在贝宁建立中非职业技术教育培训学院，浙江金华职业技术学院在泰国西那瓦大学设立金华职业技术学院国际教育中心，联合中国的“走出去”企业(如华孚色纺、四方集团)等需求，开展对其海外当地员工的技术技能和跨文化交流培训。柳州铁道职业技术学院与上汽通用五菱汽车股份有限公司在印度尼西亚合作共建了培训中心。面向东盟的定位，以及跨境招生招工一体化的方式满足了印度尼西亚当地市场对于学习中文和技术、以及跨国企业对接海外市场的需求。2016 年，来自国内“一带一路”沿线省市的 18 所高职院校、国内 10 家标杆企业和行业协会代表、以及 21 个沿线国家代表共同成立“一带一路”产教协同联盟，推动中国职业教育和企业走出去。[18]教育企业以平台和课程输出为主，例如主攻职业培训的邢帅教育，基于东南亚市场和非洲市场对于技能型人才的需求，于 2016 年在泰国和南非建设属于自己的职业培训平台，开设平面设计、影视技术、汉语等几类课程。在“一带一路”倡议的指引下，国际经济合作的增加将进一步加大海外对中方职业培训的需求，职业教育输出将具有更为广阔的发展空间。

参考文献

[1] 辛斐斐. 全覆盖战略下职业教育财政政策研究[M]. 北京:人民出版社,2015.

[2] 占小梅,马树超. 我国职业教育经费投入政策发展的阶段性特征[J]. 职教论坛,2015(4):19-24.

[3] 袁贵仁. 国务院关于落实职业教育法执法检查报告和审议意见的报告——2016 年 2 月 24 日在第十二届全国人民代表大会常务委员会第十九次会议上[EB/OL]. 2016-2-26,http://www. gov. cn/guowuyuan/vom/2016-02/26/content_5046412. htm.

[4] 教育部财务司,国家统计局社会科技和文化产业统计司. 中国教育经费统计年鉴》(2015)[M]. 北京:中国统计出版社,2016.

[5] 财政部. 中央财政推动职业教育改革发展[N]. 中国财经报,2015-4-30.

[6] 杨顺光,李玲,刘雅奇. 地方政府对中等职业教育财政投入努力程度的实证研究——基于 2000—2013 年全国 31 省的面板数据[J]. 中国职业技术教育,2016(9):20-24.

[7] 杨进. 回归本质,推进职教改革[N]. 光明日报,2016-3-1.

[8] 教育部. 全国职业教育工作专项督导报告[EB/OL]. 2015-09-15,http://www. moe. gov. cn/jyb_xwfb/gzdt_gzdt/s5987/201509/t20150915_208334. html.

[9] 朱爱国. 中央财政投入方式改革背景下的职业教育经费保障[J]. 中国职业技术教育,2015(12):5-12.

[10] 韩凤芹. 中职教育免学费政策的反思[N]. 中国财经报,2016-11-20.

[11] 葛涛. 免学费条件下中等职业教育生均投入经费比较研究——基于江苏 2008—2014 年的面板数据分析[J]. 无锡职业技术学院学报,2016(6):23-28.

[12] 章湉. 新型城镇化进程中职业教育财政投入机制创新研究[J]. 职教论坛,2016(13):42-45.

[13] 李克强主持召开国务院常务会议部署加快发展现代职业教育[EB/OL]. 2014-2-26,http://www. gov. cn/zhuanti/2014-02/26/content_2796388. htm.

[14] [德]菲利克斯·劳耐尔,[澳]鲁珀特·麦克林. 国际职业教育科学研究手册[M]. 赵志群,等,译. 北京:北京师范大学出版社,2014.

[15] Chris Edwards. State Failure or Market Failure? The Ten Steps to a Levy-grant System of Vocational Training Skill Development for international Competitiveness,1997.

[16] 国家教委财务司. 中国教育经费统计资料(1992)[M]. 北京:中国统计出版社,1993.

[17] 国家发改委社会发展司,上海教科院. 中国职业教育发展战略及制度创新研究[M]. 北京:中国计划出版社,2015:123.

[18] 德勤中国教育行业团队. 迈向新高度:2017 年德勤教育行业报告[R]. 2017-8,https://www2. deloitte. com/content/dam/Deloitte/cn/Documents/technology-media-telecommunications/deloitte-cn-tmt-education-industry-report-2017-zh-170821. PDF.

[19] 董圣足. 民办院校良治之道——我国民办高校法人治理问题研究[M]. 北京:教育科学出版社,2010:192.

[20] 国务院法制办. 基础设施和公共服务领域政府和社会资本合作条例(征求意见稿)[EB/OL]. 2017-7-24,http://www. cpppc. net. cn/article/zc/zyzc/2017/0721/12530. html.

[21] 韩凤芹,尤伯军. 职业教育引进 PPP 的特征与思路[J]. 国情国力,2016(6):62-64.

[22] 教育部职成司. 关于 2016 年《高等职业教育创新发展行动计划(2015—2018 年)》执行情况及有关工作完成情况的通报(教职成司函[2017]33 号)[EB/OL]. http://www. moe. edu. cn/s78/A07/A07_gggs/A07_sjhj/201704/t20170424_303162. html.

[23] 童卫军，任占营. 发展混合所有制职业院校的问题对策与实现形式[J]. 高等工程教育研究，2016(5)：183-188.
[24] 陈艳艳，阙明坤. 探索发展混合所有制职业院校研究综述[J]. 中国职业技术教育，2016(12)：32-35.
[25] 郭光亮. 高职院校混合所有制改革路向：困境与出路[J]. 国家教育行政学院学报，2017(2)：39-44.
[26] 王寿斌，刘慧平. 混合所有制：高职改革"市场化"探索[J]. 教育与职业，2015(4)：22-28.
[27] 李剑平. 高职中外合作办学别有名无实[N]. 中国青年报，2013-08-06.
[28] 何欣荣. 上海"证照分离"试点显成效：首家外资职业培训机构落户自贸区[EB/OL]. 新华网，2016-10-14，http://district.ce.cn/newarea/roll/201610/14/t20161014_16760211.shtml.
[29] 德勤中国教育行业团队. 风口上的教育产业[EB/OL]. https://www2.deloitte.com/cn/zh/pages/technology-media-and-telecommunications/articles/golden-age-of-the-chinese-education-market.html.

第九章

结　语

新型城镇化的基本特征是以人为本、“四化同步”、产城互动，核心是人的城镇化，把农村富余劳动力向城镇和非农产业转移，促进农业转移人口有序市民化作为首要任务。教育促进人的城镇化，是促进人的全面发展和社会公平正义的基本途径，特别是职业教育作为与经济社会联系最直接、最密切的教育类型，兼具教育属性和经济属性，作为培养劳动力专业技能的人力资本投资形式，通过提升转移人口素质和就业技能，改善城镇人口结构、产业结构和就业结构，促进农民工市民化和社会公平等途径直接影响着城镇化质量，在促进新型城镇化健康发展中担负着重要的使命。在新型城镇化的产城人融合发展系统中，职业教育将产业发展与人口就业、人口流动与市民化、城市和农村发展串接起来，发挥中介和催化作用，弥合农村富余劳动力向非农产业转移和城市融入身份转化过程中的“技能缺口”，助力新型城镇化健康发展。

一、新型城镇化发展路径与人才和技能需求变化

随着我国工业化进程整体进入中后期阶段，信息技术快速发展及广泛应用，推动信息化和工业化深度融合，城镇化作为载体和平台，承载工业化和信息化发展空间，带动农业现代化加快发展，实现城镇化的途径从传统城镇化的“工业化路径”转向新型城镇化的“多元化路径”，不同的城市可以结合自身禀赋特色和区域功能定位发展第三产业或第一产业，包括商业、交通、物流、旅游、文化创意、设施农业等多种产业要素推动城市化发展。“四化”融合和多元产业发展引发人才需求新变化，互联网、大数据、人工智能与制造业的深度融合，推动制造业创新发展和服务化，需要培养和造就一支数量充足、结构合理、素质优良、充满活力的制造业人才队伍，着力培养具有创新思维和创新能力的拔尖人才、领军人才，加快培养掌握共性技术和关键工艺的专业人才、高技能人才和复合型人才。现代服务业以高技术含量、高增值服务、智力密集为显著特征，对从业者的职业技能和综合素质要求更高，既要精通专业知识、熟悉行业规则，又要富有创新精神和国际视野的多层次、多规格的技术技能型人才。农业现代化的核心是提升农业科技含量、拓展农业产业链和扩大规模经营，要依靠培养一支有文化、懂技术、善经营、会管理的新型职业农民队伍，包括掌握现代作物种植技术人才、各类农业科技应用人才、现代农业经营管理人才、农村经纪人等多方面的农业科研、生产、推广、经营人才。同时，经济结构的专业化、多元化程度的提高对劳动者的素质提出了更高的要求。科技进步、全球化、城镇化发展推动经济结构调整和产业转型升级，并通过职业岗位结构和工作技能要求的变化，更新劳动力市场对人才结构、规格和质量的要求，导致对从业者核心能力和关键能力要求的提高。

二、职业教育供给侧的结构性改革

在产城人融合系统中，职业教育能够为经济繁荣、社会和个体发展做出积极贡献，然而，只有将技能开发、需求匹配及其使用整合在一起，才能使职业教育的技能供给作用和影响最大化。应该说，我国职业教育发展面临的问题，供给和需求两侧都有，但矛盾的主要方面在供给侧，职业院校的布局结构与新型城镇化战略不相匹配，专业结构与产业结构不相适应，院校办学水平与培养质量难以满足人的城镇化发展要求，“技工荒”与“就业难”问题并存，集中反映了当前职业教育资源配置中的结构性过剩与错位问题。因此，深化职业教育改革需要从供给侧发力，以结构性调整和管理改革为突破口，去除供给约束，释放潜力、增强活力，为满足区域经济社会发展需要和个体个性发展需要，提供高质量、高效率的精准供给，促进新型城镇化健康发展。

产城教融合与职业教育布局结构调整。理想中的城市应该是产业功能与空间形态完美的结晶，产业的选择和发展会直接影响城市的职能和经济发展，基于产业价值链的空间布局一般通过城市规划落实到城市片区、开发区等功能组团和交通网络中，产城融合发展和产业结构调整的动态性决定了职业教育布局也具有动态变化的特征。城市发展战略和城市规划是联通产业、城市与职业教育的主要纽带，为此职业教育的布局结构优化应围绕城镇功能定位、区域产业结构与产业特色、产教融合及生源市场和转移劳动力的特点开展，在城市规划和产业园区规划中把教育培训机构作为重要内容优先布局，以保障居民和从业者能够及时、快速、方便地获取高效、适切的公共教育培训服务，同时新增职业教育资源必须向新的城镇化地区、产业集聚区延伸，使院校布局更加贴近所服务的产业和社区。基于地理、组织、技术多维邻近性原则建设职业教育园区，能够促进职业教育与产业深度融合，以规模化和集约共享整合职业教育资源，成为许多地方统筹职业教育发展、促进技术技能积累的重要政策选择，“以教引产、以产兴城、以教促城”的产城教互动发展模式成为不少地区探索城市新区和城镇建设的新途径。

产业集群发展与职业教育专业集群建设。产业发展和区域经济通过分工专业化形成的产业集群，是一群地理或关系邻近、在产业上具有关联性和专业化特征的众多企业与机构形成的网络系统，在城市经济发展中发挥着越来越重要的作用，职业教育是集群人力资本形成和知识溢出的重要途径。产业集聚和人才集聚是相互关联的，产业集群在其发展的不同阶段需要吸纳的不同个体人力资本，包括各种层次和类型的技术技能人才、研发人员和企业家，而不同个体人力资本所形成的整个组织的人力资本反过来会影响集群的发展，产业集群内人力资本的竞争、合作、互动关系，影响和推动着产业集群的发展和转型升级。根据区域内产业集群经济特点，建设与之相适应的职业教育专业群、专业集群和教育集团，分别从微观到宏观各个层面统筹规划职业教育的专业结构、布局，优化配置区域内职业教育资源，可以提高办学效益和人才培养质量，更好地为区域经济社会发展服务。

校企合作、工学结合与人才培养模式改革。新型城镇化进程加快，产业结构、劳动力结构的变化和生产生活方式的相应改变，通过工作岗位结构及其技能要求的变化，推动人才培养领域的供给侧结构性改革。职业院校要按照校企合作、工学结合的总体要求，完善需求导向的人才培养模式，以培养职业能力为基础，健全职业教育与劳动力市场之间过渡、衔接的路径和机制，确保职业教育发展能够转化为技能供应与需求之间的良好匹配。职业能力作为在真实的工作情境中整体化地解决综合性专业问题的能力，是人们通过学校教育、工作和培训等多种互动机制学习、获得并形成的。由于学校教育通常按照学科来划分，劳动力市场就业不仅需要有关学科领域知识和技能的“硬能力”，更需要沟通能力、团队合作、价值观和道德等“软能力”，这些能力通常需要通过实践来培养，需要企业的深度介入，工作场所学习是发展工作能力的重要途径，企业是职业教育的重要办学主体。各地基于校企合作、工学结合原则，在实践中探索出了订单培养、教学工厂、现代学徒制、国际合作办学、信息技术应用、学业＋创业等多样化的人才培养模式，尽管不同模式中校企双方的利益联结方式不尽相同，但推动专业设置与产业需求、课程内容与职业标准、教学过程与生产过程相对接，使职业院校真正培养出社会生产、建设、服务、管理第一线需要的、具有综合职业能力和全面素质的技术技能人才，是深化产教融合、校企结合的实现路径。

基于职业教育在教育过程中的实务导向，“双师型”教师是促进产教深度融合的“纽带”，是实现校企之间沟通的桥梁。加快培育职业院校“双师型”教师队伍，首先要明确“双师型”教师认定和评聘标准，并对不同层次、专业类别的“双师型”教师提出不同要求，比如学历要求、所在专业的实践工作经历、实践能力水平、应用技能水平或培训要求，以保证职业教育的教师水平和职业教育质量；拓宽师资来源渠道，完善人才聘用机制，聘请行业协会专家、企业管理人员、工程技术人员和能工巧匠担任职业院校专兼职教师，到校讲学、开展业务咨询指导、业务培训等，带动专业教师参与工程实践、技术开发等。建立促进“双师型”教师专业化发展的校企合作伙伴关系，建立一批职业教育教师实践企业基地，实行新任教师先实践、后上岗和教师定期实践制度，建立校企共同培养培训“双师型”专业教师的长效机制。

现代职业教育体系与学习型城市建设。随着新型城镇化加快推进，城市成为越来越多的人实现社会价值和全面发展的主要社会活动空间，面对传统产业升级、新兴产业发展和城镇化过程中劳动者技能更新、职业转换、城市融入产生的庞大职业教育需求，包括从中等职业教育、高等职业教育等学校类型的职业教育到结合实际工作岗位开展的行业企业培训及其他各种形式的职业技能培训，促进这些多种层次、多种类型、多种形式的职业教育相互衔接、相互沟通，实现我国技术技能人才培养的系统化、人才成长道路的多样化和国家技术技能积累的制度化，是建设现代职业教育体系的重要任务。

加大中等职业教育改革的力度。考虑到未来非常规脑力劳动需求显著增加的趋势，区域经济发展对人才需求的多样化差异化，充分尊重家长和学生受教育的选择权，普职分流比例不能搞一刀切的硬性规定，着力推进普职融合，实现课程互选、学分互认、资源共享，在经济相对发达的地区或城市，职业教育发展的重心应上移到高职。适应城镇化发展趋势，有序落实进城务工人员随迁子女参加中考、接受高中阶段教育的相关政策，让外来人口能够在城市接受优质的职业教育，支持中西部贫困地区学生到东部地区接受优质中职教育，推动县区职业教育中心（中等职业学校）成为区域学历教育、技术推广、扶贫开发、劳动力转移培训和社会生活教育的开放平台，将服务网络延伸到社区、村庄、合作社、农场、企业。

畅通中等职业学校毕业生的升学通道，通过中高职衔接培养适应经济社会发展需要的高端技能型、复合型人才。比较典型的模式主要有高职五年一贯制、高职院校对口招生、中高职衔接"三二分段"等，部分地区还开展了"中职升本"教育模式的探索，主要采取两种形式：一种是中职学校和普通本科联合开展"中专 + 本科"分阶段培养；另一种是中职对口本科培养模式。加快完善国家职业资格标准体系，充分发挥行业企业在制定国家职业标准中的重要作用，为实现中等和高等职业教育在培养目标、专业内涵、课程体系等方面的延续和衔接搭建平台。

发展本科层次职业教育，主要通过引导一批普通本科高校向应用技术型高校转型。根据所服务区域、行业的发展需求，以产教融合、校企合作为突破口，加快向集职业技术教育、高等教育、继续教育于一体的应用技术大学转型，国家将应用技术大学作为高等教育的重要组成部分，置其与普通大学同等地位；地方性是应用技术大学的区域特征，瞄准当地经济社会发展的新增长点，更好地与当地创新要素资源对接，与经济开发区、产业聚集区创新发展对接，与行业企业人才培养和技术创新需求对接，适应、融入、引领所服务区域的新产业、新业态发展，建立人才培养、科技服务、技术创新、万众创业的一体化发展机制。

工作场所不仅是工作生产的场域，而且是一种学习和发展的重要环境，工作场所学习被视为企业人力资源开发和员工个体职业能力提升的重要途径，不仅能够满足个体适应工作和自主发展的需求，而且是诸如交际、问题解决、团队工作、信息技术、客户服务等技能发展的关键场所，在一些国家工作场所学习已构成职业教育系统的重要组成部分，帮助学生快速进入和适应劳动力市场。伴随着国家鼓励行业和企业举办或参与举办职业教育政策的密集出台，出现了校中厂、厂中校、职教集团、企业冠名学院与科技产业园等校企一体化办学形式。同时，企业举办的职工教育培训中心成为成人在职培训和终身学习的重要场所，在知识密集型企业中，有的已转变为具有人才培养、知识创新、文化传承、前瞻研究、变革管理、价值链整合、提升竞争力等多重功能价值的企业大学，企业自身则向学习型组织转变，通过组织学习实现员工知识更新和保持企业创新能力，并使组织绩效得到提高。

建设学习型城市是新型城镇化进程中推进终身学习较为普遍的实践模式，是推动流动人口融入城市和构建和谐社会的重要途径。职业教育和继续教育作为建设学习型城市的重要依托，要发挥职业教育和继续教育在提高社会成员素质以及满足终身学习需求中的核心和主体作用，鼓励支持行业企业在职工教育培训中发挥主渠道作用，充分发挥学校特别是职业院校在职工教育培训中的服务功能，鼓励社会力量举办各类职业培训，促进社会化培训健康发展，加大对农民工、失业者、低技能者、残疾人等弱势群体职业培训的扶持，促进农民工融入城市社区。

三、推进职业教育结构性改革的政策制度保障

推进职业教育供给侧结构性改革是一项复杂的系统工程，涉及职业教育系统内外部方方面面，对内主要是激发教育主体与受教育主体的主动性，对外需要激活行业企业参与的积极性，形成供需匹配和平衡的运行机制，基于跨界合作治理原则重构职业教育发展保障制度。

建立跨部门和跨界别的组织平台与制度架构。职业教育是跨界教育，吸引各利益相关方参与，推进产教融合、校企合作，需要探寻政府、行业、企业与职业院校互利共赢的利益共同点和结合点。

成立政校行企协同合作育人平台。在国家层面，已成立了由行业主管部门或行业组织牵头组建和管理的62个行业职业教育教学指导委员会，对相关行业（专业）职业教育教学工作进行研究、咨询、指导、评价和服务。在一些地方，则创新探索政校企合作体制机制，在政府主导协调下，依托行业和企业，实行“校、政、企”三方联动，签订战略合作协议，建立职业教育与产业的对话协作机制，完善校企合作联席会议机制，开展校企合作育人。

搭建公共服务信息化平台。一些地区通过搭建公共服务平台，汇聚区域和行业人才供需、校企合作、项目研发、技术服务等各类信息，向各类主体提供精准化产教融合信息发布、检索、推荐和相关增值服务，促进劳动力市场信息的可视性和有效传播，使人力资源开发配置所涉及的劳动者、用人单位、培训教育机构、测评机构、职业研究机构进行有效对接和深度合作，促进技能供给和需求的契合。

完善地方立法、政策体系和制度建设。为加快职业教育发展，许多省（区、市）或具有地方立法权的城市纷纷出台相关条例或意见，从经费投入、税收优惠等方面支持企业建设实习实训基地，建立企业专业技术人员到职业院校任教及教师到企业锻炼的制度，

鼓励企业通过多种形式与职业院校合作，对学生实习责任险的落实提出法律约束和明确要求。抓紧修改完善职业教育法，进一步明确职业教育的法律地位、体系架构、基本制度、条件保障、统筹协调等关键问题，为职业教育改革发展提供基本法治保障。

推进基于管办评分离的政府、行业、企业和学校多元主体治理机制。加快推进管办评分离，积极发展政府、职业院校、行业企业和社会组织之间的伙伴关系，建立广泛的社会对话机制，实行由政府、行业组织、职业院校、企业多主体参与的多中心治理模式。

转变政府职能，提高政府统筹协调能力。发展职业教育是政府的重要职责，作为经济政策、产业政策的制定者和教育部门的管理者，综合运用法律法规、政策规划、公共财政、信息服务、督导监测等政策工具，对职业院校办学进行引导、调节和监督。在国家层面，需要提升中央政府对全国职业教育进行立法、规划与宏观政策协调的有效性，有必要成立职业教育综合管理部门，加强对职业教育资源的整合与统筹协调能力。在地方层面，有必要成立实体性协调管理机构，统筹教育与人社部门职业教育管理职能，统筹地方职业教育发展。

规范行业协会运行机制，加强行业指导能力。规范政府与行业协会的关系，充分发挥行业协会的教育管理职能，通过政府授权委托、购买服务等方式，把适宜行业组织承担的职责交给行业组织，给予政策支持并强化服务监管，使原来政府对学校的直接管理转变为通过行业协会而实现间接管理。充分发挥行业协会在组织企业方面的社会性和自治性，促进产教结合，确保职业教育发展规划、教育内容、培养规格、人才供给适应产业发展实际需求，以行业标准引领职业教育发展。

健全企业参与制度，发挥企业的办学主体作用。企业办学具有天然的校企合作的优势，需要进一步完善法律法规，规范企业参与和举办职业教育的权利与义务，制定税收优惠政策，建立补偿机制，减少企业参与和举办职业教育的成本，支持企业通过校企合作共同培养培养人才，将企业开展职业教育的情况纳入企业社会责任报告。鼓励大企业举办高质量的职业教育，认定一批“教育型企业”，承担教育的社会责任，履行相应的育人职责。

建立现代学校制度，激发职业学校办学活力。从职业院校组织特点出发，明确政府与学校权力、权利、责任之间的边界，扩大职业院校在专业设置和调整、人事管理、教师评聘、收入分配等方面的办学自主权，依法制定体现职业教育特色的章程和制度，建立学校、行业、企业、社区等共同参与的学校理事会或董事会，建立健全民主决策的内部管理制度和灵活的教育教学改革机制，全面增强职业学校的办学活力。

健全新型城镇化进程中的职业教育财政投入机制。鉴于职业教育类型多样，不同阶段的职业教育准公共产品的特性也不相同，相应地政府、社会和个人成本分担的比例各异。义务教育阶段的职业教育属于纯公共产品，如职业初中，由公共财政出资、免费向社会提供；而义务教育阶段后的职业教育都属于准公共产品，其中属于高中阶段教育重要组成部分的中等职业教育，具有明显的外部效应，公共性较强，公共财政应承担较大比例；而属于高等教育的高等职业教育，虽然具有一定的外部效益，但与受教育者的内部收益相比，则要小得多，私人产品的属性要强一些，为此个人和家庭分担成本的比例更大些。在新型城镇化进程中，进城务工人员及其随迁子女对职业教育和培训的需求不断增加，且其流动性导致其受教育地域不再固定，职业教育的办学体制及其财政支付方式应作灵活调整。

构建中央、省、市三级财政共担的新型职业教育财政体制，加大中央财政转移支付的力度。强化地方政府统筹职业教育发展的责任，如中职强化地市统筹，高职强化省级统筹，加大中央和省级财政对产业集聚地区职业教育的财政转移支付力度，根据各城市吸纳农业转移人口定居的规模，定向给予财政补助。对高等职业教育投入给予普通本科“同等待遇”，中央财政通过转移支付、援助项目等重点支持中西部省份和东部困难地区，推动地方政府加大职业教育投入，扶强扶特，形成正确的导向机制和激励约束机制。制定职业院校生均经费拨款标准和动态调整机制，针对不同类型学校、不同专业进一步细分生均拨款标准和系数，实行适度差异拨款政策，体现培养成本差异和绩效导向。

构建基于“税籍”和需求方为主的职业教育财政投入体制，建立职业教育转移支付与学生流动相适应的管理机制。产业和人口集聚地区要向进城务工人员开放当地的职业院校，提供灵活多样的职业技能培训，将持有居住证的常住人口纳入基本公共服务保障范围，建立中央、输出地、流入地分摊费用机制，加大中央财政和省级财政对职业教育的财政转移支付或经费补助，职业教育减免学费和学生资助实现跨地域“可携带”“跨年份”“可结余”。

完善多方参与、公私合作、公办与民办共同发展的办学体制。发展职业教育能够使受训者、雇主、其他工人、企业行业乃至整个社会都受益，在发挥政府财政投入主导作用的同时，应适当引入灵活的市场机制，充分调动社会力量参与办学的积极性，提升职业教育整体供给水平。

完善企业举办和投入职业教育的体制机制。企业办职业教育在实践中已被证明在校企合作、学生实习实训、就业、师资队伍培养培训等方面具有天然的优势，发挥企业重要办学主体作用，鼓励行业和企业举办或参与举办职业教育，依法履行职工教育培训和足额提取教育培训经费的责任，推进校企合作和职工培训制度化。

基于非营利性和营利性分类管理制度差异化扶持民办职业教育发展。非营利性民办教育会在政策上逐渐向公办教育看齐，享受更多财政、税收、土地等方面的优惠政策；营利性民办教育则会在管理方面具有更高的自主性，充分利用其市场化的优势吸纳人才、筹集资金，实现多样化发展。健全政府补贴、购买服务、助学贷款、基金奖励、捐资激励等制度，鼓励社会力量参与职业教育办学、管理和评价。

推行政府和社会资本合作（PPP）创新职业教育服务供给方式与供给机制。为拓宽职业教育融资渠道，提升服务供给水平，政府通过竞争性方式选择社会资本方，双方订立协议明确各自的权利和义务，由社会资本方负责基础设施和公共服务项目的投资、建设、运营，并通过使用者付费、政府付费、政府提供补助等方式获得合理收益。按照合作领域，可以分为教学服务、硬件设施及整体运营；合作模式包括委托经营、改建—运营—移交（ROT）、移交—经营—移交（TOT）、建设—运营—移交（BOT）等，目前这些项目主要集中在职业院校的基础设施建设等非教学类功能上。

探索发展股份制、混合所有制职业院校。鼓励企业以独资、合资、合作等方式依法参与举办职业教育，探索发展股份制、混合所有制职业院校，允许以资本、知识、技术、管理等要素参与办学并享有相应权利，包括公办职业院校引入社会资本，社会力量举办职业院校引入国有资本，不同资本合作投资新办职业院校等不同形式。目前职业院校混合所有制办学仍处于试点阶段，尚有诸多亟待解决的理论、法律、体制等问题，需要国家政策的顶层设计、法律法规的修订完善。

建立学习成果认证、互认、积累和转换的制度。在终身学习框架下，学习和教育可以通过多种途径和形式在不同的场合中进行，认证人们在非学历、非正规、非正式和无一定形式学习中所获得的学习成果，对于激发人们的学习动机、加速学习型社会的构建具有重要意义。近年来，我国加快推进学习型社会建设，在开展终身学习成果认证、积累与转换工作还处在起步阶段，目前主要是通过普通学校、职业学校学历教育所获得的课程学分认定、累积与转换做了一些工作，而对学习者通过培训、自学等非学历和非正规教育以及通过实践等途径获得的学习成果的认证、累积以及与学校相关专业学历教育学分的沟通、转换则基本上还未进行，需要在部分地区和教育机构试点的基础上，研究和借鉴国外的先进经验，在国家层面加快推进资历框架、学分认定、评估、转换制度（包括总体设计、标准、技术方案等等）的研究和制定工作，统筹职业教育和普通教育、继续教育发展，建立并推行终身职业技能培训制度，着力建立基于国家资历框架下的学分银行制度，探索普通学校、职业院校和行业企业开展课程和学分互认转换，畅通人才成长通道，加强各类终身教育机构所提供的终身教育课程质量的监督和评估，完善与终身学习理念和学分银行制度相配套的人才选拔、使用和评价机制，促进全体国民学有所教、学有所成、学有所用，形成全民学习、终身学习的学习型社会。

后记

2013年，中国教育发展战略学会和国经基金签署战略合作协议，联合开展“新型城镇化进程中的教育战略与人才培养”课题研究，确定2016—2017年度合作研究的主题为“新型城镇化进程中的技能需求与职业教育供给侧改革”。课题总报告作为《新型城镇化与职业教育供给侧改革蓝皮书(综合篇)》出版，现将总报告内容扩充，更深入地分析新型城镇化进程中产业、城镇和人口融合发展而产生的多元技能需求，提出了在构建以教促产兴城的产城教互动新机制中，对职业教育布局、层次、专业结构及其人才培养模式、治理机制和投入体制进行战略性调整的思路与对策，本书即为该课题研究成果的系统梳理和汇总。

在课题研究和书稿撰写过程中，曾得到学术顾问中国教育发展战略学会名誉会长郝克明，北京大学原党委书记、中国教育发展战略学会会长闵维方，北京大学资深教授厉以宁，中共中央政策研究室原副主任、中国城镇化促进会执行会长郑新立，中国教育发展战略学会学术委员会主任、课题组组长谈松华，中国教育发展战略学会常务副会长、课题组副组长张双鼓等领导的指导和教诲，跟随课题组赴上海市、苏州市、佛山市、东莞市、重庆市等地开展实地调研。在课题研讨过程中，得到国家教育发展研究中心综合研究部主任王烽、教育部职业教育中心研究所宏观政策研究室副主任周凤华、北京大学教育学院教授郭建如、副教授蒋承，北京大学中国教育财政科学研究所副教授黄晓婷，同济大学副校长江波，苏州市人大常委会副主任顾月华，浙江大学教育学院教授吴雪萍，浙江工业大学职业技术教育学院教授刘辉，东北师范大学中国农村教育发展研究院院长、教授邬志辉，成都工业职业技术学院院长柯玲，杨凌职业技术学院教授赵曼，黑龙江教育科学院副院长崔永平，佛山市教育科学研究所所长舒悦，青岛教育科学研究院院长柴青林等领导和专家及其所负责的地方或专题研究课题组成员的竭力帮助，并参阅和吸收他们的研究成果。在此谨向以上各位领导、专家学者表示崇高的敬意和衷心的感谢！

同济大学出版社对该书的出版提供了大力支持，编辑们进行了精心编辑和审校，付梓之际，深表谢意。由于水平和时间限制，书中不当之处，作者文责自负，恳请读者不吝赐教。

王建

2018年5月